信托

房地产
投融资实务及典型案例

Real Estate
Trust

王 巍/主编

经济管理出版社
ECONOMY & MANAGEMENT PUBLISHING HOUSE

图书在版编目(CIP)数据

房地产信托投融资实务及典型案例/王巍主编 .
—北京:经济管理出版社,2012.1(2019.8 重印)
ISBN 978—7—5096—1712—0

Ⅰ.①房… Ⅱ.①王… Ⅲ.①房地产业—信托
投资—案例—中国 ②房地产业—信托—融资—案
例—中国 Ⅳ.①F832.49

中国版本图书馆 CIP 数据核字(2011)第 250488 号

出版发行: **经济管理出版社**
北京市海淀区北蜂窝 8 号中雅大厦 11 层
电话:(010)51915602   邮编:100038
印刷:北京晨旭印刷厂   经销:新华书店

组稿编辑:郭丽娟   责任编辑:郭丽娟
责任印制:黄 铄   责任校对:曹 平 陈 颖

720mm×1000mm/16   32 印张   580 千字
2012 年 1 月第 1 版   2019 年 8 月第 13 次印刷
定价:88.00 元
书号:ISBN 978—7—5096—1712—0

序

    信托法律网主编、信泽金理财顾问公司总经理王巍，怀着对中国信托业未来发展前景的自信和期许，前两年就向我谈起他未来展业的一些想法和思路：以自己的业务专长，办好信托法律网和信泽金理财顾问公司，特别是准备编写一套突出信托创新和实务操作方面的丛书，为推动信托制度在中国的根植与发展，做些力所能及、切实有用的工作。

    原本准备将我本人在全国人大财经委任职期间，参与信托立法的一些主要过程与经历编辑成册，作为丛书的第一册。其主要内容包括：本人从中国人民银行总行如何调进全国人大财经委；信托立法的初衷和背景；信托立法的主要流程及参与主体；《信托法》制定为什么拖延了八年时间，其中主要的阻力和争议的主要问题是什么；信托的法律定义为什么用信托资产的"委托给"而不用信托资产的"移转"；信托法为什么没有对信托机构经营活动做出规定；参与历次信托论坛和境内外信托考察调研的情况与感想等。将其分门别类归纳整理，辅之以信托法主要精神的释读，采取两人彼此对话的表现形式，付梓成书。这对厘清中国《信托法》制定的前因后果与脉络，总结信托制度实施中的经验和教训，推动信托功能知识的普及，拓展业界人士未来发展的思路，或许可提供一些令人感兴趣的借鉴资料。这是一件有助于信托制度普及推广的工作，没有理由不乐观其成。这项工作已完成的部分已在信托法律网的《信托周刊》中登载过，但是由于本人办公地和居住地的几次搬动，反映信托法起草工作活动的原始资料尚缺不少，需要继续搜集和充实，因而付梓成书的时间不得不有所推迟。

    而目前准备条件最成熟的是王巍主编的这本《房地产信托投融资实务及典型案例》，自然而然就被提到了首位出版，以满足市场的需要。其背景是伴随着信托"一法两规"的相继颁布和实施，极大地推动了中国信托制度功能的挖掘和发挥，促进了信托回归主业的快速发展，以往懦弱受气的信托"丑小鸭"逐渐变成了翱翔蓝天的"白天鹅"。2011年上半年信托公司的资产规模已经远远超过基金公司的资产规模，达到了37000

多亿元，特别是为应对近几年世界金融危机，国内实施 4 万亿元投资计划，给国内房地产信托的大发展带来了契机。仅 2011 年上半年，房地产信托就经历了一轮"罕见的快速成长"，二季度房地产信托资产的余额已达 6052 亿元，比一季度 4869 亿元超出 24％左右，占信托资产总额的比例高达 16.91％。在房企融资需求的强劲拉动下，房地产信托的规模和占比频频刷新历史纪录。目前，房地产信托已经成为银行贷款之外的一条重要金融渠道，在社会上的认知度不断提高，面对稳中有紧的货币政策，房地产信托依然备受各界关注。而市场急需的房地产信托专业书籍却几乎空白，市面上仅有的几本与房地产信托有关的图书，也多为理论探讨或学术著作。这对于各信托公司及专业人士来说，实在无济于事。鉴于此，王巍等为把金融信托与房地产这二者有机地结合起来，也为了让读者在"实务总结＋案例分析"的氛围下，掌握更多的房地产金融实用知识，率先编辑出版《房地产信托投融资实务及典型案例》一书。

该书着重介绍最新的、实战型的房地产信托操作模式，以"房地产信托能为房地产项目解决哪些问题"为切入点，从房地产信托融资的主体、业态以及类型等多角度全方位阐述运用信托，以解房地产项目融资的燃眉之急。本书直击市场热点，向读者介绍了房地产信托融资的业务流程、模式和案例，并涉及房地产基金等前沿的实务信息、实务知识、实务案例和融资技巧等。与此同时，该书以"专业知识阐述＋经典案例展示"的模式，展现给读者一个个房地产信托融资的经典、鲜活的实务操作案例，为房地产和金融专业人士提供了完整的知识和信息以及实用的参考方案。凡此种种，无不鲜明地突出了该书的实务性、实用性和实战性，成为信托公司、房地产企业、银行、证券公司、保险公司、律师事务所、房地产评估公司、担保公司、投资公司、私募基金等机构从业人员以及金融、法律、投融资的研究人士和科研院所的学生等不可多得的宝贵读物。

2011 年 9 月 21 日

目　录

第一章 F房地产集团的信托融资"成长故事"

第一节 F房地产集团简介及其金融化发展路径

F房地产集团有限公司成立于2002年,公司注册资本为人民币1亿元(实收注册资本为1亿元),由中国籍自然人方先生实际控股。其业务架构与管理流程见图1.1和图1.2。

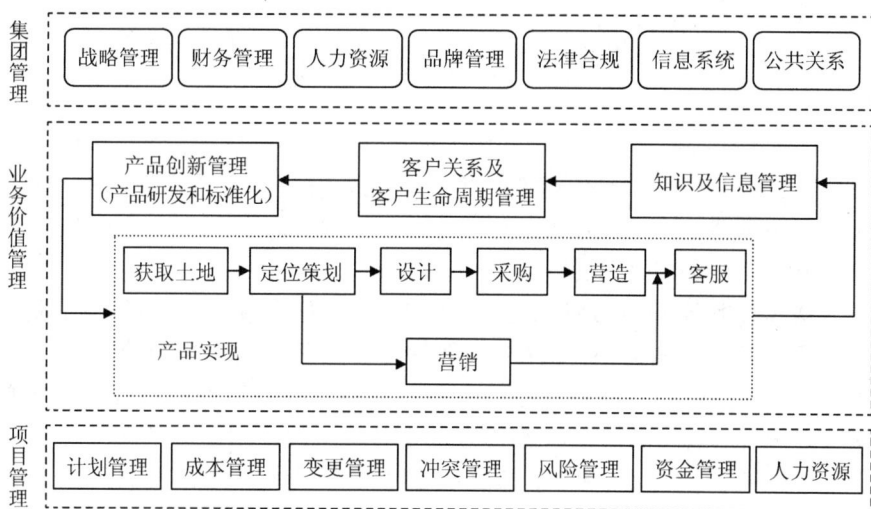

图1.1 F房地产集团的业务架构

F房地产集团属于全国性房地产企业集团,主要布局于二、三线(新兴)城市,年开发量在150万平方米以上,规划开发面积超过2000万平方米,总土地储备400多万平方米。

F房地产集团的主营业务是房地产开发、销售、投资、运营等,坚持走细分

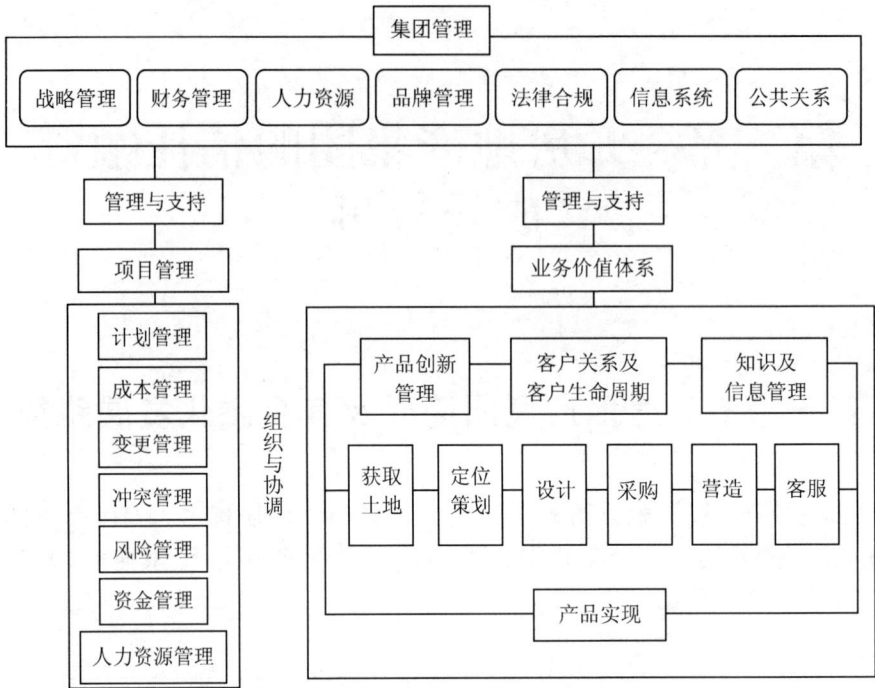

图 1.2　F 房地产集团的管理流程

市场与个性化的成长之路，综合运用了自有资金、银行贷款、企业拆借、信托融资、房地产基金等多元化的筹资渠道。经过持续扩张和不断努力，F 房地产集团于 2011 年被评为"中国蓝筹地产企业"、"中国房地产百强企业 TOP50"，并入选"中国 500 最具价值品牌"。

根据战略规划，F 房地产集团正在加大信托融资和房地产基金的推进力度，并筹划于 2012 年启动 A 股或 H 股的 IPO 进程。截至 2011 年 8 月，F 房地产集团共计与信托公司合作发行了 16 只信托计划（详见表 1.1），信托融资总规模逾 50 亿元；同时，整合资源成立了 2 只人民币房地产基金（有限合伙基金）（详见表 1.2），总规模 12 亿元（其中 6.8 亿元对接信托计划）。F 房地产集团希望借力直接融资以及资本市场的创新力量，在激烈的市场竞争中快速做大做强房地产业务。

表 1.1　F 房地产集团 2004～2011 年信托融资一览

序号	信托计划名称	成立时间(年)	融资金额(亿元)	项目地点
1	方泰房地产开发有限公司贷款集合资金信托计划	2004	3	北京
2	方盈股权信托受益权转让产品	2005	1	太原
3	方荣丽城项目集合资金信托计划	2006	5	宁波
4	方鑫项目结构化股权投资集合资金信托计划	2007	4	长沙
5	方英国际新城项目单一资金信托计划	2008	6	无锡
6	方诚置地有限公司股权投资集合资金信托计划	2009	2	武汉
7	方岳公馆项目贷款集合资金信托计划	2009	4	天津
8	方业大厦租金收益权投资集合资金信托计划	2009	3	南宁
9	方都项目应收账款转让集合资金信托计划	2010	2	西安
10	方合优选房地产基金集合资金信托计划	2010	3	成都
11	方融"大悦城"项目单一资金信托计划	2011	2	无锡
12	方郡项目优质债权集合资金信托计划	2011	1	重庆
13	方汉股权投资集合资金信托计划	2011	4	南昌
14	方华项目投资集合资金信托计划	2011	3	大连
15	方正房地产夹层基金集合资金信托计划	2011	2	合肥
16	方城Ⅰ期房地产基金集合资金信托计划	2011	5.1	南京

表 1.2　F 房地产集团主导设立的房地产基金一览

序号	房地产基金名称	成立时间(年)	基金规模(亿元)	管理人
1	天津方恒景业股权投资合伙企业(有限合伙)	2010	4	北京方恒股权投资管理有限公司
2	上海方城景业股权投资合伙企业(有限合伙)	2011	8	上海方城股权投资管理有限公司

第二节　F 房地产集团与信托公司合作的典型案例

一、方盈股权信托受益权转让产品（2005 年）

（一）项目背景

方盈置业发展有限责任公司成立于 2002 年，公司注册地位于山西省太原市，注册资本 9000 万元。F 房地产集团出资 3870 万元，占股 43%，为第一大

股东，对方盈置业进行控股经营。

2003 年，F 房地产集团以 4 亿元在太原市国有土地拍卖中一举夺标，开发方盈置业项目。该项目已取得《国有土地使用证》、《建设用地规划许可证》、《建设工程规划许可证》、《建筑工程施工许可证》以及部分物业的《商品房预售许可证》。

截至 2004 年底，方盈置业项目已完成一期开发面积 251000 平方米，实现销售收入约 31000 万元。根据第三方机构出具的资产评估报告，整个方盈置业项目预计可实现的销售收入将会达到 238339 万元，可实现税后利润约为 41519 万元。

（二）信托计划基本信息

F 房地产集团将其合法拥有的方盈置业发展有限责任公司（以下简称"方盈置业"）43％的股权（经评估价值 17853 万元）委托给 T 信托投资有限责任公司（以下简称"T 信托公司"），设立股权信托，F 房地产集团取得该信托项下全部信托受益权，并将其享有的信托受益权委托 T 信托公司转让给投资者（见表 1.3）。

表 1.3　方盈股权信托受益权转让产品

产品名称	方盈股权信托受益权转让产品
转让规模	1 亿元
投资期限	2 年
预期收益率	6％/年
投资保障	F 房地产集团承诺到期无条件溢价回购信托受益权

（三）产品交易结构

1. 基本交易结构

（1）F 房地产集团将其合法拥有的财产权——方盈置业 43％的股权委托给 T 信托公司进行管理，设立股权信托，F 房地产集团取得该信托项目下全部信托受益权。

（2）F 房地产集团委托 T 信托公司将其享有的信托受益权向投资者予以转让。

（3）T 信托公司开立代理资金专户，信托受益权的转让及回购款都进入专户。

（4）投资者购买信托受益权的预计收益率为 6％每年，每年分配一次。原始受益权转让期结束之日起，满一年后的 10 个工作日内，通过信托专户将应分配收益转入受益人账户。投资本金在投资期限届满时一次性予以支付，支付时间为投资期限届满后的 10 个工作日内。第二年收益同本金一起返还。

2. 交易结构图

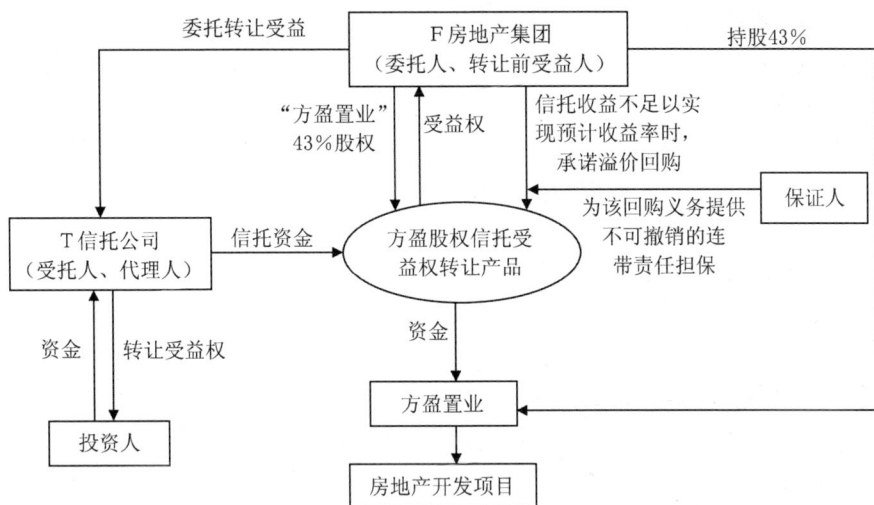

图1.3 方盈股权信托受益权转让产品交易结构

3. 主要参与主体

（1）委托人、转让方、回购方：F房地产集团。

（2）受托人、代理人、监察人：T信托公司。

（3）投资人。

（4）保证人。

4. 信托受益权的转让

（1）信托财产：信托财产为F房地产集团所持有的方盈置业的43%股权，该部分股权经评估价值为17853万元。

（2）风险隔离：设立信托后，信托财产成为独立运作的财产，与F房地产集团未设立信托的其他财产相区别，与T信托公司的自有财产和其他信托财产相区别，不受F房地产集团和T信托公司破产清算的影响，实现了风险隔离。

（3）溢价回购：如F房地产集团拥有的股权信托收益不足以实现投资者的预计收益率，F房地产集团承诺以溢价回购的方式用现金补足差额。

（4）投资者可转让其享有的信托受益权，转让时应持有关文件和证件与受让人共同到股权信托代理人——T信托公司处办理转让登记手续，转让人和受让人应当按照转让信托受益权金额的0.2%分别向T信托公司缴纳转让手续费。未办理转让登记手续的，T信托公司仍向原投资者分配收益。

二、方鑫项目结构化股权投资集合资金信托计划（2007 年）

（一）背景信息

截至 2007 年 9 月，F 房地产集团已拥有土地储备超过 1200 万平方米，并在持续拿地。2007 年 10 月，F 房地产集团斥资 15 亿元收购位于湖南长沙的一个占地面积近 2000 亩的超级大盘。缺乏资金已经成为正处于全国品牌连锁扩张的 F 房地产集团发展的最大"瓶颈"，受宏观调控影响，F 房地产集团所依靠的银行贷款融资途径越来越狭窄。因此，鉴于银行贷款成本低但门槛较高，F 房地产集团有必要多方面拓宽融资渠道。

2007 年 11 月，F 房地产集团与 H 信托公司签署了战略合作协议，依据这份协议，双方将在资金信托业务、动产、不动产信托业务、企业资产重组、并购等中介服务、融资、租赁等 12 个方面展开合作。F 房地产集团与 H 信托公司的实质性合作是从长沙项目开始的，双方的合作方式不是传统的单项目信托融资，而是以基金型信托的方式进行投资。

为了规避全国开展业务面临的风险，H 信托公司改变了以往与中小房地产企业合作的模式，转向与 F 房地产集团这样的大型房地产企业合作，一方面可以规避在注册地以外城市发展业务面临的信用级别和发行渠道等问题，另一方面也可以借助 F 房地产集团的品牌从而吸引更多社会资金参与到 H 信托公司发行的信托计划之中。

（二）信托计划

表 1.4　F 房地产集团方鑫项目结构化股权投资集合资金信托计划

产品名称	F 房地产集团方鑫项目结构化股权投资集合资金信托计划
信托规模	5 亿元（实际融资规模为 4 亿元）
结构化安排	优先级信托单位 4 亿元，由 H 信托公司向社会募集；次级信托单位 1 亿元，由 F 房地产集团旗下的 M 公司定向认购
信托期限	3 年
资金运用	全部信托资金用于与 F 房地产集团合作，共同收购长沙 K 置业有限公司股权，并对该公司发放股东借款，用于长沙方鑫项目的开发建设
预期收益率	每年 12%～22%。其中，第一年分配信托收益 7%，第二年分配信托收益 9%，第三年分配其余信托收益
最低认购金额	100 万元（自然人仅限 50 位）

（三）交易结构

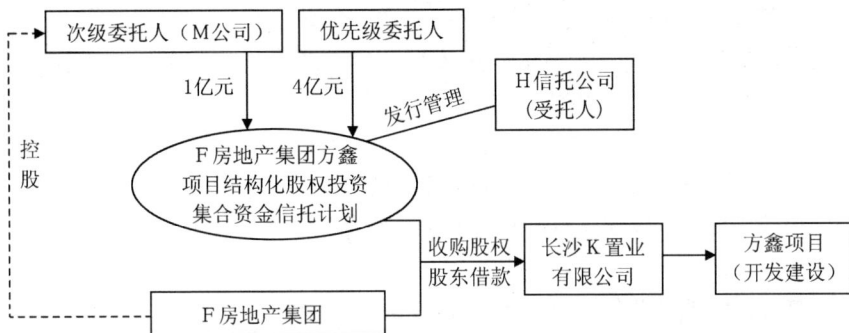

图1.4　F房地产集团方鑫项目结构化股权投资集合资金信托计划交易结构

三、方诚置地有限公司股权投资集合资金信托计划（2009年）

（一）项目背景简介

2007年，方诚置地有限公司（以下简称"方诚置地"）以6亿元竞拍获得方诚嘉园项目的住宅开发用地。2008年，湖北产权交易所挂牌转让方诚置地的100%股权，F房地产集团通过摘牌方式竞得方诚置地，并由此获得方诚嘉园项目的土地使用权。2009年，方诚置地作为F房地产集团的全资子公司，继续推进方诚嘉园项目的开发建设，该项目集板式住宅、国际公寓、五星级酒店、高端写字楼、时尚体验中心、先锋商业为一体，体量较大，资金缺口也较大。

（二）信托计划概要

表1.5　W信托公司—方诚置地有限公司股权投资集合资金信托计划

产品名称	W信托公司—方诚置地有限公司股权投资集合资金信托计划
信托规模	5亿元。其中，A类优先受益权信托单位的信托资金为2亿元；B类劣后受益权信托单位的信托资金为3亿元（由F房地产集团定向认购）
信托期限	30个月。但在A类优先受益权信托单位的信托资金年化收益率R＝9%的前提下，信托计划满12个月后可以提前终止或者部分提前终止
预期年化收益率	9%
资金运用方式	信托计划以1000万元受让方诚置地100%的股权（共1000万元出资额），并将剩余信托资金以增资扩股的方式投资于方诚置地，进行方诚嘉园住宅项目的开发建设
认购要求	投资的起点金额为100万元，并以10万元的整数倍递增（机构委托人100万元及以上，个人委托人300万元及以上，直接签署信托合同；个人购买者购买金额在300万元以下时需预约，经按"金额优先、时间优先"原则确认后签署信托合同）

（三）信用增级措施

第一，对信托受益权进行结构化安排。本信托计划采用分层设计，分为优先受益权和劣后受益权，其中优先受益权信托单位 2 亿元，劣后受益权信托单位 3 亿元。劣后受益人（F 房地产集团）以其全部信托本金及收益确保优先受益人信托本金及预期收益的安全。

第二，持有项目公司（方诚置地）100％股权。受托人（W 信托公司）持有项目公司 100％的股权，并通过向项目公司委派具有一票否决权的董事、实行印信和资金监管等方式，对项目公司的经营、财务等事项进行监督、管理，确保信托资金的安全。

第三，F 房地产集团承担资金补足义务。在信托计划终止或部分提前终止日，如果信托财产专户内现金类信托财产金额低于应支付给优先受益人的信托本金及预期收益金额，则 F 房地产集团对其差额承担资金补足义务。

（四）信托交易结构图

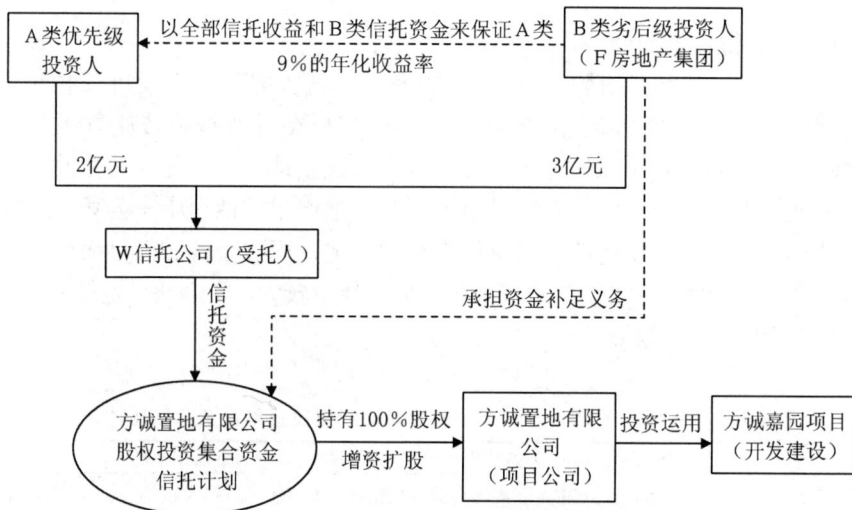

图1.5　方诚置地有限公司股权投资集合资金信托计划交易结构

（五）信托计划管理

第一，信托财产的独立核算。受托人（W 信托公司）为本次信托计划设立专用银行账户，即信托财产专户。本信托计划的信托资金将单独记账、核算，与其他信托计划的资金以及受托人自有资金分开管理。

第二，风险控制制度。受托人（W 信托公司）建立信托项目风险控制制度，并将严格执行且通过监督检查，使之落实到投资的全过程。

第三,资金管理保障制度。受托人(W信托公司)为了保障投资者信托资金的安全,防范内部风险,建立了完整的内部财务监控制度,通过建立各个部门之间的约束机制,使部门间相互监督,以保障信托资金在运作过程中避免因内部管理的原因而受到损失。

第四,后续管理。受托人(W信托公司)通过委派具有一票否决权的董事、实行印信和资金监管等方式对项目公司的日常运营进行监控,确保对项目公司日常经营管理的知情权和对重大事项的决策权。

(1)受托人(W信托公司)受让项目公司(方诚置地)100%股权后,将修改项目公司章程,委派董事进驻方诚置地的董事会。方诚置地实行总经理负责制,总经理全面负责其日常经营管理,但涉及公司重大事项的决策,W信托公司委派的董事有一票否决权。

(2)重大事项是指对本信托计划的运营会带来重大影响或风险的事项,包括但不限于方诚置地的对外融资、负债、对外担保等事项。

(3)方诚置地的印信由W信托公司进行管理。印信包括但不限于方诚置地的公章、营业执照、组织机构代码证等重要法律文件。其中,方诚置地的公章由W信托公司保管使用,其他印信由W信托公司授权方诚置地保管使用。印信的管理和使用应当严格遵守经W信托公司审批通过的《方诚置地公司印信管理制度》的规定。

(4)方诚置地设立信托监管账户、销售监管账户和日常运营账户(每类账户的具体用途及其监管策略参见表1.6)。W信托公司通过对信托监管账户、销售监管账户的全程控制和对资金的预算管理等方式保证资金的安全和专款专用。

表1.6 方诚置地设立各种监管账户的用途及其监管策略

序号	账户类型	账户用途及其监管
1	信托监管账户	主要用于保管本信托计划注入方诚置地的资金,其银行预留印鉴中至少有一枚由W信托公司保管,且必须有一枚为W信托公司指定人的个人名章
2	销售监管账户	主要用于保管方诚嘉园项目的销售收入,其银行预留印鉴中必须有一枚为W信托公司指定人的个人名章
3	日常运营账户	主要用于保管由信托监管账户划入的资金和方诚置地日常资金的收付,预留印鉴为公司财务章和法定代表人的个人名章

(六)信托资金退出

在信托计划生效满一年后,W信托公司可根据劣后受益人(F房地产集

团）的要求，在满足优先受益人的信托本金和预期收益的前提下，采取由项目公司分红、减资、项目公司股权转让或其他合法方式，实现全部或部分优先受益权信托单位的提前退出。总之，为充分保障优先受益人的利益，劣后受益人（F房地产集团）及其他相关各方有义务配合受托人（W信托公司）采取以下方式实现信托资金的退出，以满足优先受益人的本金和预期收益。

第一，由劣后受益人（F房地产集团）溢价收购所有优先受益人持有的信托单位份额。

第二，转让方诚置地的股权。信托计划终止时，W信托公司可以将方诚置地的股权转让给第三方，并以股权转让款向受益人分配信托本金及收益；但在满足优先受益人信托本金及预期收益的前提下，F房地产集团或其指定的第三方有优先购买权。

第三，获取方诚置地的分红或减资。W信托公司可以通过获取方诚置地分红或减资的方式实现信托资金的退出。在足额偿付优先受益人的信托本金及预期收益后，W信托公司以信托财产当时的状态将剩余信托财产分配给劣后受益人（F房地产集团）。

第四，要求F房地产集团履行资金补足义务。W信托公司可以要求F房地产集团履行资金补足义务，用于支付优先受益人的信托本金及预期收益。

第五，处分方诚置地的公司资产或者清算方诚置地公司。如果信托资金不能按上述方式实现退出或经上述方式退出后仍未能足额偿付优先受益人的信托本金和预期收益，则W信托公司可以采取处分方诚置地的公司资产、清算方诚置地公司等符合法律、法规的方式退出，并以处分所得优先用于偿付优先受益人的信托本金和预期收益，如有剩余，则向劣后受益人（F房地产集团）分配。

（七）流动性安排

第一，本信托计划存续期间，优先受益权可以转让（捐赠）、继承和质押。但是，未经受托人（W信托公司）同意，F房地产集团持有的劣后受益权不得转让（捐赠）和质押。

第二，信托受益权进行拆分转让的，受让人不得为自然人；机构所持有的信托受益权，不得向自然人转让或拆分转让。优先受益权转让给劣后受益人后，该部分信托受益权需经受托人书面同意后方可继续转让（捐赠）、继承和质押。

第三，受益人转让（捐赠）、继承和质押信托受益权，转让、受让各方应当分别按信托财产（受益权）的0.1%比例向受托人（W信托公司）缴纳登记手续费。

四、方岳公馆项目贷款集合资金信托计划（2009 年）

（一）产品基本信息（见表 1.7）

表 1.7　方岳公馆项目贷款集合资金信托计划

产品名称	方岳公馆项目贷款集合资金信托计划
信托规模	4 亿元
信托期限	2 年
资金运用	信托资金用于向天津方岳置业有限公司（以下简称"方岳置业"）开发建设的方岳公馆项目发放贷款
保障措施	（1）物业抵押：B 信托公司与济南岳华置业公司签订《抵押合同》，约定济南岳华置业以其持有的济南岳华广场 1、2、4 层底商为借款人的本息偿还提供抵押担保（抵押率 48%），同时约定在信托期间内济南岳华置业未经 B 信托公司同意不得对抵押物进行出售、赠与、再抵押等； （2）物业检查：B 信托公司定期按照规定对抵押物及不动产经营情况进行尽职检查； （3）抵押物保险：济南岳华置业就抵押物设立保险，约定保险第一受益人为 B 信托公司，保险期限覆盖信托期限； （4）股东保证：方岳置业的控股股东（F 房地产集团）为借款人的本息偿还提供连带责任保证担保； （5）强制执行公证：B 信托公司对借款合同、抵押合同及保证合同进行强制执行公证。
预期收益率	预期年化收益率：8.8%～9.8%（其中，单笔购买金额满 100 万元而不足 300 万元，8.8%；单笔购买金额 300 万元及以上，9.8%）

（二）产品结构图

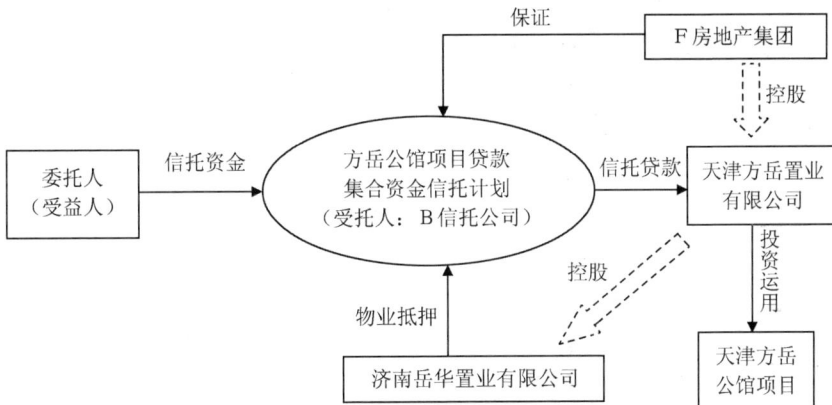

图 1.6　方岳公馆项目贷款集合资金信托计划交易结构

五、方都项目应收账款转让集合资金信托计划（2010 年）

（一）项目背景

方都置业有限公司（以下简称"方都置业"）是 F 房地产集团在西安专门设立的房地产开发企业，目前的主要业务是与西安市 C 区政府合作，完成西安市 C 区（9 号地块）旧城改造拆迁项目的土地一级整理开发，以及开发位于西安市 C 区的方都国际新城项目。

该项目的土地一级整理开发分三期运作，目前一期土地已上市，二期土地整理由方都置业通过拍卖方式竞得，三期土地整理目前尚未结束。该土地一级整理开发模式为"政企分成"方式，即方都置业按净地每亩 40 万元包干支付给政府，其他土地收益归方都置业所有（扣除税费）。目前方都置业总回款 20.98 亿元，已投入 1.934 亿元，未来投入 9862 万元。

方都国际新城项目处于西安市 C 区东边，占地 89.9 亩，分为北、南两个地块，容积率为 3.5，是商品住宅为主的小区。初步规划总建筑面积 200137 平方米，其中商业面积 2000 平方米；北地块 75971 平方米，南地块 124166 平方米，地下车库共 60030 平方米。项目所在地块已拆迁完毕，目前正进行地下基础建设。

方都置业 2009 年合并报表显示资产总规模为 192790.77 万元。从细分资产结构来看，流动资产 186599.95 万元，在流动资产中，企业货币资金 1024.48 万元，应收账款 70774 万元，其他应收 33660.65 万元，存货 81140.82 万元；非流动资产 6190.82 万元，其中，长期股权投资 6000 万元，固定资产 190.8 万元。负债 110470.65 万元。在负债结构中，流动负债 99470.65 万元，其中，短期借款 25000 万元，应付账款 23441.08 万元，应交税费 12462.57 万元，应付利息 381 万元，应付股利 30120 万元，其他应付款 8066 万元；非流动负债 11000 万元，主要是长期借款 11000 万元。所有者权益 81986 万元。方都置业 2009 年度的经营收入 43539 万元，2009 年度末净利润 14118 万元。

（二）产品信息（见表 1.8）

S 信托公司以信托资金 20000 万元受让西安方都华为房地产开发有限公司（以下简称"方都华为"）持有的对方都置业的其他应收款的债权。

（1）受托人（S 信托公司）与 T 银行签署《保管协议》。

（2）受托人（S 信托公司）与方都华为、方都置业签署《应收账款债权转让协议》。

（3）受托人（S 信托公司）与方都置业签署《还款合同》。

（4）受托人（S 信托公司）与方都置业签署《权利质押合同》，并办理权利质押登记手续。

（5）受托人（S 信托公司）与 F 房地产集团签署《保证合同》。

（6）受托人（S信托公司）与F房地产集团、方都置业签署《项目监管协议》。

以上《应收账款债权转让协议》、《还款合同》、《权利质押合同》、《保证合同》均办理强制公证手续。另外，方都华为收取出让应收账款债权的转让款。

表 1.8　方都项目应收账款转让集合资金信托计划

产品名称	方都项目应收账款转让集合资金信托计划
信托规模	2亿元
信托期限	2年
资金运用	信托资金用于受让西安方都华为房地产开发有限公司持有的对方都置业有限公司的其他应收款的债权
风险控制	（1）F房地产集团以其持有的方都置业50％股权提供质押担保； （2）F房地产集团提供连带责任保证； （3）受托人（S信托公司）向方都置业派出董事参与公司重大事项的监督管理。
预期收益率	（1）购买300万元以下的，投资者预期年化收益率是：2年期贷款基准利率＋3％； （2）购买300万元（含300万元）至999万元的，投资者预期年化收益率是：2年期贷款基准利率＋4％； （3）购买1000万元（含1000万元）的，投资者预期年化收益率是：2年期贷款基准利率＋5％； （4）在信托计划期间，若遇中国人民银行对贷款基准利率进行调整，则受益人的预期年化收益率在贷款基准利率调整当月的下一个月首日执行调整后的2年期贷款基准利率。

（三）交易结构图

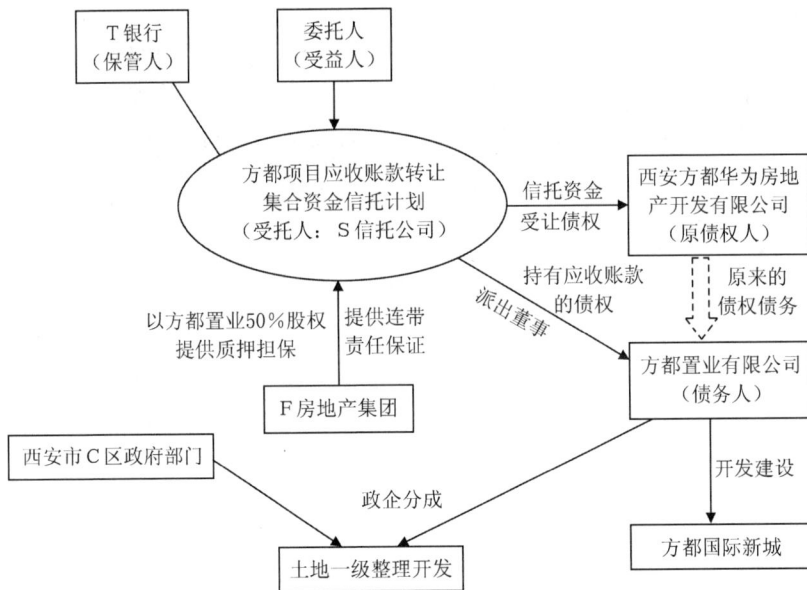

图 1.7　方都项目应收账款转让集合资金信托计划交易结构

六、方华项目投资集合资金信托计划（2011年）

（一）案例背景

1. 项目背景

方华项目位于大连市 Y 区的西北角，紧邻湖畔和高教园区，风景优美，交通便利。Y 区周围教育、医疗、娱乐等资源十分丰富，多所高校与科研机构赋予了本地区浓郁的书香之气；毗邻 Y 区的高科技开发区，与高科技自然接轨；商场、超市以及其他娱乐购物场所随处可见，是现代时尚生活的魅力典范。

2. 交易主体

（1）A 房地产开发有限公司（简称 A 公司）——该案例中的项目公司，信托资金的融资方。

（2）B 信托有限公司（简称 B 信托公司）——信托计划受托人，后为该项目控股方。

（3）Z 置业集团有限公司（简称 Z 集团）——A 公司的实际控股股东，F 房地产集团旗下的区域性房地产开发建设集团公司，信托收益的保证方。

（4）R 房地产开发有限公司（简称 R 公司）——信托计划的担保方之一，承担连带责任。

（5）S 地产有限公司（简称 S 地产）——信托计划的担保方之一，承担连带责任。

（6）T 房地产开发有限公司（简称 T 公司）——A 公司的股东之一。

（7）M 住宅配套有限公司（简称 M 公司）——T 公司的股东之一。

（8）W 银行股份有限公司大连市分行（简称 W 分行）——持有 A 公司的债权。

（二）项目公司

1. 项目公司简介

A 公司是"方华项目"的项目公司，也是 Z 集团拓展东北地区业务的策略实施者。A 公司成立于 2009 年，公司注册地为大连市 Y 区，注册资本金为 21950 万元。公司信誉良好，拥有完整的房地产规划、建设和销售团队。

2. 项目公司股东

A 公司现有 2 名股东，股东情况参见表 1.9。

表 1.9　A公司股东情况

股东名称	出资金额（元）	持股比例（%）
Z集团	179500000.00	81.78
T公司	40000000.00	18.22
合计	219500000.00	100

注：F房地产集团控股Z集团，而Z集团同时控股T公司和A公司。

3. 项目公司财务状况

(1) 资产状况（见表 1.10）。

表 1.10　A公司资产状况　　　　　　　　单位：元

资产项目		金额
总资产		590240748.75
流动资产	货币资金	37063871.13
	应收账款（账龄1年以内）	46232.40
	其他应收款（账龄1年以内）	1920754.66
	集团内部往来	100591560.23
	存款	429012248.30
流动资产合计		568634666.72
非流动资产		21606082.03

(2) 负债状况（见表 1.11）。

表 1.11　A公司负债状况　　　　　　　　单位：元

负债项目		金额
总负债		405947568.84
流动负债	应付账款	17737122.80
	预收账款（账龄1年以内）	192111058.00
	应付职工薪酬	2667622.82
	应交税费	8988738.23
	应付利息	299722.22
	其他应付款	14143304.77
流动负债合计		235947568.84
非流动负债	36个月长期借款	170000000.00

（3）银行贷款与抵押情况。

A公司三次向W分行贷款，目前的贷款余额合计2亿元，对外无其他担保。贷款和抵押的具体情况参见图1.8。

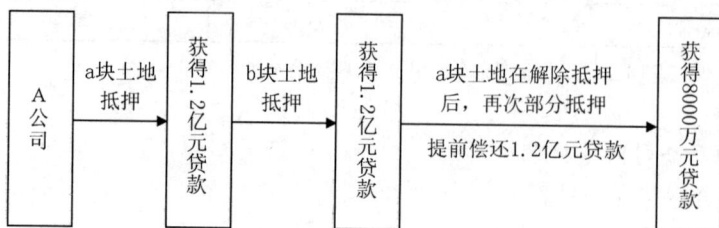

图1.8　A公司三次向W分行贷款和抵押情况

（三）项目情况

1. 项目整体规划

"方华项目"总占地540亩，总规划建筑面积约71万平方米，产品类型包括连排别墅、花园洋房、小高层洋房、公寓、SOHO、商业、学校和湖畔公园，致力于打造数字化、时尚化、精英化的高档社区。

2. 项目证照情况（见图1.9）

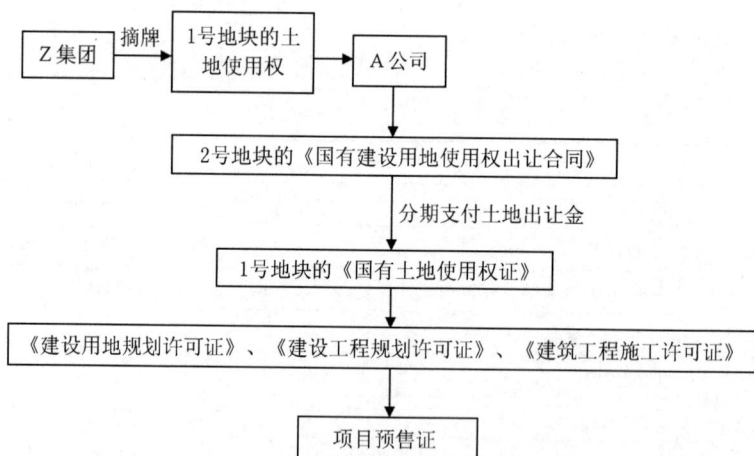

图1.9　方华项目证照情况

3. 项目 SWOT 分析（见表 1.12）

表 1.12 方华项目 SWOT 分析

SWOT	具体情况分析
优势 （Strength）	S₁：项目取得的楼面地价较周边楼盘低，项目土地成本较低，不存在高地价成本风险。
	S₂：项目位于高教园区，片区规划前景好，良好的教育资源和知名度得到了较大提升。
	S₃：地块紧邻大连市 Y 区的主干道，交通便捷。
	S₄：本案在产品装修上显示出较强的差异性，有利于实行差异化营销战略。
	S₅：项目临湖，有大片待征绿化用地，带来楼盘品质的整体提升。
劣势 （Weakness）	W₁：本楼盘体量较大，对于项目的营销压力较大。
	W₂：大连市 Y 区的主流人群已经基本完成第一次置业，本项目面向的主要客户群是新型移民，这对开盘后的营销策略考验较大。
机会 （Opportunity）	O₁：高教园区带来的教师群体置业需求。
	O₂：所毗邻的高科技工业园区，房价高企，带来的片区内青年首次置业外移的需求。
	O₃：未来片区内高新企业、科研机构带来的改善型置业需求。
威胁 （Threat）	T₁：区域内楼盘较多，新楼盘供应量较大。
	T₂：周边楼盘的主要诉求趋同，营销差异性不明显。
	T₃：大连房地产市场目前已经处于高价位运转。
	T₄：宏观政策的变化不容忽视。
	T₅：项目所在区域属于大连市 Y 区重点开发的居住片区，未来几年陆续会有多个大型房地产项目面市，对未来项目销售形成竞争压力。
分析结论	本项目的区位优势较明显，拥有良好的人文资源和自然资源，但周边存在一系列高档小区，对本项目形成了较强的竞争态势。

4. 项目主要技术与经济指标（见表 1.13）

表 1.13 方华项目主要技术与经济指标

项　目	性　质	数值（万平方米）	比例（%）
用地面积（万平方米）		35.98	
	规划净用地	29.33	81.52
	待征绿地及道路面积	6.65	18.48
总建筑面积（万平方米）		71.32	
	地上建筑面积	64.53	90.48
	地下建筑面积	6.79	9.52
	一期总建筑面积	11.61	16.28

项 目	性 质	数值（万平方米）	比例（%）
住宅（万平方米）		62.80	
	连排别墅	6.60	10.51
	花园洋房	10.30	16.40
	板楼塔楼	45.90	73.09
商业（万平方米）		1.72	
容积率		2.2	
可售面积（万平方米）		64.52	
规划车位（个）		1286	
土地总成本（万元）		26010	
平均单价（万元/亩）		48.20	
平均楼面地价（元/平）		403.13	

5. 项目预期开发进度表

该项目共分为五期工程，目前第一期工程已经完工，整体项目的预期开发进度参见表1.14。

表 1.14 方华项目预期开发进度 单位：万平方米

编号	连排	洋房	板楼塔楼	商业	合计	地下	比例（%）
一期	3.50	5.00	4.10	0.39	12.99	1.60	20.13
二期	1.55	2.65	2.40	0.05	6.65	—	10.31
三期	1.55	2.65	2.40	0.05	6.65	—	10.31
四期	—	—	18.30	0.80	19.10	2.30	29.60
五期	—	—	18.70	0.43	19.13	2.20	29.65
合计	6.60	10.30	45.90	1.72	64.52	6.10	100

6. 整个项目主要财务指标测算表（见表1.15）

表 1.15 方华项目主要财务指标测算 单位：万元

编号	项 目	金额
1	销售收入	458349
2	总投资	261871
3	两税一费	26584
4	土地增值税	36710
5	毛利润	133184

续表

编号	项　目	金额
6	所得税	33296
7	税后利润	99888
8	全部投资的利润率（税前）（％）	50.9
9	全部投资的利润率（税后）（％）	38.1
10	销售利润率（税前）（％）	29.1
11	销售利润率（税后）（％）	21.8
12	财务净现值（全部资金）	56973
13	内部收益率（全部资金）（％）	69.4
14	动态回收期（全部资金）（年）	3.22

7. 项目静态投资成本估算（见表1.16）

表1.16　方华项目静态投资成本估算

序号	投资成本	金额（元）	可售面积单位成本（元/平方米）	计算标准	工程量（平方米）	备注
一	开发成本	237639	3683	—	—	
（一）	土地成本	27219	422		29.33	
1	地价款	26010	—			57万/亩
2	契税	1040	—		—	
3	交易服务费	169				
（二）	前期工程费	6734	104			
1	规划设计费	5162	80	80	64.52	
2	可行性研究费用	323	5	5	64.52	
3	地质勘察测绘费	147	2	5	29.33	
4	三通一平费	587	9	20	29.33	
5	前期开办费	516	8	8	64.52	
（三）	建安工程费	163263	2530	—	—	
1	连排	12210	—	1850	6.60	
2	洋房	18540	—	1800	10.30	
3	板楼塔楼	117045	—	2550	45.90	已加入精装修
5	商业	3268	—	1900	1.72	
6	公建	0	—	1800	0.00	
7	地下	12200	—	2000	6.10	

续表

序号	投资成本	金额（元）	可售面积单位成本（元/平方米）	计算标准	工程量（平方米）	备注
（四）	基础设施费	19356	300	300	64.52	市政配套及基础设施
（五）	政府规费	12904	200	200	64.52	政府行政审批收费建安费用的5%
（六）	不可预见费	8163	127	5%	—	
二	期间费用	24231	376	—	—	
（一）	管理费用	9131	142	5%	—	（建安＋配套）＊5%
（二）	销售费用	13750	213	3%	—	销售收入的3%
（三）	财务费用	1350	21	—	—	
三	项目总投资	261871	4059	—	—	

8. 项目资金投入情况来源

A公司进行信托融资，所获得的资金将用于方华项目的开发。整个项目共分为五期进行滚动式开发，项目资金投入将会根据各期进度进行滚动式投入。总投入计划参考表1.17。

表 1.17　方华项目总投入计划

项　目	计划金额（万元）	所占比例（%）	实际到位金额（万元）
自有资金投入	50000	19	50000
信托资金	30000	11.5	30000
银行开发贷款	150000	58	20000
房屋销售收入转投	30000	11.5	20000
总　计	260000	100	120000

（四）信托融资方案

1. 信托计划简介（见表1.18）

表 1.18　方华项目投资集合资金信托计划

产品名称	方华项目投资集合资金信托计划
信托类型	股权投资型集合资金信托
发行规模	3亿元
信托期限	24个月（信托成立满12个月后可提前终止）

资金用途	用于受让Z集团所持有的A公司18.22%股权并进行增资,并用于项目建设
发行方式	由B信托公司发行集合资金信托计划,向中国境内合格投资者募集资金
信托财产保管	受托人将委托G银行股份有限公司大连分行担任信托财产的保管银行,双方签署《保管协议》
信托报酬	基准信托报酬(3%)+浮动信托报酬
预期收益率	投资者的预期年化收益率如下: 100万元≤认购金额<300万元:预期收益率为9.5% 300万元≤认购金额<800万元:预期收益率为10.5% 800万元≤认购金额<2000万元:预期收益率为11.5% 2000万元≤认购金额:预期收益率为12.5%
还款来源	主要为方华项目的销售收入(据测算,到信托计划退出时,该项目共可累计实现销售回款13亿元,扣除包含信托利息、税收在内的所有费用支出后,截止信托到期时,项目共可实现累计现金净流入12亿元,对信托本金偿还的保障倍数为4倍)

2. 信托交易结构(见图1.10)

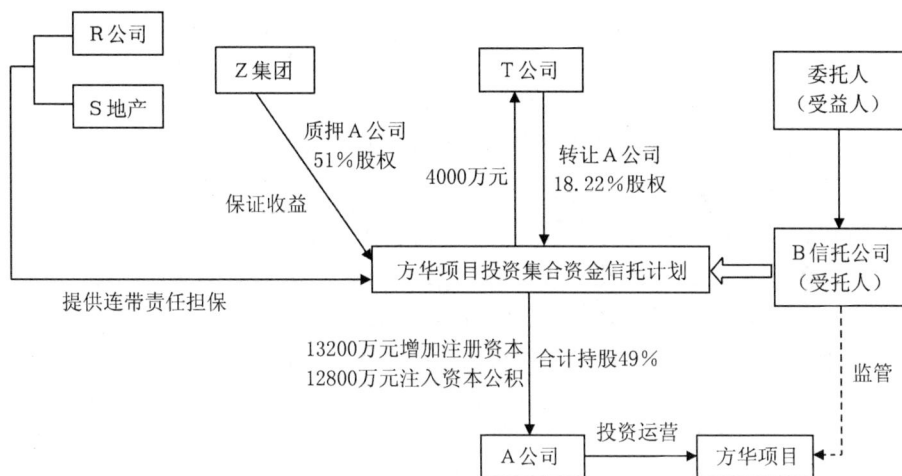

图1.10　方华项目投资集合资金信托计划交易结构

3. 信托费用情况

除非委托人另行支付,受托人(B信托公司)因处理信托事务发生的下列费用以及负担的债务由信托财产承担,该信托费用及负担的债务包括但不限于如下各项,在本信托计划终止时,按照如下顺序计提信托费用(如部分信托费

用在本信托计划成立时及本信托计划终止日前已全部计提的，其信托费用分配顺序由分配顺序在后的信托费用取代）：

（1）受托人信托报酬，包括信托管理费（基准信托报酬）以及额外信托报酬（浮动信托报酬）。

（2）银行保管费。

（3）其他费用，包括：

1）因成立信托计划而产生的前期费用，包括但不限于受托人进行尽职调查的差旅费、通信费、交通费、招待费、办公费用和律师费、审计费、保险费、公证费、评估费、鉴定费、拍卖费等其他费用；

2）信托计划营销及推介费用；

3）文件或账册的制作及印刷费用；

4）信托财产管理、运用或处分过程中发生的营业税、印花税等税费；

5）信息披露费用；

6）信托计划后期管理费用，包括但不限于交通费用、通信费、差旅费、招待费和办公费、保险费、律师费、审计费、公证费、咨询费、手续费、银行代理收付费等费用；

7）召集受益人大会发生的会议费、交通费、餐饮费等费用；

8）为保护和实现信托财产权利而支出的费用，包括但不限于诉讼费、仲裁费、律师费、公证费、拍卖费及其他形式的资产处置费等费用；

9）信托计划终止时的清算费用及向受益人支付信托利益的费用；

10）其他按照有关规定可以列入的其他税费和费用。

4. 信托风险分析

受托人（B信托公司）依据信托文件的约定管理、运用信托资金导致信托资金受到损失的，由本信托计划的信托财产承担。如果B信托公司违背信托文件的约定管理、运用、处分信托资金导致信托资金受到损失的，其损失部分由B信托公司负责赔偿；B信托公司赔偿不足时，则由本信托计划的信托财产承担。根据方华项目的特殊性以及F房地产集团旗下相关企业的综合情况，本信托计划的主要风险来自以下几方面：

（1）政策风险。因国家货币政策、财政税收政策、利率政策、产业政策及相关法律、行政法规的调整与变化，可能影响信托利益实现。

（2）信用风险。若Z集团及其关联人无法保证项目的投资收益，或者未能按期足额支付约定的款项，将导致信托财产的损失。

（3）市场风险。市场风险包括经济周期风险、利率风险、通货膨胀风险、房屋销售风险等，可能将对A公司的经营状况以及Z集团的偿债履约能力产生一定影响，从而影响信托财产的收入。

（4）流动性风险。若A公司的经营状况不佳或者Z集团的偿债履约能力弱化，并进而影响到信托计划的存续以及兑付，则受托人（B信托公司）需要通过处置股权、行使质权以及诉讼等其他方式来收回投资本金及收益，从而导致信托利益的延期分配以及信托计划的延期，这也将影响信托收益。

（5）担保物风险。为保障委托人和受益人利益，受托人为本信托设置了担保措施，但信托存续期间担保物可能出现贬值、灭失或担保人违约以及其他不利情况，从而对信托计划的安全性造成影响。

（6）管理风险。在信托财产的管理运用过程中，受托人（B信托公司）可能发生信托业务部门因所获取的信息不全或存在误差，对经济形势和风险程度等判断有误，从而影响信托财产运作的收益水平。

（7）保管风险。信托计划保管人的资质、信誉、经营状况、保管业务能力等可能影响信托财产的保管情况，从而影响信托计划的收益。

（8）其他风险。战争、自然灾害等其他不可抗力因素可能导致信托财产的损失，从而影响本信托的收益水平，并带来相应风险。

5. 风险管理措施

（1）受托人（B信托公司）合计持有A公司49%股权，如发生风险，受托人可对所持有的股权进行处置。

（2）Z集团将A公司51%股权质押给受托人（B信托公司），如发生风险，受托人将行使质权，并依法对股权进行相关处置。

（3）Z集团保证项目的投资收益，即信托计划到期时，Z集团保证项目投资收益如约实现。

（4）R公司对信托利益提供连带责任担保。

（5）S地产对信托利益提供连带责任担保。

（6）B信托公司派出现场监管人员对A公司的资金用途进行全程监管。

（7）B信托公司实际控制A公司的主要印章和证照。

（8）A公司的日常经营由Z集团负责，但受托人（B信托公司）享有知情权，并对有损股东利益的重大事项具有一票否决权。

6. 信托受益权转让

本信托计划存续期间，受托人（B信托公司）不提供申购或赎回等相关机制，但受益人（投资者，即委托人）可以向合格投资者转让其持有的信托受益权。

（1）信托受益权进行拆分转让的，受让人不得为自然人。机构所持有的信托受益权，不得向自然人转让或拆分转让。

（2）受益人转让受益权的，应持信托合同和信托受益份额转让申请书与受让人共同到受托人（B信托公司）处办理转让登记手续。未到B信托公司处办理转让登记手续的，不得对抗受托人。

（3）受益人转让受益权的，应当将本信托项下受益人的权利和义务全部转让给受让人。

（4）受益人转让信托单位，转让手续费为转让金额的 0.1%，由拟转让信托单位的受益人承担。

（五）案例简评

从本质上讲，F 房地产集团旗下的方华项目采用了股权模式的信托融资方式，通过阶段性的转让项目公司股权以及提供辅助担保的综合策略，在不直接触动核心资产、不影响银行贷款、不增加企业负债的情况下，引入了信托资金这一灵活的金融渠道支持，为撬动整个项目和优化资金使用等一系列工作奠定了重要的基础。

（1）该信托融资项目采用了"混合型"的股权投资策略，即"受让股权＋增资＋资本公积"这三者依次运用、整合发力的模式，从而实现了"持有股权＋注入资金"的双重目的。

（2）该信托融资项目的主要风险控制节点是 A 公司的"股权"，即在没有核心资产抵押的情况下，B 信托公司主要采用了"股权持有＋股权质押"的组合方式对 A 公司进行实际控制，从而实现对方华项目进行整体控制的目的。

（3）该信托融资项目体现了 Z 集团与 B 信托公司之间的博弈结果。B 信托公司通过受让股权和增资的方式合计持有 A 公司 49% 的股权，同时 Z 集团将 A 公司 51% 的股权质押给 B 信托公司。这表明双方就"信托不控股"事宜达成了一致，并同意采用"参股 49%＋质押剩余 51% 股权"的变通方式，以便间接保障"B 信托公司实际控制 A 公司 100% 股权"这一策略的实现。

（4）该信托融资方案是针对方华项目体量较大、分期开发（分为五期）、滚动投入、分段退出等特点而做出的灵活应对方案。

（5）该信托融资方案是在充分考虑自有资金、信托资金、银行开发贷款、房屋销售收入转投等各种资金渠道相互衔接的基础上，根据成本优化、资源放大、系统配置等原则而做出的灵活应对方案。

（6）该信托融资项目是针对交易对手的信用状况、经营特点、管理能力等综合情况所做出的个性化方案。F 房地产集团旗下的 Z 集团以及其他一致行动人在与 B 信托公司合作时，应具备良好的担保能力、盈利能力、偿付能力以及运营能力。同时，Z 集团在信托计划中保证项目投资的合作收益，并承担方华项目的日常经营，R 公司和 S 地产则对信托利益提供连带责任担保。由此可见，B 信托公司对交易对手的选择是相当审慎的，F 房地产集团及其旗下 Z 集团等相关企业的实力应该较雄厚，也唯有如此，才能降低信托资金的风险和保障受益人的权益。

（7）该信托融资项目要求 B 信托公司具备较好的后期管理能力，除了对

A公司印章和证照等进行监管外,还应在方华项目的财务会计监督和重大事项表决等方面发挥重要作用。

（8）在该信托融资项目中,房屋销售是现金流的关键,也是Z集团与B信托公司合作成败的关键。因此,一方面应在前期做好方华项目的销售情况及市场行情分析,审慎测算"销售率盈亏平衡点"、"销售均价盈亏平衡点"等指标;另一方面应根据方华项目分期销售的特点,持续监测预售证的办理情况以及项目现金的回流进度,从而减少不确定性风险。

（9）在该信托融资项目中,银行开发贷款的到位情况显得非常重要。在方华项目总计26亿元的投资中,预计银行开发贷款的占比高达58%,而目前仅到位2亿元,与总体预计15亿元银行开发贷款的前期目标相差甚远。在信托资金已经先行进入项目公司A的情况下,银行开发贷款何时到位以及可支配的具体金额都将显得颇为关键,这也是B信托公司在1～2年内能否从方华项目"全身而退"的重要因素。

（10）在该信托融资项目中,土地、在建工程以及预售房屋的抵押情况也非常重要,毕竟这些都属于A公司的核心优质资产,在A公司不断申请银行开发贷款以及销售房屋的过程中,A公司的抵押、解押以及产权过户登记等行为都将影响到"项目公司的股权价值"。因此,在B信托公司身处"参股49%＋质押A公司剩余51%股权"的情况下,对A公司股权的实际价值也应进行动态监测,或者采取其他有利于项目风险控制的必要手段。

第三节　F房地产集团的房地产基金实践

一、主基金：有限合伙基金

在权衡了信托型基金、公司型基金和有限合伙型基金之后,F房地产集团重点尝试了有限合伙型的房地产基金。该有限合伙基金在不断地尝试各种募集渠道,并将所募资金对中国大陆二、三线城市的优质房地产住宅项目进行组合投资。

截至2011年8月,F房地产集团旗下共计独立管理和运营着2只有限合伙型的房地产基金,总规模达12亿元。另外,还有2只房地产基金正处于初期的筹备状态,预计2011年底至2012年初正式启动发行和成立等工作。

这2只有限合伙型的房地产基金包括：天津方恒景业股权投资合伙企业（有限合伙）,基金规模4亿元,由北京方恒股权投资管理有限公司担任基金的管理人;上海方城景业股权投资合伙企业（有限合伙）,基金规模8亿元,由上海方城股权投资管理有限公司担任基金的管理人。

下边重点讨论的是 2011 年的房地产基金——上海方城景业股权投资合伙企业（即 A 企业）及其与信托计划相互对接的运作思路。

（一）基金管理人

上海方城股权投资管理有限公司（以下简称"方城公司"）是上海方城景业股权投资合伙企业（有限合伙）的普通合伙人（即 GP），也是 Z 地产有限公司的全资子公司，隶属于 F 房地产集团，专注于房地产基金的发行、管理以及运营。

（二）有限合伙基金

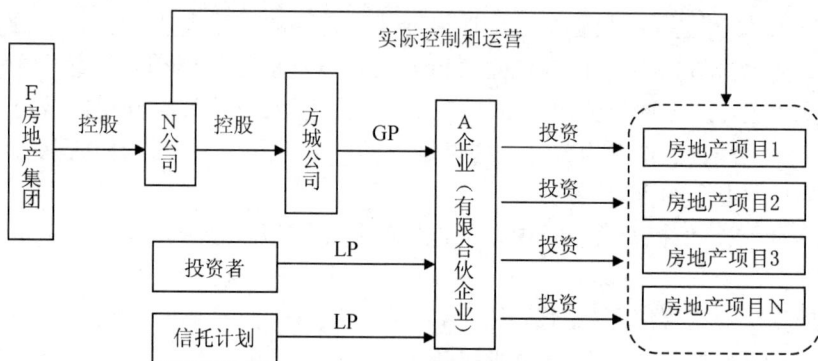

图 1.11　A 企业有限合伙基金

（三）关于 Z 地产有限公司

Z 地产有限公司（以下简称"Z 公司"）成立于 2005 年，以房地产开发经营为主业，具有国家房地产开发二级资质，是涉足房地产、教育、体育、文化等相关产业领域的集团化企业，其母公司是 F 房地产集团。Z 公司开发销售的商品房总面积逾 200 万平方米。截至 2010 年 12 月 30 日，Z 公司的资产负债率是 58%。

（四）运作思路

1. 基金采用"信托＋有限合伙"的模式

方城 I 期房地产基金集合资金信托计划（以下简称"信托计划"）采取"信托＋有限合伙"的操作模式，即信托计划加入有限合伙企业（上海方城景业股权投资合伙企业），并成为该合伙企业的有限合伙人（即 LP）之一；有限合伙企业再以增资或新设方式组合投资于 Z 公司下属的房地产项目公司。

2. 信托资金的投资运用采取"股权＋债权＋TOT＋其他"的组合模式

信托计划的投资期限较长，该组合模式可以同时投资于多个项目、多个市场或多个产品。另外，它也考虑了信托资金在实际运作中的投资期、可能的投资过渡期以及闲置期，由此确保了信托资金更加有效率地投资运作。

（1）在信托资金的投资期，主要通过有限合伙基金的平台（即上海方城景

业股权投资合伙企业）投资于Z公司旗下房地产项目公司的股权。

（2）在信托资金的投资过渡期，主要通过债权方式投资于其他优质的房地产项目，或者将信托资金加入其他期限较短、风险较低的信托计划之中（即TOT）。

（3）在信托资金的闲置期，则可投资于货币市场基金、短期拆借、国债、金融债等。

3. 资金池运作，并可循环投资

信托计划的发行规模较大，信托期限较长，与有限合伙进行组合之后可以形成有一定存量的"资金池"。同时，资金可以循环投资，即在投向某个项目的资金顺利退出之后，还可以再投资于其他项目。这种"资金池"模式既能降低单一项目所带来的风险和不确定性，也提高了资金的整体使用效率。

4. 合作与对赌

这种"信托＋有限合伙"的房地产基金模式是B信托公司与F房地产集团的一次深度合作，同时也有博弈，甚至有对赌。F房地产集团将旗下的优质资源整合到信托计划以及有限合伙之中，同时以资产和信用为此次合作的风险提供"担保"。一方面，Z公司以现金认购信托计划的一般级信托单位，同时提供优质的房地产项目，并且委派专业的管理团队；另一方面，Z公司承诺在特殊情况下补足优先受益人的基础预期收益，甚至在遇到非正常清算的情形时以现金收购信托计划持有的LP份额，总之是竭尽所能为信托计划"排忧解难"。

二、方城Ⅰ期房地产基金集合资金信托计划（2011年）

（一）信托计划简介（见表1.19）

表1.19　方城Ⅰ期房地产基金集合资金信托计划

产品名称	方城Ⅰ期房地产基金集合资金信托计划
信托规模	6.8亿元（优先级信托单位占比75%，一般级信托单位占比25%）
信托期限	3＋1＋1年（前3年为持有期，第4年为回收期，第5年为延续期）
预期收益率	优先受益人的预期年化收益率：12%～22%（上不封顶，其中基础预期收益是9%）
资金运用方式	（1）信托计划成立后，受托人（B信托公司）按照信托合同规定主要以信托计划本金加入有限合伙企业（上海方城景业股权投资合伙企业），并成为该合伙企业的有限合伙人（LP）之一。上述有限合伙企业作为母基金，将其收到的合伙人的认缴资金预留/扣除相关费用后，再以增资或新设方式组合投资于Z公司下属的房地产项目公司。 （2）以债权方式投资于其他项目。 （3）加入其他信托计划。 （4）投资于货币市场基金等领域。

续表

基金管理	B信托公司与Z公司共同组建信托基金的投委会，另外聘请知名的外部机构提供咨询和估值等相关专业服务
基金退出	信托计划以从合伙企业获取分红、转让出资、退伙等方式从合伙企业退出（合伙企业通过项目公司分红、清算、股权转让等方式获取投资回报并收回投资）
保障措施	除了F房地产集团提供担保之外，Z公司出具不可撤销、不可抗辩的承诺： (1) 补足优先受益人的基础预期收益； (2) 非正常清算时收购信托计划持有的LP份额。

（二）信托交易结构图

B信托公司与Z公司共同组建信托基金的投资决策委员会，作为向受益人大会负责的决策机构，对信托计划的投资管理出具决策意见。同时，知名外部机构提供咨询和估值等相关专业服务，银行保管资金。具体的交易结构参见图1.12。

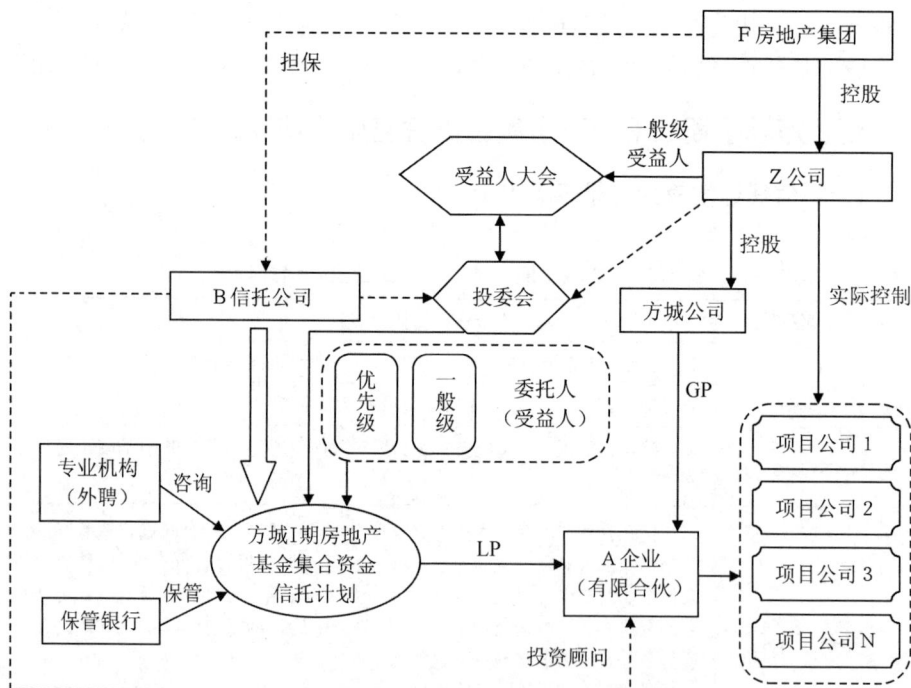

图1.12　方城Ⅰ期房地产基金集合资金信托计划交易结构

（三）资金募集情况（见图 1.13）

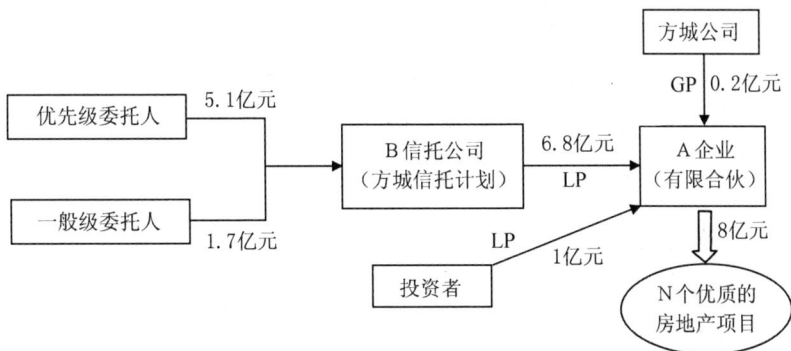

图 1.13　方城Ⅰ期房地产基金集合资金信托计划资金募集情况

（四）信托资金运用方式（见图 1.14）

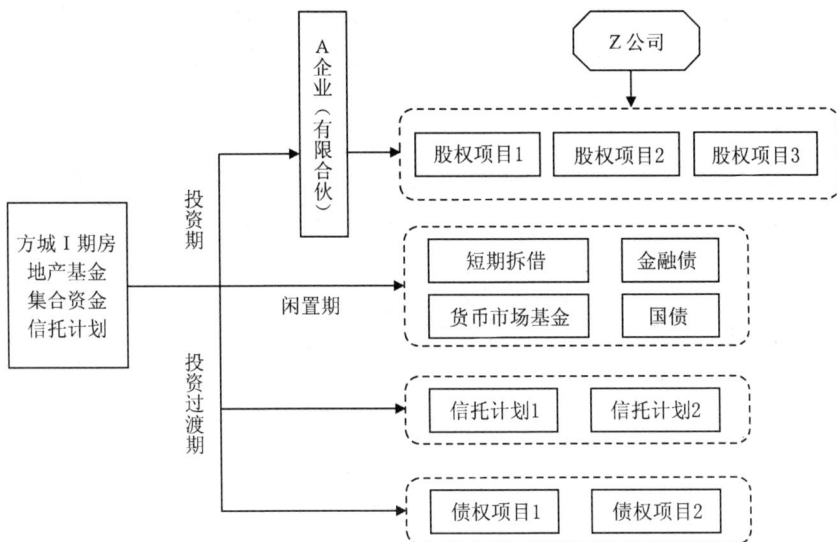

图 1.14　方城Ⅰ期房地产基金集合资金信托计划资金运用方式

（五）收益分配方式

1. 信托基金的收益层次（见图 1.15）

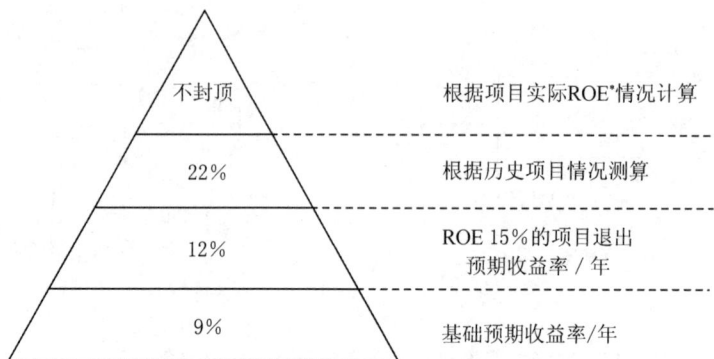

不封顶 ——— 根据项目实际ROE*情况计算

22% ——— 根据历史项目情况测算

12% ——— ROE 15%的项目退出
预期收益率／年

9% ——— 基础预期收益率/年

图 1.15　方城Ⅰ期房地产基金集合资金信托计划收益层次

注：* ROE，即净资产收益率，是指净利润额与股东权益的比值，是衡量项目盈利能力的重要指标。该指标越高，说明投资带来的收益越高。

2. 优先受益人收益分配时间

前两个信托年度的收益于信托计划成立届满 2 年时一次性分配，以后每满一年分配一次，最后一次收益于信托计划终止时随信托本金一并分配。

3. 优先受益人收益分配（见表 1.20）

表 1.20　方城Ⅰ期房地产基金集合资金信托计划优先受益人收益分配

信托计划年净收益率≤9%	优先受益人享受基础预期年收益率 9%，如果信托计划的现金收益未达到优先受益人当期应分配的基础收益，则由 Z 公司补足；信托计划获得现金收益后，退还 Z 公司的补足部分
9%＜信托计划年净收益率≤12%	受托人（B 信托公司）收取 9%至信托计划年净收益率之间部分的 20%；剩余部分由优先受益人和一般受益人（Z 公司）按照实际所占信托计划本金的比例分配
12%＜信托计划年净收益率	12%以上超额收益，优先受益人、一般受益人（Z 公司）、受托人（B 信托公司）三方按照 3∶6∶1 的比例进行分配
投资过渡期间	信托资金可以暂时以债权方式运用，在该种情况下：债权年利率＝优先受益人基础预期年收益率＋3%

（六）资金退出方式

1. 信托资金退出

信托资金的退出分为两层：一是 A 企业（有限合伙）退出具体的项目公司；二是信托资金退出 A 企业。具体情况见表 1.21。

表 1.21　方城Ⅰ期房地产基金集合资金信托计划信托资金退出

第一层	合伙企业通过项目公司分红、项目清算、股权转让等方式获取投资回报、收回投资
第二层	信托计划以从合伙企业获取分红、转让出资、退伙等方式从合伙企业退出

2. A企业（有限合伙）退出具体项目公司的机制（见图1.16）

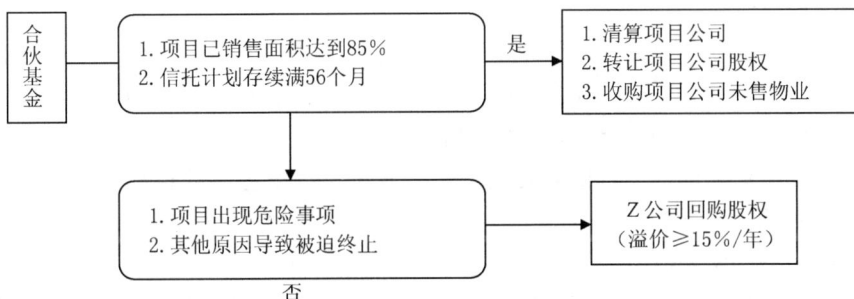

图 1.16　A企业（有限合伙）退出具体项目公司的机制

3. 物业价值的评估（见表1.22）

表 1.22　项目物业价值评估

项目	分类	具体标准
收入	已售物业	按实际发生额计算
	待售物业	按评估时最近3个月销售价格的85%计算，且原则上不低于项目成本
	持有物业	
成本	已发生成本	按实际发生额计算
	未发生成本	按评估值计算，充分考虑按中国相关法律法规计算的预提土地增值税、企业所得税、项目管理团队奖励等费用

（七）项目选择与管理机制

1. 项目选择管理机构与职能

信托基金的投资决策委员会对信托计划的投资管理出具决策意见，并向受益人大会负责的决策机构。信托基金投资决策委员会的职责范围如下：

（1）决定信托计划投资项目以及认购有限合伙的LP份额数量；

（2）决定投资于目标项目公司的股权比例和投资金额；

（3）决定信托计划投资后管理以及投资回收的具体事项；

（4）决定信托计划所涉及的第三方服务机构及相关事项；

（5）决定信托计划届满 4 年后的继续存续期限；

（6）信托文件约定的其他可以决定的事项；

（7）超出上述职责约定范围的，由信托基金的投委会提交信托计划受益人大会决定。

2. 投资项目的选择标准

（1）可以满足 Z 公司并表需要的控股条件，即 Z 公司对项目具备较为完整的控制权。

（2）项目预计整体 ROE（净资产收益率）不低于 15%/年。

（3）项目开发周期原则上不超过 5 年，但 Z 公司推荐的预期收益较好（ROE 不低于 20%/年）的项目可适当放宽。

（4）项目预计开工日期原则上不晚于信托计划成立届满 1 年。

3. 投资项目管理

（1）管理原则。

1）作为 A 企业（有限合伙）的 GP，方城公司在企业治理、人事组织、项目运营、投融资等方面拥有主导权，并派出管理团队负责 A 企业的日常运营。

2）根据法律法规、A 企业合伙协议、投资顾问协议等规定，B 信托公司享有对 A 企业的知情权、监督权和重大事项的决策权。

3）除本身正常经营需要外，A 企业对外提供担保或签署其他重大合同（所涉及金额超过人民币 200 万元），应事先经合伙人会议审议通过；B 信托公司按照投资管理规程对上述重大事项施加影响。

4）根据相关协议，B 信托公司拥有重大事项一票否决权。

（2）组织管理。

1）由 B 信托公司委派专门人员参与 A 企业的重大事项决策。

2）方城公司与 B 信托公司在 A 企业共同设立投资决策委员会，其中有限合伙人委派代表一名，普通合伙人内部委派三名，投资顾问委派一名；所有投资决策需投委会至少四名委员一致通过。

3）由 B 信托公司向 A 企业委派一名分管财务的专业人员。

（3）经营管理。

1）在信托计划投资前，Z 公司或方城公司应对拟投资项目制定详细的商业计划书，以备 B 信托公司做出投资决策。

2）信托计划投资后，Z 公司或方城公司应按年度或季度制订经营计划，并与项目管理团队签订目标责任书。

3）方城公司应按年度制订 A 企业的财务预算，并提交给 B 信托公司。

4）由 B 信托公司根据商业计划书以及经营计划，对项目的实际运营进度做出对比，督促项目管理团队按时完成计划进度。

第二章 房地产信托融资的典型模式及其案例

第一节 房地产信托市场透视

一、房地产企业的信托融资需求

房地产企业眼中的房地产信托是一种融资方式，即通过信托公司发行信托产品募集资金后投向房地产开发商的开发项目中去。传统的房地产开发主要是对土地、原材料、劳动力这三大要素进行整合，并在撬动银行贷款的基础上实现预售回款以及销售获利。这表明房地产行业的典型模式仍是"产业资本＋间接融资"的粗放型发展业态。虽然也有不少房地产企业通过在 A 股或 H 股上市实现了资本运作，但其对间接融资的依赖度仍过高，加之资本市场的再融资能力减弱，因此房地产企业的资本链条脱节问题越来越突出。那么，究竟是哪里脱节了？笔者认为，相比于间接融资，房地产企业的直接融资比重过低；相比于公募融资，房地产企业的私募融资明显落后；相比于金融渠道，房地产企业的非金融渠道募资能力还很弱；相比于外部渠道，房地产企业的自有渠道融资能力尚未真正形成。进一步讲，直接融资、私募融资、非金融渠道募资、自有渠道融资这四个方面的"短板"，已经制约了房地产企业的整体融资能力、资金周转能力、企业扩张能力和品牌提升能力。不少知名房地产企业已清楚地认识到这点，并已着力加强信托融资和私募基金等渠道的合作力度。① 国内真正意义上的房地产信托是从 2002 年开始初露端倪的，并由此翻开了信托公司与房地产企业不断深入合作的崭新一页。

《建设部、国家计委、财政部、国土资源部、中国人民银行、国家税务总局关于加强房地产市场宏观调控促进房地产市场健康发展的若干意见》（建住

---

① 王巍：《房地产基金：房企迈向金融资本化的"独立宣言"》，《中国建设报·中国住房》2011年7月6日。

房〔2002〕217号）明确规定，要严格审核房地产开发项目贷款条件，切实加强对房地产开发贷款使用的监管，对未取得土地使用权证书、建设用地规划许可证、建设工程规划许可证和施工许可证（开工报告）的项目，商业银行不得发放任何形式的贷款。随后，《中国人民银行关于进一步加强房地产信贷业务管理的通知》（银发〔2003〕121号）也明确要求，房地产开发贷款对象应为具备房地产开发资质、信用等级较高、没有拖欠工程款的房地产开发企业；贷款应重点支持符合中低收入家庭购买能力的住宅项目，对大户型、大面积、高档商品房、别墅等项目应适当限制；对商品房空置量大、负债率高的房地产开发企业，要严格审批新增房地产开发贷款并重点监控；商业银行对房地产开发企业申请的贷款，只能通过房地产开发贷款科目发放，严禁以房地产开发流动资金贷款及其他形式贷款科目发放；房地产开发企业申请银行贷款，其自有资金（指所有者权益）应不低于开发项目总投资的30%。由此可见，监管部门要求各商业银行只能向满足"四证齐全"、资本金超过30%的房地产项目发放"开发贷"，并在一定程度上限制了房地产开发企业的银行融资渠道，于是不少房地产企业开始主动拓展多元化的融资方式，房地产信托融资模式由此应运而生。

央行发布"121号文件"限制房地产企业的银行融资，房地产信托开始成为房地产企业追逐的热点。房地产信托只是信托公司诸多业务种类中的一种，但因为它涉及关乎国计民生的房地产行业，而且是在房地产行业调控政策下其他融资方式受限的情况下给房地产企业"输血"，因此总是在房地产行业紧缩时期引人关注。目前，房地产开发企业的资金来源主要有企业自有资本金、银行开发贷款、股东或者第三方借款、项目销售收入、上市融资、债券发行、海外REITs、典当行或高利贷、房地产信托等。在所有的融资方式中，银行开发贷款以及资本市场融资（IPO、增发、债券发行等）的成本相对较低，但极易受国家宏观货币政策以及房地产行业政策调控影响。房地产信托的特点是成本较高但方式灵活，开发商会首先考虑开发贷或者发债等方式募集资金，当这些低成本的融资方式不可行的时候，他们才会考虑房地产信托资金。每当商业银行开发贷收紧、房地产企业IPO、发债等暂停的时候，房地产开发企业就会将目光投向房地产信托。在《关于加强信托投资公司部分业务风险提示的通知》（银监办发〔2005〕212号）一文以前，房地产信托主要以股权投资加回购等方式充实开发商的资本金，待满足资本金30%要求后撬动开发贷款。在此之后，房地产信托被视为银行开发贷款的一种有力补充，信托公司能综合运用债权、股权、财产权等方式投向房地产开发项目。① 随着时间的推移，房地产企业与信托公司之间的合作也在不断深化，从单一项目到组合项目，从单向融资到联合投资，从应急合作到战略合作，双方合作的广度和深度正在迈入一个崭新的历史时期。尤其是 2009～2011 年，房地产企业与信托公司之间经历了一次前所未有的"蜜月期"，双方也在不断磨合房地产信托业务的资源整合，践行一条互惠互利、合作共赢的创新之路。

二、房地产信托的发展与转型

2009～2010 年的大部分时间里，中国内地的房地产市场呈现出一片繁荣的景象。作为房地产开发商的重要融资通道，许多信托公司也受惠其中。事实上，信托公司最大的利润增幅与成功推出的房地产信托产品组合直接相关，这些产品一般会为投资者带来较高的收益率。据统计，在 2010 年新发行的集合信托产品中，房地产信托产品占了较大的比重。从图 2.1 中可见房地产信托产品的发行量呈现逐月大幅攀升的趋势。除了为房地产开发商提供债务融资外，信托公司还发行了大量股权、收益权、混合债权/股权产品（参见表 2.1），特别是风险系数相对较低的股权类产品，更是增幅显著。这可能是由于在房地产项目不能满足信托贷款的严格要求时，信托公司可以选择以股权的形式实现为房地产项目融资的目的。在发行这类产品时，信托公司一般会持有房地产开发项目的大部分股权，达到控制的目的，以便积极地管理项目现场的风险。信托公司提供的另一类投资产品是收益权信托产品，这类产品的操作模式与房地产信托投资基金（REITs）相似，投资于资产（如应收款）的收益权。与股权类投资相比，这类投资可减少一定的管理费用，同时具有更大的流动性和较低的运作成本。根据具体项目决定投资方式，适当结合这两类信托产品可让信托公司的经营更加灵活。② 值得注意的是，房地产信托的创新水平也取得了较大进步，在传统的贷款方式之外，股权投资、权益投资、准资产证券化、基金化产品等方式也得到了广泛运用，彰显了信托投融资的高度灵活性。例如，房地产信托的基金化产品增长迅速。在 2010 年第三季度和第四季度，此类基金化产

---

① 由于金融机构特别是信托公司多集中在北、上、广、深等一线城市或者各省会城市，房地产信托刚开始也只是一线城市的房地产开发商融资的一种选择，而二、三线城市的开发商多数在银行开发贷之外选择典当行或者担保公司融资，甚至是通过采取收取购房定金或合作建房款等方式"非法集资"。据观察，随着信托公司"异地业务"的开展以及金融人才的流动，越来越多的二、三线城市的开发商开始了解房地产信托，并将房地产信托视为银行开发贷之后的次优选择。参见《众说纷纭房地产信托》一文。此文是中国信托业协会"我看信托这十年"征文稿件，来源于和讯网—和讯信托 2011-7-12。

② 参见毕马威《2011 年中国信托业调查报告》，第 10～11 页。

品的信托资产余额分别为 135.83 亿元、168.37 亿元，但到了 2011 年第一季度和第二季度，则分别攀升至 214.23 亿元、284.09 亿元。由此可见，在 9 个月里，基金化的房地产信托产品已增长了 109%，其规模和占比均在快速提高。这也表明，信托公司在满足客户需求和强化风险防控等方面正在不断地提高资产管理水平。[①]

百万元   集合信托投资—房地产

图 2.1　房地产信托产品规模走势

表 2.1　房地产集合信托按资金运用方式分类　　　　单位：百万元

名称	2010 年		2009 年	
资本使用	金额	百分比（%）	金额	百分比（%）
贷款	28941	14.52	14143	31.49
股权	71817	36.03	11093	24.70
收益权投资	47280	23.72	9913	22.07
混合债权/股权	50848	25.51	9767	21.75
其他	425	0.21	—	0
总额	199311	100	44916	100

　　的确，2011 年火爆的房地产信托市场其实在 2010 年就已形成趋势。2010年房地产信托产品发行密集，规模增长十分迅猛。根据信托行业协会发布的统

---

　　① 丁晓娟：《房地产信托主动转型势在必行》，《中国建设报·中国住房》2011 年 8 月 3 日。

计数据，2010 年第一季度的房地产信托资产余额为 2351.29 亿元，在全部资金信托业务中的占比是 10.64%。随后，在房地产企业融资需求的强劲拉动下，房地产信托的规模和占比频频刷新历史纪录。2011 年上半年，房地产信托更是经历了一轮罕见的快速成长，尤其是在第二季度一举跨过 6000 亿元大关，其增长速度相当快。信托业协会的统计数据显示，2011 年第一季度的房地产信托资产余额是 4868.88 亿元，在全部资金信托业务中的占比是 15.58%。到了第二季度，房地产资金信托的余额已达 6051.90 亿元，占比高达 16.91%。在整个信托资产规模中，除了上述的资金信托，还应关注财产信托。2011 年第二季度信托公司"管理财产信托"的余额是 1632.17 亿元，这其中尚不清楚有多少信托产品与房地产有关。总之，在短短一年多的时间里，房地产信托资产余额已快速跨越了 3000 亿元、4000 亿元、5000 亿元、6000 亿元四大台阶。火爆背后也有冷静，不少信托公司、银行、第三方理财机构都悄然意识到了"高处不胜寒"，主动转型已是势在必行。[①] 这种转型既是对房地产行业深度变革的一种适应，也是对信托行业稳健发展的一种内在要求，更是经济结构调整过程中房地产金融市场的一次重要创新。

对房地产行业而言，信托公司涉足已久，见证了历次房地产行业的高低起伏，积累了丰富的行业经验，也建立了房地产信托的业务团队，可以说房地产信托是信托公司的传统业务，也是自身熟悉的业务。相对于其他工商企业，房地产行业的特殊性决定了其较高的利润率，同时也面临较高的风险。房地产信托的这些特点正好符合定位为私募的信托产品的投资人——合格投资者的风险收益以及期限偏好。从信托公司风险控制的角度看，因为土地和房屋都是最容易变现的有效抵押物，所以对于房地产项目的风险更容易控制。同时，房地产信托能给信托公司带来动辄 4% 左右的佣金费率，相比其他行业 1%~2% 的费率水平，房地产信托对信托公司的吸引力显而易见。可以说，房地产信托是信托公司最主要的业务重点和盈利来源，近年来的统计表明，无论政策如何调控，房地产一直居于信托资金投资领域的前三甲，房地产信托也被称为信托产品的"三驾马车"之一。与其他任何金融企业的金融产品不同，信托公司开发的信托产品面临刚性兑付压力。如果信托产品亏损或者达不到预期收益率，则会产生很大的社会影响。刚性兑付压力下的信托公司，在设计产品的时候考虑的不是如何给客户创造最大化的收益，而是如何达到信托合同上约定的预期收益率。正因为如此，信托公司开展的多为融资类业务，追求的是"固定收益"。同时，信托公司的行业经验缺乏、人员配备不足等因素也制约了其开展大量的投资类业务。正因为如此，房地产信托业多数是信托贷款或者是股权投资、收

---

① 丁晓娟：《房地产信托主动转型势在必行》，《中国建设报·中国住房》2011 年 8 月 3 日。

益权投资加回购等方式。① 虽然真实 PE 投资以及基金化的房地产信托产品正处于加速发展过程中，但由于营销渠道、管理能力、估值技术、处置方式等方面的瓶颈，信托公司如欲在这一高难度的领域大有作为，恐怕仍需一个积累和磨砺的过程。

目前，房地产信托业务最大的风险就是信托资金的实际用途大部分均为补充开发商自有资金投资，不仅与监管政策相违背，也注定信托融资的还款来源难以依托项目本身的现金流，从而增加了风险系数。要根治这一弊端，首先就要树立"基于项目"这一房地产投资的核心理念，即房地产信托业务的核心是项目，而不是基于某地产商的信誉或实力，信誉好、实力强可以为项目加分，但不能因此忽视了项目本身的开发状况、盈利能力与管理水平，房地产信托的收益要基于项目本身现金流，而非开发商其他项目的还款。其次，要以长期投资为主要投资手段，逐步减少并降低目前以中短期融资型信托为主的局面及占比，这样做的原因有两个：一是资金链的断裂风险是目前房地产信托业务的最大风险，在市场及货币双重调控压力下，开发商面临产品销售进度及销量下降造成的现金流流入速度减缓与信托融资、开发贷款具有固定到期日期的巨大矛盾，这里面开发贷款还可以展期，而信托融资却直接面临兑付危机，无法展期或延迟兑付，这就有可能造成由还款进度风险转化为项目整体风险。二是房地产项目是目前市场上所有投资中"投资—退出"流程最清晰、程序最规范并具有显著的可预测性的投资品种。一个房地产项目从获取项目土地、办理开发手续到建筑安装、销售回款直至项目清算，流程清晰、每个环节相对固定，时间可以预测且大部分房地产项目均设立项目公司，可以很简便地通过清算项目公司实现市场价格退出，是最好的具有明确退出方式、大致退出时间、运作流程最清晰的项目投资标的，特别适宜针对固定项目实施股权投资或长期现金流权益投资。最后，"基于项目的投资"需要信托公司深入项目进行管理，确实对项目的投资以及现金流的回收进行掌控，要做到真正的主动管理。因此，"基于项目、长期投资、强化管理"是后调控时期房地产信托业务的主要发展模式。② 由此可见，房地产信托的下一步转型，是对信托公司风控能力、营销能力、管理能力等方面的综合考验。

三、房地产信托良性发展意义重大

目前，房地产信托业务已成为多家信托公司的支柱业务之一。特别是

---

① 参见《众说纷纭房地产信托》一文。此文是中国信托业协会"我看信托这十年"征文稿件，来源于和讯网—和讯信托 2011－7－12。

② 参见《后调控时期房地产信托业务的发展模式与趋势》一文。此文是中国信托业协会"我看信托这十年"征文稿件，来源于和讯网—和讯信托 2011－7－11。

2010 年以来，房地产信托业务发展势头迅猛。信托的独特制度优势以及灵活的产品设计在丰富房地产业融资渠道、配合宏观调控政策等方面起到了重要作用。因此，加快发展房地产信托具有积极的意义。

第一，有利于落实宏观调控政策，促进我国住房保障体系的建设。一直以来，我国房地产信托产品业务重点都集中于住宅市场，而且在廉租房、经济适用房等政策性住房建设领域也屡有创新。因此，通过引导和加快运用于住宅领域的房地产信托发展，契合了房地产调控的需求，也有利于促进住房保障体系的完善。

第二，有利于我国房地产金融体系潜在风险的化解。目前，我国房地产企业高度依赖银行信贷单一间接融资渠道，80％左右的土地购置和房地产开发资金都直接或者间接地来自银行贷款。随着国家对房地产信贷政策的收紧，房地产开发企业资金链条日趋紧张，一旦资金链断裂，风险就会暴露，银行的不良资产将大幅度上升，进而可能危及整个金融体系的安全。通过发展房地产信托这一直接融资工具，不仅能够优化融资结构，而且可以有效地避免房地产行业波动给金融体系造成的冲击。

第三，有利于促进我国房地产行业的健康发展。目前，我国房地产业依然处于初级阶段，房地产企业规模小，资本实力弱，企业专业化程度较低，资产的利用效率不高。通过发挥信托在财产管理中的专业优势，组织专业的管理公司和专业队伍进行物业资产的投资、运作管理，可以有效地提高物业资产的利用效率，也能改变目前房地产企业重开发、轻经营的弊病，促进房地产行业的健康稳定发展。

第四，能够为投资者提供良好的金融理财产品。经过近几年的发展，房地产信托产品以其严谨的风险控制、极低的违约率、稳健的收益水平在投资者中形成了良好的口碑。与股票、基金、债券等金融投资产品相比，房地产信托在风险和收益的匹配方面具有独特优势。因此，加快房地产信托业务的发展，可以更好地满足居民多样化的投资需求，为保险、社保和企业年金等长期性资金提供更丰富的投资选择，拓宽居民财产性收入的渠道来源。[①]

另外，根据信托的特点，结合目前新的监管形势，房地产信托业务今后的生存空间或发展趋势应体现在如下几个方面：

首先，房地产信托业务会逐步从以住宅类信托为重点转向以商业物业、保障性住房类信托为重点，从一般性的住宅融资类信托为重点转向以优质上市公司、大型房地产企业集团与区域龙头为主要交易对手的房地产信托为重点。商

---

① 参见邓红国《发挥信托制度优势，促进房地产业健康发展》，来源于中国信托业协会《2010 年中国信托业峰会征文集》，第 221～222 页。

业物业受国家房地产宏观调控政策影响不大，并且由于住宅类地产的爆炒，商业物业的价格与住宅类地产相比已经存在明显的价格倒挂现象，未来投资的空间不少；保障性住房是国家政策鼓励投资的方向，是今后房地产行业发展的重点方向之一，虽然对于保障性住房项目银行也很感兴趣，且比信托更有成本优势，但信托可以通过股权投资或股权投资与债权融资相结合的方式争取到自身的业务空间；基于风险控制的原因，未来房地产信托资金会更多地流向优质上市公司、大型房地产企业集团与区域龙头，这种趋势会在今后变得更加明显，中小房地产企业的资金压力会越来越大，房地产行业兼并收购的浪潮即将来临。

其次，充分发挥信托公司在投资管理方面的优势，推进房地产股权投资信托。信托融资存在与银行分蛋糕的竞争，而股权投资信托则反映信托公司"受人之托，代人理财"的行业本源，是信托走高端投资理财之路的根本所在。这里讲的股权投资信托并非当前名为股权投资或收益权投资实则为信托融资的模式，真正的股权投资具有高风险、高收益的特点，所以信托公司需要大力增强股权管理能力。股权投资信托虽然没有明确的监管限制，但信托公司更要关注与评估项目的风险，自行加高合作门槛，并加大财务监管与项目监管力度，否则高收益换回的可能就是难以抵御的高风险。当然，股权投资信托并不代表信托公司去做房地产开发商（一般情况下去做开发商都是被动的，是项目出现实际风险需要对项目进行处置），毕竟术业有专攻，股权投资信托主要还是以财务投资为主基调，需要做好的是严格的财务管理或控制，以及具有一定的项目运作评价能力，避免项目操作风险。对于真正的股权投资信托需要充分认识投资者风险教育的重要性，确实做好风险提示，基于同样的原因需要解决产品销售渠道问题，毕竟纯股权投资的风险比较高，潜在投资客户相对较少。

再次，走好融资类信托与股权投资信托的中间道路，发挥信托机制的优势。房地产融资业务信托竞争不过银行，只能在银行业务覆盖不到的范围内去做，但是如果充分发挥信托的投资理财的多样化机制，信托融资的"瓶颈"就能够打开。例如，可以研究推出股权投资与债权融资相结合的信托产品，以债权为主求安全性，以股权投资为补充求灵活性与高收益回报。例如，优质上市公司承诺回购的房地产股权投资信托，虽然实质是融资类信托，但符合监管政策对信托融资，同时又有上市公司的信用与其子公司股权质押及财务监督，就能开辟银行不具有的融资模式。实际上这样的模式在业务领域已经广泛运用，这就是信托相比银行的业务空间所在。

最后，走研究创新之路，研究推出类 REITs（房地产投资信托基金）的集合资金信托计划与类基金的中长期集合资金信托计划。REITs 的本质就是信托，信托公司应在期限、退出方式等方面研究出合适的方案，积极推出类REITs 的集合资金信托计划。此外，投资人亦可享有该项目升值和可能上市

流通等潜在利益。研究并推出基金化的中长期房地产集合资金信托计划或许是将来信托公司业务发展的主要趋势之一。目前信托融资类产品成为当前的主导，并且期限偏短，如果能推出基金化的中长期房地产集合资金信托计划，不仅能满足企业的需求，而且也更符合监管要求。银监会官员也曾明确指出，"鼓励信托公司研究创新中长期的私募基金计划"。[①]

第二节　贷款模式

一、基本操作模式

关于房地产信托的债权融资模式，最为基础的是信托贷款。同时，被视为最简单的信托贷款，通常也是最行之有效的融资方式，操作模式参见图2.2。但是，相对于银行贷款而言，无论是从规模、资金成本，还是从贷款期限来说，信托贷款似乎不占有优势。就对房地产企业的限制而言，两者的限制也非常接近，都要求开发企业项目资本金比例不低于30%[②]，必须取得"四证"。对于信托公司而言，限制还不仅限于此，根据《中国银监会办公厅关于加强信托公司房地产、证券业务监管有关问题的通知》（简称"265号文"）的规定，严禁信托公司以投资附加回购承诺、商品房预售回购等方式间接发放房地产贷款，而且申请信托贷款的房地产企业资质应不低于国家建设行政主管部门核发的二级房地产开发资质。[③] 其基本融资方式参见图2.3。

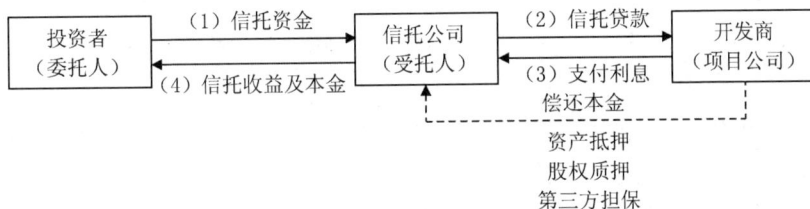

图 2.2　贷款型信托的操作模式

---

① 参见周林《新监管形势下房地产信托业务的发展趋势分析》，《信托周刊》第54期，2010年12月13日。

② 保障性住房和普通商品住房项目的最低资本金比例为20%，其他房地产开发项目的最低资本金比例为30%。

③ 罗杨：《围炉夜话房地产企业信托融资：房企融资实用攻略详解（上）》，《信托周刊》第16期，2009年6月9日。

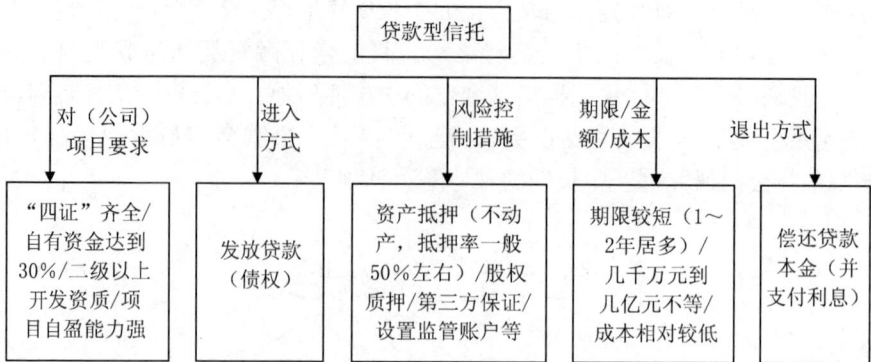

图 2.3　贷款型信托的融资方式

二、案例：Y 项目贷款集合资金信托计划

（一）项目背景

1. 项目基本情况

A 公司注册资本 4.24 亿元，主营房地产项目的经营与开发。B 集团是 A 公司的全资母公司，持有 A 公司 100% 股权。C 集团是 B 集团的控股股东。A 公司自成立以来已开发完成 7 个项目，总计建筑面积达 50 多万平方米，均已全部售罄。股权关系见图 2.4。

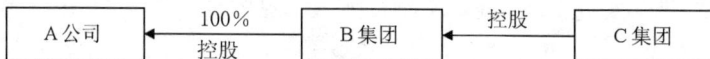

图 2.4　A 公司、B 集团、C 集团的股权关系

目前 A 公司重点开发 Y 项目，该项目地处 H 市大学城中心区域。《H 市战略发展规划》中明确指出，该区域将作为今后 H 市发展规划中的重要组成部分。A 公司具备房地产开发二级资质，Y 项目已取得《国有土地使用证》、《建设用地规划许可证》、《建设工程规划许可证》以及《建筑工程施工许可证》。

该项目占地 313.86 亩，总建筑面积 398085 平方米，分甲、乙、丙三区开发：甲区以连排别墅为主；乙区包括 7 幢 4 层的花园洋房、4 幢 33 层的高层住宅和 1 幢 5 层商业综合楼；丙区包括 7 幢 18～27 层的高层住宅和 1 个幼儿园。

2. 政策情况

随着近年来 H 市经济社会的快速发展和国家宏观政策背景的转变，以及若干重大项目的建设，为了更好地指导城市建设与发展，2011 年 2 月，H 市

政府委托某城市规划设计研究院着手编制《H市空间发展战略规划》。

该规划文件表明，项目所在区域将作为H市规划的重点区域，建设以商务办公、总部经济、会议展览等功能为主导的公建中心，打造城市综合体，成为H市发展新亮点。与此同时，全面推进该区域中心区外围建设，引导空间拓展和功能布局优化，使中心区优化整合与新城开发建设联动并进。

3. 项目所在地情况

Y项目位于该区域中心位置，紧贴H市大学城并且与市政府相邻，有着良好的行政配套，周边分布有地税局、公安局、工商所、国土资源所、银行及零售商业等，交通十分便利。

4. 关联公司情况

B集团是A公司的全资母公司，其总股本5.36亿元，主营业务是房地产开发，在H市树立了良好的口碑，成长性较好。2010年公司房地产销售回款超过25亿元，在H市占有率较高。截至2010年底，B集团资产总额50亿元，负债总额26亿元，净资产24亿元。

C集团是B集团的控股股东，该集团成立于2002年，注册资本20亿元，主要从事钢材、板材、石材、玻璃等建材类产品及柜式风机、园林机械、建筑机械等机械类产品的批发贸易。截至2010年底，总资产32亿元，净资产26亿元。

(二) 信托计划方案

1. 信托计划简介（参见表2.2）

表2.2 Y项目贷款集合资金信托计划信息

产品名称	Y项目贷款集合资金信托计划
发行规模	3亿元
起点金额	300万元
信托期限	信托期限18个月，自本信托计划成立之日起计算
预期年化收益率	300万元以下为8.5%，300万元以上为10%
资金运用方式	信托资金用于向A公司提供房地产开发贷款，利率15%/年，全部用于Y项目乙区开发建设

2. 交易结构图（参见图 2.5）

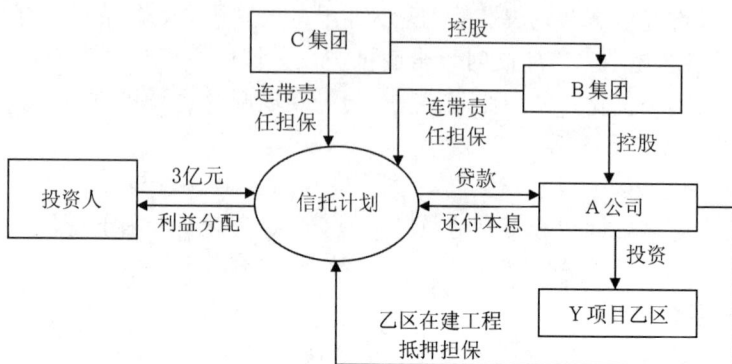

图 2.5　Y 项目贷款集合资金信托计划交易结构

第三节　股权模式

一、基本操作模式

在遇到项目资本金短缺的情况下，房地产开发公司该如何运用信托平台解决资本金问题呢？备选方案包括：其一，信托公司以信托资金入股项目公司，成为项目公司股东，入股项目公司的资金被评判为项目资本金不存在法律瑕疵。在信托期限届满或信托期限内满足约定条件时，由约定的项目公司股东或其他第三方按照约定价款收购信托持股。其二，信托公司以信托资金中很少的一部分入股项目公司并成为项目公司股东，然后将剩余信托资金以股东借款的形式进入项目公司，如果这部分资金劣后于银行贷款或其他债务的偿还，则一般可以被认定为项目资本金。[①] 房地产信托股权业务模式的操作关键在于信托产品到期后"股权变现退出"的保障问题，为此必须密切关注两个方面：一是信托公司在项目公司所处的"控制"地位，以便对于信托资金及银行后续贷款资金的使用和其他重要事项拥有决定权，从而确保资金的合理运用与项目的按期完成；二是房地产项目本身是否具备良好的市场前景，以便在"股权转让退出"等机制无法实现的情况下，信托公司通过拍卖等处置程序进行股权变现，

---

① 罗杨：《围炉夜话房地产企业信托融资：房企融资实用攻略详解（上）》，《信托周刊》第 16 期，2009 年 6 月 9 日。

从而确保信托资金的正常退出，其操作模式见图 2.6。另外，目前市场上冠以"基金"的房地产信托产品多数是股权投资类信托产品，而股权投资类信托产品主要分为单一项目型、多层面操作型、类基金型等，其融资方式见图 2.7。

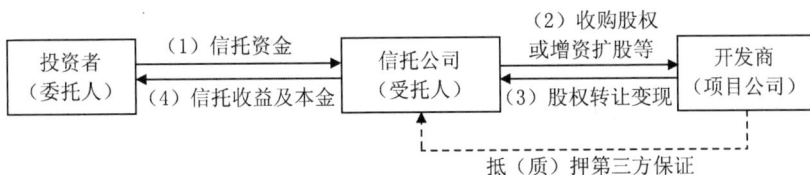

图 2.6　股权型信托的操作模式

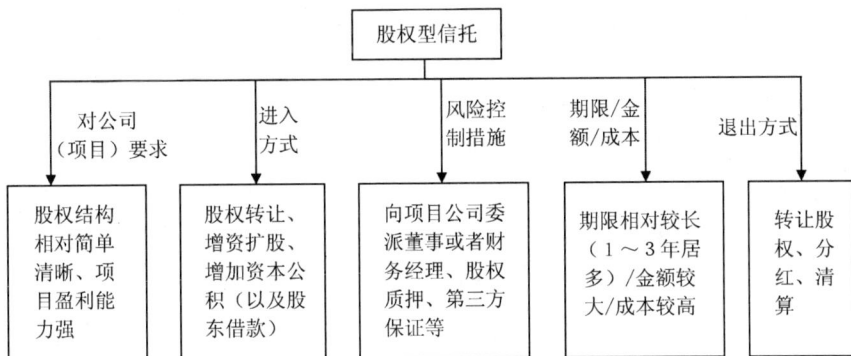

图 2.7　股权型信托的融资方式

二、案例：A 公司 Y 项目股权投资集合资金信托计划

（一）项目背景

1. 项目公司情况

A 公司成立于 2011 年 3 月，注册资金 5000 万元，是 B 公司为开发 Y 项目而设立的项目公司。目前 A 公司股东为 B 公司和 C 公司，B 公司于 2006 年 7 月注册（注册资金 2 亿元），是经国家工商总局核准成立的一家创新型投资控股集团企业，C 公司于 2010 年 10 月注册，隶属于 B 公司，主要从事房地产开发。B 公司持有 C 公司 41.93% 的股权。B 公司持有 A 公司 49% 的股权，C 公司持有 A 公司 51% 的股权，股东按占股比例全部以货币方式全额出资。股权关系见图 2.8。

本项目地块位于甲市房产开发规划区，项目周边配套设施完善。项目公司对项目地块进行规划，该地块由 11 栋高层住宅、14 栋花园洋房、1 栋连排别墅

```
┌──────────┐                        ┌──────────┐
│  B公司   │ ──── 持股41.93% ────→ │  C公司   │
└──────────┘                        └──────────┘
     │                                   │
 持股49%                              持股51%
     │                                   │
     ↓                                   ↓
┌──────────┐                        ┌──────────┐
│  A公司   │ ──────────────────→   │  Y项目   │
└──────────┘                        └──────────┘
```

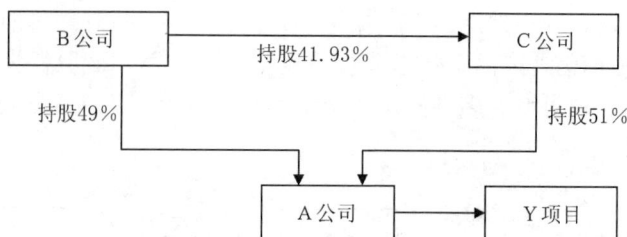

图 2.8　A公司、B公司、C公司股权关系

及商业配套设施组成，总建筑面积为 17.77 万平方米；高层 18～26 层，共 11 栋楼，房源约 1133 套，建筑面积约为 11.9 万平方米；洋房 5～6 层，共 14 栋楼，房源约 600 套，建筑面积约为 4.94 万平方米，另有商业配套 9230 平方米。

2011 年 3 月，A 公司与所在开发区国土资源局签署了国有建设用地使用权出让合同，获得了开发区 84317 平方米的国有建设用地使用权，用于开发花园洋房和大型会所等精品楼盘。除本次土地购入外，A 公司无合并、分立、收购或出售重大资产、资产置换、债务重组等情况。A 公司目前经营上述地块项目的开发建设，截至 2011 年 8 月，公司尚无对外投资、持股、参股情况。

2. 项目所在地情况

该项目土地较为方正，无明显高差，且四周无日照遮挡物，适宜房地产项目开发。该土地状态良好，不存在任何污染。此地块与该区政府机关所在地相邻，属于开发区的核心区域。

3. 项目客户群定位（参见表 2.3）

表 2.3　Y 项目客户群定位一览

潜在客户群	来自区域	所属行业	消费习惯	置业目的	置业次数
小型私营业主、公务员和企事业单位中高层等	全城区域	企事业单位及周边区域产业	侧重多层洋房、情景洋房等，看重项目的综合素质及增值潜力	自住兼顾适当投资需求	二次或以上置业
大型私企主、高端人士等	全城区域	企事业单位、大型私营企业	侧重享受型产品，追求高品质、舒适度，注重产品附加值	自住兼顾适当投资需求	二次或以上置业
周边城市区域高收入阶层等	周边城市区域	行业分布较散	侧重享受型高品质产品，注重产品价值、园林景观、户型、配套等因素，对价格的敏感性相对较低	自住兼顾适当投资需求	二次或以上置业

潜在客户群	来自区域	所属行业	消费习惯	置业目的	置业次数
区域和周边产业企业中层管理人员等	北部及周边区域	周边区域产业	侧重产品实用性，注重性价比，对价格敏感度相对较高	自住	首次置业
周边大专院校较具经济实力的教职工	周边大专院校	教育部门	侧重项目地段位置，喜欢在学校周边置业，追求性价比及小区环境	自住	二次或以上置业

4. 财务状况

截至 2011 年 8 月，A 公司注册资金到位 5000 万元人民币，股东借款 40782023 元，共收到现金 90782023 元，共有货币资金 5748952 元。该公司预期现金流相对稳定，各项财务指标良好，预计经营较为稳健。项目公司无任何对外担保及未决诉讼情况。

A 公司重大经营行为主要包括：①购入开发区项目用地：缴纳土地出让金全款 6933 万元；缴纳契税 346.65 万元；缴纳耕地使用税等相关费用 168.35 万元。②前期费用：主要包括设计费等 3639621 元。③管理费用：共发生 3375934 元。④销售费用：主要用于售楼处装饰、机场路户外广告、报广宣传等，共发生 3502042 元。

截至 2011 年 8 月，B 公司资产总额 2.02 亿元，负债总额 15 万元，资产负债率良好。

保证人 C 公司偿债能力较强，具备为信托计划提供连带责任保证的能力。

5. 项目投资完成进度及预测

本项目拟分期建设，首先开发一期，总建筑面积约 7.2 万平方米，采取高层住宅和花园洋房相结合的方式，开发目的定位于销售资金的快速回笼及提升项目价值，并将销售回款继续投入项目二期的建设，二期总建筑面积约 10.5 万平方米。

项目建设期确定为 2 年 1 个月，自 2011 年 12 月起，至 2014 年 1 月止。项目的工程建设和市场销售重叠进行。

6. 项目实施进度计划（参见表 2.4）

表 2.4 Y 项目实施进度计划

实施进度	A 区洋房	A 区高层	B 区洋房	B 区高层
获得施工许可证	2011/12	2011/12	2012/04	2012/04
基础出地面	2012/02	2012/02	2012/05	2012/05
获得销售许可证	2012/03	2012/03	2012/06	2012/06
结构封顶	2012/04	2012/07	2012/07	2013/02
交房	2012/11	2013/04	2013/04	2014/01

项目总投资 7.15 亿元，项目方已投入 9000 万元，已支付完毕全部土地价款和前期费用。

预计项目可实现销售收入 8.87 亿元，扣除成本、税金后预计税后利润17217.05 万元。预计项目成本利润见表2.5。

表 2.5　Y 项目成本利润测算　　　　　　　　　　单位：元

序号	科目名称	总　价
1	总支出	715109581
2	总销售收入	887280106
3	净利润	172170525
4	成本利润率（%）	24.08

注：净利润＝总收入－总成本。

预计本项目资产运营能力强，税后净利润 1.72 亿元，项目的各项盈利指标如下：

营业净利润率＝净利润/营业收入×100%＝172170525÷887280106×100%＝19.4%

总投资净利润率＝净利润/项目总投资×100%＝172170525÷715109581×100%＝24.08%

预计本项目净利率及总投资净利率较高，偿还能力和市场竞争能力较强。

（二）信托计划方案

1. 信托计划简介（参见表2.6）

表 2.6　X 信托·A 公司 Y 项目股权投资集合资金信托计划基本信息

产品名称	X 信托·A 公司 Y 项目股权投资集合资金信托计划		
信托规模	1 亿元		
信托期限	18 个月，信托计划满 12 个月后可提前终止		
资金运用方式	股权投资		
预期年化收益率	受益人	认购金额（万元）	预期年化收益率（%）
	a 类受益人	100～200（不含 200）	9
	b 类受益人	200～300（不含 300）	10
	c 类受益人	300 以上	11
收益分配	信托收益由受托人按每个信托年度分配。信托期限内，由项目公司 A 公司按投资者认购金额相对应的预期收益率在每个信托年度支付至信托专户，由受托人根据与投资者签订的《资金信托合同》约定进行分配。信托计划结束或提前结束时，受托人将最后一期的信托收益与信托本金一次性分配给全体受益人		

2. 交易结构（参见图 2.9）

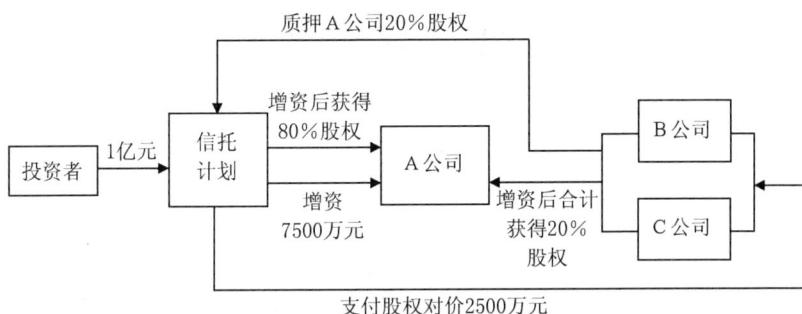

图 2.9　X信托·A公司Y项目股权投资集合资金信托计划交易结构

3. 信托资金的管理（参见图 2.10）

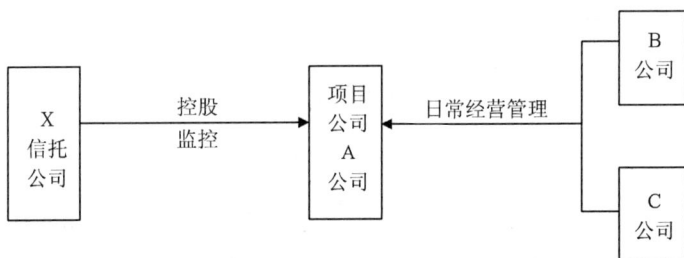

图 2.10　信托资金管理示意

信托公司对 A 公司的监控方式见表 2.7。

表 2.7　信托公司对项目公司的监控措施一览

监控方式	具体措施
委派董事	对重大事项具有一票否决权，重大事项是指对本信托计划的运营带来重大影响或风险的事项，主要包括：经营计划；工程预算、决算；固定资产的处置；对外融资、负债；对外担保；股东分红、注册资本变更等事项。
印信保管	印信包括但不限于项目公司的公章、资金监管账户的预留印鉴，营业执照、组织机构代码证、土地使用权证和其他主要资产权属证书等重要法律文件。

监控方式		具体措施
账户监管	信托资金监管账户	保管本信托计划注入项目公司的资金，其银行预留印鉴为项目公司的公章和法定代表人的个人名章。
	销售监管账户	保管项目公司的销售收入，预留印鉴为项目公司的公章和法定代表人个人名章。
	日常运营账户	保管由信托监管账户划入的资金和项目公司日常资金的收付，预留印鉴为项目公司财务章和法定代表人的个人名章。日常运营账户由项目公司自行管理。

4. 信托资金的退出

信托资金的退出方式如表 2.8 所示。

表 2.8　信托资金退出方式一览

信托资金的退出方式	详细内容
获得项目公司分红和减资	受托人可以通过获取公司分红和减资等方式实现信托资金的退出，并以分红和减资所得向信托受益人分配信托资金及收益。
转让项目公司股权	信托到期时，受托人有权将其持有的项目公司股权转让给第三方。在股权转让价格足以足额偿付信托受益人的本金和预期收益前提下，B 公司、C 公司指定的第三方有优先购买权。若 B 公司、C 公司指定的第三方未及时行使优先购买权或股权转让价格不能达到前述规定，则受托人可以将拥有的项目公司的股权转让给其他方，以股权转让款向受益人分配信托资金及收益。
转让信托受益权	在项目公司按照相关协议的规定，全额支付信托收益、信托报酬、其他信托费用后，可由 B 公司、C 公司或其指定的第三方全额收购本信托计划的信托单位，收购金额为本信托计划的信托规模。信托受益权转让后，届时受托人有权决定以现金或信托财产的实物形态向受益人分配。

5. 信用增级措施

（1）控制项目公司股权。

（2）B 公司为信托资金本金及预期收益的安全退出提供不可撤销的连带责任保证。

（3）项目公司股东（包含原股东 B 公司）在信托资金退出之前放弃对股东借款（包括已有股东借款及后续股东借款）的受偿权。

（三）案例简评

1. 风险控制

该信托计划采用了动态的销售回款设置约定，使得信托计划风险可控性提高。

本信托计划具有多重保障，严格的管理措施（如委派董事——信托公司选派的董事对公司的重大事项具有一票否决权，印信保管、账户的监管）能够帮助防范项目风险。

受托人实际控制项目公司 80％的股权，取得剩余 20％股权质押，降低了信托计划的风险概率。

2. 原股东保证

（1）股东方承诺信托计划退出前，放弃对项目公司债权的优先受偿权。

（2）股东方 B 公司实力较强，具备较强的担保能力。

第四节　权益模式

一、基本操作模式

房地产企业基于自身拥有的优质权益（基础资产的权利无瑕疵并且现金流稳定可控）与信托公司合作，通常采用"权益转让附加回购"等方式，从而实现优质资源整合放大的信托融资模式。在房地产企业的信托融资实践中，一般会运用租金收益权、股权收益权、项目收益权、应收账款收益权或者特定资产收益权等方式开展信托融资。其基本操作模式见图 2.11。

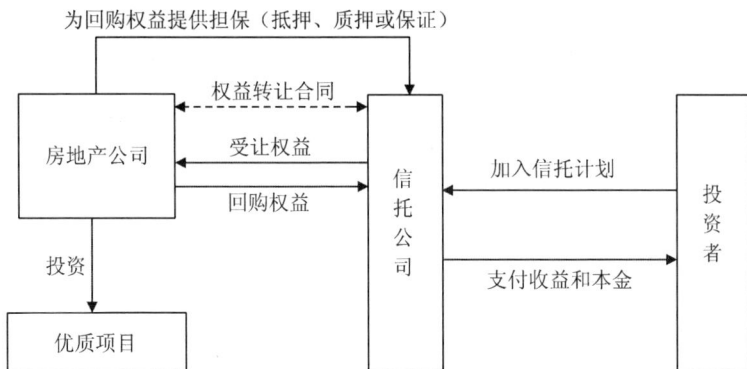

图 2.11　权益型信托的操作模式

二、案例：A+C特定资产收益权投资集合资金信托计划

(一) 背景

1. A公司"凤凰岛综合项目"背景

A公司位于丁市，主营业务为房地产开发与经营，拥有"蓝岛凤凰岛综合项目"。A公司的股东为B公司，B公司于2004年创办并从事房地产开发业务，具有房地产开发二级资质。

蓝岛凤凰岛综合项目所在的蓝岛区是丁市重点区域，交通便利，风景宜人。"蓝岛凤凰岛综合项目"位于丁市经济技术开发区的核心商业区与旅游区连接地带，分为住宅和商业两个部分。其中住宅部分土地评估价值为人民币55000万元，商业部分土地评估价值为52000万元。

2. C公司"温泉住宅项目"背景

C公司主要经营业务为房地产开发等。温泉住宅项目地段属海洋温湿性气候，地热资源得天独厚。该项目土地评估价值为人民币20536万元。

A公司持有的"蓝岛凤凰岛综合项目"和C公司持有的"梁平温泉住宅项目"资金紧张，需要融资。

(二) T信托—A+C特定资产收益权投资集合资金信托计划

1. 信托计划简介（参见表2.9）

表2.9 T信托—A+C特定资产收益权投资集合资金信托计划简要信息

产品名称	T信托—A+C特定资产收益权投资集合资金信托计划
产品结构	本信托计划分为优先级和次级2个层级，发行规模7.1亿元，其中优先级发行规模5亿元，信托期限2.5年，投资期限2年，预期收益率9%～13%/年，如果优先级委托人收益率未达到11%/年，则受托人不提取受托人奖励；次级发行规模2.1亿元，信托期限2.5年，合作伙伴以项目公司股权及债权认购。优先级和次级的比例为2.38：1。
产品期限	30个月（其中投资期限2年，若投资本金未能按时足额收回，或投资收益未达到预期，则追偿期6个月），满12个月后，如信托收益达到预期水平，受托人有权提前终止信托计划。
资金运用方式	用于购买A公司持有的"蓝岛凤凰岛综合项目"和C公司持有的"梁平温泉住宅项目"的特定地块开发收益权。信托计划若有闲置资金，可用于银行存款，禁止用于股票市场等高风险投资产品。

续表

风险控制措施	（1）土地抵押及股权控制：该产品投资于丁市的"蓝岛凤凰岛综合项目"和"梁平温泉住宅项目"，其中住宅部分建筑面积 21 万平方米，商业部分建筑面积 16 万平方米。两个项目的土地使用权抵押给 T 信托公司，评估价值为 127511 万元；信托计划的次级受益权由项目公司股东以股权和股东债权认购，在利益分配顺序上劣后于优先级受益权。 （2）经营与监管：T 信托公司将对项目进行严格管理。在信托计划成立后，将对项目公司的《中外合资经营合同》、《公司章程》进行修订，并将向项目公司委派董事及财务经理，负责项目的现金流监管、施工进度监管、销售监管，对项目公司重大决策拥有一票否决权。
投资门槛	认购 300 万元（不含）以下预约登记；认购 300 万元（含 300 万元）以上直接签约（金额优先，同等金额下时间优先）。

2. 交易结构图（参见图 2.12）

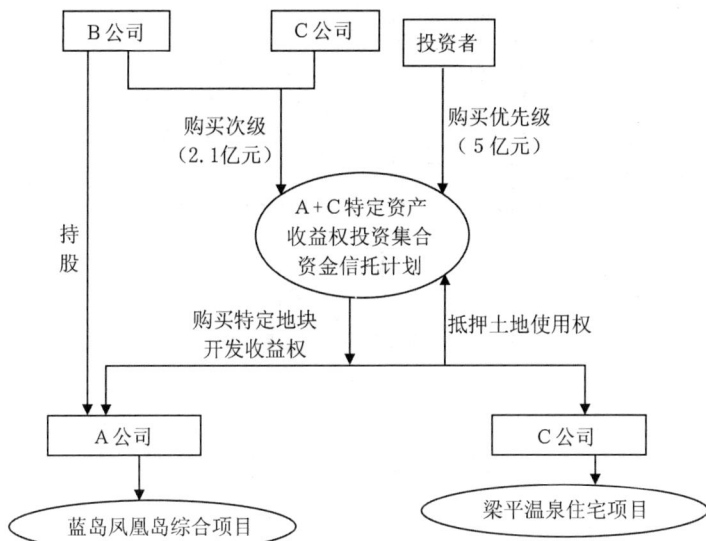

图 2.12 T 信托—A＋C 特定资产收益权投资集合资金信托计划交易结构

（三）启示

对项目公司而言，信托计划的设计具备一定优势：一是通过转让自有项目的开发收益权进行融资，即以未来的收益权为标的进行融资来保证现在的项目

顺利开发，从而解决了现有的资金短缺。二是虽然已经卖出了开发收益权，但是通过股权和债权这两种方式认购了信托计划的次级受益权，保障了在项目开发完成并产生更多收益的同时，自身还可以享受收益分配。

对普通投资者而言，多重手段保证了项目的风险控制：一是项目公司将土地使用权抵押给 T 信托公司，评估价值为 127511 万元。二是项目公司以其股权和债权认购信托计划的次级受益权，这在利益分配顺序上劣后于优先级受益权，此举一方面保障了如果项目未来无收益，普通投资者可以优先获得收益分配，另一方面也保证了项目公司的一致行动人有足够压力和动力把项目的管理运营风险控制到最低。

第五节　准资产证券化模式

一、基本操作模式（参见图 2.13）

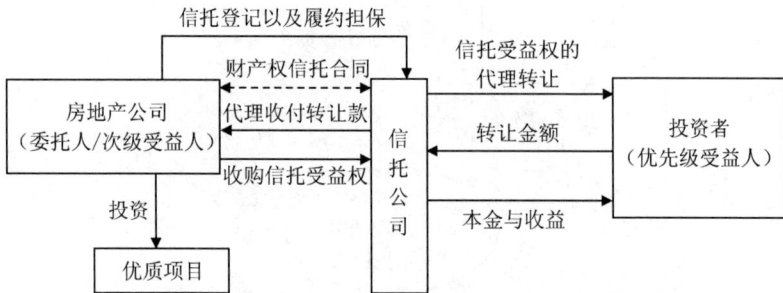

图 2.13　准资产证券化模式操作

准资产证券化模式是房地产企业将优质资产及其现金流与信托模式巧妙结合的产物，其关键点是"信托受益权"。这种信托融资模式的核心架构是"房地产财产权信托＋信托受益权转让"，即在引入"优先级—次级"的信托受益权结构化设计时，通过信托公司的"受托人＋代理人"身份转换，从而实现为基础资产的委托人（即财产权信托的委托人）获得融资的目的。

二、案例：X保障性安居工程应收账款流动化信托项目

（一）案例背景

1. 融资方（B公司）

B实业公司（简称"B公司"）成立于2003年，注册资本为7200万元，公司主要承接与政府相关的委托代建项目、BT项目等，具有房地产一级开发资质。自成立以来，B公司累计开发面积近60万平方米，销售收入达5亿元。截至2011年6月30日，B公司总资产10.1亿元，负债总额7.4亿元，净资产2.7亿元。

2. 担保方（C公司）

C公司成立于2001年，注册资本9300万元，具有房地产一级开发资质，开发了一系列知名商业地产项目和住宅项目。目前，C公司除少数尾盘外，其他主要住宅类项目销售面积均达到100%。截至2011年6月30日，公司总资产15.3亿元，负债总额6.5亿元，净资产8.8亿元。

（二）信托计划

1. 信托计划概况（参见表2.10）

表2.10　X保障性安居工程应收账款流动化信托项目介绍

产品名称	X保障性安居工程应收账款流动化信托项目
发行机构	A信托公司
投资门槛	认购300万元（含）以上，金额优先，同等金额下时间优先
信托期限	2年
信托规模	成立规模为26210万元，增发后总规模不超过4亿元
预期收益率	优先级受益权预期收益率为10.5%/年（含认购费），认购费收取标准如下： （1）300万元≤合同金额＜600万元，收取认购费1%/年； （2）600万元≤合同金额＜1000万元，收取认购费0.5%/年； （3）合同金额≥1000万元，收取认购费0%/年。 上述认购费将于每次收益分配时直接从信托利益中扣除。
资金运用方式	B公司将其合法拥有的对甲市安宁县政府和安宁经济开发区管理委员会（以下简称"管委会"）在Y项目的应收账款权益（人民币7.8亿元）设定信托；由受托人B信托公司以转让优先受益权的形式，对标的应收账款实现流动化。认购人（即优先受益权持有者）获得预期优先信托利益，委托人（即次级受益权持有者）获得优先受益权转让款及剩余信托利益。

2. 信托计划架构（参见图 2.14）

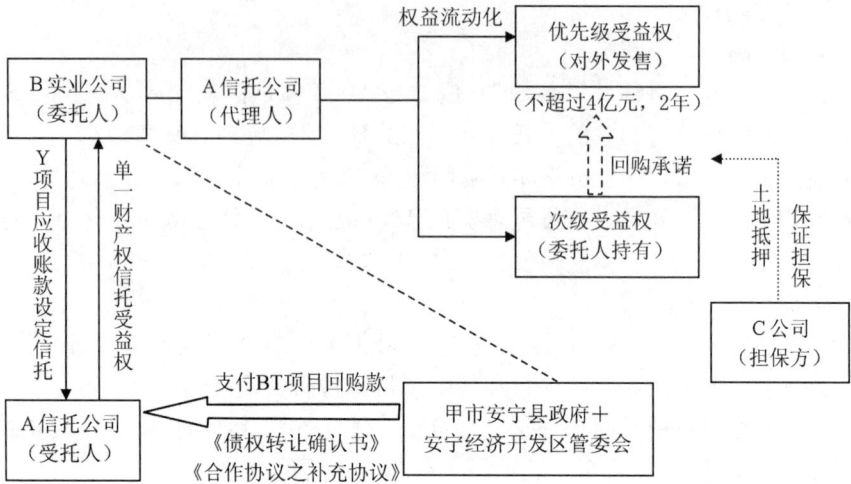

图 2.14　X 保障性安居工程应收账款流动化信托项目交易结构

3. 信托运作（参见图 2.15）

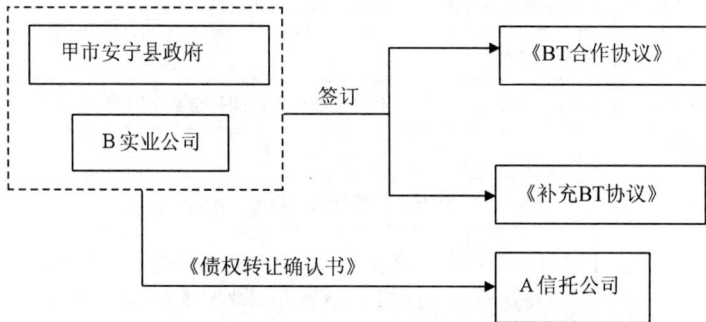

图 2.15　融资方与信托公司之间的法律文本及合同示意

（1）《BT 合作协议》内容：委托人 B 实业公司负责投资建设花苑项目，由安宁经济开发区管委会负责回购花苑项目。

（2）《补充 BT 协议》内容：明确了花苑项目主体建筑回购款的支付时间与支付方式。

（3）《债权转让确认书》内容：管委会同意委托人将其在合作协议及补充协议项下对管委会的债权，共计为 7.8 亿元作为一项单独的债权转让给受托人

设立信托，并放弃对受托人行使其在合作协议及补充协议项下对 B 实业公司的抗辩权及其他权利。

4. 保障措施

（1）回购义务：委托人（B 实业公司）于 2011 年 5 月与受托人（A 信托公司）签订了《受益权回购协议》，约定若管委会不能如期履行付款义务，则由其回购本信托项下优先级受益权。

（2）土地抵押：担保人 C 公司于 2011 年 5 月与受托人签订《抵押合同》，承诺以公司自有财产为委托人的回购义务提供抵押担保；抵押物为三宗国有建设用地使用权，用地性质为商业、住宅，面积共计 185163 平方米，评估基准日为 2011 年 4 月 6 日，评估价值为人民币 7.1 亿元。

（3）保证担保：担保人 C 公司于 2011 年 5 月与受托人签订《保证合同》，承诺为 B 实业公司的回购义务提供连带责任保证。

（4）应收账款转让登记：在认购款拨付至 A 公司前，B 信托公司将在人民银行征信中心应收账款质押登记公示系统内进行应收账款转让的公示登记。

第六节　组合模式

一、基本操作模式

根据市场需求以及信托业务的发展创新，组合模式的房地产信托产品也在增加，通常带有"资金池＋项目库"的基金化特点，并且彰显了一种不定向投资和风险对冲的信托业务理念。所谓"组合"，一般是指信托资金的运用方式涵盖了贷款、股权投资、权益投资、信托受益权转让等"一揽子"策略，并根据不同时点的具体项目情况灵活决定信托资金的运用方式以及退出方式。例如，市场上有一种"全功能房地产基金集合资金信托计划"，期限 3 年（受托人有权根据信托投资进度延长信托期限 1 年；在延期 1 年后，受托人有权继续延长信托期限 1 年），该产品可持续滚动发行并与其他信托计划相互衔接配合，其信托资金运用方式就包括了投资于房地产及其相关行业的组合方式，即信托资金投资的方式包括但不限于：①房地产公司或项目公司抵押/担保贷款以及该类信托的信托受益权；②房地产投资性信托产品（包括股权投资）以及该类信托的信托受益权；③物业收购的周转贷款以及该类信托的信托受益权；④房地产公司股票质押融资以及该类信托的信托受益权；⑤房地产公司发行的债券以及该类信托的信托受益权。其操作模式见图 2.16。

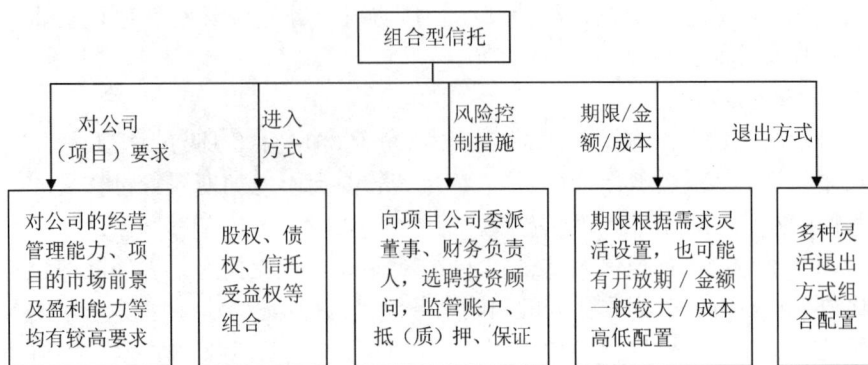

图 2.16　组合型信托的操作模式

二、案例：W 集合资金信托计划

（一）案例背景

1. **房地产投资前景预测**

（1）经济高速增长和保障房地产行业的发展。

（2）城市化进程和人口红利形成了巨大的房地产市场需求。

（3）人民币持续升值提升房地产板块投资吸引力。

2. **项目投资方向简介**

本信托计划主要选择北京等重点城市的市场前景良好、变现能力较强的优质住宅或商业地产项目。通过以资本金形式参股或控股优秀房地产开发项目公司，享受股东分红；收购房地产开发项目公司或有关收益权，短期持有后转让变现。

（二）信托计划方案

1. **信托计划概况（参见表 2.11）**

表 2.11　W 集合资金信托计划

产品名称	W 集合资金信托计划
信托期限	2 年，成立后两个月内披露具体投资项目
信托规模	3 亿~5 亿元
投资方向	房地产行业
受托人	A 信托公司
认购资金	每份信托合同最低认购金额为人民币 100 万元整（受托人认可的除外），并可按人民币 10 万元的整数倍增加

续表

		认购额度	预期收益率
信托计划收益	个人投资者	300万元≤认购额<500万元	13%/年
		500万元≤认购额<1000万元	14%/年
		认购额≥1000万元	15%/年
	机构投资者	100万元≤认购额<3000万元	13%/年
		3000万元≤认购额<6000万元	14%/年
		认购额≥6000万元	15%/年
资金运用方式	股权投资；资产收购；买后返售；股东借款		
资金运用范围	(1) 项目选择标准：市场前景良好、变现能力较强的优质住宅或商业地产项目		
	(2) 地域选择：北京等重点城市		
	(3) 投资方式：以资本金形式参股或控股优秀房地产开发项目公司，享受股东分红；收购房地产开发项目公司或有关收益权，短期持有后转让变现		
收益来源	(1) 投资收益		
	(2) 股权或资产转让收益		
	(3) 买后返售溢价收益		
	(4) 利息收入		
	(5) 其他收益		
开放式条款	每年分配收益后，设立10天开放期，受益人可通过提前申请实现退出		
提前终止条款	信托计划成立之日起60日内受托人未就任何项目签署投资协议导致信托计划提前终止的，预计委托人可按持有期限获得高于预期收益1倍的收益		

2. 项目安全保障措施

（1）信托结构。本信托计划采取优先级、次级设计。其中次级信托单位的总金额将不少于人民币1.5亿元，优先级信托单位约为3亿元。

（2）风险管理。在信托资金的投资运用过程中，将视具体情况采用抵押、质押、股权直接过户（绝对控股）等各种保障措施，严格控制风险，并通过股东会、董事会、监管资金、派驻人员等方式保持对投资企业的影响和控制。

3. 信托交易结构（参见图2.17）

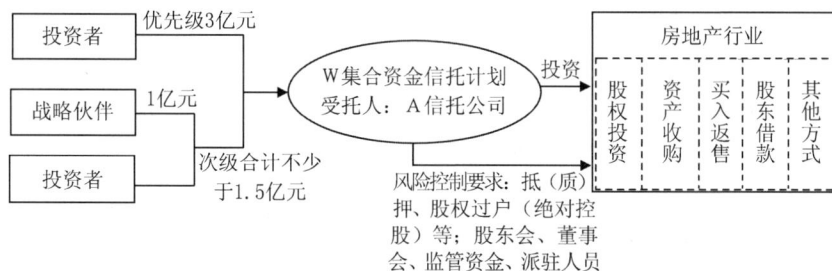

图2.17　W集合资金信托计划交易结构

第三章 房地产信托的操作流程与风险控制

第一节 房地产信托业务的基本流程以及风险识别

根据信托项目操作的时间顺序，通常可以把房地产信托项目的操作流程分为四个阶段：信托项目的前期准备、信托产品推介与成立、项目后期管理、项目结束与清算。

不同的信托公司由于机构设置、风控流程、业务模式、企业文化等方面的差异，在房地产信托业务的流程设置方面也有所不同。以下是根据常规的房地产信托业务操作经验，对其基本流程进行简单的交流和探讨。

一、信托项目的前期准备阶段

通常而言，信托项目的前期准备阶段主要包括项目接触、信托立项、项目初审、尽职调查、项目评议、项目内核、监管报备、文本拟定、合约签署等。就房地产项目的信托融资而言，信托公司对交易对手的审查通常包括四个方面：交易对手资质审核、项目基本情况审核、财务评估和尽职调查。

（一）交易对手资质审核

信托公司在模式审批阶段会深入调查、审核房地产信托业务的交易对手或其主要股东（以及实际控制人）的相关资质，进行业务审批。根据业务的具体情况，信托公司往往关注如下全部或者部分因素：历史沿革、主体资格、企业性质、股东结构、房地产开发资质等级、银行资信评级、银行授信额度、房地产企业在业内或所在地区的综合排名、既往开发经验以及开发项目情况、与关联企业的业务往来等。如果是针对具体项目而成立的房地产开发项目公司，那么信托公司一般还会对其主要股东、关联公司的上述情况及其彼此间的关联关系等进行深入调查审核。

在审核交易对手的历史沿革时，信托公司需要查验相关的文件资料，主要包括交易对手设立时和现行有效的章程、发起人协议、创立大会文件、评估报告、审

计报告、验资报告、交易对手历次重大股权变动和重大重组的股东会、董事会有关文件、股权转让协议、增资协议、资产转让（收购）协议、工商变更登记文件等。

同时，信托公司会重点关注项目公司的股东情况，其中包括其股东出资是否及时到位、出资方式是否合法，是否存在出资不实、虚假出资、抽逃资金等情况，并且会核查股东出资资产（包括房屋、土地等）的产权过户情况。

另外，对于项目公司的历史沿革，其中的重大股权变动、重大重组及其股本总额、股东结构和实际控制人的重大变动等情况，均是信托经理重点考察的内容。除此之外，也有信托公司会关注项目公司的历次增资、减资、股东变动的合法性、合规性及其历史沿革过程中的相关风险因素。

在审核主体资格及房地产开发资质的过程中，信托公司需要确认交易对手是否具备以下条件：

（1）经国家房地产开发行业主管部门批准设立。

（2）工商行政管理部门登记注册。

（3）取得《企业法人营业执照》及由行业主管部门核发的《房地产开发企业资质证书》。

（4）营业执照和相关证书真实有效。

（5）经有关部门办理年检。

（6）执照规定的经营范围是否包含房地产开发、房地产销售、房地产物业出租等项目。

如果交易对手是外商投资企业，信托公司还应审核商务主管部门颁发的《外商投资企业批准证书》。

对于房地产信托贷款业务而言，交易对手或其控股股东的房地产开发企业资质不得低于国家建设行政主管部门核发的二级房地产开发资质，但相关法律法规另有规定的除外。但是，股权夹层融资信托业务、不动产投资信托业务、不动产收益权投资信托业务的交易对手可能不受前述关于房地产开发资质的规定限制。

在审核企业性质及其股东结构的过程中，信托公司会根据相关工商行政管理部门出具的证明文件，核实交易对手的企业性质和股东结构。

在审核银行资信评级及其授信额度的过程中，信托公司会要求交易对手提供相关证明文件，并了解交易对手在相关银行的授信额度，核实其向相关银行申请授信额度的基础资料。

如果涉及审核交易对手或其主要股东在业内或所在地区的综合排名情况、以往的开发经验和开发项目情况、与关联企业的业务往来等信息，则信托公司应要求交易对手提供说明相关事项的正式文件，并可根据需要，要求其提供或由信托业务部门自行查询相关证明材料。

信托公司还会了解交易对手高管人员的基本情况、经历、行为操守、胜任

能力以及兼职情况，并核实交易对手的在册专职专业人员（如建筑工程师、结构工程师等）的数量以及相关情况。

（二）项目基本情况审核

在审批阶段，信托公司会深入调查审核相关房地产开发项目或者不动产物业的基本情况，进行业务审批。

在审核项目基本情况的过程中，信托公司根据业务的具体情况，往往关注如下全部或者部分因素：项目已取得的证照情况，项目总投资预算及交易对手拟投入或已投入的资本金比例，项目所在城市，项目所处地段，户型设计，房屋质量设计标准，项目供水、供电、供气和雨水、污水排放等公建配套情况，物业管理水平，周边环境，该城市同类项目的销售（出租）情况，项目销售策略，是否存在与项目相关的纠纷或者诉讼、仲裁，等等。

对于不动产收益权投资信托业务，信托公司还会调查审核相关不动产物业的出租情况（包括其已签署的租赁合同）等。

在审核项目已取得证照情况的过程中，信托公司会重点关注项目是否已取得国有土地使用证、建设用地规划许可证、建设工程规划许可证、建筑工程施工许可证（以下简称"四证"）；如果是已经开始销（预）售的，信托公司还会关注项目是否已取得有效的《销（预）售许可证》。同时，具体经办项目的信托经理会审核前述证书的真实性和有效性，并特别注意上述批件是否为临时性质的批件，以及有效期是否届满或者临近届满。

信托公司还会重点关注以下两个方面：①项目的土地规划红线图是否经批准，土地出让金的缴付情况等；②对于不动产收益权投资信托业务，还会调查核实相关不动产物业的权属状况。

信托公司往往要求交易对手提供项目的开发方案、可行性报告、开发项目的现金流量预测表以及销售和预售对象、销售价格和计划，并严格审核项目总投资预算及交易对手拟投入或已投入的资本金比例，其所处城市和地段，周边环境，该城市同类项目的销售（出租）情况，项目销售策略，等等。

信托公司会重点关注项目实际到位的资本金比例及其目前使用情况，项目资本金是否存在用贷款或债务抵充的情况，是否存在滚动投入的情况。具体标准参见表3.1。

表3.1 项目公司资本金各项标准

（1）对于房地产开发项目已投入资本金比例低于国家相关规定的，信托公司一般不会发放信托贷款。
（2）对于分期开发的大中型房地产项目，如果交易对手申请某一期开发贷款的，信托公司一般会按当期开发投资的情况要求其最低自有资金投入比例。

（3）对于分期开发的大中型房地产项目，申请整个项目开发贷款的，信托公司一般会按整个项目总投资的情况要求其最低自有资金投入比例。	
（4）对于贷款风险预期较大的项目，信托公司一般还会要求相应上浮最低自有资金投入比例。	

信托公司还会对项目的合法合规性进行调查并核实，包括融资款项、土地使用、保障房开发的相关规定以及交易对手方面的一些事项，具体内容如表3.2所示。

表3.2　项目合法合规性调查内容

重点事项	调查核实的具体内容
融资款项	（1）项目开发是否符合国家和当地政府有关法律法规和政策。
	（2）对涉及农用地转为建设用地的，是否办理了农用地转用的审批手续，以及是否属于改变农业用地用途进行房地产开发或利用建设项目、规划许可和红线图转让等形式变相"炒卖"土地的情形。
	（3）对利用城市规划区内的集体所有土地进行房地产开发的，应核实其是否依法征用、是否在转为国有土地后可进行有偿出让。
土地使用	与项目有关的土地使用权转让合同，参建、联建合同，以及相关的工程建设合同的合法性与合规性。
保障房开发	（1）核实该项目是否列入国家建设投资计划和信贷计划。
	（2）减免税费的证明文件是否真实有效。
	（3）如果是划拨土地，其取得方式是否合法。
交易对手	董事会或相应决策机构关于落实该房地产项目资金的文件或融资、抵（质）押、担保的决议和授权书等是否完备。

信托公司还会对项目的安全性进行调查并核实土地使用权抵押情况、建筑工程施工落实情况以及监理单位的相关情况。详细情况如表3.3所示。

表3.3　项目安全性调查内容

重点事项	调查核实的具体内容
土地使用权抵押	如果设定房地产抵押权的土地使用权是划拨方式取得的，则信托公司一般会调查拍卖所得价款中扣除优先缴纳出让金后的偿债能力。另外，还会调查是否将抵押人所有的国有土地使用权和地上房屋同时进行了抵押，因为一般情况下不得分立抵押。

重点事项	调查核实的具体内容
建筑工程施工落实情况	（1）工程施工单位是否具有与该工程对应要求的资质等级，是否在其资质等级许可的施工范围内承担工程施工业务。
	（2）施工单位的业绩、信誉等情况。
监理单位情况	（1）监理单位是否具有与该工程对应要求的资质等级，是否在其资质等级许可的监理范围内承担工程监理业务。
	（2）监理单位的业绩、信誉等情况。
	（3）委托监理协议的内容是否完善，建设资金使用是否纳入了监理范围。

信托公司还可能会要求交易对手提供项目的设计方案，以审核项目户型设计，房屋质量设计标准，项目供水、供电、供气和雨水、污水排放等公建配套情况，物业管理水平等，并从以下角度对项目的效益性进行评价：

（1）从项目所处地段、户型设计、房屋质量设计标准、物业管理水平、周边环境等方面，与同类项目的销售（出租）相比，对市场前景加以预测。

（2）项目供水、供电、供气和雨水、污水排放等公建配套对市场销售（出租）的影响。

（3）项目的销售（出租）策略是否符合市场的需要。

（4）对已开始销（预）售的项目，要调查其销（预）售情况，并分析可能面临的市场风险。

（5）对于保障房类项目，信托公司可能还会调查其价格构成要素的测算是否合理。

（三）财务评估

房地产信托业务的财务评估是相当重要的，主要涉及对交易对手和担保方（如有）的信用以及财务状况的评估，同时也涵盖了对项目投资现金流量及收益情况的评估。

信托公司一般会严格审核交易对手或担保方（如有）的信用和财务状况是否良好，是否具备偿还或者担保信托融资本息的能力。

信托公司还可能通过中国人民银行企业信用信息基础数据库对交易对手、其主要股东或担保方（如有）的信用状况进行查询。

信托公司一般会严格审核交易对手或担保方（如有）最近三年的财务报表（经审计），分析其财务状况及可能存在的财务风险；如果是针对具体项目而成立的房地产开发项目公司，信托公司一般会审核其主要股东近三年的财务报表（经审计）。

在对项目的投资情况进行财务评估的过程中，信托公司可能会建立财务模型，结合该城市同类项目的销售（出租）情况，从项目预售（出租）对象、销售（出租）价格和计划等方面，审慎评估项目的盈利预测及回款进度，必要时可能还会外聘专业顾问进行市场调研以核实财务模型数据及验证相关假设参数。

通常而言，房地产信托业务的财务模型主要涉及以下事项的评估：

（1）项目工程预算投资明细中的土地成本、前期费用、建安成本、税费、财务成本等各项预算，以及项目的预售价格（或租金收益水平）是否合理。

（2）项目的工程预算投资总额能否满足项目完工前由于通货膨胀、原材料和劳务价格上涨、不可预见的因素等事由而追加预算的需要。

（3）项目的债务成本比（LTC）或债务价值比（LTV）。

（4）利息保障倍数。

（5）项目的盈亏平衡点以及核心财务数据的敏感性分析。

（6）项目开发现金流量预测表所预估的各阶段投资能否满足各阶段施工的需要以及资金退出的可行性评估。

（四）尽职调查

信托公司会对房地产信托业务的交易对手和相关房地产项目进行全面尽职调查，充分了解交易对手的经营情况及其面临的风险和问题，确保拟实施的项目符合国家房地产发展总体方向，核实其能否有效满足当地城市规划和房地产市场的需求，确认该项目的合法性、安全性和效益性。

在尽职调查过程中，信托公司一般会收集交易对手及其主要股东、具体房地产项目、相关抵（质）押物的资料，包括但不限于《企业法人营业执照》、《房地产开发企业资质证书》、公司章程、工商登记信息、房地产项目可行性分析报告、房地产项目的相关证照、其项目工程预算明细、项目开发现金流量预测表、项目销售（出租）策略及计划、抵（质）押物权属证明等。信托公司还会密切关注其他潜在的法律风险，包括但不限于建筑工程款优于抵押权受偿的情况，是否存在与交易对手或该项目有关的纠纷、争议或未决诉讼、仲裁等。

信托公司会视情况需要，聘请外部专业机构进行法律、财务等尽职调查。外部专业机构的选用，应按照公正、公开、透明的原则，由信托公司内部的专门部门择优决定并委托。相关费用原则上纳入信托费用，由交易对手承担。

房地产信托项目的尽职调查要点，如图 3.1 所示。

（1）房地产资产方面。

包含两类：资产权益和权益负担（参见表 3.4）。

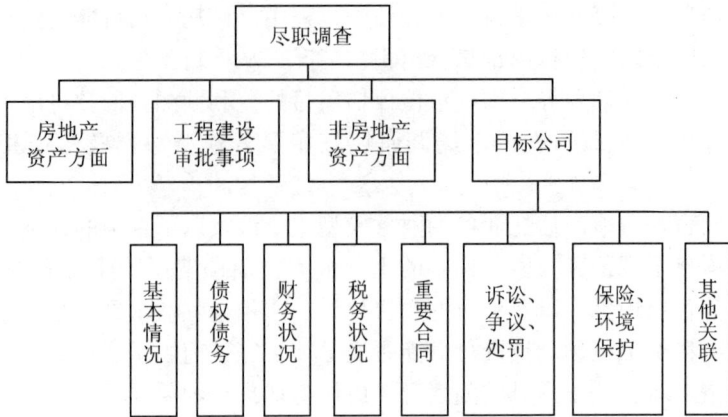

图 3.1　尽职调查相关要点

表 3.4　房地产资产方面尽职调查事项

资产权益	（1）不动产权利在当地房产土地管理部门的注册登记情况。
	（2）与当地土地管理局签订的土地使用权出让合同，或者与原土地使用权人签订的土地使用权转让合同，包括相应地块的宗地红线图。
	（3）土地出让金付款凭证，如发票、收据等。
	（4）土地契税的缴纳收据。
	（5）目标公司名下的房地产权证。
	（6）与土地使用权、房产有关的文件和报告等。
权益负担	（1）关于物业的公共记录查询结果等资料，包括但不限于关于土地和房屋产权的转让和抵押、相关权利质押以及租赁登记等。
	（2）就物业或其权利文件设定的留置、质押、抵押以及其他担保利益的文件。
	（3）对物业构成影响的地役权及约定文件，包括影响目标物业但为其他物业带来利益的地役权和约定，以及加之于其他物业之上、但为目标物业带来利益的地役权和约定。

（2）工程建设审批事项（参见表 3.5）。

表 3.5　工程建设审批调整事项

（1）《企业房地产开发资质》。
（2）项目立项批复及相关批复文件。
（3）规划意见书和审定设计方案通知书。
（4）建设用地规划许可证。

续表

(5) 用地批准书。
(6) 土地出让合同或者土地转让合同，以及所需的上级部门批准文件。
(7) 土地出让金缴纳凭证。
(8) 土地补偿协议。
(9) 国有土地使用权证书。
(10) 建设用地钉桩通知。
(11) 建设工程规划许可证。
(12) 交通影响评审意见和环境影响报告表批复。
(13) 有关绿化补偿、交通规划设计、人防工程、消防工程等事项的批复。
(14) 房屋拆迁许可证。
(15) 施工许可证、工程施工协议以及补充协议、市政施工协议。
(16) 商品房预售许可证。
(17) 与项目开发建设相关的其他资料：消防系统验收合格证明、交通管理部门为停车区颁发的停车许可证、技术监察部门出具的电梯安全运行许可证、与供电部门签订的《供电协议书》、供电设施合格证、供气部门和供水部门的批准文件、物业的服务合同或维修合同（如清洁、园艺/景观、机械服务等）以及与物业各个有关部分相连接的道路、电力、排污落水、天然气、供水和电信接口的位置等。

（3）非房地产资产方面。

包括两类：有形资产和无形资产（参见表3.6）。

表3.6　非房地产资产方面具体调查事项

有形资产	(1) 房屋、设备、办公用品等非房地产有形资产的清单。
	(2) 原始发票、买卖合同或其他与非房地产重大有形资产有关的重要合同的复印件。
无形资产	(1) 目标公司所拥有的商标、专利、著作权的权利文件的复印件。
	(2) 许可使用和/或转让合同的复印件。
	(3) 所涉及的任何侵权诉讼或其他任何已知的侵权索赔的文件资料。
	(4) 非房地产资产的评估报告（如有）的复印件。

（4）目标公司基本情况（参见表3.7）。

表 3.7　目标公司基本情况调查

(1) 目标公司最初设立时的主管部门批准文件（如有）、企业法人营业执照正本和副本、房地产资质证书等。
(2) 工商行政管理机关核发的经过年检的最新营业执照和资质证书等。
(3) 目标公司章程和股东出资设立目标公司的协议（如有），以及有关目标公司章程及股东出资设立目标公司的协议（及其修订、补充和更改）。
(4) 目标公司注册资本达到要求的验资报告以及与固定资产出资相关的评估报告、集体资产管理部门对评估报告的批准或备案文件（如有）。
(5) 目标公司的股东名册、各股东出资比例、股东变动情况（及其法律文件，包括但不限于政府批准文件和股权交易文件等）。
(6) 目标公司自然人股东的身份证明。
(7) 目标公司股东会的决议。
(8) 目标公司现任董事会成员名单以及董事会决议。
(9) 目标公司当前的内部治理结构。
(10) 目标公司在有关政府部门的相关登记和证明，包括但不限于税务登记（包括国税登记证和地税登记证）、外汇登记、海关登记等，以及目标公司从有关政府主管部门获得的特许权、特许经营或其他许可文件。
(11) 目标公司是否设立过子公司、分公司、办事处或其他经营实体（名单及其最新营业执照）。
(12) 目标公司股东是否在其拥有的目标公司股权上设置了质押或第三方权利（及其相关的批准、登记文件、质押合同等）。
(13) 目标公司现有股东个人的高额负债，以及为他人借款提供担保的相关文件。
(14) 目标公司现有股东及其家庭成员（包括股东本人及其配偶的父母、兄弟姐妹）持有关联公司股权的情况（包括名称、经营范围、持股比例及其所任职务等）。
(15) 目标公司现有职工的人数、劳动合同签订、工资支付以及是否存在劳动争议等方面的资料。

（5）目标公司债权债务、财务状况（参见表 3.8）。

表 3.8　目标公司债权债务及财务状况调查事项

(1) 目标公司最新的财务报表（包括但不限于资产负债表、损益表、现金流量表及利润分配表）。
(2) 目标公司融资情况以及有关文件，包括但不限于：尚未全部履行完毕的贷款合同、融资合同以及其他形式的资金融通合约，将要或者准备签订的贷款合同、融资合同以及其他形式的资金融通合同的描述（包括金额、发生时间、融资形式、债权人等）。
(3) 目标公司向第三人提供的担保情况及文件，包括但不限于保证、抵押、质押、留置等。
(4) 目标公司是否存在重大违约行为（以及相关协议、违约事宜、逾期债务金额等）。

（6）目标公司税务状况（参见表3.9）。

表3.9　目标公司税务状况调查事项

（1）目标公司的税务登记证（包括国税和地税的税务登记证）。
（2）目标公司设立至今的纳税结算表（如有）。
（3）目标公司持有的减免税批文或证明（如有）。
（4）目标公司在对外采购及销售过程中是否有未开立或索取发票的情况（以及发生时间、金额、财务处理方法、相关收据或收条等）。
（5）目标公司接到的税务部门签发的有关目标公司所得税、营业税、增值税或消费税的欠税通知、欠税罚单。
（6）税务部门或政府主管部门对目标公司开展税务审计调查以及与该审计有关的文件。

（7）目标公司的重要合同（参见表3.10）。

表3.10　目标公司重要合同调查

（1）尚未履行完毕的土地、工程、借款、出售、租赁等重要合同。
（2）抵押、质押、保证等担保合同。
（3）公司与关联人之间、公司内部的重要合同、各类协议。
（4）可能对公司的资产、负债、权益和经营成果产生重大影响的其他合同。

（8）涉及目标公司的诉讼、争议及处罚（参见表3.11）。

表3.11　涉及目标公司的诉讼、争议及处罚事项调查

（1）已经发生的诉讼、仲裁、行政处罚等方面的资料。
（2）正在进行的诉讼和判决（或裁决）后未执行完毕的诉讼案件相关的文件和资料，如裁判书、执行裁定等。
（3）有关行政处罚的文件和资料，如行政处罚决定书、行政复议决定书等。
（4）可能引起诉讼和争议的事项资料。
（5）是否存在因诉讼、仲裁或者行政处罚导致其财产被有关机关采取查封、冻结、扣押等强制措施的情况。

（9）目标公司的保险及环境保护（参见表3.12）。

表 3.12　目标公司的保险及环境保护事项调查

（1）是否办理了保险，各项投保资料及缴费凭证。
（2）建设项目的环境影响评价报告（如适用）及其批复（如有）。
（3）与环境污染有关的重大事故情况，与环保有关的处罚及其费用的详情。

二、信托产品推介与成立阶段

（一）信托产品推介

信托产品推介与成立阶段的重头戏是"营销推介"。目前，信托公司通常采用三种方式推介信托产品：自有渠道的直销、委托金融机构推介、与第三方理财机构合作营销。

根据现行的监管规则，信托公司推介信托计划时，不得有以下行为：

（1）以任何方式承诺信托资金不受损失，或者以任何方式承诺信托资金的最低收益。

（2）进行公开营销宣传。

（3）委托非金融机构进行推介。

（4）推介材料含有与信托文件不符的内容，或者存在虚假记载、误导性陈述或重大遗漏等情况。

（5）推介材料含有与信托文件不符的内容，或者存在虚假记载、误导性陈述或重大遗漏等情况。

（6）对公司过去的经营业绩做夸大介绍，或者恶意贬低同行。

（7）中国银监会禁止的其他行为。

（二）信托产品成立

在营销推介之后，如果信托计划满足了成立条件，则需要履行划款程序。在信托资金划款前，信托经理通常会督促项目公司先行办理抵押、质押、保证、股权变更登记等手续。如果信托结构设计有次级份额的，信托经理还会确认信托计划成立前认购人已按约定足额认缴了信托计划的次级份额。

尤其是房地产股权投资项目，在信托资金划款前，信托经理会向信托公司内部的相关风控部门提供房地产项目以及信托计划的全部资料，包括但不限于以下资料：

（1）项目尽职调查报告。

（2）信托计划相关合同、承诺函等法律文本。

（3）项目公司新章程。

（4）项目公司或交易对手经审计的财务报告。

（5）项目投资预算（含成本明细）和项目工期进度计划。

（6）已签订合同台账及重大合同。

（7）股东及其他关联方名单，股东及其他关联方与项目公司往来明细。

（8）财务凭证、账簿、档案等项目管理部门所需资料。

（9）风险管理会决议。

（10）中介机构相关报告。

三、项目后期管理阶段

在房地产项目的后期管理阶段，信托公司重点处理以下事宜：资金监管、议事表决、风险管理、现场检查、信息披露（如出具季度报告、收益分配公告，更换信托经理、召开受益人大会等公告）、项目监控、收益分配、受益人大会、信托单位申购赎回等。

相比于信托贷款等债权模式的信托项目而言，房地产信托股权投资的项目管理则显得更为复杂，监管要求也更高。一般而言，房地产信托股权投资项目是信托公司开展的将信托资金投向房地产项目的信托业务，主要是指信托资金以股权投资方式进行房地产开发的信托业务。这类项目的监管往往通过现场监管和后续管理两种方式实现，[①] 旨在实现房地产信托股权投资项目事前管理和事后管理的分离，建立风险隔离机制，加强房地产项目运营监控，从而有效保障信托资金按时安全退出。信托公司会以股东名义向项目公司委派现场监管人员，并根据项目公司管理情况任命现场监管人员为项目公司财务负责人，以及采取其他必要的风控措施。当然，有些信托公司还会为房地产信托股权投资项目设立专门的后期管理部门，如"项目运营部"、"项目管理部"等。

下面重点交流房地产信托业务的三项后期管理制度：项目公司董事制度、项目公司财务管理、项目公司印信管理。

（一）项目公司董事制度

信托公司一般会对房地产项目公司进行"治理结构优化"，例如，要求项目公司根据业务具体情况设立董事会，或者在不设董事会的情况下仅设执行董事。董事会或者执行董事作为项目公司的经营决策机构，向项目公司股东负责。

对于设立董事会的项目公司，信托公司委派的董事原则上会占董事会的多数席位；在不能取得多数董事席位的情况下，信托公司委派的董事对项目公司

---

① 现场监管是项目风险控制工作的基础，现场监管人员负责对项目公司经营活动进行动态监管，随时把握项目进展情况；后续管理是实现全面风险控制工作的重心，对项目的数据和信息进行分析，评估项目的整体风险、做出预警并跟进项目风险控制措施的落实情况。

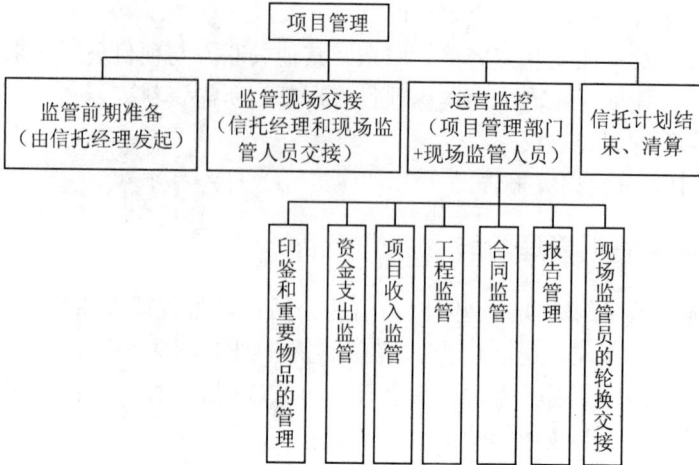

图 3.2　项目后期管理具体事项

某些重大决议具有否决权。对于不设董事会的项目公司，项目公司的执行董事一般会由信托公司委派。另外，项目公司的法定代表人也可由信托公司委派，除非法规政策有特殊规定或者协议有特殊约定。而且，项目公司董事会会议必须有信托公司委派的董事出席方能举行。

关于信托公司委派的董事，一般有如下特点：

（1）其薪金一般由信托公司支付。

（2）职责包括但不限于：①参与项目公司章程的制定和修改、参与项目公司的重大事项决策；②现场或非现场监管、核查房地产开发项目的进展情况；③依据工程项目进度做出是否批准相关预算的决定；④确保项目公司的经营按计划进行；⑤确保项目公司资产及信托财产的安全。

（3）行使职权时，项目公司任何有关人员应当积极配合，不得拒绝、阻碍或隐瞒，不得干预其独立行使职权。

（4）信托公司委派的董事参与项目公司日常管理，对需要表决的事项以及其他重大事项，一般会以书面的形式报送信托公司相关部门并协调各职能部门形成处理方案，然后报相关的信托业务分管领导审批。信托公司委派的董事将基于内控程序、按照审批意见进行表决和执行。

（5）遇有危害项目公司财产安全的特殊情况时，信托公司委派的董事将及时采取相应的处理机制。表 3.13 中所列的是几种典型情形。

表 3.13　危害项目公司财产安全的典型情形

(1) 项目公司其他董事、高级管理人员的行为损害（或可能损害）项目公司的财产安全时，信托公司委派的董事有权要求董事、高级管理人员立刻停止该行为。
(2) 当董事、高级管理人员的行为已经损害项目公司的财产安全时，信托公司委派的董事有权要求董事、高级管理人员及时纠正该行为并依照法律、法规和公司章程的规定承担相应的法律责任。
(3) 交易对手提名的董事、高级管理人员违反法律法规及项目公司章程，给项目公司造成损失的，一般应由交易对手或担保方承担完全的赔偿责任。
(4) 当项目公司的财产安全出现危险时，信托公司委派的董事有权提议召开董事会会议，并有权要求相关人员对项目公司的财产安全做出评估以及就此情况做出相应的解决对策。

　　(6) 信托公司委派的董事在履行职责过程中，如需聘请中介机构（包括但不限于审计、会计、律师），聘请中介机构的费用一般由项目公司承担。

　　(7) 信托公司委派的董事对项目公司重大事项享有一票否决权，重点如表3.14 所示。

表 3.14　信托公司董事行使一票否决权的情况

(1) 修改项目公司章程。
(2) 修改项目公司的经营计划和投资方案。
(3) 制定项目公司的利润分配方案和弥补亏损方案。
(4) 制定项目公司增加或者减少注册资本的方案。
(5) 拟订项目公司合并、分立、变更公司形式或者解散的方案。
(6) 决定项目公司内部管理机构的设置，包括董事会人数的变更。
(7) 决定聘任或者解聘公司经理、副经理、工程负责人、财务负责人及其报酬事项。
(8) 审批项目公司的基本管理制度。
(9) 审批年度、季度、月度资金预算、决算方案。
(10) 审批总金额达到一定标准的重大对外经济合同*。
(11) 审批项目公司对外投资、贷款、非贷款性融资、对外提供担保等事宜。
(12) 审批总金额较大的重大资产购置、处分等事宜。
(13) 审批工程设计方案的变更。
(14) 审批工程监理、施工单位的选择或变更。
(15) 审批项目的销售、广告推广策略。
(16) 审批月度工程预算、决算方案及季度工程预算、决算方案。
(17) 其他可能严重影响项目公司正常经营、对项目公司财产产生重大影响或者可能会使项目公司陷入重大诉讼或仲裁的议案。

　　注：*例如，100 万元以上或者三个月内累计总额超过 500 万元的重大对外经济合同，也可另行确定符合信托公司风险控制要求以及项目公司运营需求的监管金额标准。

（二）项目公司财务管理

房地产项目公司的财务管理制度包含资金预算、授权审批、借款及债务担保、监督审计等。

（1）关于账户。项目公司在信托公司认可的银行开立专用银行结算账户和日常运营账户，具体的管理策略如表 3.15 所示。

表 3.15　专用账户以及日常运营账户的管理策略

账户类别	用　途	银行预留印鉴（及其保管方）
专用银行结算账户	保管投入项目公司的信托资金	（1）项目公司公章，由信托公司保管
		（2）法人的个人名章，由项目公司保管
日常运营账户	保管由专用银行账户划入的资金和项目公司日常资金的收付	（1）公司财务章
		（2）法人代表的个人名章

注：专用银行账户中的资金必须按照已审批通过的项目公司月度预算及实际执行情况划入日常运营账户。

（2）关于项目公司支出问题。项目公司的资金支出分为费用类支出和工程类支出两大类：费用类支出是指为项目而发生的工资、招待费、差旅费、办公费等管理费用；工程类支出是指为项目而发生的设备购置、物料采购、工程费用等工程开支。

项目公司的资金支出均实行预算管理。资金预算包括费用预算和工程支出预算。财务部门是项目公司资金预算的管理部门，信托公司一般会对其采取必要的监控措施。

（3）费用预算。

1）编制要求（参见表 3.16）。

表 3.16　项目公司费用预算编制要求

（1）项目公司的各部门一般会以部门负责人为核心，编制本部门年度、季度和月度费用预算，包括为工程项目而发生的业务招待费、通信费、差旅费等。	
（2）行政部门	除编制本部门预算外，还需编制项目公司固定资产、办公费、租赁费、公务用车费用等的预算。
（3）财务部门	除编制本部门预算外，还需编制项目公司工资、审计评估费、计提福利费、工会经费、教育经费、折旧摊销等的预算。
（4）其他管理部门	根据管理要求，编制本部门的费用预算。

2）审批和执行要求：财务部门将项目公司年度、季度和月度费用预算报

项目公司董事会或者执行董事审批通过后予以执行，并报送资金监管银行作为资金划转依据。信托公司通过对项目公司董事制度的影响，进而监控财务部门的重大议程，包括重要的费用预算等（见表 3.17）。

表 3.17 项目公司费用审批及拨款流程

（1）预算内的费用开支，按照以下流程审批后拨款： 经办人、部门负责人→财务部门负责人→总经理。
（2）未列入月预算的费用，原则上不得当月支出。确因业务所需必须开支的，应填制《预算外资金支出事项审批单》，阐明未列入预算而亟须支付的理由，并附有关凭据，按照以下流程审批后拨款： 经办人、部门负责人→财务部门负责人→总经理→项目公司董事会或执行董事。
（3）全年的费用总额，原则上不能超过预算。年度内超出预算后仍需发生费用的，应由财务部门组织编制剩余月份的费用预算，先按规定的程序办理预算增补后，再按预算内支出审批流程办理款项拨付审批。经审批后的预算下发财务部门作为资金安排依据，并同时报送资金监管银行作为资金划转审核依据。核准增补预算期间的费用，按暂停支出处理。

（4）工程支出预算。

1）编制要求：以工程部门负责人为核心，根据项目公司年度项目进度计划、工程预算书及项目实际情况，制订项目公司总预算和月度工程支出预算。工程预算应附工程预算书及招投标中标通知书、经济合同等相关文件作为附件，报财务部门审核，由财务部门编制项目公司总预算和月度工程支出预算。

2）审批和执行要求：财务部门将项目公司总预算和月度工程支出预算，报项目公司董事会或者项目公司执行董事审批通过后予以执行，并报送资金监管银行作为资金划转依据（见表 3.18）。

表 3.18 项目工程支出流程

（1）预算内的工程开支，拨款流程为"经办人、部门负责人→财务部门负责人→总经理"。	
（2）未列入月预算的工程支出，原则上不得当月开支。确因业务亟须开支的，有两种处理方式。	工程类预算外支出达到一定的金额要求*，须填制《预算外资金支出事项审批单》，阐明未列入预算而亟须支付的理由、必要性和对工程进度的影响，并随附原始合法有效票据及相关验收手续，拨款流程为"经办人、部门负责人→财务部门负责人→总经理→项目公司董事会或者执行董事"。
	工程类预算外支出达到一定的金额要求**，须填制《预算外资金支出事项审批单》，阐明未列入预算而亟须支付的理由、必要性和对工程进度的影响，先按规定程序办理预算增补后，再按预算内支出审批流程办理款项拨付审批。经审批后的预算下发财务部门作为资金安排依据，并同时报送资金监管银行作为资金划转审核依据。

注：*例如，100 万元以上或者三个月内累计总额超过 500 万元的重大对外经济合同。

**例如，单笔 100 万元以上或者当月累计金额在 500 万元以上的。

（5）项目公司财务部门于每月特定日期前编制《月度资金支出预算执行情况报告》，详细说明当月预算内及预算外资金支用情况，并提供相应的凭证、账册及月度报表。《月度资金支出预算执行情况报告》经项目公司总经理及项目公司董事会或者执行董事签字同意后，应于每月特定日期提交给信托公司。信托公司有权根据需要，复查核实《月度资金支出预算执行情况报告》相关内容及其凭证、账册以及月度报表，或者委托专业机构对上述事项予以监督。

（6）项目公司实行资金预算监测预警制度。根据信托融资的协议约定或者项目后期管理要求，项目公司的财务部门须结合工程开展实际情况，适时监测资金支出月预算使用进度，对资金使用与工程进度的匹配性做出分析反馈。如果资金使用超过预算预期时间的，应及时分析查明原因并报告公司董事会或者执行董事，遇有重大执行偏差时还应报告给信托公司，以采取有效措施加以调整控制，努力做到实际进度与资金预算的一致性，从而保障项目公司各项业务的顺利开展。信托公司委派的财务人员或相关监管人员应定期和不定期地对项目公司预算的编制及执行情况进行检查。

（7）项目公司实行货币资金业务授权审批制度，所有货币资金的支付和调拨须经有权人审批同意后方可办理。审批人应当根据项目公司相关制度的规定，在授权范围内进行审批，不得超越审批权限。

（三）项目公司印信管理

房地产项目公司的印信主要包括：公章、合同章、财务专用章、人名章、营业执照、组织机构代码证、税务登记证等。同时，项目公司公章和财务专用章、银行预留印鉴的财务专用章和法定代表人名章（包括相当于以上印鉴功能的网上银行 U 盾）原则上应分开保管，现场监管人员一般会要求项目公司分别指定专人与其共同管理。另外，合作协议或监管协议对监管印鉴及其监管范围如有特殊约定的，则以约定为准。

信托公司一般会要求项目公司设立印信管理专职岗位，负责印信的统一管理。该岗位人员的配备通常由信托公司认可或指派，由项目公司董事会或者执行董事任免。项目公司公章的使用由信托公司委派的董事或者执行董事和总经理共同批准，其他印章的使用一般由项目公司总经理批准。

根据信托融资的协议约定或者项目后期管理要求，未按用印程序或有关规定办理审批手续的，印信管理人不得用印。

另外，项目公司报请对外签订的合同，一般应满足以下条件方可用印：

（1）内容应约定明确、完整，须符合原则和法规，不能留有空白；不会导致违反项目公司的公司章程或其他组织性文件或对财产有约束力的任何合同、承诺及安排，且已取得了一切必要的批准、授权、许可。

（2）合同价款须明确约定，付款条款、进度、条件必须合法、合理、可行。

（3）合同履行时间及履行方式、程序须明确约定。

（4）合同纠纷处理方式须明确约定。

（5）资金合同的标的额在预算额度内，合同约定的资金支付进度在月度现金流量测算以内。

（6）符合实际经营需要，不能有悖于房地产行业惯例。

（7）不能导致或有负债。

（8）不能有其他影响项目公司正常经营、危害信托资金安全的情形。

（四）工程监管及其进度控制

通常而言，在房地产信托项目中，工程监管的内容包括但不限：工程形象进度、施工进度计划，以及相对的资金支出匹配情况；总包合同、分包合同或供材合同的签订及执行情况；工程报量及其与工程形象进度的匹配程度；工程结算情况。

信托公司通常会要求项目公司定期①提供月度施工进度报告。一般而言，施工进度月度报告应包括以下内容：

（1）进度执行情况综合描述。

（2）实际施工进度图。

（3）工程变更、调整情况。

（4）进度偏差状况及原因。

（5）解决问题的措施。

（6）计划调整意见。

（7）施工方向项目公司报送的上月施工报量材料，如果施工方报量中含有施工材料的，还须明确材料进出情况。

（8）监理月度报告。

另外，信托公司指定的项目监管部门也会定期汇报项目公司总体或个别监管情况，内容包括：工程进度情况、资金使用情况、销售回款情况、项目运行风险分析及风险预案和其他重要情况。

（五）监管现场交接

在监管现场交接时，项目公司提交物品包括但不限于：

（1）项目公司印鉴，包括但不限于公章、财务专用章、法定代表人名章、合同专用章（包括销售合同章）、发票专用章（如有），由现场监管人员和项目公司共同管理。对于双方共同管理的物品，应填制监管物品共管确认单。

---

① 例如，每月初的 10 日前，或者其他时间点的约定。

（2）项目公司证照原件，包括但不限于营业执照（正本、副本）、税务登记证、开户许可证、开户密码纸、贷款卡、组织机构代码证、房地产开发企业资质证书、房地产开发建设项目立项批复、国有土地使用证、建设用地规划许可证、建设工程规划许可证、建筑工程施工许可证、商品房预售许可证和环境影响报告表（登记表）等。

（3）所有银行票据，包括但不限于支票、汇票、本票、存单、电汇凭证等，同时对空白票据编号进行核对，查询已领取但未使用的银行票据记录，检查是否存在遗漏的票据。

（4）盖有项目公司基本户开户行章或当地人民银行章的已开立银行账户清单，银行账户其他信息，应包括开户行名称、账号、账户性质、开户行地址、联系人、联系电话。同时，项目公司应在交接完成后两日内，向现场监管人员提供各账户的最新银行对账单。

（5）网上银行U盾最高一级复核和主管U盾（如有），包括网上银行使用说明、人员分工、支付权限等。

（6）项目公司财务管理制度、会计核算制度、公司章程、审计报告、验资报告等。

（7）项目公司各项内部审批流程、审批人员名单、审批权限以及签字样本。各项内部审批流程包括但不限于各印鉴的用印审批流程，合同审批流程，项目概算、预算、组织计划和工程节点计划审批流程，资金使用和销售计划等审批流程。

（8）项目公司工作联系人名单和员工通讯录。

四、项目结束与清算阶段

在项目结束与清算阶段，主要涉及支付收益、财产分配、清算报告、注销账户等事宜。

有些信托公司还会要求项目公司提前商洽信托资金退出方案，例如，在信托计划期限届满或者合法提前结束前一个月，项目公司向信托公司提交信托资金的具体退出方案，并由信托经理协同项目管理部门、项目公司执行，从而确定最终的资金退出方案。

当既定的退出机制出现或者可能出现问题时，信托公司应及时向监管部门汇报，并根据信托合同的约定，向受益人充分披露相关信息，并在征得受益人同意的情况下，积极采取包括延长信托期限、修订退出机制等在内的应对措施。

在信托计划结束前，信托资金（包括全部资本金及收益）应当足额、按时归集到信托财产专户。如果是采用股权投资方式，那么在信托资金归集到信托

财产专户后，信托经理一般会及时向项目管理的相关部门以及现场监管人员反馈信息，并着手办理股权变更手续，从而将信托公司持有的项目公司股权变更至回购义务人名下。

在信托计划结束后，信托经理会向信托公司提交项目清算报告，在履行了必要手续之后，该清算报告会送达该信托计划的所有受益人，并按规定予以信息披露，直至信托公司的受托人责任得以免除。

按照目前信托行业的通行规则，如果信托业务部门不能有效推进项目进展并导致到期不能及时清算的，一般会依据信托公司内部的业绩考核规则，扣发信托团队或信托经理的考核奖励。

为了在后期管理过程中有效监控房地产信托项目的资金退出进程，并保障项目顺利结束和清算，信托公司有时会采取一定的风险预警机制。在此种情况下，房地产项目的风险预警事项主要包括内部风险预警事项和外部风险预警事项。

内部风险预警事项包括但不限于以下方面：

（1）发生重大事件影响项目进度，或项目进度与计划相比差别较大。

（2）项目公司管理失控或项目主要合作方出现重大变故。

（3）项目公司管理存在可能使项目公司产生重大或有事项的行为。

（4）成本控制严重超出预算。

（5）重要合同执行发生变化（如主要承包商或供应商发生变故）。

（6）与关联企业发生不符合正常经营目的的关联交易（包括性质特殊或金额较大的关联交易）。

（7）合作方出资不及时或抽逃、变相抽逃资本金。

（8）出现较大比例销售退回的情形。

（9）出现异常低价销售、套取房源而后更名转卖的情况。

外部风险预警事项包括但不限于以下方面：同市场区域可比产品交易量大幅缩水，可比产品优惠活动幅度加大，成交价格有下滑的趋势；项目发生重大意外或遭遇重大自然灾害，可能造成项目较大损失；其他外部风险情形。

```
                          ┌──────────┐                    ▲
                          │  项目接触  │                    │
                          └──────────┘                    │
┌ ─ ─ ─ ─ ─ ─ ┐                ↓                          │
   立项报告     ┄┄┄┄┄>  ┌──────────┐                    │
└ ─ ─ ─ ─ ─ ─ ┘         │  项目初审  │                    │
                          └──────────┘                    │
                                ↓                          │
                          ┌──────────┐                    │
                          │  尽职调查  │                  项
                          └──────────┘                  目
┌ ─ ─ ─ ─ ─ ─ ┐                ↓                        前
   项目评估报告  ┄┄┄┄┄>  ┌──────────┐                  期
└ ─ ─ ─ ─ ─ ─ ┘         │  项目评议  │                  准
                          └──────────┘                  备
                                ↓                          │
                          ┌──────────┐                    │
                          │  内核程序  │                    │
                          └──────────┘                    │
┌ ─ ─ ─ ─ ─ ─ ─ ─ ┐            ↓                          │
  风险控制合规建议  ┄┄┄┄┄>  ┌──────────┐                │
  财务税务建议      │         │  监管报备  │                │
└ ─ ─ ─ ─ ─ ─ ─ ─ ┘         └──────────┘                ▼
                                ↓
                    ┌────────────────────┐                ▲
                    │  合同拟定、复核与签署  │                │
                    └────────────────────┘              推
                                ↓                        介
                          ┌──────────┐                  与
                          │  项目推介  │                  成
                          └──────────┘                  立
                                ↓                          ▼
                          ┌──────────┐                    ▲
                          │  项目成立  │                  后
                          └──────────┘                  期
                      ↓              ↓                  管
        ┌──────────────┐   ┌────────────────┐          理
        │  项目运营与管理  │   │  项目监督与信息披露  │          ▼
        └──────────────┘   └────────────────┘
                                ↓                          ▲
                          ┌──────────┐                    │
                          │  收益分配  │                  结
                          └──────────┘                  束
                                ↓                        与
                          ┌──────────┐                  清
                          │  项目结束  │                  算
                          └──────────┘                    │
                                ↓                          │
                          ┌──────────┐                    │
                          │  项目清算  │                    │
                          └──────────┘                    ▼
```

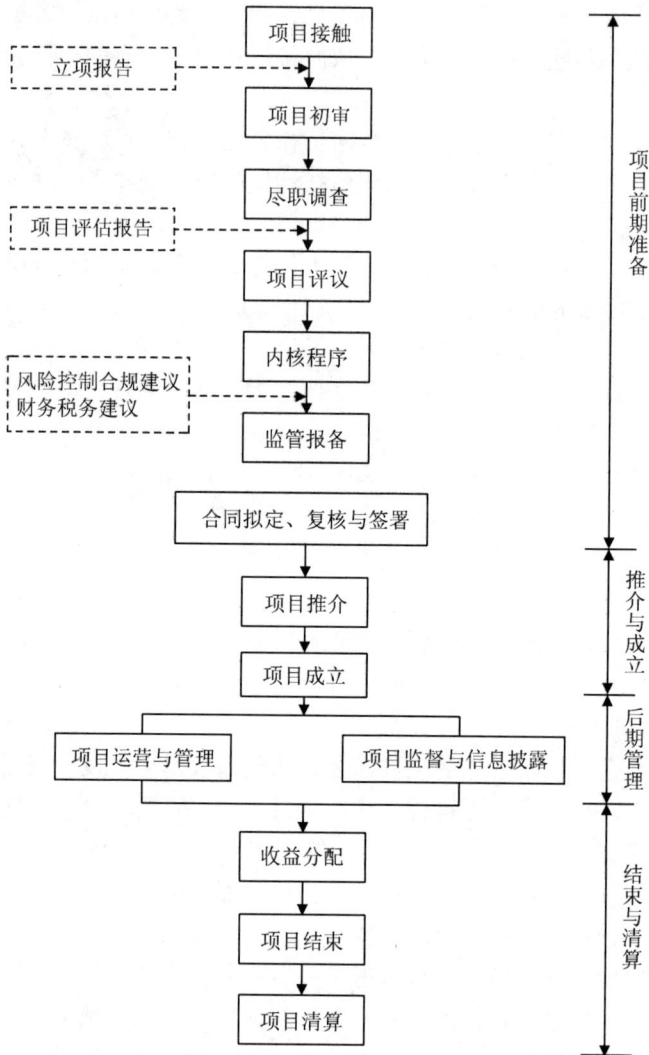

图 3.3　房地产信托操作流程

第二节　房地产信托项目的风险控制机制

信托公司可选择的风险控制和信用增级措施通常包括以下几项：第三方保证、提供抵押或质押、结构化信用增级、设置风险预警点和止损点、对项目公司股权的交易控制或受托管理。

一、第三方保证

第三方保证主要包括商业银行、政策性银行、非银行金融机构、大型企业、交易对手的主要股东等主体提供的无限连带责任保证或者其他形式的承诺保证。有时在特殊的房地产信托产品中也会引入地方政府的财政承诺，或者地方政府以同级人大列入财政预算的方式提供的"保证"。

二、提供抵押或质押

抵（质）押物主要包括股权或其他有价证券、国有土地使用权、房地产、应收账款等。在接受抵押或质押前，信托公司一般会评估抵押或质押物的价值，并在其基础上综合考虑市场波动等因素，以确定一个合理的折扣比率。

抵（质）押物的价值一般由信托公司相关部门核定，或者由符合资质的中介机构进行评估。信托公司内部对抵押物或质押物价值进行核定的人员，应具备相关估价专业知识和技能，且其不得参与相关业务的审批决策。

在办理抵押或质押时，信托公司一般会审核抵押或质押物（国库券等有价证券除外）的评估报告书、鉴定书、保险单、抵押或质押物品清单、权属证明、抵押或质押人同意抵押或质押的承诺函或者相关抵（质）押协议、法定的抵押或质押登记手续是否办理完成等。

对于可能损毁灭失的抵押物，信托公司一般会要求项目公司办理相应的保险。保险期限不得短于信托计划的存续期限，投保金额不得低于信托融资的本息金额，保险单不得有任何有损信托计划权益的限制条件，并应当明确信托公司为该保险的第一受益人。办理保险所需的费用一般由融资方负担。在保险期间，保险单应交由信托公司风险控制部门或者法律合规部门予以保管。在保险有效期内，任何人不得以任何理由中断或撤销保险。如保险中断，信托公司有权代为投保，且一切费用由房地产信托项目的交易对手负担。

三、结构化信用增级

信托公司可对信托计划的投资者受益权进行分层设计，将其划分为劣后级/优先级或者更多级别，由劣后级别的受益人对优先级别的受益人提供损失保障，以实现结构化信用增级。信托公司一般会根据特定房地产项目的风险情况，确定各级受益权的最低配比要求。

《中国银监会关于加强信托公司结构化信托业务监管有关问题的通知》明确指出，结构化业务是信托公司根据投资者不同的风险偏好对信托收益权进行分层配置，按照分层配置中的优先与劣后安排进行收益分配，使具有不同风险承担能力和意愿的投资者通过投资不同层级的受益权来获取不同的收益并承担

相应风险的集合资金信托业务；享有优先受益权的信托产品投资者称为优先受益人，享有劣后受益权的信托产品投资者称为劣后受益人。同时，根据《中国银监会关于加强信托公司房地产信托业务监管有关问题的通知》规定，信托公司以结构化方式设计房地产集合资金信托计划的，其优先和劣后受益权配比比例不得高于 3：1。

四、设置风险预警点和止损点

信托公司可根据特定房地产项目的具体情况，设定风险预警点和止损点。一旦触发风险预警点，信托公司可要求交易对手增加相应的保障措施；一旦触发止损点，信托公司可启动强制清算等措施。

五、对项目公司股权的交易控制或受托管理

信托公司可以根据项目的具体情况选择投资项目公司的股权，或者对项目公司的股权加以受托管理（即以股权设立财产权信托）。信托公司作为项目公司的名义股东（通常是阶段性持股），可以参与到项目的开发建设中或者对项目公司的核心资产施加实质影响，对项目开工进度、资产价值、现金流等事宜予以有效监控，从而防范项目实施过程中的相关风险。

六、行政监管

出于行业政策统一以及信托公司经营风险控制考虑，从 2005 年起，银监会陆续发布了多个关于房地产信托业务的监管文件。迄今为止，银监会对房地产信托的监管政策除了要求除贷款方面的最低资本金、二级资质、"四证"齐全外，还包括禁止向开发商发放流动资金贷款、禁止进行商品房预售回购、禁止信托公司以信托资金发放土地储备贷款，以及将投资附回购形式的变相融资行为视同贷款管理等一系列监管政策，初步形成了房地产信托业务监管的政策体系。[①]

在风险控制上，对于房地产信托产品的风险控制，信托公司也可以参照银监会对于银行业金融机构房地产开发贷款的监管要求。首先是对开发企业实行名单式管理，对土地闲置一年以上的，银行不得新发贷款；对闲置两年以上或有炒地行为的，已经发放的贷款调低其分类，增加保全措施；其次是要提高抵押品的标准，要求在建工程作为抵押，不轻易用土地作为抵押发放开发贷款。同时应加强对开发商自有资金的审查，把握好贷款成数的控制，贷款总额不能

---

① 参见《众说纷纭房地产信托》一文。此文是中国信托业协会"我看信托这十年"征文稿件，来源于和讯网—和讯信托 2011－7－12。

超过在建工程的五成，对于已经有土地抵押的要根据风险状况下调相应成数；对住房销售回笼资金进行封闭管理，根据销售进度按比例归还贷款；对到期不能归还的贷款，一律不能展期。国资委要求 78 家非房地产核心主业的央企退出房地产领域，如果信托公司有项目涉及，应配合国资委停止对这些项目的授信。不可否认的是，房地产企业通过信托渠道融资的控制来源于政策的约束，而非信托公司自身的动因。要保持一个相对合理的节奏和规模，需要的不仅是政策的约束，还有对房地产信托的引导。但要准确引导房地产信托资金流向政策需要的方向，还需要税收、信托产品登记制度等配套政策的完善。要把握好房地产信托的规模和节奏，让房地产信托成为政策的"补充"而不是"漏斗"，则需要对房地产信托的方向、规模和节奏进行相应的引导和控制。为此，如何完善法律环境，引导房地产信托进入政策要求的领域，应该成为一个最需要关注的问题。①

七、司法监管

在房地产信托项目出现诉讼纠纷的情况下，信托产品的兑付以及信托公司的声誉将面临很大风险，而且会遇到一系列不可控的因素。因此，在设计房地产信托产品的风险防控机制时，应对可能面临的诉讼纠纷、强制执行以及相关的司法程序问题，做出有针对性的考虑或预案。尤其是在股权投资、权益投资、准资产证券化等较为灵活创新的房地产信托产品中，信托公司应对持股风险、权益负担、资产受托管理责任、或有债务、投资管理职责外包、异地项目管理等诸多复杂因素做出审慎的风险控制考量，并结合我国司法监管的国情、地情、案情制定风险控制对策。

八、关于新型房地产投资基金风控措施的探讨

"长期投资与短期持有相结合、固定收益与浮动收益相结合"的新型房地产投资基金可采取以下风险控制措施：

第一，主动项目管理。这一点与目前大部分股权投资型房地产信托的项目管理内容类似。

第二，修改项目公司章程（或有限合伙公司合伙协议），明确在信托持股未退出项目前（即合资、合作期限内），另一股东方与信托公司间就项目收益的分成比例为 1：9（或 1：99，可商谈制定），在此基础上，如 3 年或 5 年（同信托计划最长期限）内信托计划收到的分红达到或超过信托计划本金＋委托人收益＋信托费用（含信托报酬）时，信托计划需将持有股份无偿转让给另

---

① 金立新：《房地产信托：重在控制风险和节奏》，来源于《金融时报》2010 年 5 月 1 日。

一股东，或另一股东方可按照上述价格收购信托持股，否则仍然维持原收益分成比例。

第三，管理权的转移。可以通过修改公司章程、合伙协议或与另一股东方另行签署协议约定，在信托计划最长期限到期前1年，另一股东方需将项目公司的控制权移交信托公司，由信托公司对项目采取降价出售等手段尽快回收现金流，以达到清盘清算的目的，或使信托计划在最长期限内达到分红要求，实现退出。

第四，财务掌控。由于信托计划的收益来源完全依赖于项目本身的现金流（包括成本的列支），因此，此类业务从一开始信托公司就应掌控项目公司全部财务权利，从成本列支、销售回款、开发贷款的运用与偿还等各个方面控制成本与现金收付。

第五，为保证管理权的转移等另一股东方的相关承诺，建议要求另一股东方将项目股权为其相关事务承诺的履约进行质押保证，同时通过股权质押防止项目公司的股权未经信托公司同意而发生变动。

第六，要求原则上股东方投入资金至少与信托资金相等，地段较好或地价较周边地价具有明显优势的项目可酌情降低。

除上述风险控制措施外，原则上不再安排项目外的保证措施，项目的主要收益依托项目自身产生的现金流分红，项目土地仍然可以用于申请开发贷款，信托计划可在开发贷款偿还完毕后清算项目退出（项目贷款期限一般也为3～5年，而且如果项目开发顺利一般均可提前偿还开发贷款）。

这种"长期投资与短期持有相结合、固定收益与浮动收益相结合"的新型房地产投资基金具有下列特征：可变动但有最长期限的投资年限；最长期限内每年度均具有固定的预期回报水平；具有公信力的信托公司的主动管理；可以有效地打消社会投资者对于"投资基于项目、没有担保"的长期股权投资型地产基金的顾虑；在信托架构内，又通过合资合作期限内大比例的分红比例差异，保证信托计划收益的优先足额实现；并通过严格的违约惩罚措施（如在正常期限内项目仍然无法完成清算，则在大比例的差异分红比例下，合资的另一股东方的收益实际上几乎无法实现，信托计划将享有巨大的投资回报）控制合作伙伴的道德风险。只要是项目优质、信托公司的管理又跟得上，则这类项目的风险是完全可控的，而此类长期项目对市场风险（特别是短期风险）的抵御能力较强，合作方还款压力较小，现金流要求较低，反而较一般融资型产品更不易发生资金链断裂风险。从监管上来说，这类业务主要依托信托公司的主动管理实现项目收益，第一收益来源于项目的盈利，属于真正意义上的股权投资，与通常意义上的融资不同，信托计划相当于一个附条件的优先股，其条件

就是管理项目的股东应该在一个合理的时间内将项目清算。①

九、模拟案例：物华房地产集合资金信托计划的"风险"事件

（一）A公司简介

A房地产置业有限公司（简称"A公司"）为本案例中的信托计划融资方。

A公司成立于2000年，具有房地产开发国家二级资质。经过十多年的发展，A公司从一个房地产小公司发展成为甲市拥有很高知名度的房地产置业集团。多年来，A公司发展比较顺利，房屋销售顺畅，工程建设状况良好。A公司的总资产从当初的1.5亿元增加至20亿元。在多年的甲市房地产公司排名中，A公司一直保持在前十位。

2008年底，受美国"次债危机"引起的全球金融危机影响，甲市整个房地产市场都处于萧条状态。A公司房地产销售艰难，公司财务状况不佳。2009年，A公司开发大型房地产项目"尚美家园"。项目开盘后，市场销售状况不佳，加之随后的房市调控以及限购等综合因素的影响，导致A公司2010年全年资金链也比较紧张。同时银行资金紧缩，为了偿还到期的贷款，A公司大肆举债，并支付高额资金成本，预期以项目销售回款偿还新增贷款。

A公司财务状况不断恶化，市场融资更趋艰难。针对不断到期的债务，A公司以高成本举新债偿还旧债。表3.19是A公司从2010年全年以及2011年年初所有借款项目，包括具体时间、资金用途等。

表 3.19　2010 年全年以及 2011 年年初 A 公司贷款项目

时　间	借款项目	用　途	备　注
2010 年 3 月、7 月	3 月向 B 银行贷款若干，7 月再次向 B 银行贷款 5 亿元，第一笔到账 4 亿元	支付 B 银行 6000 万元财务顾问费；偿还其他银行部分债务 2.4 亿元；支付土地购置款 4000 万元	以项目所有土地和在建工程提供抵押
2010 年中期	向某公司借款 2000 万元	偿还到期信用社贷款	月息 8%
2010 年 11 月	向某公司借款 3000 万元	偿还 B 银行到期贷款	月息 12%
2010 年全年	高利贷 10 笔总计 3.35 亿元		
2011 年 1 月	向两家特殊公司借款 4300 万元		月息 6%，采用资本金方式

---

① 参见《后调控时期房地产信托业务的发展模式与趋势》一文。此文是中国信托业协会"我看信托这十年"征文稿件，来源于和讯网—和讯信托 2011-7-11。

续表

时间	借款项目	用　途	备　注
2011 年 2 月	高利贷 2000 万元	作为销售回款支付给 B 银行	
2011 年 2 月	向某投资公司借款 3000 万元	支付前期两笔民间资本贷款的本息	

由于所借的款项较多，到期需偿还本金和利息，A 公司又于 2011 年 6 月向 C 信托公司融资，融资金额 3.5 亿元。

（二）信托计划方案

C 信托公司调查了 A 公司的状况，包括在建项目的建设状况以及预售情况、公司购置土地情况、公司资产负债情况等，同意以贷款方式向 A 公司提供信托资金，信托规模 3.5 亿元，信托期限 2 年，用于偿还到期的民间贷款 6000 万元，其余用于项目的开发建设工程款。A 公司以购置的 400 亩土地作抵押，分为 a、b 两块地，市场总价值 10 亿元。其中 a 块地市场价值 5.1 亿元，为向 B 银行贷款的 4.2 亿元作了抵押；b 块土地市场价值 4.8 亿元，抵押给 C 信托公司。具体如图 3.4 所示：

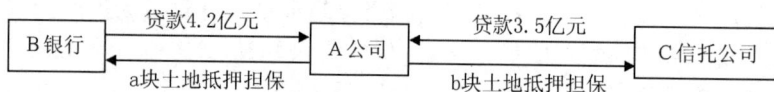

图 3.4　信托方案示意

（三）案例后续情况

这笔信托贷款是 A 公司 2011 年的最后一笔贷款，贷款时间为 2011 年 6 月份。到 2011 年 8 月底，A 公司负债总额达到 12 亿元，其中高利贷余额达到 2 亿元，每天需支付利息 50 万元。A 公司已无力支付如此庞大的债务，公司崩盘，已无法支付到期的银行利息、民间借贷本息，向 C 信托公司所融的资金也面临无法偿还的窘境。最终，A 公司向 C 信托公司坦陈公司当前的状况，由此这笔信托资金遭遇了极大的风险。

面对甲市房地产公司中排名前十位的庞然大物悄无声息地倒下，甲市政府专门针对 A 公司的重组事宜召开紧急会议。会议最终决定由市场力量重组，C 信托公司通过市场化选择成为 A 公司重组的具体操盘方。同时，应监管部门的要求，C 信托公司引入了战略投资者 D 公司，共同参与重组 A 公司。由此，A 公司踏上了艰难的重组之旅。

（四）案例简析

在本案例中，A公司资不抵债，公司崩盘；B银行与C信托公司所注入的资金无法从正常渠道退出，收回本金和收益已变得遥遥无期。这是一个"失败"的案例，在分析信托计划遭遇风险的原因之前，先分析一下A公司从甲市知名房地产企业最终走向崩盘的原因。

1. A公司遭遇现金流"黑洞"

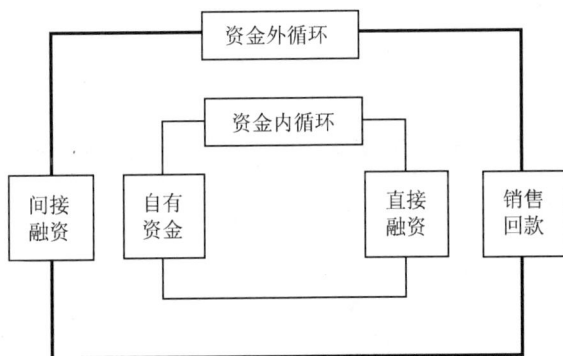

图 3.5　现金流解析

对于公司融资，直接融资和间接融资形成了公司资金内外两个循环，互相促进和补充。对于一个销售型公司来说，要保持良好的现金流，必须有较好的销售业绩，同时资金内、外两个循环良好。A公司最终遭遇公司崩盘，其中房地产项目销售不畅应该是主要因素，依靠高成本的民间融资应该是次要因素。一方面，销售回款不足导致资金外循环出现中断；另一方面，过高的民间融资成本也导致资金内循环不畅。由于A公司的资金内外循环均受阻，因此公司最终崩盘也是在所难免。

2011年银根紧缩是市场风险提示的危险信号，A公司遭遇的现金流"黑洞"表现为：①项目资本金来源告急。2011年1月，为了支付剩余地价款，A公司再次向两家公司以月息6％贷款4300万元。并且，这笔资金是以资本金的形式进入项目公司的。②内循环吞噬利润。A公司多次以高成本民间融资，由于融资时的利息直接从融资本金中扣除，这使得实际利率比名义利率高很多。

2. 高额融资成本加剧企业崩盘

在2011年6月，C信托公司为A公司提供2年期贷款3.5亿元。在A公司向C信托公司申请贷款时，A公司告知C信托公司其民间融资为6000万元，实际情况则是接近2亿元。

C 信托公司向 A 公司提供贷款时，关于民间融资金额的调查所得数据与实际民间融资金额之间相差很大。当然，民间融资的利息较高并且很少有抵押、质押等担保形式，这也在一定程度上增加了调查实际数据的难度，从而使信托融资的尽职调查坠入了"信息失真"的陷阱。

C 信托公司提供的贷款进入 A 公司之后，大部分资金被用于偿还民间融资的本金和利息，真实进入项目公司后续工程的款项则很少，从而无法有力地推动项目建设。因此，除了项目销售的市场前景暗淡之外，项目本身无法如期完工并导致整个工程延期，这也进一步加剧了 A 公司走向最终崩盘。

由此可见，对房地产项目的审慎尽职调查是非常关键的。

第三节　投资者选购房地产信托产品的风险识别技巧

近年来，房地产信托产品热销。造成目前房地产信托产品热销的原因主要是市场上的流动性过剩，而简单、安全、稳定的投资渠道又比较少。居民消费价格（CPI）同比涨幅较高，通胀形势不容乐观，而存款基准利率相对较低，长期负利率带来的是存款搬家。与之前存款搬家导致股市红火不同，近期股指一路下跌且新增 A 股开户数环比下降，显示存款并没有流入股市。受限于各地限购措施以及上市房企股价萎靡，有强烈买房置业习惯的中国投资者通过认购房地产信托产品来分享房地产行业的盛宴。另外，房地产信托收益高，也是投资人看好的原因之一。房地产信托是目前信托产品中收益最高的行业。对信托公司的很多投资人而言，他们往往不是第一次购买信托产品，最近几年购买的信托产品基本上都到期足额兑付，信托公司获得了他们的信任。他们相信，即使房地产信托所投资的项目失败了，信托公司为了自身的行业信誉，也会使用其固有财产为投资者兜底。投资者的这种预期决定他们购买房地产信托时最关注的往往不是产品的风险状况，而是产品的收益状况以及信托公司的信誉和资本实力。[①] 当然，随着信托产品的社会普及度和认可度不断提高，越来越多的投资者发挥其独立风险识别能力而成为信托产品的"合格投资者"，他们不断了解信托的专业信息以提高自身选购信托产品的"财智"水平。

---

① 据统计，2011 年以来，房地产信托产品的年化收益率为 10.49%，工商企业为 8.88%，基础设施为 8.06%。从纵向看，房地产信托整体的收益率也在不断攀升。在 2010 年 10 月之前，房地产信托的最低收益率普遍在 5.5%～6%，10 月之后达到了 6.6%，2011 年初，房地产信托的最低收益率基本在 7.5% 左右，目前已经很少有 8% 以下的了。参见《众说纷纭房地产信托》一文。此文是中国信托业协会"我看信托这十年"征文稿件，来源于和讯网—和讯信托 2011-7-12。

一、投资者如何识别房地产信托理财产品的风险

房地产是不少高端投资者的"最爱",尤其是对进取型的投资者而言,房地产投资的"高风险与高收益"特性甚至到了令其着迷的程度。房地产与金融是一对"欢喜冤家",二者相互结合还衍生出一系列房地产金融产品,房地产信托理财产品就是其中的一个新兴品种。由于房地产投资的专业性、高投入性、长周期性、低流动性以及较高的交易成本等原因,越来越多的高端投资者正转向投资房地产金融产品,在方式简便和专业避险的同时分享房地产市场的不菲收益。房地产信托理财产品就是其中的一个不错选择,信托机构发挥自身的金融中介优势并且设置严格的风险控制措施,为进取型、中庸型、保守型的各类投资者增加了可供选择的理财品种。

"房地产信托理财产品"是一个外延颇广的概念,通常而言,与房地产相关的信托类理财产品都可归入其中。随着国内信托市场的不断发展以及信托产品的日趋丰富,房地产信托理财产品的内涵也在不断革新,从信托贷款到股权投资、权益投资,从资金信托到财产信托、财产权信托,从土地使用权抵押到房地产项目公司股权质押、房屋预售登记,从"一对一"的简单投融资到"一对多"的基金式运作、"多对一"的银团模式,各种巧妙的产品创新仍在不断涌现。对"惜时如金"的高端投资者来说,详细而深入地了解房地产信托理财产品是没有必要的,通常只需在选购此类产品时多加注意以下几个方面即可:

第一,选产品的前提是选机构,投资者应该优先选择那些在房地产信托业务方面具备长期经验、专业团队和良好业绩的信托机构。毕竟信托机构是设计、发行和管理房地产信托产品的"第一线操刀者",也是评估和防范信托资金运用风险的"第一道屏障"。

第二,众所周知,房地产市场是信息不充分的市场,加之房地产金融的垄断性特征,因此投资者应关注房地产法律和政策的变化,尤其应该关注房地产信托的监管动向。房地产信托目前仅仅是主流房地产金融的重要补充形式,法律和政策的调整对其影响很大。

第三,选购信托产品的关键是"看担保"。就房地产信托理财产品而言,通常情况下土地使用权抵押或房地产项目公司股权质押优于第三方保证;如果房地产企业能够提供其他优质的房产或上市公司股权作为担保,也是不错的选择;房屋预售登记、企业应收账款质押、房屋销售款的共管账户监控等方式可以作为担保策略,但最好将其视为辅助的风险控制措施;如果房地产信托产品设计中运用了房屋所有权买断、项目公司股权转让、第三方金融机构保证等方式,这些无疑是更稳妥的"担保"机制。另外,不少房地产信托理财产品都设计了组合的担保策略,投资者在甄别产品时应坚持"抓大放小"的原则,重点

关注最便于掌控和变现的担保方式。

第四，房地产市场的区域性很强，在同等条件下，投资者应该优先选择经济发展水平较高、当地房地产市场较具成长性、投资环境以及配套基础实施较完善的地区，尤其是这些地区的中心城市以及重要地段的房地产信托项目应该是不错的选择。

第五，对于受让财产信托受益权的房地产信托理财产品而言，投资者还需关注前一个房屋财产信托的运作情况以及受益权转让的分层情况，包括房产的登记变更、回购条款、出租率、租金监管以及信托优先受益权与一般受益权之间的比例等。

第六，对于受让单一资金信托受益权的房地产信托理财产品而言，投资者还需关注前一个房地产信托的期限、规模、资金运用方式、担保机制、预期收益率等，特别是其中可能涉及的关联交易以及交易价格、信息披露情况。[①]

二、投资者如何识别房地产租赁收益权信托产品的风险

俗话说"一铺养三代"，中国老百姓对投资商铺的兴趣是颇为浓厚的，不少投资者对购买商铺投资类的理财产品可谓是"情有独钟"。近几年以来，随着房地产信托市场的不断升温，一些信托公司专门针对商业物业设计了金融信托理财产品，也得到了市场的认可和投资者的追捧。其实，这类信托产品的主要形式就是"租赁收益权投资信托"，其中的设计理念和投资模式在有些方面还与REITs（房地产投资信托基金）有异曲同工之妙。但是，由于此类信托产品的私募性以及复杂性等原因，不少投资者对租赁收益权投资信托产品的细节知之甚少，在纷繁复杂的理财产品面前有时甚至不知该如何甄选这类产品。下面给广大投资者提出几点理财的窍门。

租赁收益权投资信托产品有时实际上扮演着信托贷款"替代品"的角色，为了在有效控制风险的同时把贷款类产品转化为权益投资类产品，其中的担保环节是整个产品的"牛鼻子"，尤其是商业物业（商铺房产）的抵押可谓是重中之重。投资者在选择租赁收益权投资信托产品时，应该特别关注商铺房产的抵押情况，即使信托文本中规定了融资方保证、监控租金、回购承诺等其他方式，也应清醒地认识到商铺房产抵押才是评判产品风险的第一标尺，其他担保方式通常都只能看作是"锦上添花"的辅助机制——毕竟其控制力和执行力很难达到"定心丸"的标准。

进一步讲，对商铺房产抵押可以采取"八看"原则：一看商铺所处的城市；二看商铺所处的地段以及建筑物整体情况；三看周边同类物业的出租率和

---

① 丁晓娟：《高端投资者如何选购房地产信托理财产品？》，《信托周刊》第9期，2009年2月24日。

租金水平；四看承租人的经营内容和资信状况等；五看商铺的租赁合同期限、租金缴纳周期以及上浮标准等；六看商铺的土地证、房产证等权属文件有无法律瑕疵和诉讼担保等情况；七看商铺房产的评估值以及评估机构的业务资质、评估"尺度"掌握情况等；八看抵押率以及对可能发生的风险有无补救机制。

虽然租赁收益权投资信托产品是被定位为权益投资类房地产信托产品，但由于商铺房产的抵押设计，使得这类产品具有了"商铺看得着、租金摸得到、抵押登记效力好"的实在感。因此，在具备较好风险控制机制的前提下，投资者可以把这类产品装入"稳健投资"的篮子加以优先选择。但是，请别忘记信托产品是信托机构发行和运作的，产品的风险控制水平主要取决于信托机构的信誉和能力，因而在甄选租赁收益权投资信托产品时，除了关注商铺房产抵押这一"牛鼻子"之外，还应首先考察信托机构是否值得信赖和托付。[①]

三、投资者如何识别政信合作[②]的房地产类信托产品风险

随着市场的变化和政策的调整，政信合作的基础设施类信托产品曾经一度成为信托市场的"香饽饽"，其中就包括了与土地储备整理、部分房产资源整合相关的信托产品。不少信托公司已经或正在推出此类信托产品，尤其是地方政府的合作热情颇为高涨。其实，一些信托公司早在多年前就曾通过这类基础设施投资产品而在金融市场上"崭露头角"，并由此积累了不少"铁杆级"的信托客户资源。时过境迁，如今政信合作又以另一番风貌映入了广大投资者的眼帘，单一信托、银信合作、股权投资、回购担保、财政预算、派驻高管等各种方式均被嵌入政信合作理财产品的信托架构之中。但与当年相似的是，信托资金的最终投向主要还是土地开发、市政建设等基础设施领域，而信托项目的核心风险控制机制主要是依托地方政府的"信用"。

在此类政信合作的信托产品中，地方政府如何吸引金融信托机构开展合作？这主要是地方政府发挥自身信用优势并充分整合当地资源的结果，在此类信托项目中，政府有时会提供类似担保或承诺的"信用增级"，不少还引入了地方银行、地方企业，甚至涉及地方人大、地方财政等，可以说是一次政府搭台、信托配合的"地方协同作战"。

政信合作的房地产类信托产品主要有哪些类型？按照信托资金的具体运用方式，主要有信托贷款类、股权投资类、权益投资类、应收债权投资类，等等；按照信托项目的主要担保方式，可以分为土地使用权抵押类、股权回购类、权益（如收益权或受益权）回购类、股权质押类、特定企业保证类、地方

---

① 姜江：《租赁收益权投资信托产品的理财窍门》，《信托周刊》第 4 期，2009 年 1 月 10 日。
② 通常指信托公司与地方政府之间的信托融资合作。

政府担保（或承诺）类，有些还运用了结构化设计（如劣后受益权保障优先受益权）或者引入担保公司，甚至约定由当地人大出具相关的财政预算决议并由政府的财政部门安排专项资金，等等。当然，以上的信托资金运用方式和信托项目担保方式有时还会进行综合运用，从而在投融资过程中发挥复合效应。

另外，政信合作的房地产类信托产品风险大吗？如何选择此类信托理财产品？这是一个较难回答的问题，任何理财产品都有风险，不同的信托产品在各种条件下的风险几率也是不同的，甚至不同的人对不同的信托项目及其风险也有不同的评判标准。对此类信托产品而言，风险大小不能一概而论，投资者在选择产品时应该根据自身的风险承受能力，多关注信托公司或银行的信誉状况，尽量选择经济发展水平较高、投融资环境较好、当地政府财政实力较雄厚的地区，或者选择国家重点支持、开发、建设的优质项目，并且在综合权衡信托产品风险防范水平的基础上进行谨慎抉择。①

---

① 丁晓娟：《政信合作的基础设施类信托产品考验投资者理财能力》，《信托周刊》第5期，2009年1月17日。

第四章　不同主体的房地产信托融资及其案例

第一节　房地产企业

一、市场简析

与信托公司合作的房地产企业范围较广，通常都具有资产规模较大、管理运营能力较强、区域性品牌影响力较广等特点。

（1）从房地产企业股权的角度而言，与信托公司合作的房地产企业主要分为三类：民营控股、国有控股、外资控股。

（2）从项目区域的角度而言，与信托公司合作的房地产企业主要分为两类：地区性的房地产企业和全国性的房地产企业。

（3）从运营模式的角度而言，与信托公司合作的房地产企业主要分为四类：开发型房地产企业、并购型房地产企业、专业管理型房地产企业、资本运营型房地产企业。

（4）从经营布局的角度而言，与信托公司合作的房地产企业主要分为三类：专一经营房地产开发的企业、混合经营房地产上下产业链的企业、综合经营房地产以及其他跨界领域的企业。

二、阳光时代股权投资集合资金信托计划

（一）案例背景

1. A 公司基本情况

A 公司是一家专门从事房地产开发建设的公司，注册资本为 3.1 亿元（全部由 B 公司现金出资），现承担 K 块土地的项目开发，即"阳光时代新城"项目。

B 公司于 2010 年 6 月 12 日在×市 2010 年度国有建设用地使用权公开拍卖活动中，以总额 55.8 亿元竞得编号为×地 2010－5 号地块的国有建设用地使用权，上述宗地面积为 75280 平方米，合计约 112.92 亩，土地用途是商业、居住

用地，其中商业用地使用权出让年限为 40 年，居住用地使用权出让年限为 70 年。

该项目规划的建筑容积率是 2.3 以下（含 2.3），商业建筑面积不超过总建筑面积的 3%；建筑密度是 21.5% 以下（含 21.5%）；规划绿地率为 30% 以上（含 30%）。为促进上述项目的开发建设进度，C 公司经董事会审议通过《关于全资子公司 B 公司成立子公司的议案》。董事会同意 B 公司成立专门的子公司——A 公司承担上述地块项目的开发。

2. B 公司基本情况

B 公司是一家主营房地产开发、房屋租赁、物业管理、园林绿化工程等的房地产公司。注册资本 2.1 亿元，由 C 公司 100% 持股。

3. C 公司基本情况

C 公司是一家以教育、房地产、旅游、贸易、投资为主业的多元化结构的民营企业，公司创立于 1995 年，并于 2005 年上市，其控股股东为 D 公司，D 公司的实际控制人为李某与张某。

上述公司之间的关系见图 4.1。

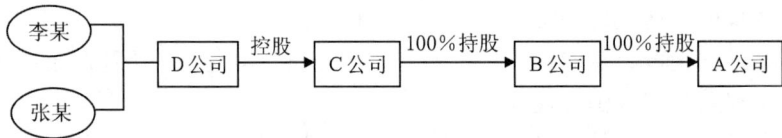

图 4.1　A 公司、B 公司、C 公司、D 公司的关系示意

（二）信托计划概况（见表 4.1）

表 4.1　阳光时代股权投资集合资金信托计划

产品名称	阳光时代股权投资集合资金信托计划
受托人	T 信托公司
信托规模	5.4 亿元（其中优先级 4 亿元，劣后级 1.4 亿元）
信托期限	2 年
资金用途	信托资金专项用于对 A 公司增资扩股，占 A 公司本次增资完成后的 49.18% 的股权。其中，3 亿元计入 A 公司注册资本金，2.4 亿元计入 A 公司资本公积（A 公司增资完成后的注册资本是 6.1 亿元）
风险控制措施	（1）C 公司与 T 信托公司签订《股权收益权收购合同》； （2）D 公司及其实际控制人李某和张某，同时与 T 信托公司签订《保证合同》，为本信托计划承担连带责任担保； （3）B 公司与 T 信托公司签订《股权质押合同》，出质人 B 公司以其持有的 A 公司 50.82% 股权（对应的注册资本金是 3.1 亿元）及其相关权益进行质押，为 C 公司在股权收益权收购合同项下的义务提供担保。

（三）交易结构图（见图 4.2）

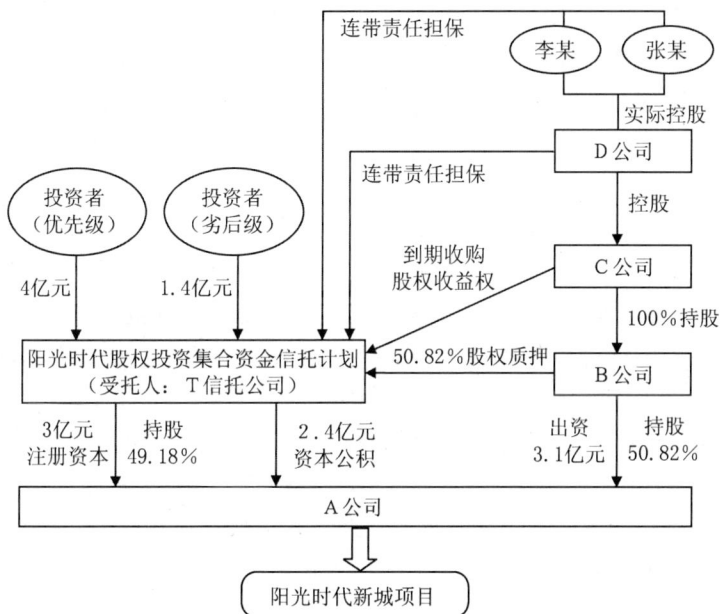

图 4.2　阳光时代股权投资集合资金信托计划交易结构

（四）操作要点

该信托计划向 A 公司增资的前提条件主要包括：

（1）交易文件均已签署并生效。

（2）信托计划已经成立（信托资金已经到位）。

（3）B 公司已经向 A 公司足额缴纳了其认缴的全部注册资本。

（4）B 公司已经将编号为×地 2010－5 号地块的国有建设用地使用权《出让合同》项下的受让人变更为 A 公司，并向 T 信托公司提供了变更后的合同及相关证明材料。

（5）A 公司已向 T 信托公司提供了关于同意 T 信托公司向 A 公司增资的股东决议。

（6）《股权质押合同》约定的股权质押担保已依法办理完毕相关的登记手续，并且 T 信托公司已取得质押证明。

（7）B 公司、C 公司、D 公司及其实际控制人李某及张某没有发生各自签署生效的交易文件所约定的任一违约事项或任何可能损害信托计划在交易文件项下的权利的情形。

（8）C公司董事会、股东大会审议批准本次"股权收益权收购"的交易及其相关文件。

鉴于C公司与T信托公司签订了《股权收益权收购合同》，其中"股权收益权"转让价款的金额按照下列两个数额中的较高者进行计算：

（1）以收购日前第30个工作日为评估基准日的特定股权评估值。

（2）按照下述公式计算的金额：优先级受益人的信托本金总额×15％×信托计划成立日至收购日的实际天数÷365＋优先级受益人的信托本金。

作为C公司向T信托公司履行股权收益权收购合同的担保条件，C公司的控股股东D公司及其实际控制人李某和张某分别与T信托公司签署《保证合同》，D公司及其实际控制人李某和张某同意为C公司履行主合同项下的债务提供担保，即保证以其各自的全部及共同所有的共有财产向T信托公司提供不可撤销的连带责任保证。

作为C公司向T信托公司履行股权收益权收购合同的另一担保条件，B公司（即C公司的全资子公司）与T信托公司签署《股权质押合同》，出质人B公司以其持有的A公司50.82％股权及其相关权益进行质押，从而为C公司在股权收益权收购合同项下的义务提供担保。

第二节 地方政府

一、市场简析

从房地产市场的角度而言，地方政府寻求信托融资的主要动因来自两个方面：一是土地储备，二是保障房建设。

监管部门严格控制土地储备①贷款的发放，为这一领域的金融创新提供了土壤。《中国人民银行关于进一步加强房地产信贷业务管理的通知》（银发〔2003〕121号）规定，对土地储备机构发放的贷款为抵押贷款，贷款额度不得超过所收购土地评估价值的70％，贷款期限最长不得超过2年；商业银行不得向房地产开发企业发放用于缴纳土地出让金的贷款。

国土资源部、财政部、中国人民银行联合颁布的《土地储备管理办法》

---

① "土地储备"是指市、县人民政府国土资源管理部门为实现调控土地市场、促进土地资源合理利用目标，依法取得土地，进行前期开发、储存以备供应土地的行为。土地储备机构应为市、县人民政府批准成立，具有独立的法人资格，隶属于国土资源管理部门，统一承担本行政辖区内土地储备工作的事业单位。

（国土资发〔2007〕277号）明确要求，土地储备机构向银行等金融机构申请的贷款应为担保贷款，其中，抵押贷款必须具有合法的土地使用证；申请贷款的土地储备机构必须满足商业银行及其他金融机构的贷款要求；土地储备机构举借的贷款规模，应当与年度土地储备计划、土地储备资金项目预算相衔接，并报经同级财政部门批准，不得超计划、超规模贷款；商业银行及其他金融机构应严格按照商业原则在批准的规模内发放土地储备贷款；土地储备贷款应实行专款专用、封闭管理，不得挪用；各类财政性资金依法不得用于土地储备贷款担保。由此可见，灵活的信托工具可在一定程度上为地方政府的土地储备融资提供便利。

另外，为解决当前房地产市场存在的问题，调整住房供应结构、稳定住房价格，我国政府先后颁布了一系列法规政策，着力推动保障房的建设。[①] 所谓"保障性住房"，是指政府在对中低收入家庭实行分类保障过程中，以限定供应对象、建设标准、销售价格或租金标准等方式提供的具有社会保障性质的住房。在"十二五"规划中，政府计划2011～2015年间，全国新建保障性住房3600万套，约为过去10年建设规模的2倍。2011年作为"十二五"规划的开局之年，全国开工建设保障性住房和棚户区改造住房1000万套。这一大规模的保障性住房建设存在巨大资金缺口，需要多方资金的支持，灵活的信托融资方式逐渐进入保障房参与各方的视野。2011年7月12日，财政部、国家发展与改革委、住房城乡建设部联合发布《关于报送2011年城镇保障性安居工程投资需求与资金筹措情况的通知》（财综函〔2011〕50号），明确指出：保障房建设的资金筹措来源主要包括财政预算安排、企业和个人自筹、社会融资、其他渠道安排资金。因此，地方政府与信托公司合作筹集保障房资金已经越来越受到各方的重视。

二、甲市A区保障性住房建设项目集合资金信托计划案例

（一）项目背景

1. 关于甲市A区地方政府保障房建设及相关政策措施

为贯彻落实中央相关政策，进一步完善商品住房、经济适用住房、廉租住房、存量住房四个层次的住房供应体系，保障本地低收入群体的住房基本需求，甲市地方政府逐步调整优化住房供应结构体系，合理引导住房消费需求和消费模式。依据国务院发布的相关文件，2009年前后出台了一系列相关地方

---

① 例如，《中共中央关于制定国民经济和社会发展第十二个五年规划的建议》、《国务院办公厅关于切实稳定住房价格的通知》、《国务院办公厅转发建设部等部门关于调整住房供应结构稳定住房价格意见的通知》、《经济适用住房管理办法》、《城镇最低收入家庭廉租住房管理办法》等。

政府文件，并重点规划甲市A区。相关的地方政府文件包括：《甲市建设厅、国土资源厅关于甲市A区城市住房建设规划编制工作的指导意见》、《甲市建设厅转发建设部关于认真做好住房调查工作的通知》、《甲市国民经济和社会发展"十一五"规划》、《甲市体系规划》、《甲市A区总体规划》、《甲市A区廉租住房"十一五"规划》、《甲市A区廉租住房保障方案》、《甲市A区经济适用住房管理办法》等。

地方政府充分考虑了A区中低收入居民家庭生活对住房的需求，合理安排普通商品住房、经济适用住房和廉租住房的区位布局，统筹落实新建住房结构比例，建立和完善以商品住房为主体，社会保障性住房供应为补充的多层次住房供应体制，满足住房的梯级消费需求。

2. A区保障房建设项目背景及规划

A区位于甲市西部，是甲市的政治、经济、文化中心，随着高速公路、铁路、支线、机场以及口岸的陆续建设，综合实力持续提升。近年来A区生产总值年均增长约27%，财政收入年均增长约41%，固定资产投资年均增长约24%，城镇居民人均可支配收入年均增长约16%，农牧民人均纯收入年均增长约15%，但仍有上千户居民住房困难。

在宏观背景的推动下，为解决A区住房困难家庭面临的问题，房产管理局于2010年融资5000万元人民币，共建设廉租房项目8个，总建筑面积4万平方米，建筑套数800套，解决了上千户住房困难家庭的居住问题，逐步满足中低收入家庭和困难群体的住房需求。

（二）信托计划方案

1. 信托计划介绍（见表4.2）

表4.2　甲市A区保障性住房建设项目集合资金信托计划

产品名称	甲市A区保障性住房建设项目集合资金信托计划
受托人	X信托公司
信托规模	5000万元
信托期限	2年期：2500万元；3年期：2500万元
资金运用方式	以贷款方式运用于甲市A区廉租房建设和经济适用房建设项目
预期年收益率	8%
风险控制措施	（1）V公司为甲市A区房产管理局偿还5000万元贷款本息提供连带责任保证； （2）甲市A区房产管理局以"政府补贴受益权"为偿还贷款本息提供质押担保； （3）制定严密的操作流程和管理制度以有效降低信托计划的管理风险。

2. 交易结构安排（见图 4.3）

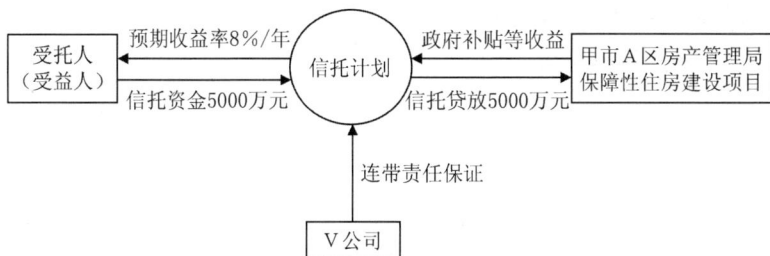

图 4.3　甲市 A 区保障性住房建设项目集合资金信托计划交易结构

受托人 X 信托公司与借款人甲市 A 区房产管理局签订了《借款合同》，将信托资金全部贷放给借款人，用于甲市 A 区保障性住房建设。受托人以甲市 A 区房产管理局获得的甲市 A 区财政预算补贴等资金作为信托利益的来源，扣除信托财产管理费以及受托人报酬后，向受益人分配信托利益，并且兑付信托本金。

V 公司是全国矿业百强企业之一，是甲市的 3A 级骨干企业，为保证信托贷款到期收回，确保投资人信托利益的实现，由 V 公司为房产管理局提供第三方不可撤销连带责任保证。

3. 风险控制（见图 4.4）

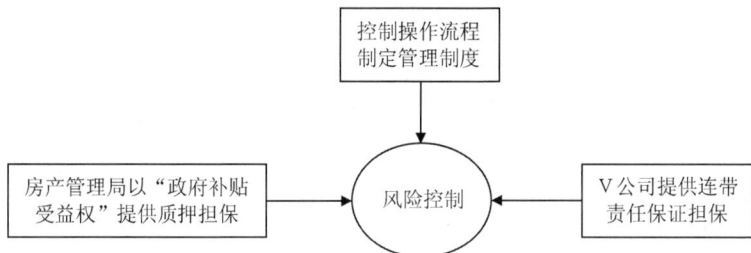

图 4.4　甲市 A 区保障性住房建设项目集合资金信托计划风险控制

该信托计划的主要风险控制措施如下：

（1）V 公司为甲市 A 区房产管理局偿还 5000 万元贷款本息提供连带责任保证担保。

（2）甲市 A 区房产管理局以"政府补贴受益权"为偿还贷款本息提供质押担保。

（3）X 信托公司根据信托业务的需要设置了不同的部门和岗位，以实现各部门、岗位间的相互监督和制衡，并将严格控制操作流程、制定管理制度，从而有效地降低了信托计划的管理风险。

（三）案例启示与思考

1. 关于甲市 A 区房产管理局

在本案例中，甲市 A 区房产管理局响应国务院及地方政府关于建设保障性住房的政策，信托融资的介入可以缓解地方政府财政资金压力等问题。以"政府预算补贴资金"作为信托利益的来源，以"政府补贴受益权"提供质押担保，这凸显了房产管理局的协调能力和担保能力。同时，V 公司为房产管理局偿还本息提供连带责任保证，这既可以降低项目风险，也有利于处理政府融资的合规性问题。

2. 关于 X 信托公司

X 信托公司通过发行集合资金信托计划，将投资者的闲散资金加以集中，给甲市 A 区房产管理局的政策性房地产项目"输血"。这不但满足了项目建设的资金需求，同时为中小投资者提供了房地产投资的备选渠道，而且在传统的房地产信托和"政信合作"业务之外开发了一条稳定获取信托报酬的盈利渠道。

3. 关于投资者

本信托计划的预期年化收益率为 8%，比银行的同期定期存款利率高 2 倍多，这在一定程度上满足了投资者的理财需求。同时，该信托计划的风险可控，不但项目投资受到政策支持，而且有国有大型企业为整个信托计划提供保证，这种"企业信用＋政府信用"的风险控制组合策略对投资者有一定吸引力。

第三节　房地产私募基金

一、市场简析

房地产行业作为资金密集型行业，需要多元化的融资渠道。除了良好的银企关系、母公司的财务支持、权益签约，或者资本市场的再融资、发行公司债或中期票据，还需要"房地产私募"等机动灵活的融资方式。综观房地产企业的私募路径，首先是与国内信托公司的深度合作，其次是与国内外私募基金的稳健结盟，再次是自己发起设立房地产私募基金，最后则是培育房地产私募基金的自主品牌。房地产私募基金是房企的"惊险一跃"，也是房地产企业迈向制高点的关键步骤，更是房地产企业在快速扩张过程中"四两拨千斤"的利

器。如果房地产私募基金运作得不错，则可能是有惊无险、一本万利的飞跃发展。[①] 通常而言，房地产创新融资的两大典型渠道是信托计划与私募基金。就信托计划而言，已有很多房企与信托公司合作开展了形式多样的信托融资，如信托贷款、股权投资信托、权益投资信托、准资产证券化等，即在自有资金和银行资金之外打通了一条私募的、直接的、金融的、外部的融资渠道。然而，信托计划对房地产企业来讲也是"喜忧参半"："喜"在信托融资为房地产企业打开了一扇替补银行融资的金融私募之门，合作方式灵活，融资能力较强；"忧"在信托融资是高端的金融私募，门槛较高、监管严格、成本较高、渠道不稳定，因此信托渠道对房企融资的持续性支持作用相对有限。就私募基金而言，其在房地产市场的前期发展可谓"命运多舛"，私募的合法性、资金的募集渠道、管理人的信誉度、基金投资的税费成本、募资的规模效应以及可持续性等，这些问题都曾困扰着房地产私募基金的发展水平。可喜的是，市场环境的变化以及法规政策的完善，让房地产私募基金迎来了快速发展的春天，可以选择公司制基金、信托制基金、有限合伙制基金或者上述三种方式的组合型基金等模式。"百舸争流千帆竞"，下一步发展的关键是，各类房地产私募基金应在市场竞争的大潮中不断磨砺和成长，打造房地产"金融资本化"的核心竞争力，用实力彰显独立。[②] 房地产私募基金与信托公司的合作点主要在于"专业管理＋金融渠道"的整合优势。这既与信托模式的灵活性有关，也与房地产私募基金市场尚处于发展初期有关，双方正在力求找到更多的合作共赢点。

二、景润恒业发展大厦项目股权投资集合资金信托计划

(一) 背景资料

1. 项目基本情况

Q 置业公司（简称"Q 公司"）成立于 2004 年，注册资本金 1000 万元，该公司原股东为 M 置业公司（简称"M 公司"），而 R 置业公司（简称"R 公司"）是 M 公司同一股东的关联企业。Q 公司正在启动景润恒业发展大厦工程建设项目，该大厦是原 R 公司所属的"烂尾楼"项目（见图 4.5）。

景润恒业发展大厦位于甲市保税区商业地段，大厦占地 4167 平方米，总建筑面积 17000 平方米，使用性质为商贸办公。大厦共 14 层，其中地下一层为停车场，三层及十四层为设备层和机房，精装修房间 130 套。该项目的相关配套有：分户式变频中央空调、四部电梯、楼宇新风系统、自动消防喷淋系

---

① 王巍：《房地产私募基金"四两拨千斤"》，《中国建设报·中国住房》2011 年 7 月 13 日。

② 王巍：《房地产基金：房企迈向金融资本化的"独立宣言"》，《中国建设报·中国住房》2011 年 7 月 6 日。

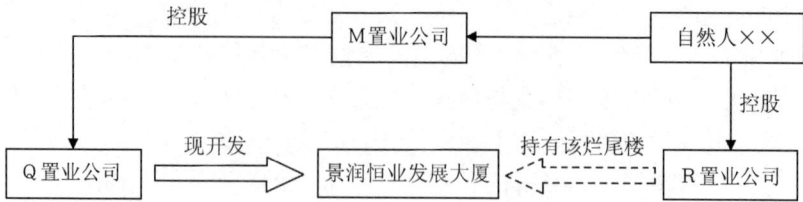

图 4.5 景润恒业发展大厦工程建设项目背景图示

统、自动监控、宽带、卫星电视接收系统等，适合中小型企业办公等使用。

2. 项目进展情况

（1）证照取得情况（见表 4.3）。

表 4.3 景润恒业发展大厦工程建设项目证照取得情况

《建设用地规划许可证》	甲规保用地［2005］8 号
《建设工程规划许可证》	甲规保建管字［2005］18 号
《资质证书》	证书编号 024628
《房地产权证》	甲房地权保国用字第 2005038
《销售许可证》	［2010］048 号
《施工许可证》	编号 2601223121173 01258

（2）项目建设年限。

预计建设工期为 2010 年 8 月 1 日至 2012 年 3 月 1 日。

（3）工程进展情况（见表 4.4）。

表 4.4 景润恒业发展大厦工程建设项目工程进展情况

设计工作	该项目已根据规划局意见完成了大厦室外绿化配置施工图
施工管理	内部装饰装修工程已完成
	室外观光电梯及连廊钢结构框架安装已完成
	室外观光电梯安装施工已完成
	消防排烟工程已完成
	弱电监控工程设备安装和调试已完成
	消防水泵安装及系统单点调试已完成
	高压电机房内安装方面施工（高压电设备单体检测）已完工
招标采购成本审算	景观工程招标工作已完成，成本审算每月按计划完成

配套工作	已组织完成了主楼的四部电梯的检测和验收，并完成初始登记
	已与网络通信公司沟通，将原来的线缆入户免费改为光纤入户
	已组织完成室内空气质量检测、防雷工程检测，并就外墙淋水试验进行了申请，为竣工验收做好准备
	已完成项目公司的资质年检资料上报，现正在跟踪年检的结果
	已完成景观工程的规划报批

3. 私募基金管理机构

Y 资产管理公司（简称"Y 公司"）是专注于房地产项目投资、信托及私募基金等资产管理服务的专业机构。截至 2011 年 8 月，Y 公司的资产总计 1.75 亿元，负债合计 0.05 亿元，所有者权益为 1.70 亿元。

4. 房地产调控政策影响

近期，国家对房地产行业的政策变化较大，受托人严格按照有关规定对项目公司的经营情况进行跟踪监督，及时掌握了第一手资料以控制相关风险。由于"景润恒业发展大厦"项目属于商业地产项目，信托还款来源多样，目前房地产调控的相关政策对本项目影响不大，后续情况还有待继续观察。

（二）信托计划方案

1. 信托计划简介（见表 4.5）

表 4.5 景润恒业发展大厦项目股权投资集合资金信托计划

信托名称	景润恒业发展大厦项目股权投资集合资金信托计划
受托人	N 信托公司
资金运用	以股权转让及增资方式投资于 Q 公司，用于景润恒业发展大厦项目（其中，1000 万元信托资金用于受让 Q 公司 100％的股权，其余信托资金 5000 万元以增资的方式投资于 Q 公司，全部用于增加注册资本；增资完成后，Q 公司的注册资本是 6000 万元，增资资金将用于景润恒业发展大厦项目）
信托规模	6000 万元
信托期限	1 年（自信托计划生效之日起计算。若受托人受让项目公司的股权不成功或者对项目公司增资不成功，则本信托计划提前终止；信托计划满 9 个月后，在满足优先受益权信托单位的信托本金和预期收益率的前提下，根据本信托计划劣后受益人的要求，本信托计划可以提前终止）

续表

	满足下列条件之一，本信托计划成立：
信托计划 成立条件	（1）推介期内，信托计划募集资金达到 6000 万元时（其中优先受益权信托单位的信托资金 4500 万元，劣后受益权信托单位的信托资金 1500 万元），信托计划提前成立。 （2）作为全部劣后受益权信托单位的信托资金之委托人，M 公司出资 1500 万元。在信托计划推介期开始后 3 个工作日内，M 公司应缴纳信托资金 100 万元至信托账户；在信托计划推介期届满前，M 公司应缴纳信托资金 1500 万元至信托账户。 （3）推介期届满时，如果未能满足信托文件约定的成立条件，或推介期内发生不可抗力使本计划无法成立，则本信托计划不成立，受托人应在信托计划推介期届满后 3 个工作日内将委托人已交付的认购资金加算中国人民银行同期活期存款利息返还到委托人指定的信托利益分配账户。此外，受托人不再承担其他任何义务。 （4）如因 M 公司缴纳的劣后受益权信托单位的信托资金未达到 1500 万元，造成信托计划不成立的，则 M 公司向 N 信托公司支付服务费 50 万元，并承担信托计划成立之前已产生的相关费用。前述费用应优先以 M 公司已缴纳的认购资金支付，如有不足，则由 M 公司和 Q 公司另行支付，双方对前述支付义务承担连带责任。
预期收益率	A 类优先受益人：认购资金为 300 万元（含 300 万元）以上的优先受益人，预期收益率为 9%／年
	B 类优先受益人：认购资金为 100 万～300 万元之间的优先受益人，预期收益率为 8.5%／年
	劣后受益人：以实际收益率为准
收益分配	优先受益权的信托收益于信托计划终止日或者提前终止日后的 10 个工作日内一次性分配
账户设置	信托资金专用账户（账户名称：N 信托公司）
	项目公司资金监管账户（账户名称：Q 公司）

2. 风险控制

（1）本信托计划采用分层设计，分为优先受益权和劣后受益权，其中优先受益权信托单位的信托资金 4500 万元，劣后受益权信托单位的信托资金 1500 万元。信托本金及收益按照信托合同的规定，优先分配给优先受益人，如有剩余则向劣后受益人分配。本信托计划以全部信托收益和劣后受益权信托单位的全部信托资金来保证优先受益人的信托资金本金及预期收益率。

（2）受托人（N 信托公司）通过持有项目公司（即 Q 公司）100％的股权，向 Q 公司委派董事、实行印信和资金监管等方式，对 Q 公司的经营、财务进行监督和控制，从而保证信托计划的资金安全。在信托计划生效当日，Q 公司召开董事会，产生新的三位董事，其中 N 信托公司派出一名董事。第一次董事会审议通过了 Q 公司印章管理制度、财务预算和授权审批制度、公司章程等，并报受托人审批通过。同时，Q 公司与 N 信托公司办理了公章、营业执照等重要证照的交接手续。

（3）在 Q 公司的资产处置所得不足以支付优先受益人信托本金及预期收益时，由 Y 公司负责补足。

（4）Y 公司为优先受益人信托资金本金及收益提供不可撤销的连带责任保证担保。

其风险控制如图 4.6 所示。

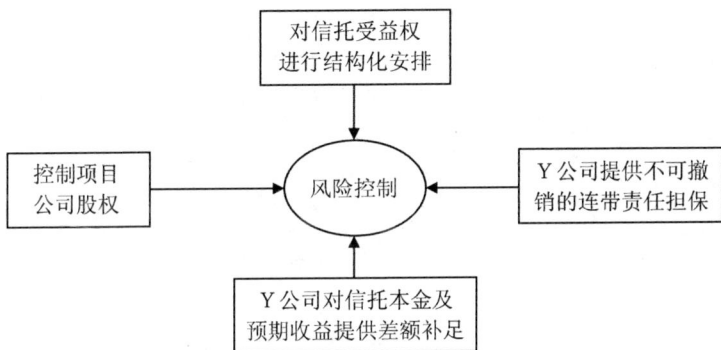

图 4.6　景润恒业发展大厦项目风险控制

3. 交易结构图（见图 4.7）

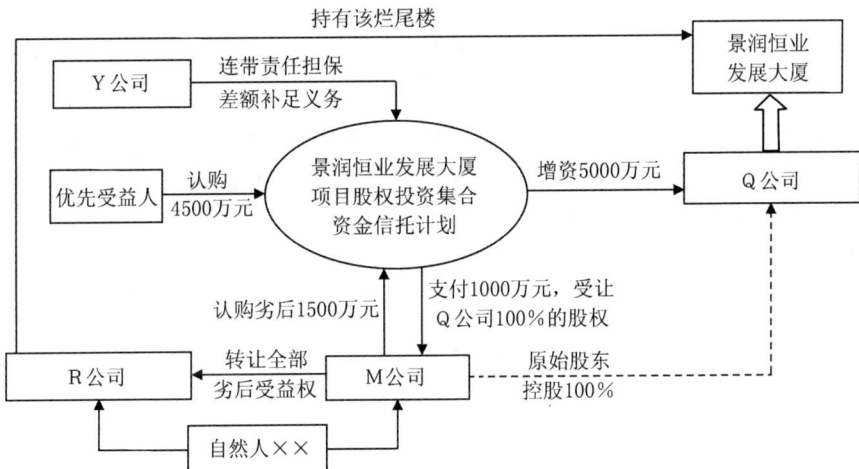

图 4.7　景润恒业发展大厦项目股权投资集合资金信托计划交易结构

4. 信托计划运行情况

（1）N 信托公司募集的信托资金合计 6000 万元全部到位，其中 1000 万元

用于受让项目公司（Q 公司）100％股权，由 N 信托公司直接支付给 M 公司（即 Q 公司的原股东），作为股权转让款；5000 万元转入 Q 公司的验资账户，作为 N 信托公司对项目公司的增资款（增资、股权转让及工商变更手续已经完成），验资完成后该笔 5000 万元转至 Q 公司的监管账户上，并按信托合同的约定向 Q 公司的前股东（M 公司）支付债务垫资款 1500 万元以及工程支出款等项目开发经营资金。

（2）N 信托公司为本信托单独开立了信托资金专用账户，建立了单独的会计账户进行管理和核算，与受托人管理的其他信托资金以及自有资金分别管理。同时，N 信托公司定期到 Q 公司收集资产负债表、损益表等资料；定期到项目所在地实地了解项目进展情况；定期向监管部门以及受益人进行信息披露，确保该项目顺利推进，最大程度地保护受益人的利益。

（3）截至 2011 年 8 月，Q 公司的注册资本为 6000 万元。2011 年第三季度，"景润恒业发展大厦"项目销售情况良好，实现认购 2500 万元，签约 2000 万元，回款达到 1500 万元。由于受当地银行按揭贷款政策等方面的限制，目前回款资金主要为签约客户缴纳的首付资金，待项目正式竣工后，银行按揭贷款将进入项目公司的销售账户，届时项目的销售回款可能会有比较大的提高。

（4）经平等协商，M 公司将其持有的本信托计划全部劣后受益权转让给 R 公司。N 信托公司在收到 M 公司的劣后受益权转让申请后，对受让人（R 公司）进行尽职调查，以保证其能够按照信托合同约定承担受益人的各项权利和义务，并根据信托合同的约定继续履行信托合同中的各项条款。鉴于 M 公司与 R 公司是同一股东控制的关联企业等事由，N 信托公司认为本次劣后受益权的转让合法合规，同意 M 公司与 R 公司的信托受益权转让事宜，并完成了信托受益权转让登记。在信托受益权转让完成后，R 公司持有本信托计划劣后受益权 1500 万元，其作为劣后受益人享有相应的权利并履行相应的义务。

（5）Y 公司作为专业私募机构，也提供房地产项目协议转让的增值服务，因此将 Q 公司 100％股权在其交易系统里进行"挂牌"转让，寻找合适的受让方。

第四节　建筑企业

一、市场简析

监管部门在不断规范建筑施工企业的银行贷款，尤其是流动资金贷款的用途等。《中国人民银行关于进一步加强房地产信贷业务管理的通知》（银发〔2003〕121 号）规定，商业银行要严格防止建筑施工企业使用银行贷款垫资

房地产开发项目；承建房地产建设项目的建筑施工企业只能将获得的流动资金贷款用于购买施工所必需的设备（如塔吊、挖土机、推土机等）；企业将贷款挪作他用的，经办银行应限期追回挪用资金，并向当地其他的商业银行通报该企业违规行为，各商业银行不应再对该企业提供相应的信贷支持；对自有资金低、应收账款多的承建房地产建设项目的建筑施工企业，商业银行应限制对其发放贷款。

当银行融资这一渠道受到限制之后，一些建筑企业也会想到信托融资，并择机调动自身的优质资源以获得更灵活的信托资金。当然，部分房地产企业与建筑企业属于相互关联的一致行动人，二者在特定情况下也会启动协同融资策略，扬长避短，共同与信托公司完成针对特定项目的信托融资合作。

二、D公司流动资金贷款项目集合资金信托计划案例

（一）项目背景

1. 项目主体简介

D建筑工程集团总公司（简称"D公司"）为全民所有制企业，具有建设部批准的房屋建筑工程施工总承包特级资质，市政公用工程一级、公路工程二级等施工总承包资质，建筑装修装饰工程、钢结构工程、附着升降脚手架等一级专业承包资质，经商务部批准的对外经济合作经营资格以及进出口经营资格。2008年、2009年、2010年D公司连续三年获中国承包商企业60强，2011年被H市列为着力培育的大企业大集团，并经市政府和市国资委批准，成为H市的国有资产授权经营试点企业。

2. 当地市场简介

H市经济社会快速健康发展，国际化水平日益提升，人居环境不断改善，初步成为西部大开发引擎城市和引领西部经济发展的重要增长极。2010年，H市全市实现地区生产总值5551亿元，增长15%；地方财政一般预算收入526亿元，同口径增长36%；固定资产投资4255亿元，同比增长10.6%；社会消费品零售总额2417亿元，增长18.8%；城镇居民人均可支配收入20835元、农民人均纯收入8205元，分别增长11.7%和15.1%。

这些数据在中国同类城市中均位居前列，也基本可以看出H市经济整体规模和良好发展态势。H市具有人居环境比较优良、市场辐射能力较强、产业发展配套较好、基础设施比较完备、金融服务较为完善、政府服务规范高效等投资环境方面的比较优势。

3. 抵押物状况

本项目抵押物为H市城东社区面积为44794平方米的商业住宅用地国有土地使用权。根据评估报告，本抵押物的评估价值为2亿元，抵押率为50%。

目前，抵押物状况正常，权属清楚且足值。

H市城东社区位于该市的南大门，自然资源丰富，环境清幽，是发展房地产行业的优选区域。该社区地处商业地带，周边基础设施健全。根据数据调查显示，该区域的房价处于上涨趋势。

（二）信托计划方案

1. 信托计划简介（见表4.6）

表4.6　D公司流动资金贷款项目集合资金信托计划

产品名称	D公司流动资金贷款项目集合资金信托计划
发行机构	S信托公司
信托规模	1.2亿元
信托期限	1年
资金运用方式	发放信托贷款，用于D公司的流动资金周转
预期年化收益率	7%
收益分配	按季分配信托收益
风控措施	T房地产开发公司（简称"T公司"）以其拥有的国有土地使用权为D公司按约偿还信托贷款本息提供抵押担保

2. 交易结构图（见图4.8）

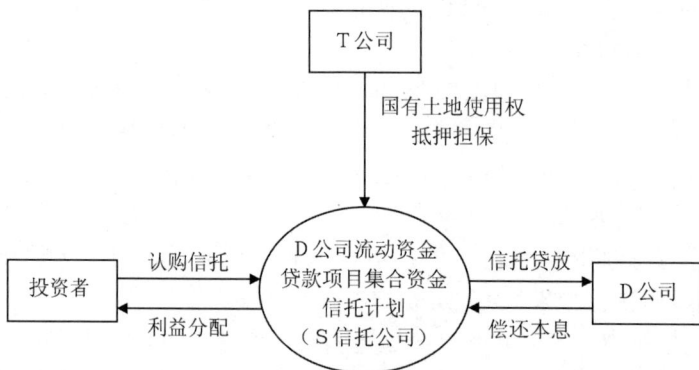

图4.8　D公司流动资金贷款项目集合资金信托计划交易结构

3. 风险控制

（1）按照信托计划的约定，S信托公司与D公司签订《借款合同》；S信托公司与T公司签订《抵押合同》，并办理强制执行公证。

（2）截至 2010 年末，D 公司总资产为 161 亿元，实现利润总额 1.45 亿元。目前，D 公司资产状况良好，经营收入、利润逐年稳步增长，发展趋势良好，项目的现金流稳定，对信托资金的安全退出提供了保障。

（3）T 公司以其拥有的商业住宅用地国有土地使用权为 D 公司按约偿还信托贷款本息提供抵押担保。抵押物状况正常，权属清楚且足值。抵押物所处区域的房地产市场以及区域经济情况良好，具有升值空间。因此，抵押物作为该信托项目的保障措施，在具备较良好抵押价值的情况下使得项目风险具有可控性。

第五章 不同时点的房地产信托融资及其案例

第一节 "拿地"期间

一、案例：昆泰华府土地一级开发贷款集合资金信托计划

（一）案例背景

A 房地产开发公司负责"昆泰华府"项目的运营，同时持有河北石家庄某地段商业金融用地的土地使用权以及在建工程。B 公司是 A 房地产开发公司的控股股东，主要从事房地产开发建设等业务。

"昆泰华府"项目的拆迁分为建设用地（规划红线内）拆迁以及代征绿地（规划红线外）拆迁两部分。目前拆迁情况为：建设用地部分剩余 5 户未拆迁，代征绿地部分剩余 4 户未拆迁。

在本信托计划发行前，A 房地产开发公司偿还了 G 银行的贷款 2 亿元，并将原抵押给 G 银行的河北石家庄某地段商业金融用地的土地使用权以及在建工程办理了相关解除抵押手续。

（二）产品信息（见表 5.1）

表 5.1 昆泰华府土地一级开发贷款集合资金信托计划

产品名称	昆泰华府土地一级开发贷款集合资金信托计划
受托机构	S 信托公司
融资规模	4 亿元
信托期限	2 年，信托期限满 1 年后可依信托文件约定提前终止
资金运用方式	主要运用于向 A 房地产开发有限公司发放土地一级开发贷款，由其专项用于河北石家庄某地段三期建设用地的土地一级开发

风险控制措施	（1）土地及在建工程抵押。A 房地产开发公司以其持有的河北石家庄某地段部分商业金融用地的土地使用权以及在建工程抵押给 S 信托公司，为本信托贷款提供抵押担保，抵押物的价值超过 7 亿元。 （2）B 公司（即 A 房地产开发公司的原股东）为本信托贷款提供连带责任担保。 （3）S 信托公司在信托期间将持有 A 房地产开发公司 75％的股权，以保证信托资金的合理使用和及时还款。
预期年化收益率	10％
收益分配方式	每半年分配一次信托收益，到期一次性归还信托本金
流动性安排	受益权可以转让，不可赎回
投资门槛	100 万元
认购费	不收取

（三）交易结构图（见图 5.1）

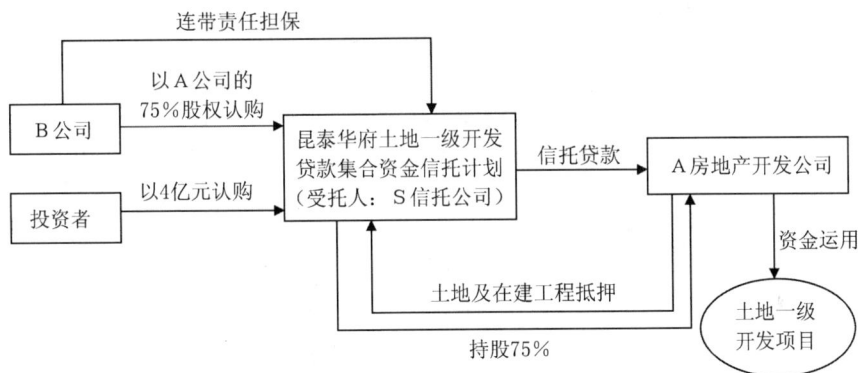

图 5.1　昆泰华府土地一级开发贷款集合资金信托计划交易结构

二、案例：连盛区土地一级开发项目集合资金信托计划

（一）项目背景

A 公司作为市属国有企业，是从事房地产、基础设施等领域投资的重点企业，具有房地产开发企业一级资质，其大股东为 B 公司（B 公司的母公司是 C 集团）（见图 5.2）。A 公司已与当地土地整理中心签署《土地一级开发整理委托协议》，受托对连盛区土地实施一级开发整理。连盛区地理位置优越，交通便捷，三面环水，自然环境优越。项目整理完成后，将主要用于开发居住

区、配套商业区和生态湿地公园。

C集团是一家国有独资公司，也是全国重点企业之一。截至 2011 年 4 月底，集团资产总额 220 亿元，净资产 88 亿元，2010 年销售收入达到 78 亿元，现有员工 3 万人。

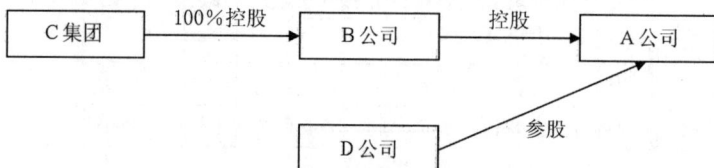

图 5.2　A 公司股权结构

（二）信托计划（见表 5.2）

表 5.2　连盛区土地一级开发项目集合资金信托计划

产品名称	连盛区土地一级开发项目集合资金信托计划
发行机构	T 信托公司
信托规模	该信托计划不分层，发行规模 15 亿元；首期募集 5 亿元即成立，剩余部分在信托计划成立后 120 个工作日内分次募集，最终募集规模达到 15 亿元
信托期限	信托期限 2.5 年，满 2 年后受托人有权选择提前终止
资金运用方式	以增资的形式投资于 A 公司，用于连盛区土地一级开发整理项目
风险控制机制	（1）连带责任保证：本信托计划以增资形式投资于 A 公司，C 集团和 D 公司作为共同保证人，为实现信托利益提供连带责任保证。 （2）信托资金监管：T 信托公司委托监管银行对 A 公司的账户进行监管，保证全部信托资金用于连盛区土地一级开发整理项目。在土地出让之后，政府返还的资金将全部进入监管账户，在监管银行的监管下继续用于项目开发。 （3）项目公司经营管理：A 公司的经营管理由 B 公司负责具体实施；T 信托公司作为 A 公司绝对控股股东，在董事会中选派董事人数超过 50%，对 A 公司重大事项拥有决策权。 （4）经营报告：T 信托公司将定期形成书面的经营情况报告，内容包括合同执行情况、征地进度、工程进度、挂牌进度、出让收入回收情况、资金使用情况等。
投资门槛	最低认购规模为 300 万元（含），预约登记（金额优先，同等金额下时间优先）
预期年化收益率	分为 10%、10.5%、11% 三档，随认购金额增加，预期收益率相应提高

（三）交易结构图（见图5.3）

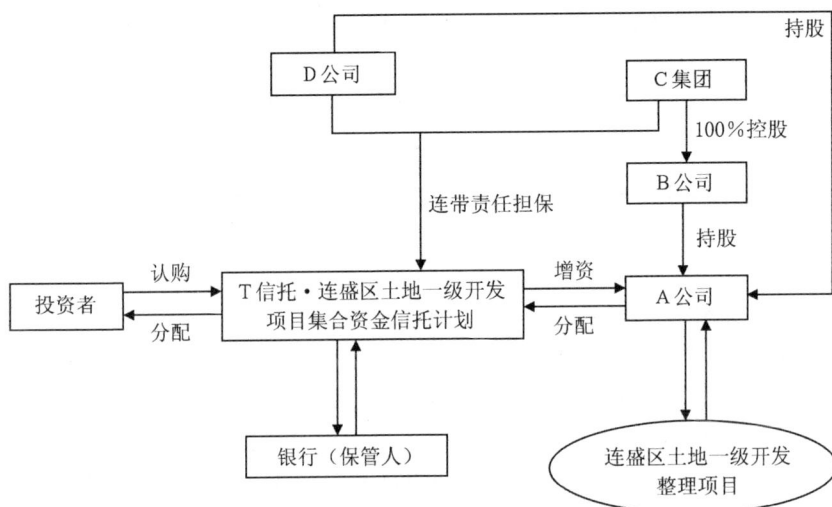

图5.3　连盛区土地一级开发项目集合资金信托计划交易结构

三、关于房企与信托公司"联合拿地"

在双方已具备良好合作和深度互信的基础上，房地产企业也可以发挥自身的特定资源优势与信托公司携手"拿地"，共同撬动并联合推进较优质的房地产项目。例如，X信托计划就属于此种模式，信托公司作为受托人以自己名义缴纳投标保证金参与某项目地块的竞买。在竞买成功之后，受托人将增发募集资金用以设立（或增资）项目公司、发放贷款、补充期间流动性等需要。同时，信托公司聘请房企担任信托计划的战略管理顾问、项目公司运营顾问，利用其品牌、专业管理和决策能力提供咨询服务以实现项目开发目标。另外，房地产企业与信托公司的专业人员组成联合管理委员会共同审议备选的房地产项目，并对信托计划的重大事项进行决策。

第二节　"五证"期间

一、市场简析

通常而言，在房地产信托融资实践中，房地产企业一般会在"五证"期间

的以下三个时间节点提出融资需求并与信托公司开展合作。

(1) 取得"土地使用权证"之前,需要融资用于缴纳土地出让金。

(2) 取得"四证"之前,需要融资用于补充资本金等"短板",以满足银行发放"开发贷"的要求。

(3) 取得"预售许可证"之前,需要融资以解决资金周转、债务偿还等方面的"应急之需"。

二、案例:北京 A 房地产开发有限公司股权投资集合资金信托计划

(一) 背景资料

1. 项目公司股权结构

北京 A 房地产开发公司(简称"A 公司")是"普芳之都"项目的专设项目公司,股东为北京 B 置业发展有限公司(简称"B 公司")和北京 C 置业有限公司(简称"C 公司")。北京 B 置业发展有限公司法人代表为王先生,北京 C 置业有限公司法人代表为何先生,北京 A 房地产开发有限公司董事长为王先生。其股权结构参见图 5.4):

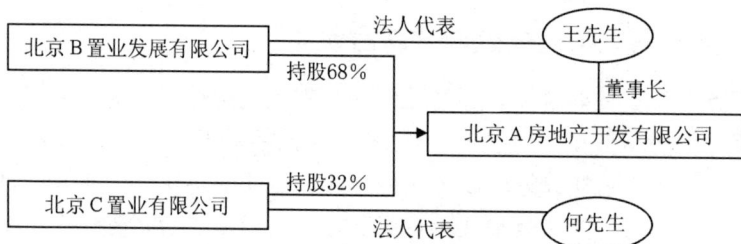

图 5.4 A 公司股权结构

2. 项目简介

(1) 项目基本情况。

"普芳之都"项目分两期开发,一期项目宗地面积 22280.40 平方米,房屋建筑总面积 53637.22 平方米,其中地上建筑 48994.56 平方米,地下建筑 4642.66 平方米。提供房源为公寓住宅 33875.18 平方米,店铺 14464.56 平方米,其他为车库服务中心等配套设施。

(2) 二期项目取证情况(见表 5.3)。

表 5.3 普芳之都项目二期取证情况

时间	取证情况
2010 年 11 月	取得工程施工许可证
2010 年 10 月	取得地名批准书
2010 年 7 月	取得国有土地使用权证
2009 年 8 月	取得建设工程规划许可证
2009 年 6 月	取得建设项目环境影响报告表
2008 年 6 月	取得房地产开发企业暂定资质证书
2007 年 5 月	取得建设用地规划许可证

（3）项目进展情况。

目前，二期项目已经启动，宗地面积 12589.00 平方米，容积率 3.65，预计建成后地上建筑面积 47607 平方米，其中提供商铺建筑面积 10111 平方米，公寓式办公楼 37496 平方米，地下停车库及辅助设施面积 9699.5 平方米。

3. 项目后期费用测算

截至 2010 年 12 月 30 日，项目总支出中包括了二期部分基础设施费用、建安费用、配套费用、开发间接费用及利息成本，根据 A 公司提供的"普芳之都项目二期后续支出预测表"，预计后续支出约 1.94 亿元。具体明细如表 5.4 所示。

表 5.4 普芳之都项目二期后续支出预测 单位：元

名 目	单 价	二期商铺 10111 平方米	二期公寓式办公楼 37496 平方米	二期车库 5335 平方米
大配套	100 元/平方米	1011100	3749600	—
小区内配套	200 元/平方米	2022200	7499200	—
规划设计、招投标、勘测、评估、质量监督等	80 元/平方米	808880	2999680	—
建筑安装工程费	商业 2500 元/平方米	25277500	—	—
	公寓式办公 2800 元/平方米	—	104988800	—
	二期车库 5500 元/平方米	—	—	29342500
合 计		29119680	119237280	29342500

由表 5.4 可见，二期后续发生建安配套等费用 1.78 亿元，加上利息费用 1000 万元，管理费用预计 400 万元，其他不可预计费用 200 万元，总计还需支出约 1.94 亿元。

4. 项目预期收入情况

(1) 2010 年周边地区住宅销售价格分析（见表 5.5）。

表 5.5　2010 年普芳之都项目周边地区住宅销售价格分析

单位：元/平方米

楼盘名称	楼盘 A	楼盘 B	楼盘 C	楼盘 D	楼盘 E	楼盘 F
销售价格	18500～19000	12000	15000	15800～17000	16800	16500～17500

就普芳之都项目所在的区域而言，目前房屋价格上升较快，2010 年 10 月开盘的楼盘 B 二、三期住宅价格 12000 元/平方米，而最近楼盘 A 在 2011 年 4 月开盘时价格达到 19000 元/平方米，上述楼盘均价为 16500 元/平方米。A 公司一期项目可提供住宅 33875.18 平方米，按均价 16500 元/平方米计算，该住宅房屋的市值估计在 5.59 亿元左右。

(2) 2010 年周边地区商铺销售价格分析（见表 5.6）。

表 5.6　2010 年普芳之都项目周边地区商铺销售价格分析

单位：元/平方米

楼盘名称	楼盘 I	楼盘 II	楼盘 III	楼盘 IV	楼盘 V	楼盘 VI
开盘价	23000～26000	24000	24000～26500	22000	25000	31500

在 A 公司的一期项目中，底层街面商铺 926.35 平方米，目前公司开盘价 40000 元/平方米；其余为 1～5 层商铺 13538.21 平方米。在二期项目中，商铺为 1～5 层，由于 3～5 层商业价值较 1～2 层有明显下降，且多为大面积商铺，参照市场惯例，1～2 层商铺：3～5 层商铺＝1：0.4（价格比），其中 1～2 层按均价 25375 元/平方米计算，则 3～5 层为 10150 元/平方米，则加权平均价格为 16240 元/平方米。预计上述物业的预售日期在 2011 年末，如果按二期项目开盘前商铺价格保守增长率 5% 计算，则售价为 17052 元/平方米。A 公司一期项目的店铺合计 14464.56 平方米，除了底层街面商铺（926.35 平方米）按 40000 元/平方米计算之外，其余 1～5 层商铺（13538.21 平方米）按均价 16240 元/平方米计算，总市值约为 2.57 亿元；二期项目的店铺 10111 平方米，按均价 17052 元/平方米计算，则市值约为 1.73 亿元。两者合计，A 公司"普芳之都"项目的商铺市值合计在 4.30 亿元左右。

（3）2010 年周边地区办公楼销售价格（见表 5.7）。

表 5.7 2010 年普芳之都项目周边地区办公楼销售价格分析

单位：元/平方米

楼盘名称	楼盘甲	楼盘乙	楼盘丙
开盘价	16500	16800	16200

在 A 公司的二期项目中，可提供公寓式办公楼 37496 平方米，预计这部分物业的预售日期在 2011 年末，结合商业物业价格的上涨趋势，至开盘前价格保守增长率 5% 计算，二期公寓式办公楼预计售价约为 17325 元/平方米，因此"普芳之都"项目的办公楼市值估计在 6.50 亿元左右。

（4）小结。

经测算得出，A 公司的"普芳之都"一、二期项目推出后，估计总市值超过 16 亿元。虽然项目的整体销售收入情况预计比较客观，但由于银行贷款政策收紧，A 公司的资金链也比较紧张。因此，A 公司与 T 信托公司达成合作，通过发行集合类信托产品来获取资金支持，从而继续推进"普芳之都"项目的后续开发。

（二）信托产品结构

1. 信托计划基本信息（见表 5.8）

表 5.8 北京 A 房地产开发有限公司股权投资集合资金信托计划

产品名称	北京 A 房地产开发有限公司股权投资集合资金信托计划
受托人	T 信托公司
信托规模	1.5 亿元
信托期限	1 年
资金运用方式	信托资金用于受让 B 公司持有的项目公司（A 公司）68% 股权，B 公司承诺将股权转让款中的 3000 万元借给 A 公司用于普芳之都项目二期的建设，并承诺在信托资金退出前放弃优先受偿权
退出机制	获取 A 公司分红和减资，或者转让 A 公司股权等
预期年化收益率	10%

2. 交易结构

委托人（投资者）基于对受托人（T 信托公司）的信任，自愿将其合法拥有的资金委托给受托人集合管理，由 T 信托公司按照委托人的意愿，以受托

人名义将信托资金用于受让 B 公司持有的项目公司（A 公司）68％股权。

股权转让完成后，根据信托合同约定以及会计师事务所出具的尽职调查报告，信托资金主要用于支付项目公司的部分其他应付款，合计为 9400 万元；支付项目一期地下人防工程安装工程款等费用 2000 万元；支付受托人的信托报酬 600 万元；另外 3000 万元由 B 公司借给 A 公司用于"普芳之都"项目二期的建设，B 公司承诺在信托资金退出前放弃优先受偿权。

T 信托公司向 B 公司受让 A 公司股权之后，将受托持有 A 公司 68％的股权，同时 C 公司（即 A 公司的另一股东）将其持有的 A 公司其余 32％股权全部质押给受托人。

其交易结构如图 5.5 所示。

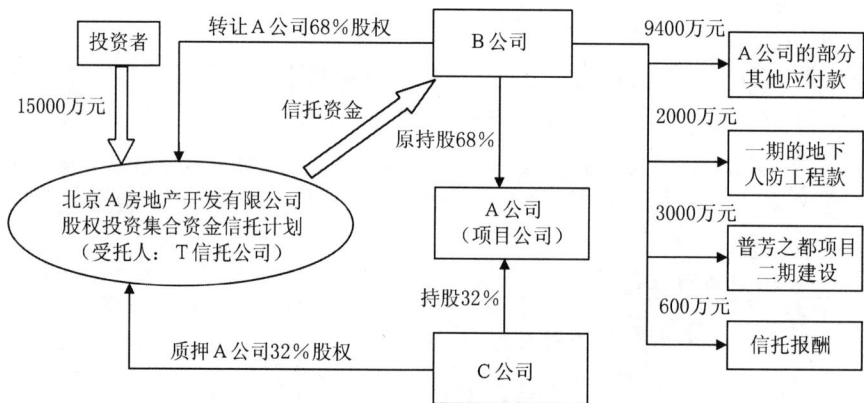

图 5.5　北京 A 房地产开发有限公司股权投资集合资金信托计划交易结构

3. 风险控制措施

本信托计划根据信托文件的约定采取了以下风险控制措施：

（1）项目监控。T 信托公司（受托人）通过股权受让方式，持有 A 公司（项目公司）68％的股权，A 公司的另一股东（C 公司）将其持有的 32％股权质押给 T 信托公司，从而使得 T 信托公司实际控制 A 公司 100％的股权。

在信托计划生效之后，A 公司召开股东会，产生了新的执行董事，即由 T 信托公司委派赵先生担任 A 公司的执行董事一职。同时，A 公司与 T 信托公司办理了公章交接手续。另外，在股权转让手续办理完毕之后，T 信托公司与 A 公司完成了营业执照等重要证照的交接手续。由此，T 信托公司通过委派执行董事对 A 公司进行监督和管理。

（2）资金监控。1.5 亿元信托资金全部进入信托专户，T 信托公司对信托资金监管账户实行印信和资金监管等方式，并对 A 公司的经营和财务进行监

督，从而保证信托计划的资金安全。

（3）特殊承诺。B公司（即A公司的原控股股东）承诺，在信托资金退出前放弃对A公司的优先受偿权，同时承诺补足销售回款不足的部分，用于兑付信托本金和预期收益。否则，T信托公司可以采取低价抛售A公司的房产或股权等方式，以保证信托的到期兑付。

由上可见，本信托计划的风险防控机制可以简单地概括为图5.6。

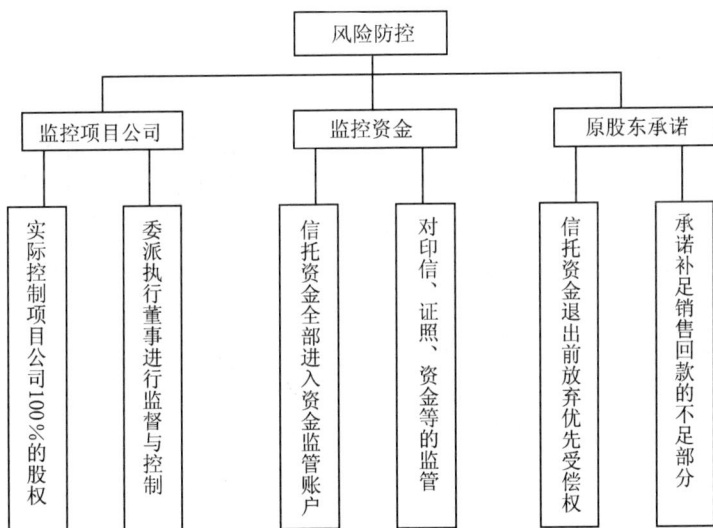

图5.6 北京A房地产开发有限公司股权投资集合资金信托计划风险防控机制

第三节 物业持有期

一、案例：Y项目别墅收购集合资金信托计划

（一）案例背景

A公司注册资本1120万元，主营业务为房地产开发，注册以来陆续开发并持有多个房地产项目。为启动Y项目，A公司出资1亿元，设立新的项目公司B公司（其中注册资本50万元，股东借款方式投入9950万元）。其关系如图5.7所示。

A公司 —控股→ B公司 —运作→ Y项目

图 5.7 项目公司关系

1. 项目情况介绍

A公司拟一次性打包整体收购已经取得销售许可证的11套别墅。该项目总建筑面积为8380.55平方米,收购时按地上建筑面积6630.65平方米计算,地下部分全部赠送,预计收购单价为48000元/平方米,合计总交易金额约为3.2亿元左右。该别墅区位于甲市的文化名镇,周边风景秀美,总占地面积472亩,容积率0.14,绿化率达到75%,是全国少数低密度高端别墅之一。该别墅由知名开发商(上市公司)投资开发,经查询,该别墅区近期成交单价为56000元/平方米。项目标的11套别墅已开发完成,每栋别墅建筑面积为640~1300平方米,花园面积1700~4000平方米,建筑形态为地上两层地下一层。

A公司拟在收购完成后,聘请国内知名团队对收购的11套别墅进行内外装修,装修后以亿元级别墅总裁官邸为市场定位,预计改造后销售单价为10万元/平方米,以上11套别墅预计可实现近9亿元的销售收入。另外,A公司将给每栋别墅业主配以20亩独享的20年涵养林使用权,该涵养林距离该别墅区约10分钟车程,将聘请欧洲著名阳光房提供商度身定制,配以马道、泳池和一套300~500平方米的经典手工制作阳光房,令每位业主拥有了配套的私家休闲和社交的生活领地。

2. 项目经济效益测算

该别墅区目前可售套数为11栋,平均收购价格预计为48000元/平方米,收购总价约3.2亿元,后期预计装修费用达到8000元/平方米,总共需装修费用约6700万元,即全部收购完成并进行内外装修,11套别墅项目总需投入约3.87亿元。其经济效益测算参见表5.9。

表5.9 Y项目经济效益测算　　　　　　　　　　单位:万元

序号	占地(平方米)	销售总价	总成本	营业税及附加	销售利润
1	2600	7363.9	3469.5	405	3489.4
2	3200	10000	3579.4	550	5870.6
3	2300	7065	3396.8	388.5	3279.7
4	2100	6473.1	3037.7	356	3079.4
5	2300	6980.4	3333.7	383.9	3262.8
6	2800	7469.9	3465.4	410.8	3593.7
7	2700	7505.8	3399.1	412.8	3693.9

续表

序号	占地	销售总价	总成本	营业税及附加	销售利润
8	2600	7340.4	3480.1	403.7	3456.6
9	2800	10000	3938.1	550	5511.9
10	3500	10000	4450.6	550	4999.4
11	2800	10000	3910.4	550	5539.6
合计	29700	90198.5	39460.8	4960.7	45777

同时，聘请在别墅市场中具有知名影响力的市场推广专业服务机构负责第三方推介，定向推广和营销。因此销售预期会比周边其他同类别墅群有相对优势（见表5.10）。

表5.10　2011年前三季度项目周边同类高端别墅市场成交情况

序号	项目	单栋面积（平方米）	单栋价格	推盘量（套）	存量（套）
1	P	近1600	总价1.68亿元，约10万元/平方米	100	1
2	Q	近1000	5.5万元/平方米	18	已售罄

近期甲市高端别墅的价格已经猛涨，其中P项目一套1290平方米的大型别墅是该市仅有的一套面积超过1000平方米的在售别墅，预计价格将达到1.68亿元以上，该别墅占地面积为4亩，而Y项目单栋别墅占地3～7亩，在装修完成品质及性价比方面均可超越P项目，销售价格为10万元/平方米属于合理预期。

（二）信托计划方案

1. 信托计划介绍（参见表5.11）

表5.11　Y项目集合资金信托计划

信托名称	Y项目集合资金信托计划
受托人	X信托公司
资金运用	拟以平均收购单价约48000元/平方米一次性打包整体收购Y项目已经取得销售许可证的11套别墅，本收购价低于近期成交的该别墅单价为56000元/平方米，合计总交易金额约为32亿元。为实施这一收购计划，特成立项目公司B公司。本信托计划的4950万元用于向项目公司增资，剩余资金以资本公积方式进入项目公司

续表

信托规模	34950 万元
信托期限	1.5 年（信托满 1 年融资方可提前结束）
预期收益率	优先受益人： （1）100 万（含）～200 万元，收益率预计为 10％/年。 （2）200 万（含）～300 万元，收益率预计为 11％/年。 （3）300 万（含）～600 万元，收益率预计为 12％/年。 （4）600 万元（含）以上，收益率预计为 13％/年。
	劣后受益人：以实际收益率为准（A 公司以其对 B 公司 9950 万元的债权认购劣后部分）
风险控制	（1）X 信托公司对 B 公司的绝对控股权。 （2）信托受益权结构化设计，次级保证了优先级的信托利益。 （3）X 信托公司以较低的折扣率取得别墅所有权，提升了安全边际。 （4）实际控制人无限连带责任保证担保。

2. 风险控制

（1）X 信托公司对 B 公司的绝对控股权。项目公司为新成立的 B 公司，这样能使账务清晰，有利于将信托资金对项目公司增资后控制其 99％ 股权及对其进行监管。收购工作完成后，B 公司注册资本金为 5000 万元，信托计划占项目公司股权为 99％，A 公司股权为 1％，A 公司承诺在信托期间内放弃对项目公司债务的追索权。

X 信托公司原则上不参与 B 公司的运营管理。B 公司设董事会：其中 2 名由 A 公司提名，1 名由 X 信托公司提名。公司不设监事会，设 2 名监事，由 A 公司和 X 信托公司分别任命 1 名。X 信托公司派驻资金监管人员，共同保管 B 公司公章、法人章、财务专用章以及合同专用章。

（2）信托受益权结构化设计。通过设计优先受益权及次级受益权，从而在利益分配角度上，次级受益人（A 公司）保证了优先受益人的信托利益优先实现。

（3）信托对别墅所有权较低的折扣率提升了安全边际。信托计划出资 25000 万元，占项目公司 99％ 的股权，相当于拥有 6564.34 平方米地上建筑面积的所有权，每平方米的成交价格约为 38085 元。经查询该别墅近期成交的别墅单价为 56000 元/平方米，如此测算，信托计划以 6.8 折取得了以上别墅的所有权，安全边际较高（不包括 A 公司后期的投入及项目土地等的增值）。

（4）实际控制人无限连带责任保证担保。A 公司为本信托计划承担无限连带责任保证担保。

3. 信托资金退出

信托期限内，A 公司拥有一项受让优先级信托受益权的选择权，项目公司通过出售 Y 项目下的 11 套别墅收回资金，A 公司再通过自 B 公司借款等方式获得资金以购买优先受益权，实现优先受益权的退出。A 公司也可以追加信托资金，信托公司以追加的资金支付优先级信托利益。当信托计划最终只有次级受益权时，信托计划终止并以信托财产原状分配信托利益。

4. 交易结构图（见图 5.8）

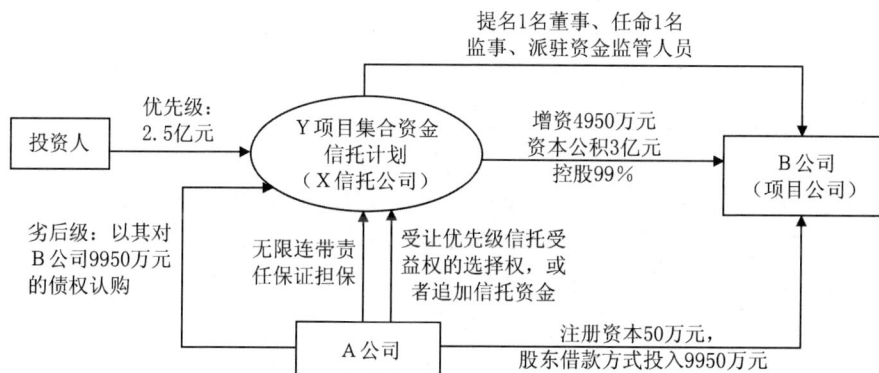

图 5.8　Y 项目集合资金信托计划交易结构

（三）案例简评

1. 优势

该信托计划优势较为明显，风险控制措施良好，还有 A 公司无限连带责任保证担保，标的在甲市稀缺并且具有不可替代性。

（1）安全性高、保障性强（见表 5.12）。

表 5.12　Y 项目集合资金信托计划的优势

以低折扣率持有项目所有权	以相当于 6.8 折取得了项目收购标的 6564.34 平方米地上建筑面积的所有权，具有较强的安全边际
对 B 公司的绝对控股权	B 公司为新成立公司账务清晰，有利于将信托资金对 B 公司增资后，信托计划以控制 99% 的绝对控股权对其进行监管
	X 信托派驻资金监管人员，共同保管项目公司公章、法人章、财务专用章以及合同专用章
信托受益权结构化设计	通过设计优先受益权及次级受益权，从而在利益分配角度上保证了优先级受益权人的信托利益优先实现
资源稀缺和不可复制性	0.14 超低容积率、占地 20 亩打造和高绿化 75% 的中央花园，以及每栋别墅业主配以 20 亩独享的 20 年涵养林使用权决定唯一性和稀缺性价值

（2）收益性优势（见表 5.13）。

表 5.13　Y 项目集合资金信托计划的收益性优势

高于同期市场下信托理财产品	与同类型信托产品相比，本产品在收益上具有相对优势，给予投资者的预期回报在年化 10%～13%不等，目前一年半期限固定收益类信托产品预期年化收益一般在 9%～10.5%。
远高于银行理财等其他理财产品	信托理财作为高端投资者心中最具价值的财富管理工具，与银行理财产品相比，本信托计划收益具有绝对优势。目前一年半期限固定收益类银行理财产品预期年化收益一般在 4.5%～5%，同期银行定期存款利率为 4.15%。

（3）期限设置灵活性。本产品在信托产品流动性普遍不足的情况下，优化了流动性设置。产品期限为 1.5 年，但信托计划成立满 1 年时，A 公司可选择提前偿还资金，信托计划向优先级受益人兑付信托利益和返还信托本金。如果提前结束，则可以增强投资者的资金流动性。

2. 问题

参比 2011 年前三季度甲市同类高端别墅市场的成交情况来讲，Y 项目 1.5 年期是否能将其拥有的全部房源变现，以及 X 信托公司虽然拿到较低的折扣率持有项目公司的所有权，并且有知名第三方推介，但其实际销售情况仍有待参看。由于 A 公司提供连带责任保证担保，因此投资人的收益相对有所保障。

二、案例：S 地产商业物业租金收益权转让集合资金信托计划

（一）案例背景

1. 融资方基本情况

S 房地产开发有限公司（简称"S 公司"）成立于 2003 年，注册资本为 8000 万元，主营房地产开发，公司具有房地产二级开发资质，法人代表为李先生。S 公司自成立以来，累计开发面积近 60 万平方米，销售收入 5 亿元。截至 2011 年 6 月底，公司总资产 5.8 亿元，营业收入 1 亿元。

2. 关联方基本情况

S 公司股东所持股的其他公司，包括 Z 房地产公司、G 房地产公司、N 房地产公司和 D 商业有限公司。各公司情况参考如下：

（1）Z 房地产公司（简称"Z 公司"）。Z 公司主开发的项目是通达广场（已取得"国有土地使用证"、"建设用地规划许可证"、"建设工程规划许可证"及"建设工程施工许可证"）。该项目总投资 5.1 亿元，目前已投入 3 亿元，预计销售收入 10.2 亿元。该项目于 2009 年 6 月正式启动，预计 2011 年 11 月底

竣工，目前已与国际连锁的大型超市集团签署了房屋租赁协议。

（2）G 房地产公司（简称"G 公司"）。G 公司主开发的项目是和府嘉园（已取得"国有土地使用证"、"建设用地规划许可证"、"建设工程规划许可证"）。该项目于 2010 年正式启动，总投资 3 亿元，目前已有客户报价 4 亿元提出认购意向。双方已初步同意转让方案，并将于近期完成转让事宜。

（3）N 房地产公司（简称"N 公司"）。N 公司拟开发的项目是梦泽花园项目（总占地 260 亩，总建筑面积 45 万平方米），该项目现处于前期手续的办理阶段，并将于 2011 年底全面启动。

（4）D 商业有限公司（简称"D 公司"）。D 公司在 S 公司信托融资的过程中提供担保。D 公司成立于 2002 年，注册资本为 6000 万元。截至 2010 年底，D 公司已运营商业物业面积 25 万平方米，总资产 14 亿元，净资产 4.5 亿元。2010 年全年的销售利润 3.8 亿元，净利润 2.3 亿元。

3. 目标物业基本情况

S 公司持有新建成的明宝广场，该广场总建设面积 15 万平方米，五证俱全，配置达国际 5A 写字楼标准。该项目总投资额预计为 5 亿元，现已投入 2.8 亿元，后续资金主要用于项目内外装修和附属设备用款以及支付施工垫资款。目前，住宅及公寓已完成销售 97%，合同销售收入 7300 万元；商业物业主要是优质租户入驻。

明宝广场包括主楼、配楼及周边临街商铺，其长期客户包括保险公司、银行、证券公司、餐饮连锁集团等知名企业，年租金收入 1200 万元。明宝广场的剩余地上可出租面积约 7 万平方米，预计未来 10 年可实现超过 4.5 亿元的租金收益。另外，其配楼和商铺也位于城市主干道，地理位置优越，交通便利，配套设施完善，年租金收入 1800 万元。

（二）信托计划方案

1. 信托计划概要（见表 5.14）

表 5.14　S 地产商业物业租金收益权转让集合资金信托计划

产品名称	S 地产商业物业租金收益权转让集合资金信托计划
资金运用方式	信托资金用于受让 S 公司持有的明宝广场商业物业未来 10 年（2011～2021 年）的租金收益权，S 公司将把此笔转让所得用于明宝广场项目的后期建设
信托规模	2 亿元
信托期限	预计为 2 年；满 1 年后 S 公司可按季度部分回购租金收益权并提前终止；满 2 年后，若 S 公司未能全部回购租金收益权，则信托计划可延长期限不超过半年

风险控制措施	(1) S公司每年须向信托专户缴纳优先租金收益 3200 万元； (2) S公司将明宝广场 A 座 14 层、15 层以及配楼 2 层、4 层的房屋所有权（总面积 41200 平方米，公开市场价值为 45200 万元）抵押给 A 信托公司； (3) S公司的两名自然人股东对优先租金收益的支付以及到期回购目标租金收益权承担个人连带责任担保； (4) Z公司、G公司、N公司、D公司提供第三方连带责任担保。
预期年化收益率	(1) 100 万元≤合同金额＜300 万元，预期年化收益率为 10%； (2) 300 万元≤合同金额＜800 万元，预期年化收益率为 11%； (3) 合同金额≥800 万元，预期年化收益率为 12%。 在信托计划存续期内，预期收益率随中国人民银行的同期存款利率上调而上调。
收益分配方式	信托净收益以货币形式发放，按年支付，到期一次性支付信托本金及后续收益。
认购原则	起点为 100 万元，遵循金额优先、时间优先的原则。

2. 信托计划架构（见图 5.9）

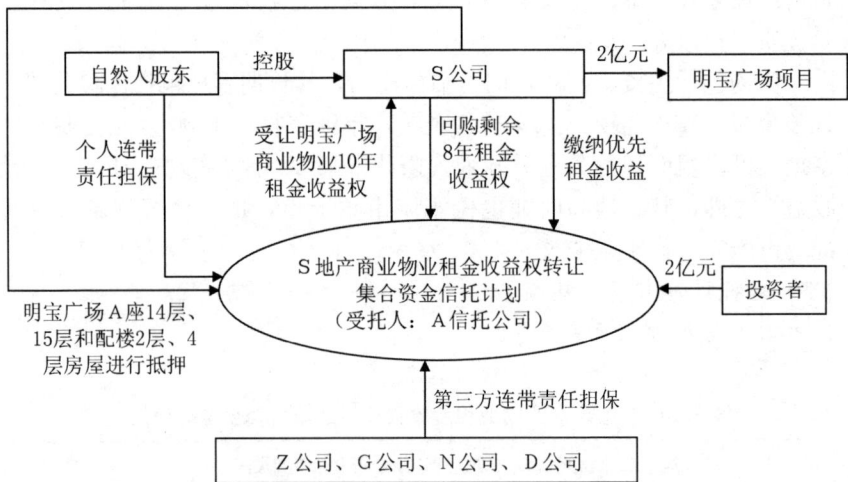

图 5.9　S 地产商业物业租金收益权转让集合资金信托计划交易结构

3. 信托计划管理

（1）受托人（A 信托公司）为本信托计划开立专门的信托财产账户，建立单独的会计账户进行管理和核算。

（2）在信托计划的管理过程中，A 信托公司制定一系列制度，并根据信

托业务的需要设置不同的部门和岗位，以实现各部门、各岗位间的相互监督与制衡。

（3）A信托公司将定期向投资者披露信托财产运营情况的相关信息。

（4）A信托公司采取必要措施，保证项目按照有关信托文件加以运行，防范信托计划的资金被挪用，杜绝一切可能影响信托财产安全及受益人利益的情况发生。

第六章 不同业态的房地产信托融资及其案例

第一节 住宅（商品房和保障房）

一、市场简析

近期，房地产信托备受关注，信托公司在主动调整房地产信托业务的结构，商业银行的私人银行部也在优化房地产信托产品的配置。其实，各方都在重新审视房地产信托的定位与走势，结合宏观调控和房企转型做出结构性调整。更重要的是，居安思危，思则有备，有备无患。当前，在全国信托业3.742万亿元的信托资产之中，房地产信托的占比较高，6000多亿元的存量规模，1/6的比重，如此高的行业集中度已引起各界关注。另外，如果房地产信托业务的利润贡献率一直居高不下，而又缺少其他多元化的业务来支撑信托公司持续盈利，那么这也是有一定风险的。因此，信托业应加快主动转型的步伐，一方面积极开拓房地产信托之外的其他业务增长点；另一方面应着力调整房地产信托业务的结构，妥善处理好商品房项目（住宅地产）的存量兑付与增量控制，择机支持保障房信托融资，量力发展商业地产信托融资，在顺应宏观调控政策的房地产细分市场中培育一些特色业务。[①] 根据政策导向，面向中低收入人群提供的普通商品房和保障性住房，应成为信托公司开展房地产信托融资业务的重点。

二、保障房信托市场观察

民生工程关系到百姓生活中衣食住行的方方面面。政府大力倡导改善和保障民生工程，其中保障房建设就是人们所关注的热点问题之一。"保障性住房"是指政府在对中低收入家庭实行分类保障过程中所提供的限定供应对象、建设

[①] 丁晓娟：《房地产信托主动转型势在必行》，《中国建设报·中国住房》2011年8月3日。

标准、销售价格或租金标准，具有社会保障性质的住房。对"保障性住房"的内涵和外延，监管政策尚无明确清晰的界定。目前，"保障性住房"主要包括廉租房、公租房、经济适用房、两限房、符合政策要求的"棚户区改造"住房、"城中村改造"住房、"旧城改造"住房、"城市综合整治"住房、定向安置房以及"中低价位、中小套型普通商品住房"等。

关于保障房建设的国家政策措施很多，对其土地供应、房屋建设、资金供给与退出等方面都有很详尽的规定。在2010年10月国务院发布的《中共中央关于制定国民经济和社会发展第十二个五年规划的建议》中要求："强化各级政府职责，加大保障性安居工程建设力度，加快棚户区改造，发展公共租赁住房，增加中低收入居民住房供给。"2010年12月，中央政治局会议分析研究2011年经济时强调："要大力保障和改善民生……加强社会保障薄弱环节建设，……加大保障性安居工程建设力度。"同时，住房建设部《关于报送城镇保障性安居工程任务的通知》明确提出："2011年计划建设保障性安居工程任务是1000万套，并要求各地方政府调整之前上报的2009～2012年三年保障性住房建设规划和地方'十二五'保障性住房建设规划。"

在2011年7月1日财政部与住房建设部联合发布的《关于多渠道筹措资金确保公共租赁住房项目资本金足额到位的通知》中规定公共租赁住房投资可以有多种模式，包括直接投资建设、政府组建专门投资公司或利用已有的国有房地产开发企业投资建设、在房地产开发项目中配建公共租赁住房由政府回购或无偿收回、政府通过优惠政策引导企业投资建设等。其中房地产开发项目中配建以及由企业投资的公共租赁住房，其项目资本金由企业按照国家现行政策规定由相关企业自行解决，政府可以通过投资补助、贷款贴息等优惠政策予以支持。政府直接投资和政府组建投资公司建设的公共租赁住房，应当由政府注入项目资本金，其项目资本金来源可从中央补助资金、省级补助资金、市县政府公共安排的资金、土地出让收益安排的资金、住房公积金增值收益安排的资金以及地方政府债券等渠道筹集。各地可按照20%的比例，测算公共租赁住房项目资本金需求。2011年7月12日国家财政部、发改委以及住房建设部联合发布的《关于报送2011年城镇保障性安居工程投资需求与资金筹措情况的通知》中规定，2011年保障房建设资金来源主要包括财政预算安排、企业和个人自筹、社会融资以及其他渠道安排资金。其中社会融资主要包括住房公积金贷款、银行开发贷款、非银行金融机构融资，如地方政府或者投融资平台通过社保基金、保险基金、房地产信托基金等方式筹措资金。由于保障房的相关政策持续升温，信托公司也在不断加大力度开展保障房信托产品，积极参与到房地产市场结构性调整的大潮之中。

表 6.1 具有代表性的保障房信托产品一览

发行机构	保障房项目
中信信托	民享 1 号、2 号、3 号保障性安居工程应收账款流动化信托项目
中信信托	武进高新区安置房应收账款流动化信托项目 1 期、2 期
中诚信托	2011 年中诚信托鞍山凤凰城旧城改造项目集合信托计划
北京信托	保障房集合资金信托计划 1 期、2 期
北京信托	保障房系列集合资金信托计划之保利南沙河项目
天津信托	天房集团保障性住房股权信托基金（N 期）
天津信托	和平区政府定向安置房 BT 方式建设贷款集合资金信托计划
中海信托	上海浦东曹路（基地）保障房开发建设贷款集合资金信托计划
华宝信托	长兴岛配套商品房项目公司投资资金信托
新华信托	江苏唯城安置房一期应收债权买入返售集合资金信托计划
新华信托	昆明经典双城"城中村"改造项目贷款集合资金信托计划
新华信托	东胜旧城改造项目股权投资集合资金信托计划
新华信托	长沙赤岗冲棚改股权投资集合资金信托计划 I 期
中粮信托	天房保障性住房股权投资集合信托计划
中航信托	天启 6 号重庆永川工业园区廉租房贷款集合资金信托计划
中航信托	天启 91 号襄樊廉租房及经济适用房集合资金信托计划
中航信托	天启 95 号武汉城中村改造集合信托计划
建信信托	固安旧城改造股权投资集合资金信托计划
中融信托	西安大桥西街棚户区改造项目股权投资计划资金信托计划
中融信托	合肥包河石桥保障房项目股权投资集合资金信托计划
中融信托	合肥双凤开发区安居工程集合资金信托计划
中融信托	西安宏信城中村改造项目股权投资集合资金信托计划
中融信托	贵阳义信麒麟苑经济适用房（含廉租房）项目股权投资集合资金信托计划
中铁信托	绿洲 9 期——崇州市灾后重建保障性安置住房项目集合资金信托计划
湖南信托	湘江财源 2011－7 号集合资金信托计划
湖南信托	湘潭河西滨江棚户区改造——江湾上品片区项目集合资金信托计划
湖南信托	湘潭河西滨江棚户区改造——倚江阁片区项目集合资金信托计划
湖南信托	昭山"两型社会"改革示范区棚户区改造——新民村片区项目集合资金信托计划
厦门信托	集美滨水小区社会保障性住房项目单一资金信托（一年期）
厦门信托	湖边花园保障性住房项目资金信托计划
厦门信托	莆田文献街旧城改造项目股权投资集合资金信托计划
华能信托	乌鲁木齐沙依巴克棚户区改造项目集合资金信托计划
华能信托	"惠民"类基金集合资金信托计划
陕国投	延安城投保障性住房（朗润居）信托贷款集合资金信托计划

发行机构	保障房项目
陕国投	延安城投保障性住房（机械厂安置小区）信托贷款集合资金信托计划
华宸信托	金诚（09）03 号——阿左旗保障性住房建设项目集合资金信托计划
兴业信托	延安城投杨家岭经济适用房住宅小区贷款项目计划资金信托计划
江西信托	金象 40 号渝水区民生工程贷款信托
吉林信托	公主岭市上海城棚户区改造基础设施建设项目集合资金信托计划
新时代信托	哈尔滨棚户区改造项目资金信托计划
大业信托	馨悦尚居廉租房集合资金信托计划

三、案例：桃源城中村改造项目股权投资集合资金信托计划

（一）项目简介

1. 关于"城中村改造"

"城中村"主要是指在城市建设区范围内失去或基本失去耕地，仍然实行村民自治和农村集体所有制的村庄。"城中村改造"是指根据城市社会经济发展和社会整体规划，按照城市化要求，对城中村进行综合改造的工程。

2. T 市"城中村改造"相关政策措施

对于城中村改造项目，中央鲜有明确细化的政策，多为地方政策。T 市城中村改造项目就是其中的典型之一。T 市出台的城中村改造相关政策较多，如《T 市城中村改造管理办法》、《T 市关于城中村无形改造工作有关问题的通知》、《T 市关于城中村无形改造工作有关问题的补充通知》、《T 市人民政府批转市财政局等六部门关于加快推进我市保障性住房工作实施意见的通知》、《T 市人民政府关于贯彻落实国发［2010］10 号文件有关问题的通知》、《T 市关于进一步规范城中村改造回迁安置工作有关问题的通知》、《T 市小城镇基础设施建设资金管理办法》等。

T 市积极探索和推进"城中村集体经济组织改制公司"的模式，各改造村集体经济组织应依法注册为有限公司。城中村集体经济组织改制是城中村改造的重要内容，包括已撤村建社区但还未完成原村集体经济组织改制的社区。

城中村集体经济组织改制，办理工商、税务等注册或变更登记，只收取工本费；对经区农业或农工部门审核的原集体经济组织所持有的股权量化给村民的股权变动形式，不视为产权交易，免收有关费用。

各村所注册的有限公司对股东人数超过法定人数的，经村民会议审议通过，可以选举"股东代表"代表全体村民进行注册，其他村民通过股东代表行

使股东权利，并实行"生不增、死不减；新不增、出不减"的持股原则。

对于采取土地确权登记进行土地转性的项目，根据相关政策规定和城中村改造实际情况，养老保险金由市财政从全市土地收益中安排资金补助 30%（按照不同区域市区分成分担相应比例），改造主体（投资商）负担 30%，剩余部分从改造收益分配给村民和村集体部分中支付，也可在协议中约定由改造主体（投资人）先行垫付。

T 市城中村改造项目中要按照 10% 的比例配建公租房。另外，城中村改造所有建设项目免缴工程定额测定费、散装水泥专项基金。安置村民的住宅建设项目免缴城市基础设施配套费（不含代收资金），其他用于原集体经济组织发展经济的建设项目减半收取城市基础设施配套费（不含代收资金）。

3. 城中村改造项目背景

桃源村地处 T 市城市规划的二环与三环之间，以前为小商品批发市场，因为良好的地域优势，商品交易十分发达，逐渐带动周围地区人口与服务业聚集，并发展成为今天商业发达、人口稠密的富庶之区。该区域的居住、生活氛围较成熟，周边配套、交通、购物等都一应俱全，配套完善，生活便利，具备优质的房地产开发先决条件。

然而，桃源村大部分建筑是 20 世纪 90 年代开工建设的，土地使用集约程度不高，已经不能满足该地区经济发展的要求。T 市政府积极响应"十二五"规划中保障民生工程的号召，重新建设桃源村，向桃源村的原有居民提供安置房，确保百姓住房有保障，居住设施更加完善，生活质量水平有较大提高。同时，将此地区建成一座功能性独立的社区，完善相应的基础设施建设，带动本地区与周围地区的经济发展。

2008 年 T 市政府确定了城中村改造基本管理办法，并正式批准桃源村为改造村。2010 年上半年，T 市政府启动桃源村的城中村改造项目。A 房地产开发有限公司（以下简称"A 公司"）为 T 市的一家信誉良好的房地产开发公司，与 T 市政府就桃源地区"城中村"改造项目达成合作协议，开发改造桃源村地区，并准备投资建设"睿茂国际花园项目"。A 公司是 2008 年初注册成立的有限责任公司，从成立以来一直负责房地产建设和规划项目，拥有完整的规划、建设以及销售团队。公司整体状况良好，是本土较为知名的房地产企业之一。A 公司由 P 有限责任公司（以下简称"P 公司"）全资持股。P 公司是一家实力雄厚的民营企业，旗下有多家子公司。

4. 项目建设规划

"睿茂国际花园项目"占地 50 亩，由 6 幢高层建筑组成独立社区。此项目建筑总面积为 22 万平方米，地上建筑面积为 18 万平方米，地下建筑面积为 4 万平方米（包括 1500 个停车位），其中商业建设面积 3.4 万平方米。项目土地使用性质为"住宅建筑＋商业建筑",土地使用权限为住宅70年,商业40年。目前,该地块拆迁完毕,正在进行项目的施工工作。

该项目地处T市商业发达、交通便利的地区,其中1号楼地下1～4层为大型现代商场,5～20层为酒店式公寓。其余5幢建筑1层、2层为临街商业区,可为社区及周边提供如干洗、快餐、医药、便利店、电信与网络、银行、超市等便捷的商业服务;2层以上全为住宅。其中1号、2号、3号楼公寓户型均小于90平方米,4号、5号、6号楼公寓户型为50平方米到140平方米不等,90平方米以下户型超过50%。1500个停车位充分保证了商场顾客以及社区居民的停车需求。

该项目地处繁华闹市中的幽静社区,有绿地、花园、景观,整体环境舒适优美,适合居住、购物以及娱乐。小区环境由国际著名景观公司精心设计,呈现出一派现代时尚的生活环境。项目聘请源自香港的知名物业管理公司提供服务,将国际顶级物业管家服务引入社区。

5. 城中村改造项目的具体流程

桃源城中村改造项目的具体流程参见图6.1:

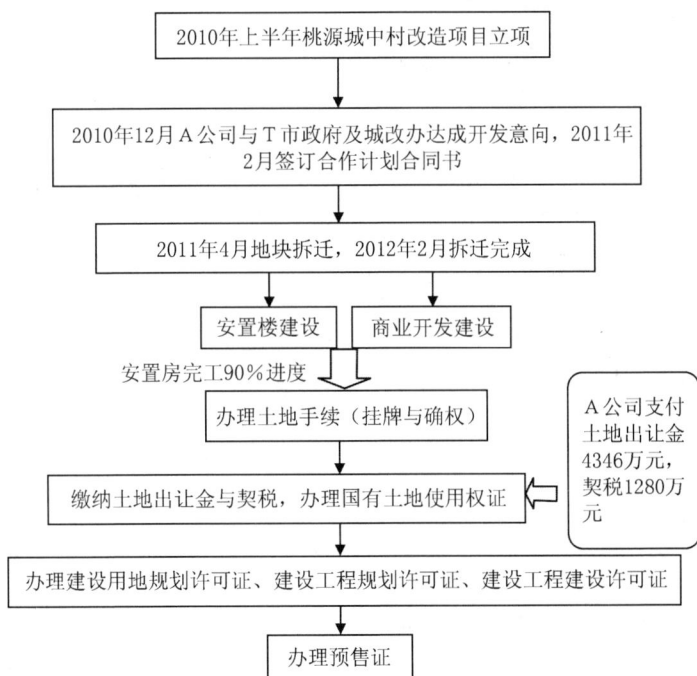

图6.1 桃源城中村改造项目的流程

6. 项目现状

安置楼建设完工并已交付使用，3 号、5 号、6 号楼已经封顶。5 号、6 号楼签订约 1.9 亿元内部认购合同，收款 1 亿元。在项目施工期间，因需确保安置房如期完工，向社会借款 7700 万元，同时项目土地出让金与契税已经付清。A 公司准备办理部分项目的"四证"以及 5 号、6 号楼的预售证，预计需要半年时间。

7. 融资需求及相关财务能力分析

A 公司目前自有资金及预计第一季度的销售额的总额不足以支付负债 7690 万元和后期工程的进度款总额，需要进行再融资。A 公司委托 B 信托公司融资，融资额度为 1.2 亿元，投资期限 24 个月。其中，P 公司作为一般受益人，认购 3000 万元。若 B 信托公司向 A 公司注资之后，根据项目现状，A 公司 2013 年和 2014 年项目季度现金流量具体状况预计如表 6.2 和表 6.3 所示。

表 6.2　项目 2013 年现金流量预测　　　　　　单位：万元

项目名称	2013 年一季度	2013 年二季度	2013 年三季度	2013 年四季度	合计
资金来源	19500.00	9000.00	18500.00	18500.00	65500.00
自有资金	—	—	—	—	—
销售收入	7500.00	9000.00	18500.00	18500.00	53500.00
信托融资	12000.00	—	—	—	12000.00
资金运用	12800.41	6132.62	10220.95	12620.95	41774.93
开发成本	2133.67	2560.40	4267.33	4267.33	13228.73
开发费用	696.22	835.46	1392.45	1392.45	4316.58
所得税前税费	1817.59	2181.10	3635.17	3635.17	11269.03
所得税	462.93	555.66	926.00	926.00	2870.59
社会借款本金偿还	7690.00	—	—	—	7690.00
信托融资本金偿还	—	—	—	—	—
信托融资利息支付	—	—	—	2400.00	2400.00
净现金流	6699.59	2867.38	8279.05	5879.05	23725.07
累计净现金流	6699.59	9566.97	17846.02	23725.07	—

表 6.3　项目 2014 年现金流量预测　　　　　　单位：万元

项目名称	2014 年一季度	2014 年二季度	2014 年三季度	2014 年四季度	合计
资金来源	17000	30000	30000	23000	100000.00
自有资金	—	—	—	—	—

项目名称	2014年一季度	2014年二季度	2014年三季度	2014年四季度	合计
销售收入	17000	30000	30000	23000	100000.00
信托融资	—	—	—	—	—
资金运用	11583.76	20441.88	20441.88	30072.13	82539.65
开发成本	4836.31	8534.66	8534.66	6543.24	28448.87
开发费用	1578.11	2784.89	2784.89	2135.09	9282.98
所得税前税费	4119.87	7270.34	7270.34	5573.93	24234.48
所得税	1049.47	1851.99	1851.99	1419.87	6173.32
社会借款本金偿还	—	—	—	—	—
信托融资本金偿还	—	—	—	12000.00	12000.00
信托融资利息支付	—	—	—	2400.00	2400.00
净现金流	5416.24	9558.12	9558.12	−7072.13	17460.35
累计净现金流	5416.24	14974.36	24532.48	17460.35	—

（二）信托计划方案

1. 信托计划介绍

表6.4　桃源城中村改造项目股权投资集合资金信托计划

产品名称	桃源城中村改造项目股权投资集合资金信托计划
信托规模	1.2亿元。其中，优先受益资金份额占总募集资金的3/4，共计9000万元；一般受益资金份额占总募集资金的1/4，共计3000万元
信托期限	2年，自信托生效日起计算。信托计划满12个月和18个月时，A项目公司原股东可提前行使股权回购权，信托计划终止
资金运用方式	B信托公司通过增资方式，将募集的资金全部向A公司注资，注资完成后持有A公司不低于90%股权
预期年化收益率	（1）优先受益人：信托计划满12个月提前结束，则委托人预期年化收益率为9%；满18个月提前结束，则委托人预期年化收益率为10%；满24个月结束，则委托人预期年化收益率为11% （2）一般受益人：享有剩余信托利益的索取权，其收益取决于整个信托计划的投资运作业绩
信托报酬	3%/年
其他费用	（1）信托报酬：3%/年 （2）银行保管费：0.1%/年 （3）推介服务费：1%/年（前端一次性收取）

2. 交易结构安排

（1）信托交易流程与结构安排（见图6.2）。

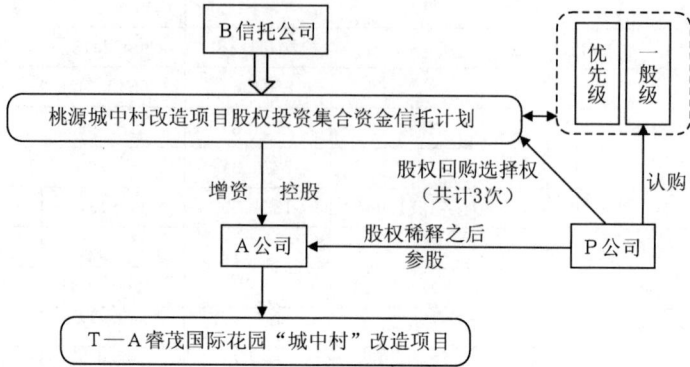

图6.2 桃源"城中村"改造项目股权投资集合资金信托计划交易结构

（2）回购选择权具体安排。P公司作为A公司原股东享有三次股权回购权利，具体情况如图6.3所示：

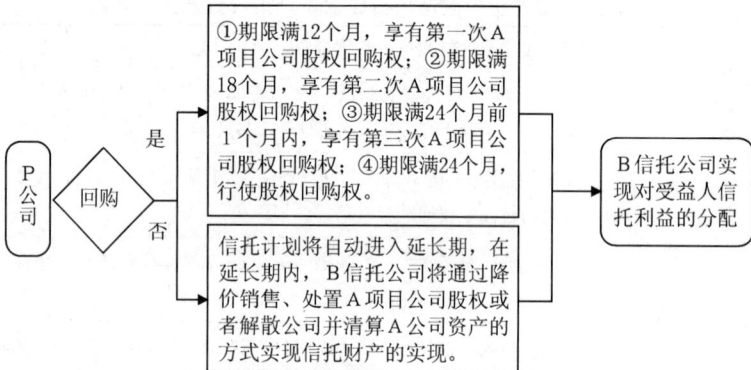

图6.3 回购选择权具体安排示意

（3）项目存续期间管理以及资金监管的具体事项：

1）B信托公司直接持有A公司90%以上的股权，但原则上不参与A公司及项目的运营管理；

2）公司设监事会，预计监事人数2名，由A公司提名1名监事，同时B信托公司提名1名监事，由股东会选举产生；

3）B信托公司对A公司的成本支出进行监控，A公司须向B信托公司提

供相应的可行性研究报告，经 B 信托公司确认后开始执行，对于可行性研究报告中相关建设进度/成本进行监控；

4）B 信托公司派驻资金监管人员，负责保管 A 公司公章、法定代表人私章、财务专用章、银行预留印鉴私章、合同专用章等重要印章；

5）由于项目监管主要来源于项目销售回款，B 信托公司派驻的资金监管专员将负责监管销售回款账户。

（三）案例简评

1. 政策风险分析

在 T 市大力发展千万级人口大市以及大力推进西部大开发战略的背景之下，该项目作为 T 市城中城改造的重点项目，较好地解决了城市形象问题，并且为桃源村的原有居民改善了居住条件。该项目属于国家政策和地方政策大力支持的项目，政策风险相对较小。另外，该项目体量较小，便于控制开发节奏和选择合适的入市时间，目前有 3 栋楼已经主体结构封顶，初步看来，项目风险可控。

2. "安置房＋商品住宅＋商业地产"的开发模式

在本案例中，A 公司开发桃源村改造项目，采用"安置房＋商品住宅＋商业地产"的形式，有利于获得政府和市场两方面的支持。住宅房屋的户型多在 90 平方米以下，符合政府对"城中村改造"住房建设限定户型的标准。大型现代商场与临街商业等形式的商业地产，利用了桃源村交通方便、商业发达的区位优势。安置房定向供应，商品住宅的销售与商业地产的租售相互促进，为整个项目顺利实现资金回笼提供了一定保障。

第二节　商业地产和产业地产

一、案例：汇金集合资金信托计划

（一）项目背景

B 公司项目位于 S 市核心商务区，以商业用地开发 SOHO 公寓为主，总投资约 4 亿元，同时得到区委区政府的大力支持，是区委区政府重点引进的项目，也是当地 2010 年重大工程。B 公司已将土地款付清，目前已取得"四证"，并已开工建设，预计 2012 年 6 月竣工且投入使用。B 公司的原股东为 M 公司。

1. 项目所在地位置

S 市在中央及省的文件中被定义为"区域性的经济中心"。该市由于地理

位置优越，已成为所在省的主要交通枢纽，陆、海、空、水立体交通发展迅速，公路、高速、铁路、沿海大通道四通八达。项目所在地的地势平坦，具备良好的施工条件，便于总体规划和组团布局。项目地处商务核心区域，靠近区政府，周边商业已配套成熟，大型超市及一家五星级酒店已落户。这里设有经济技术开发区、保税区、出口加工区、国家级开发区等，是本省乃至全国开放时间较早、开发程度较高、产业功能较大的国家级集中开发区域。作为现代生产服务业的基地，对港口物流、钢铁贸易、能源产业的发展及形成产业集群将起到重要作用。区委、区政府在土地价格上给予本项目特殊优惠，同时给予本项目"增值税、营业税、所得税"区所得部分的 80% 奖励返还的五年优惠政策。

2. 地区宏观经济

2010 年全年 S 市实现 GDP 4214 亿元，按可比价格计算比上一年增长 8%，人均生产总值为 80888 元。

2010 年 S 市固定资产投资快速增长，同时消费市场持续走旺。全年完成全社会固定资产投资 2004 亿元，比上一年增长 16%，并实现社会消费品零售总额 1434 亿元，比上年增长 15%，扣除价格因素实际增长 17%。图 6.4 是 S 市 2003～2010 年的固定资产投资及社会消费品零售总额情况。

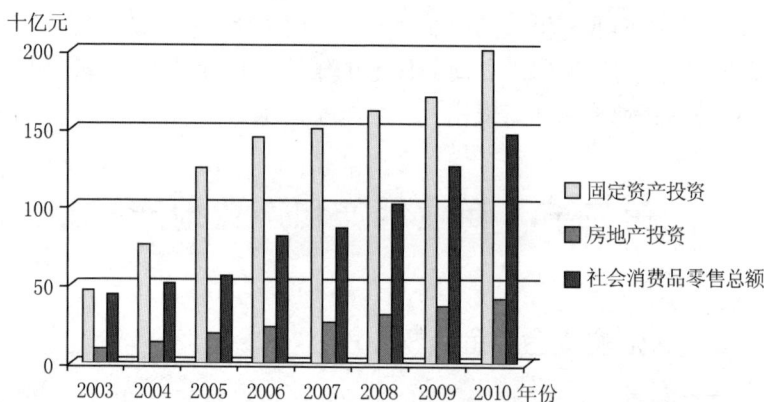

图 6.4 S 市 2003～2010 年的固定资产投资及社会消费品零售总额

3. S 市房地产市场

随着 2011 年连海大桥的开通，S 市至周边繁华城市仅需数小时车程。该项目所在地的港口区域房产市场也出现了明显回暖行情，楼市开始出现"量价齐升"的格局。

2011 年一季度，由于春节的关系，S 市写字楼租赁成交量呈"V"形。写字楼租赁市场年后成交量与年前成交量环比增长 157%，其中，3 月的成交量最高。2 月与 1 月相比回落 37%，3 月较 2 月相比提高 60%。另外，较高的住宅价格让不少资金开始转移投资方向，尤其是保险资金也开始涉足不动产领域，有一定价格优势的写字楼物业越来越成为市场关注的重要目标。

4. 项目概述

项目地块于 2010 年 9 月由 B 公司以楼面单价 450 元/平方米通过招、拍、挂获得，总价为 6065.46 万元，现"四证"齐全，已开工建设，预计 2012 年 6 月项目整体竣工。本项目占地面积 26958 平方米，建筑面积 153300 平方米，建筑形态以 SOHO 公寓为主，辅之以交易大厅、休闲娱乐设施、会议服务等建筑和设施。

截至 2011 年 3 月 31 日，B 公司总资产 1 亿元。从其财务状况来看，资产流动性较好，长期、短期偿债能力均较有保障（见表 6.5）。存货余额主要为支付的土地各项费用和前期工程费，包括土地款 6065.46 万元、契税 181.96 万元、前期工程款 1294.03 万元、开发间接费 24.81 万元和拆迁补偿 0.51 万元。融资人无对外担保情况，不存在不良贷款记录。

表 6.5　B 公司 2009～2011 年财务状况　　　　　　　单位：元

时间\\项目	2011.3.31	2010.12.31	2009.12.31
资产总计	102252617.44	98383046.15	50997218.81
负债总计	4709365.67	308409.17	11997218.81
所有者权益合计	97543251.77	98074636.98	39000000.00
资产负债率	5%	0	24%
流动比率	21.29	312.15	2.01
速动比率	5.22	79.23	2.01

该项目的目标客户按行业划分主要有国内外的物流及服务企业、能源贸易商、钢铁生产加工、钢铁贸易相关服务型企业、物资交易企业、制造企业等。

2010 年，本项目所在地成交的最大宗土地系 F 房产竞得的阳光地块三宗土地，分别以 815 元/平方米至 1215 元/平方米的地价竞得。该三块土地位于港口区阳光生活区，距离城区较远。相比该地区其他主要成交的商住用地而言，该项目无论是价格还是面积均占有一定优势。

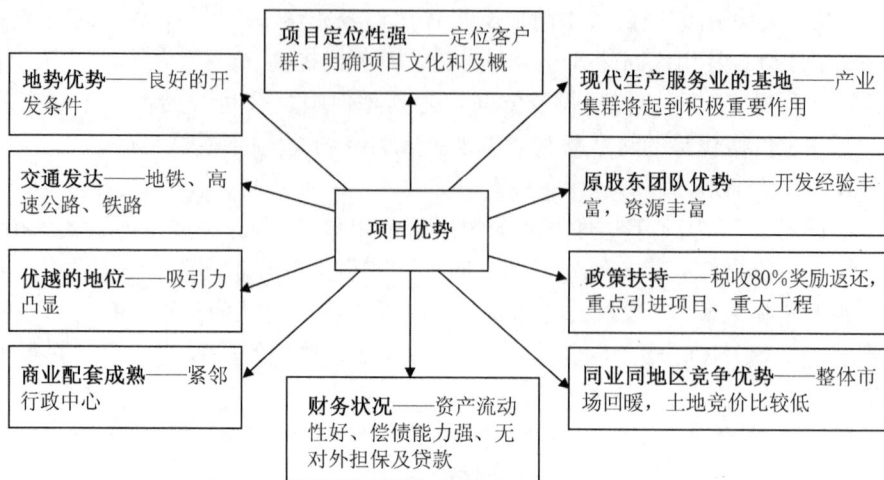

图 6.5　项目优势示意

5. 项目租售情况

表 6.6　SOHO 公寓租售情况

序号	年　份	第一年	第二年	第三年	合计
1	销售面积（平方米）	16000	64000	14800	94800
2	销售价格（元/平方米）	8000	8800	9680	8802
3	销售收入（万元）	12800	56320	14326	83446

　　本测算采用了相对保守的估算方式，仅计算了 94800 平方米的 SOHO 公寓作为项目全部可售面积，但实际上项目尚有 38000 平方米的地下停车位及 20500 平方米的商业物业仍可较快变现。

表 6.7　项目成本利润测算

序号	项目名称	总金额（万元）	总建筑面积 153300 平方米	总可售面积 94800 平方米
			按总建筑面积（元/平方米）	按可售面积（元/平方米）
1	销售收入	83446	5443	8802
2	开发成本	43567	2842	4596
3	期间费用	6460	421	681
4	销售税费	10624	693	1121

续表

序号	项目名称	总金额（万元）	总建筑面积153300平方米 按总建筑面积（元/平方米）	总可售面积94800平方米 按可售面积（元/平方米）
5	营业利润合计	22795	1487	2405
6	企业所得税	5699	372	601
7	营业净利润	17096	1115	1803

6. 项目财务指标——项目投资利润率

表6.8 项目财务指标测算

项目名称	金额（万元）	项目名称	金额（元/平方米）
土地成本	6363	楼面地价	415
项目开发成本	50027	单位成本（按建筑面积）	4328
总销售收入	83446	销售均价	8802

项目名称	税 前	税 后
利润（万元）	22795	17096
销售利润率（%）	27.32	20.49
成本回报率（%）	34.36	25.77

项目名称	全部资本	自有资本
项目内部收益率（税前）（%）	77.40	
项目内部收益率（税后）（%）	65.12	80.59
股本回报率（税前）	3.28 x	
股本回报率（税后）	2.71 x	2.49 x

经预测分析，本项目总投资为6.635亿元，其中土地款为6363万元，建安成本3.12亿元，期间费用6460万元，现金流充足。

（二）信托计划方案

1. 信托交易流程与结构安排

表 6.9　汇金集合资金信托计划

产品名称	汇金集合资金信托计划	
受托人	A 信托公司	
资金运用	信托资金用于受让 B 公司的股权及向该公司增资，投资完成后持有 B 公司（项目公司）100％股权，并专门从事 B 公司项目的开发和经营	
信托规模	2.03 亿元，其中优先级 1.03 亿元，次级 1 亿元	
信托期限	1 年	
预期年化收益率	优先受益人	100 万（含）～300 万元：8.5％
		300 万元（含）以上：9.5％
	次级受益人：以信托财产为限，为优先受益人的利益提供保障	
收益分配方式	于信托计划终止后的 10 日内一次性分配	

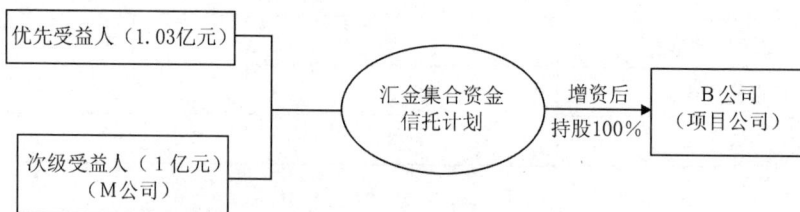

图 6.6　汇金集合资金信托计划资金运用示意

2. 项目管理及资金监管

（1）A 信托公司虽为 B 公司 100％的控股股东，但原则上不参与公司及项目的运营管理。

（2）B 公司设董事会。董事会由 5 人组成，其中 3 名由 M 公司提名，2 名由 A 信托公司提名。

（3）B 公司不设监事会，设 2 名监事，由 M 公司和 A 信托公司分别任命 1 名监事。

（4）A 信托公司对 B 公司的成本支出进行监控，M 公司须向 A 信托公司提供相应的商业计划书，经 A 信托公司确认后开始执行，对于商业计划中的

进度和成本进行监控。

（5）A信托公司派驻资金监管人员，共同保管B公司公章、法人章、财务专用章、合同专用章。

（6）B公司应分期编制详细的成本标杆、经营计划报告和项目现金流量预测表，经董事会通过后严格予以执行，并作为资金监管和测算A信托公司投资收益的基础，约定单项成本超过部分由融资方补足，A信托公司不再承担该超出部分的成本。

（7）项目出现流动性风险，或信托计划截至信托利益分配日的情况下，A信托公司有权接管项目公司，折价出售项目公司可销售房产。

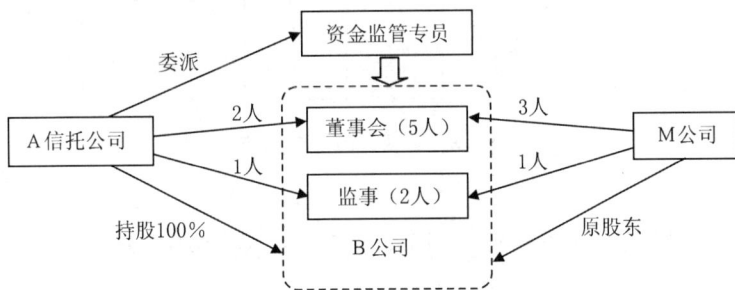

图6.7　项目监督管理方式

3. 风险控制

（1）B公司以450元/平方米取得土地，土地成本远低于周边市场。

（2）B公司原股东具有丰富的房地产开发经验，已主持开发过超过100万平方米的综合建筑，能对项目进行有效的开发经营管理，可极大地降低项目的经营性风险。

（3）信托期满12个月时，B公司销售回款可达31280万元，B公司股权价值17550万元，原股东有充分动力行使股权购买权。

（4）信托采用结构化设计，次级受益人以信托财产为限，保障优先受益人的收益率；优先级信托资金：次级信托资金＝1.03：1。

（5）A信托公司持有B公司100％股权。作为B公司绝对控股股东，在B公司出现运营风险或流动性风险时，有权通过接管B公司、折价销售项目可售房产等方式获得退出资金。

（6）A信托公司对B公司派驻现场监管人员，监督项目资金在B公司内封闭运作。

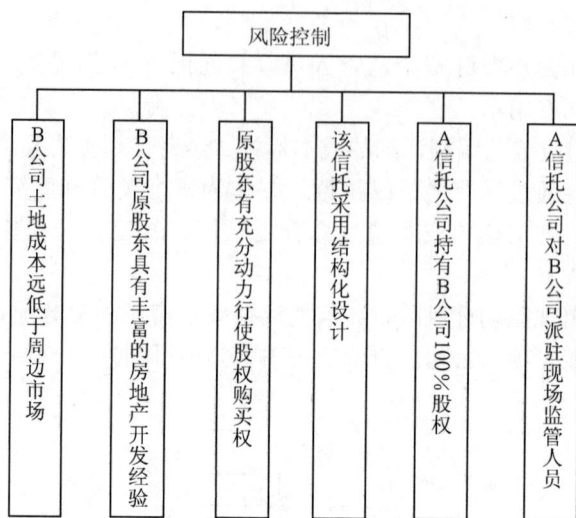

图 6.8　项目风险控制措施

二、案例：A 房产债权受让项目集合资金信托计划

（一）项目背景

1. 融资方——A 房地产开发有限公司

A 房地产开发有限公司是成立于 2004 年的从事房地产业务的房地产公司，目前公司注册资本 5.4 亿元，具有房地产开发企业二级资质，股东为 B 公司和 E 公司，分别持股 77.56% 和 22.44%。已经成功开发多个房地产项目，正在和即将运作的项目有"兰琪·顶山"等 5 个项目。其中"兰琪·顶山"项目所处区位和交通优势较好，用地性质为居住兼容商业，容积率小于或等于 2.5，建筑规模小于或等于 607940 平方米（商业 60794 平方米，住宅 547146 平方米）。该项目分三期开发，一期为别墅项目，用地面积、总建筑面积、地上建筑面积分别为 82323 平方米、58051.31 平方米、48291.14 平方米，项目总投资 4.03 亿元，截至目前销售金额达 1.8 亿元，销售均价为 9553 元/平方米。二期开发预计本年 4 季度开始，二期用地面积、总建筑面积、地上建筑面积分别为 113493 平方米、98230 平方米、81715 平方米，该公司目前正在进行二期开发的前期工作。

截至 2011 年 8 月，A 房地产开发公司总资产 268578.51 万元，净资产 91178.08 万元，税后净利润 677.23 万元，资产负债率 66.05%，实现主营业务收入 9782.62 万元。

2. 其关联企业——C集团、E公司、D公司、F公司

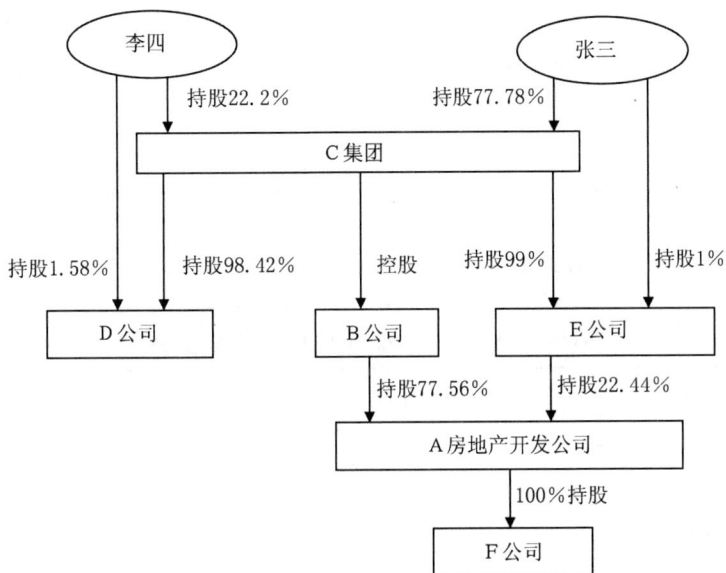

图 6.9 融资方关联企业情况

表 6.10 融资方关联企业经营简介

公司名称	注册资本	经营范围	资产经营情况
C集团	1.8亿元	以高新技术为主要发展的控股投资	截至 2011 年 5 月，C 集团母公司总资产 249363.75 万元，净资产 140555.99 万元，资产负债率 44.37%。实现主营业务收入 2913.02 万元，净利润为－1543.23 万元。
E公司	2亿元	柴油机及配件、柴油发电机组制造、销售等	截至 2011 年 5 月，E 公司总资产 347287.46 万元，净资产 120271.44 万元，实现主营业务收入 77814.20 万元，净利润 11550.54 万元，资产负债率 65.37%。
D公司	3.8亿元	销售化工产品及原料、五金交电、日用百货、建材、润滑油等；零售汽油、柴油等	截至 2011 年 5 月，D 公司总资产 116564.15 万元，净资产 39039.46 万元，实现主营业务收入 8907.25 万元，税后净利润 860.66 万元，资产负债率 66.51%。

公司名称	注册资本	经营范围	资产经营情况
F公司	2.5亿元	农业综合开发、机械、电子产品销售、房地产开发等	截至2011年6月30日，F公司总资产66853.46万元，所有者权益合计24636.36万元，资产负债率63.15%，实现主营业务收入6179.47万元，净利润611.92万元。

（二）A房产债权受让项目集合资金信托计划

表6.11　A房产债权受让项目集合资金信托计划

产品名称	A房产债权受让项目集合资金信托计划
信托公司	S信托公司
托管银行	G银行
信托期限	2年
起始金额	150万元
信托规模	1.7亿元
预期年化收益率	(1) 150万～300万元（不含300万元），8.5%； (2) 300万～600万元（不含600万元），9.0%； (3) 600万以上，9.5%。
收益分配	信托利益每个信托年度分配一次
资金运用方式	S信托公司以受让债权资产的方式，将信托计划资金专项用于受让A房地产开发公司持有的对F公司的部分债权，为受益人获取投资收益。
风险控制措施	(1) C集团、E公司、D公司为A房地产开发公司按时足额向S信托公司支付债权回购款提供连带责任保证担保； (2) A房地产开发公司以其所有的建筑面积为48532.66平方米的商业房产为其按时足额向S信托公司支付债权回购款提供抵押担保。
备注	(1) 保证人C集团为B公司的第一大股东，自身具有较强的资金与资产实力，财务及经营状况良好； (2) 保证人E公司为C集团的控股子公司，财务及经营状况良好； (3) 抵押物为建筑面积约4.8万平方米的商业房产，评估总价为3.5亿元，抵押率为48%。

（三）交易结构图

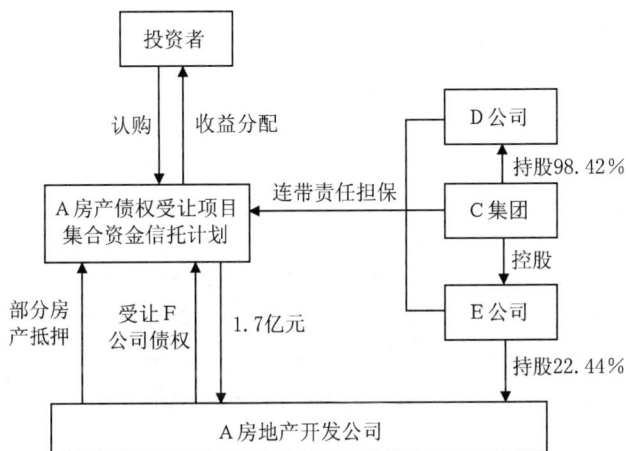

图 6.10　A房产债权受让项目集合资金信托计划交易结构

第三节　旅游地产

一、案例：H项目集合资金信托计划

（一）案例背景

1. 项目公司——H旅游发展公司

H旅游发展公司由H投资公司为发展H旅游度假区的项目而投资（控股）创立的一家公司。H旅游发展公司拥有H演艺公司、H交通服务公司、H国际旅行社公司等10余家子公司。H旅游发展公司现拥有并承担H旅游项目开发，由于项目资金需求巨大，需要资金支持。

H旅游发展公司的关联公司的关系如图6.11所示。

2. 受让义务人——H投资公司

H投资公司是H地区唯一的综合发展商，成立于2007年10月，公司注册资本为2亿元。H投资公司是集城市基础设施投资、旅游开发与投资、文化传播及地产开发为主营业务的综合性大型投资集团，其主要还款来源的三大板块为：建设工程公司、G公司、H旅游发展公司。截至2011年8月，总资产6.42亿元，净资产2.95亿元，资产负债率54%。

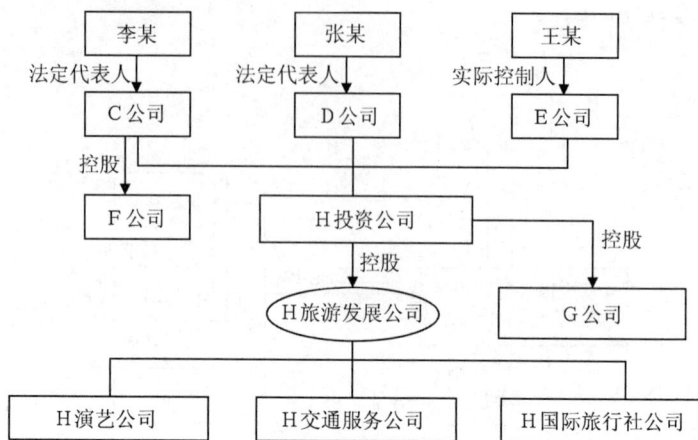

图 6.11 H 旅游发展公司的关联公司的关系

3. 受让义务人——E 公司

E 公司成立于 1992 年，注册资金 5000 万元，是一家以投资为主的多元化企业集团，拥有房地产开发、交通建设、冷链制造、商业零售和战略投资等业务。E 公司主要业务的还款来源包括交通建设、房地产、百货、电器、基金 5 个板块。截至 2011 年 8 月，E 公司总资产 23.2 亿元，净资产 10.43 亿元，资产负债率 55%。

（二）H 项目集合资金信托计划

1. 信托计划简介（见表 6.12）

表 6.12　H 项目集合资金信托计划

产品名称	H 项目集合资金信托计划
发行机构	S 信托公司
信托期限	2 年
信托规模	2.6 亿元（其中，优先受益权信托资金 19300 万元，一般受益权信托资金 6700 万元）
预期年化收益率	8.5%～11%
收益分配	自然年度末分配一次
资金运用方式	信托计划本金以增资、受让股权方式投资于 H 旅游发展公司，由其用于水上游乐、演艺、运输、户外运动等旅游项目的开发建设；信托到期后由 H 投资公司或 E 公司溢价受让信托计划持有的股权。

续表

风控措施	(1) H投资公司股东作为一般受益人以不低于6700万元的自有资金加入本信托计划; (2) 对H旅游发展公司绝对控股；H旅游度假区全部土地（约5300亩）归入H旅游发展公司; (3) G公司100％股权质押，F公司90％股权质押; (4) 由H投资公司、E公司受让信托计划持有的旅游发展公司股权; (5) C公司连带责任保证；H投资公司法定代表人魏某、E公司实际控制人王某、D公司法定代表人张某提供连带责任。

2. 信托交易结构（见图6.12）

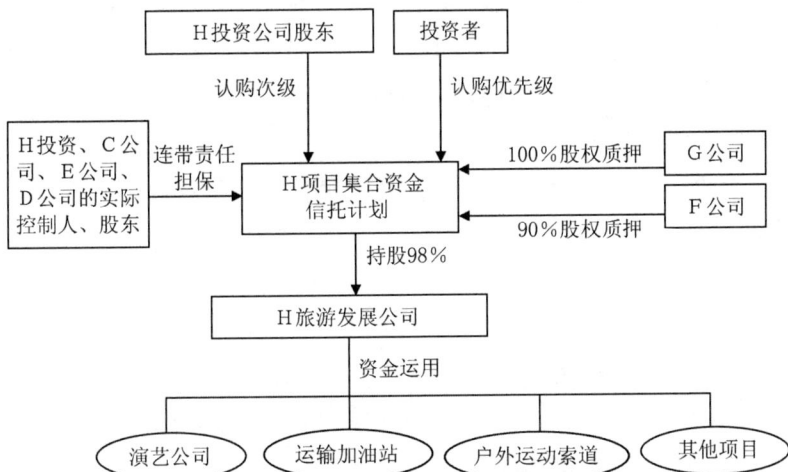

图6.12　H项目集合资金信托计划交易结构

3. 未来还款保障（见图6.13）

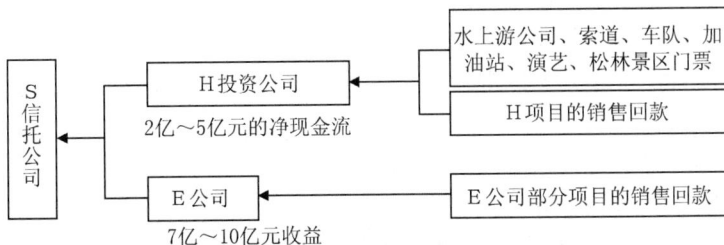

图6.13　H项目集合资金信托计划未来还款保障措施

（三）启示

该计划具有以下优点：

（1）对融资方而言：通过未来具有良好现金流的旅游项目进行信托融资，使项目得以顺利进行；虽然是对项目公司进行股权投资，但是通过信托的交易模式，有强大的控股公司背景优势进行安全退出和风险抵御。

（2）对信托计划（投资者）而言：以股权投资模式参与并分享旅游行业发展的利益；结构化设计有效地降低了投资者的投资风险；风险控制措施匹配，不仅有项目公司的母公司进行到期的回购和现阶段的连带责任担保，还有项目公司母公司的关联公司（或实际控制人）的股权质押和连带责任担保措施；对于一般投资者来说，有"高投资高回报"的收益设置，能符合不同投资者的需求。

该计划交易模式具有可复制性，但须有以下前提：项目未来前景较好，有较好的中长期现金流；项目公司成长性较强；项目公司的股东（或实际控制人）资金实力较雄厚，能够提供质押或是担保；在信托计划股权投资后，要实现绝对控股和现金流监控。

二、案例：景深文化旅游产业项目特定资产收益权投资集合资金信托计划

（一）项目背景

1. A公司

A公司是由B公司董事长王先生于2007年为建设景深文化综合开发项目而设立的一家集文化产业和房地产开发产业为一体的自然人独资有限责任公司。公司注册资本3200万元。

2. C公司

C公司是景深文化综合开发项目的施工单位和风险投资人。C公司成立于1994年，系中外合资企业，注册资本1亿元，年完成产值达11亿元以上，是建筑行业一级企业、房屋建筑工程总承包一级外商投资企业。C公司有5家子公司，行业涉及建筑施工、房地产开发、工程监理、装修装饰、建筑劳务、物业管理、投资担保、进出口贸易等多个行业。总部在甲省，另在乙、丙等多省份设立分支机构。2010年全年C公司营业收入24.3亿元，净利润4800万元。

3. 景深文化产业综合开发项目

景深文化产业综合开发项目占地846亩，设计建筑总面积120万平方米，计划总投资13亿元。其中第一期项目投资3.5亿元，项目包括修复古建筑、建设广场及步行街。古建筑修复面积3.7万平方米，是修复前的10倍，需要

资金 1800 万元。广场面积 1.2 万平方米，集健身、休闲、娱乐和演出等多功能为一体。步行街面积约 20 万平方米，其中商业约 5.6 万平方米，住宅约 14.4 万平方米。2011 年 7 月，步行街第一期已开盘。

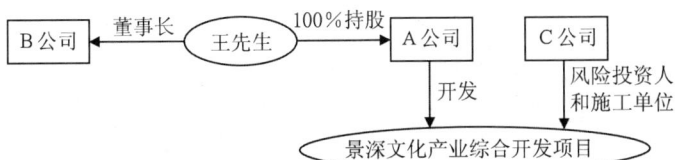

图 6.14　景深文化产业综合开发项目关系架构

（二）信托计划

由于考虑到项目的资金需求时点不同，该项目拟发行多期信托计划。下面为信托计划一期的基本情况。

1. 信托计划简介（见表 6.13）

表 6.13　景深文化旅游产业项目特定资产收益权投资集合资金信托计划（一期）

计划名称	景深文化旅游产业项目特定资产收益权投资集合资金信托计划（一期）
受托人	T 信托公司
资金保管人	M 银行
信托规模	8000 万元
信托期限	18 个月
预期收益率	100 万元≤认购金额＜300 万元，预期收益率 11%/年； 300 万元≤认购金额，预期收益率 12%/年。
资金运用方式	信托资金全部用于受让 A 公司合法持有的景深文化旅游产业项目的特定资产收益权。

2. 交易结构图（见图 6.15）

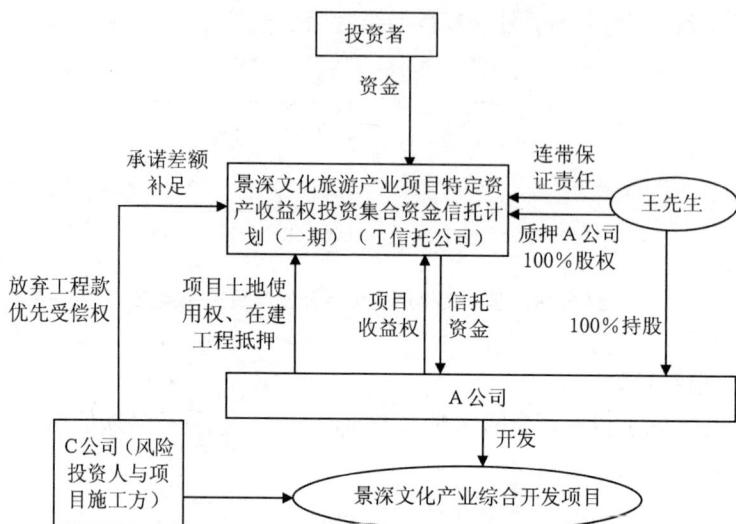

**图 6.15　景深文化旅游产业项目特定资产收益权投资集合
资金信托计划（一期）交易结构**

3. 风险控制措施

（1）特定资产收益权转让价款的监管：A 公司设立一个监管账户，专门用于接收信托支付的特定资产收益权转让价款。该账户以 A 公司名义开立，预留 A 公司财务章和 T 信托公司授权代表名章。A 公司用款时，应向 T 信托公司提交用款申请书，说明该款用途，并提交其余相关施工单位、供货商之间签署的工程合同、销售合同或类似合同，T 信托公司对上述用款申请及基础文件进行审核，监管银行仅在接到 A 公司提交的、T 信托公司已审核同意的用款申请书后方可划出款项。

（2）收入账户监管：以 A 公司名义在 M 银行设立标的项目收入监管账户，用于接收标的项目的全部收入款项。标的项目经营时，A 公司应将标的项目所有收入款项（扣除应缴纳的税费）及其他融资款全部存入监管账户。A 公司不得将标的项目收入存入监管账户以外的其他账户。

监管账户预留印鉴二枚：A 公司财务章、T 信托公司授权代表名章。

（3）A 公司出具《承诺函》，承诺按约定的建设进度和成本控制要求完成标的项目的开发建设与销售。

（4）A 公司以标的项目三期国有土地使用权（国用［2010］第 7105 号，共 18321.1 平方米）设定抵押，价值为 2226 万元并已在国土局办理抵押登记。

他项权证给 T 信托公司。

（5）A 公司以一、二期未出售的房屋及国有土地使用权作为在建工程抵押给 T 信托公司，价值 1.2 亿元，并在房管局办理国有土地使用权及在建工程抵押登记。抵押期间内，标的项目对外预售（销售）的，则在符合全部条件的情况下，T 信托公司可按定期逐套释放的原则解除拟预售（销售）房屋相应的抵押。

（6）A 公司实际控制人王先生将其所持有的 A 公司 100％股权质押给 T 信托公司，并在当地工商局办理质押登记。

（7）A 公司实际控制人王先生为 A 公司及风险投资者履行本次交易所涉及的各项义务承担连带保证责任。

（8）标的项目的施工单位 C 公司出具放弃对标的项目一、二期工程款的优先受偿权的书面承诺。

（9）信托计划到期后 A 公司销售金额不能覆盖信托计划的本金加利息的，则由风险投资人 C 公司补足金额。

第七章 不同需求的房地产信托融资及其案例

第一节 房地产开发建设

一、案例：Y项目股权投资集合资金信托计划案例

(一) 背景资料

1. 项目背景

A公司是B公司的全资子公司，其中B公司主要从事房地产建设与开发。2003年，B公司在中国香港上市。C投资公司为B公司旗下的另一全资子公司，主要从事房地产投资顾问，是本案例中的股权回购方。

目前，A公司重点开发Y项目，此项目是乙市最大规模的高档商住一体区之一，也是乙市政府重点支持建设的大型综合现代服务产业项目之一。Y项目总投资10亿美元，总占地3000余亩，将集合购物中心、休闲度假系统和高品质居住体系等核心功能为一体。该项目有两个地块（1号和2号）。1号地块已取得《国有土地使用证》、《建设用地规划许可证》、《建设工程规划许可证》以及《建筑工程施工许可证》。2号地块预计于2012年1月取得上述四证。

Y项目前期开发模式主要为商业（出租）＋住宅（出售）。商业部分为奢侈品购物中心，购物中心建成后将是亚洲较大的高档购物中心之一。住宅部分由别墅（双拼、连排、独栋）和高层住宅构成。别墅以"中小户型"为主，利用地块内的水系景观资源和商业资源，打造高性价比的创新别墅。

2. 项目预期收入

Y项目占地1741亩，前期打算开发1188亩，名义地价6.08亿元，实际地价2.3亿元，差额3.78亿元由政府以财政补贴等形式陆续返还给开发商。该地区人群消费能力较强，目前该地奢侈品市场已经做到国内前列。一系列奢侈品的品牌代理商对该购物中心商铺有较强需求。截至2011年8月，在建别墅项目销售状况良好，同板块楼盘已销售90％。Y项目预期收入测算见表7.1。

表 7.1　项目预期收入测算简表　　　　　　　　单位：元/平方米

类别 名称	别墅	高层	商业
楼面地价	1146.53	116.11	1051.99
成本核算	4312	2322	3207
保守售价	7414	4034	5973

不考虑陆续到位的政府土地补贴，别墅和高层建筑加权平均售价为 5973 元/平方米。由于商业用于出租，房屋销售回款只考虑住宅部分，假设净利润为 0，售价的盈亏平衡点为 4214 元/平方米，较加权平均售价下浮 29%；销售率的盈亏平衡点为 58%。若该楼盘销售价格低于加权平均售价 29%（即售价 4241 元/平方米）时，别墅和高层建筑销售率超过 58% 即可实现盈利。

（二）信托计划方案

1. 信托计划介绍（见表 7.2）

表 7.2　Y 项目股权投资集合资金信托计划

产品名称	Y 项目股权投资集合资金信托计划
发行人	X 信托公司
信托规模	2 亿元
信托期限	2 年
资金运用方式	对 A 公司进行股权投资，投资完成后持有该公司 49.25% 的股权
预期基础收益率	（1）A 类受益人，100 万元≤认购金额＜300 万元：9%/年； （2）B 类受益人，300 万元≤认购金额＜600 万元：11%/年； （3）C 类受益人，认购金额≥600 万元：12%/年； （4）如遇延长期，在享受基础收益率之外，受益人还额外享有延长期的信托收益：延长期信托收益＝受益人信托资金×5%×延长期实际天数/365。
退出方式	由关联方 C 公司承诺到期回购 A 公司的股权

2. 交易结构安排（见图 7.1）

3. 风险控制

（1）X 信托公司对 A 公司控股。该信托计划因增资直接持有项目公司（A 公司）49.25% 的股权，如 2 年期限届满时，B 公司在中国境内设立的全资子公司 C 公司不购买 A 公司股权，则 X 信托公司有权以如下方式实现信托计划的退出：①处置 A 公司 49.25% 的股权；②降价销售房产或其他资产；③解散和清算 A 公司。

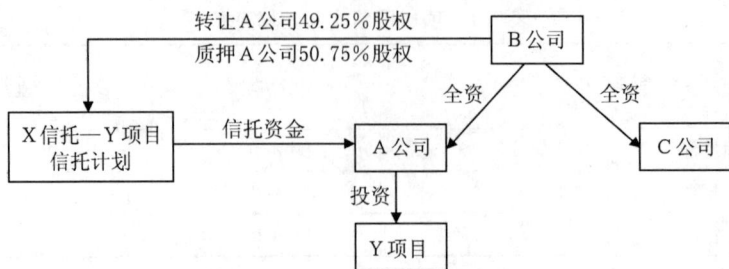

图7.1　Y项目股权投资集合资金信托计划交易结构

（2）股权质押。除了直接持有 A 公司 49.25％股权，B 公司将 A 公司剩余 50.75％的股权质押给 X 信托公司，即 X 信托公司实际控制了项目公司 100％ 股权。

（3）人员委派。X 信托公司委派 1 名董事、1 名监事，并外派监管人员 1～2 名对 A 公司印信及资金运用进行全程监管。X 信托公司对 A 公司的资金 使用拥有最终签字权，对项目公司的日常经营管理有知情权以及对重大事项享 有一票否决权。

二、华尚"城中村"改造集合资金信托计划

（一）案例背景

1. 融资方B公司

B 地产开发有限公司（简称 B 公司）成立于 2003 年，主营房地产开发业 务。旗下包括 C 房产开发有限公司、D 房产开发有限公司和 E 房产开发有限 公司。B 公司自成立以来，已建项目规模达 200 万平方米，储备开发项目达 380 万平方米。B 公司相继承担了北湖小区、山水风景园等 12 个项目。

2. 华尚"城中村"改造项目

华尚"城中村"改造项目属于丙市近期建设的中心工作，纳入城市规划范 围，建设方案已得到相关部门的批准。项目整个地块净用地 16 万平方米，分 为 a、b 两个地块，建筑总面积约 52.3 万平方米。

2010 年 12 月底，B 公司获得丙市发改委"关于 B 公司新新村华尚'城中 村'综合改造开发用地建设 a 地块项目核准的批复"；2011 年 4 月底 B 公司取 得丙市发改委"关于 B 公司新新村华尚'城中村'综合改造开发用地建设 b 地块项目核准的批复"，且 a、b 地块均已取得国土证、用地规划许可证、工程 规划许可证、施工许可证以及预售许可证。

（二）信托计划方案

1. 信托计划概况（见表 7.3）

表 7.3　华尚"城中村"改造集合资金信托计划

产品名称	华尚"城中村"改造集合资金信托计划
信托期限	18 个月，满 12 个月时可以提前终止
信托规模	2.4 亿元
资金运用	信托资金用于 B 公司对华尚城中村改造项目建设增资。增资完成后，A 信托公司持有 B 公司 85.71% 的股份
预期收益率	（1）100 万元≤认购金额＜300 万元：8.2%/年； （2）300 万元≤认购金额＜800 万元：9.0%/年； （3）认购金额≥800 万元：9.5%/年。
风险控制措施	（1）B 公司股东刘明、张天成将其所持全部 B 公司股权进行质押； （2）B 公司现有股东及关联方 C 房产开发有限公司和 D 房产开发有限公司书面承诺不得在本信托计划存续期内以任何形式向 B 公司主张债权（包括股东借款）或处置该债权； （3）B 公司实际控制人杨池为本信托计划 E 房地产开发有限公司受让义务出具担保书面文件。

2. 信托计划架构（见图 7.2）

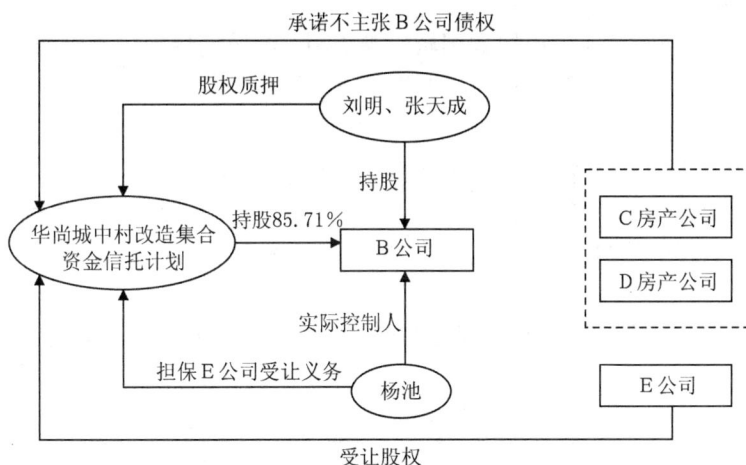

图 7.2　华尚"城中村"改造集合资金信托计划架构

第二节　房地产流通服务

一、市场简评

过去房地产信托产品主要集中于项目开发领域，并已形成若干成形的融资模式。面对房地产行业的专业分工和市场细分，信托公司也在尝试从房地产价值链上找到新的合作点。房地产流通服务环节的信托融资就是信托公司拓展房地产业务"价值洼地"的一种有益尝试。

二、华美房地产流通服务基金投资集合资金信托计划

（一）背景

1. A投资公司

A投资公司（简称"A公司"）是国内从事房地产行业流通服务型企业之一，其股东是B集团。A公司现有控股、参股企业数家，业务涵盖房地产流通服务、房地产投资、房地产金融服务和房地产委托管理服务等，旗下多个品牌在房地产流通领域享有盛誉。截至2010年12月31日，A公司资产总额为38.57亿元，比上年末增加31.6%。其中，流动资产25.66亿元，占总资产的比例为66.5%；公司资产负债率为51.82%。A公司现需通过融资来完成X1、X2的房地产包销项目以及Y1、Y2、Y3、Y4、Y5房地产风险代理项目。

2. B集团

B集团是国有企业，由甲省国资委持有其100%的股权。B集团现持有A公司58.96%的股份。A、B公司的关系如图7.3所示。

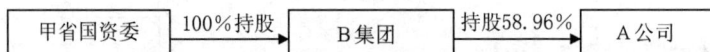

图 7.3　信托交易对手的相关股权关系示意

（二）华美房地产流通服务基金投资集合资金信托计划（见表7.4）

表 7.4　华美房地产流通服务基金投资集合资金信托计划

产品名称	华美房地产流通服务基金投资集合资金信托计划
发行机构	T信托公司

信托规模	4.5亿元
信托期限	3年（2＋1年），满2年后优先受益人可选择退出，将其持有的优先受益权按信托单位面值转让给一般受益人，并享有第一年和第二年的预期固定收益，但不参与信托到期终止时的超额分成
资金运用方式	将信托资金通过新设的项目公司（M公司）运用于A公司旗下房地产流通业务中的项目包销和风险代理业务（信托计划通过间接参与房地产销售流通服务获取房地产销售的溢价收入或溢价分成收入以及其他收入，从而为信托投资人获取投资收益）
预期年化收益率	9.5%；超额净收益的20%作为浮动收益
收益来源	房地产项目销售代理产生的溢价收入或溢价分成收入以及其他收入
收益分配方式	信托到期后一次性分配
风险控制措施	（1）"优先/劣后"的结构化安排。优先/劣后比例不超过2∶1，为优先委托人的本金安全提供保障。
	（2）流动性支持。信托期满2年，优先委托人可选择退出，将优先受益权按信托单位面值转让给A公司。
	（3）追加信托资金。在信托存续期间，如信托账户内无足够现金支持未来两个月的对外支付义务，则A公司有义务追加信托资金。
	（4）退出保障。在信托期间内或者信托到期时，如发生信托计划需要退出包销或风险代理项目的，A公司有义务按约定价格受让。
	（5）决策风险控制。项目公司（即M公司）设立投资决策委员会，由5人组成，其中A公司委派3人，受托人（T信托公司）委派2人。各委员每人一票，决议必须由4人以上（含4人）通过方能实施（相当于受托人（T信托公司）拥有一票否决权）。

（三）交易结构图（见图7.4）

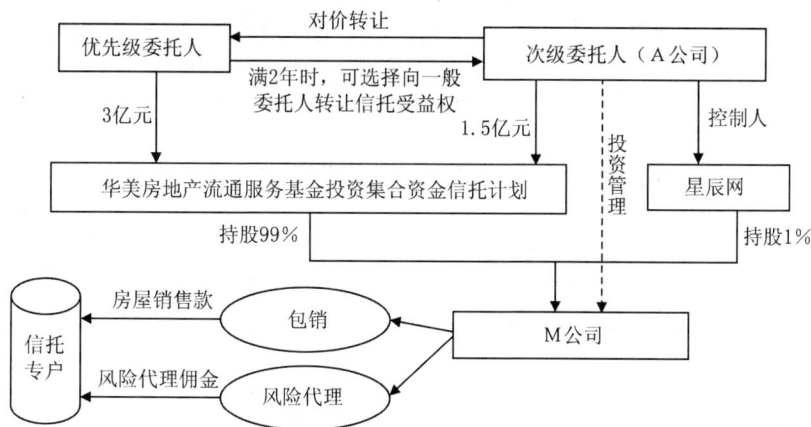

图 7.4 华美房地产流通服务基金投资集合资金信托计划交易结构

（四）启示

信托资金并非直接进入 A 公司投资，而是通过重新组建新的项目公司——M 公司，然后 T 信托公司持股 99％的方式来实现绝对控股权，这一方面有利于严格控制包销和风险代理的风险，另一方面有利于包销后的房屋销售款、风险代理后的风险代理佣金全部进入专属的信托专户，实现对项目财务的绝对有效控制，保证信托收益。

该信托计划实现成功退出的关键在于对房地产流通服务项目的筛选。在投资具体项目之前，T 信托公司应对相关房地产包销项目和房地产风险代理项目进行敏感性分析，制定出严格的甄选标准，以保证项目的进展顺利和信托收益实现。

第三节　房地产资源并购

一、案例：X 产业园项目集合信托计划

（一）A 公司以及"X 产业园项目"的背景

A 公司持有位于丁市科技新区的 X 产业园项目，该项目为其股东 B 集团未来发展做准备。由于项目资金短缺，2010 年 9 月 29 日，B 集团决定通过挂牌交易方式转让其持有的 A 公司 50.1％的股份，并于 2010 年 10 月 28 日在丁市产权交易中心挂牌，挂牌价格为 7500 万元。

B 集团是由丁市国资委控股的一家专门从事电子信息系统的大型高科技企业（见图 7.5）。

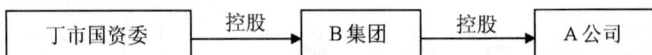

图 7.5　信托交易对手的相关控股关系

（二）X 产业园项目集合信托计划（见表 7.5）

表 7.5　X 产业园项目集合信托计划

产品名称	X 产业园项目集合信托计划
产品规模	7500 万元
产品结构	分为优先级和次级 2 个层级，其中 C 公司作为一般受益人，社会投资者作为优先受益人

信托期限	3 年
资金运用方式	信托资金用于购买 B 集团持有的 A 公司 50.1%股权（B 集团持有的 A 公司股权为国有股，通过挂牌交易方式进行股权转让，信托资金持股 A 公司 50.1% 股权之后，参与项目的投资决策等）

（三）交易结构（见图 7.6）

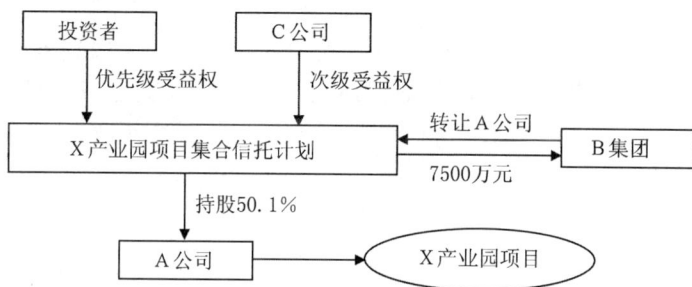

图 7.6　X 产业园项目集合信托计划交易结构

二、案例：诚信汇金之 L 商业一、二期集合资金信托计划

（一）项目背景

G 信托公司发行信托计划一期，信托资金将全部向 L 快乐企业管理有限公司（以下简称"L 快乐"）增资，用于收购甲市 K 超市有限公司 100%股权。G 信托公司发行信托计划二期，信托资金将全部向 L 商业控股有限公司（以下简称"L 商业"）增资，用于补充 L 商业及其成员企业资本金。相关主体关系见图 7.7：

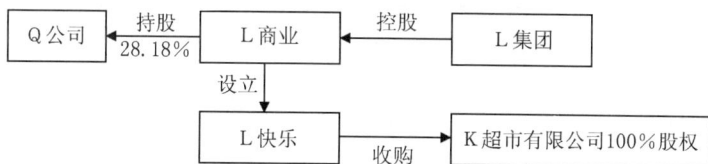

图 7.7　相关主体关系示意

L 快乐注册地位于甲市东新区，为 L 商业收购 K 超市有限公司而设立。
L 商业是 L 集团在商业产业的控股平台，涉及的主要商业业态有百货、超

市、专业店等，目前旗下控股 7 家公司（包含一家 A 股上市公司 Q 公司），各成员公司门店数量合计为 60 家。截至 2010 年 12 月底，资产总额 45 亿元，净资产总额 15 亿元，2010 年全年实现收入总额约 35 亿元。

K 超市有限公司成立于 2006 年，是一家主营综合性超市的连锁商业零售企业。公司拥有综超门店 150 家，经营面积约 15 万平方米。其中，甲市门店 130 家，外省市门店 20 家。K 超市是甲市三大综合性连锁超市企业之一，2010 年实现销售收入约 20 亿元。

L 集团是 2005 年 1 月经国家工商行政管理局批准组建的大型企业集团，产业覆盖地产、物流、酒店管理、金融服务、商贸零售和其他相关产业。

Q 集团股份有限公司（简称"Q 公司"），是乙市一家以经营百货零售业为主的大型商贸企业集团，旗下拥有百货、超市两大主流业态，网点遍及数十个城市，截至 2010 年 10 月公司总资产 10 亿元，年销售额逾 20 亿元。

（二）信托计划方案

1. 信托计划简介（见表 7.6）

表 7.6　诚信汇金之 L 商业一、二期集合资金信托计划简介

产品名称	诚信汇金之 L 商业一期集合资金信托计划	诚信汇金之 L 商业二期集合资金信托计划
发行机构	G 信托公司	
信托期限（年）	2	2
信托规模（万元）	28700	32530
资金门槛（万元）	100	
预期年化收益率（%）	10	9
资金运用方式	信托资金将全部向 L 快乐企业管理有限公司增资，用于收购甲市 K 超市有限公司 100% 股权	以增资方式投资于 L 商业控股有限公司，用于补充该公司及其成员公司资本金，信托期满，由 L 集团有限公司溢价回购 G 信托公司持有 L 商业的股权

2. 诚信汇金之 L 商业一期集合资金信托计划

（1）风险控制。

1）股权质押：L 商业以其持有的 L 快乐全部股权为 L 商业履行合同约定的股权回购等义务提供股权质押担保。L 快乐以其持有的 K 超市 100% 股权为 L 商业履行合同约定的股权回购等义务提供股权质押担保。

2）连带责任保证：L 集团对 L 商业履行其股权回购义务提供连带责任保证担保。K 超市有限公司对 L 商业履行其股权回购义务提供连带责任保证担保。

3）资金账户监管：信托期间 G 信托公司将聘请监管银行对 K 超市有限公司销售收入进行监管。

4）项目公司经营管理：增资后 G 信托公司作为项目公司将在股东会与董事会层面行使股东权利，在董事会中选派 2 名董事，并对项目公司预算、偿债、投融资等重大事项拥有决策权；同时，在信托期间 G 信托公司将联合独立的中介结构对 L 商业信托期间经营管理与财务指标进行监控。

（2）该信托计划交易结构见图 7.8。

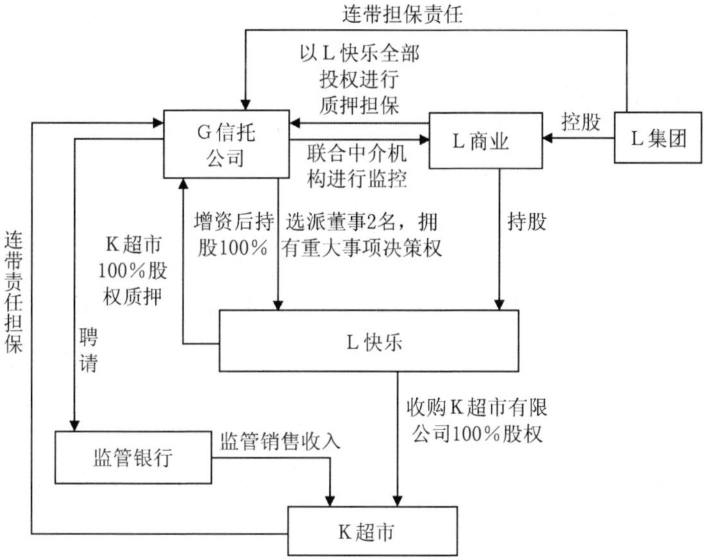

图 7.8　诚信汇金之 L 商业一期集合资金信托计划交易结构

3．G·诚信汇金之 L 商业二期集合资金信托计划

（1）风险控制。

1）股权质押：L 商业以其合法持有上市 Q 公司的股票（占 Q 公司股权比例为 28.18%）为其母公司 L 集团履行回购义务提供股票质押担保，信托期间 G 信托公司将聘请证券公司对质押股票进行托管。

2）连带责任保证：L 商业对 L 集团履行其股权回购义务提供连带责任保证担保。

（2）该信托计划交易结构见图 7.9。

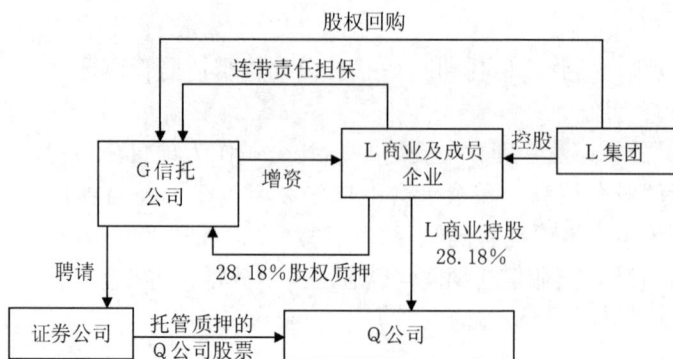

图 7.9   G·诚信汇金之 L 商业二期集合资金信托计划交易结构

(三) 案例简评

1. 一期

该项目采用连带责任担保的形式进行风险保障，一期担保方为 L 集团，L 集团作为股东方，实力强，具有担保能力。同时，K 超市对 L 商业履行其股权回购义务提供连带责任保证担保，因此重点需要做好 K 超市的尽职调查，以降低风险。在信托期间，G 信托公司聘请监管银行对 K 超市有限公司销售收入进行监管，并对资金账户情况进行监管，这有利于有效控制项目风险。

2. 二期

项目二期的资金退出机制是用 L 集团股权回购的形式，在信托退出机制单一的情况下，需要对 L 集团的现金流量做好监控。

第八章 房地产基金：信托型、公司型、有限合伙型及其组合

第一节 房地产私募基金市场分析

一、房地产私募基金方兴未艾

从 2010 年以来，房地产基金呈现出"遍地开花"之势。在过去 10 年里，房地产企业、金融机构、私募机构均曾尝试过房地产基金，也涌现出不少成功案例。时过境迁，如今的房地产基金已不再是神秘、青涩的试金石，而是知行合一、规模化融资的杀手锏。房地产基金是国内房地产金融生态演变的一次变革，也是房地产企业迈向"金融资本化"的一次重要飞跃，更是房地产企业在整合自身资源基础上独立参与金融创新的一次深度转型。尽管房地产基金仍处于发展初期，但房地产企业自建融资渠道和打造金融团队的"自觉意识"已很强烈，一场自下而上的房地产金融"独立突围"之战已经打响。[①]

按组织形式划分，房地产私募基金可以分为三种基本形态：信托型、有限合伙型、公司型。这三种基金形式各有优势，也可以相互组合运用，扬长避短（见图 8.1）。

"无限风光在险峰"。房地产私募基金是房地产企业转型、突破自我的华丽转身，虽然目前还有不少困难险阻亟待化解，但是运用之妙，存乎一心，房地产企业之间的差距也将由此拉开。如若登上私募基金的险峰，房地产企业的"跨界"一跃将会水到渠成，即由实业经营跨越到资产管理，由产品供给跨越到服务输出，由实业投资跨越到准金融投资，由下游产业跨越到上游的资本运作。尤其在房地产市场调控的大背景下，银行贷款急剧收缩，信托融资亦不稳定，房地产私募基金已成为房地产企业绝处求生的突围之战。"其进愈难，而

[①] 王巍：《房地产基金：房企迈向金融资本化的"独立宣言"》，《中国建设报·中国住房》2011 年 7 月 6 日。

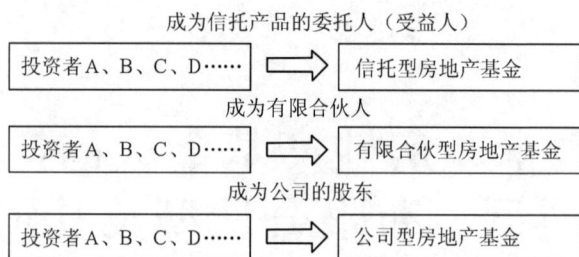

图 8.1　房地产私募基金三种基本形态简要对比

其见愈奇"。房地产企业应摆脱仰仗自有资金、依赖银行贷款的传统思维，在私募融资领域适时迈出勇敢的步伐，真正走上基金化运作的创新求变之路。而当下的关键在于，房地产企业应深谙信托、基金之道，熟稔私募、投行之法，在信息、人才和渠道等方面早做积累。[①]

二、房地产私募基金意义重大

作为房地产私募基金本身而言，不论其采用公司制基金、信托制基金、有限合伙制基金或者上述三种方式的组合型基金等模式，均能使房地产企业对自身的专业管理能力进行整合放大，撬动巨大的资金池，从而实现房地产专业管理服务能力的"四两拨千斤"。

作为房地产私募基金的专业化运作而言，"借力打力"仍是运筹帷幄的关键，房地产企业的资源整合能力应该借此进一步提升和放大。一方面，房地产私募基金可有力地补充自有资金投入，尤其可以助力房地产企业在撬动信托资金、银行资金以及进军资本市场等方面发挥"四两拨千斤"的作用；另一方面，房地产私募基金有助于在房地产企业内部打造专业化的金融团队，进一步对房地产企业自身的专业能力和品牌资源形成"整合放大"效应，从而实现房地产无形资产的"四两拨千斤"。

作为房地产私募基金的战略价值而言，其作用巨大、意义深远。

第一，房地产私募基金多数属于非金融的融资方式，监管较少、操作灵活。

第二，房地产私募基金通常属于权益类的融资方式，融资条件和担保方式灵活，在降低企业资产负债率等方面功效显著。

第三，房地产私募基金属于专业化的融资方式，有助于房地产企业的专业管理能力与资本之间实现软硬"合璧"。

---

① 王巍：《房地产私募基金"四两拨千斤"》，《中国建设报·中国住房》2011年7月13日。

第四，房地产私募基金一般需要品牌化的持续运作，这对于房地产企业提升知名度和美誉度具有重要价值。

一言以蔽之，房地产私募基金是房地产企业自建融资渠道的有益尝试，也是房地产企业减少外部融资依赖的必经过程，更是房地产企业迈向"金融资本化"的关键一步。[①]

三、信托基金与有限合伙基金相互结合可以"扬长避短"

信托基金是房地产私募基金领域的先行者，具有无可比拟的金融信用优势，并且在平台和渠道等方面占有先机；有限合伙基金是房地产私募基金市场的耀眼新星，与生俱来的市场化特性和自由灵活的运作机制，使其充满生机、活力和个性。信托基金与有限合伙基金相互结合，已经在房地产私募市场上悄然兴起。两个创新者的结合，不仅能够"扬长避短"，而且可以在优化资源配置的基础上实现合作共赢。

目前，房地产投资基金业务得到了一定程度的发展，但无论是不是信托公司运作的，只要是真正基于项目分红而非需要开发商定期回购的融资型基金，都面临巨大的市场认同考验，发行或资金募集均遇到了较大困难。究其原因，主要集中在以下几个方面：首先没有固定期限，投资人无法预计具体的资金回收时间；其次，由于投资时间长短不一，无法精确地预测每年的投资回报（事实上目前市场上客户还是比较喜欢固定回报产品）；最后，由于目前信托等金融机构发行的地产基金（这里不包括投资附回购或权益投资附回购等信托基金）较少，投资人对社会公信力不足的基金管理人很难放心托付。

针对地产基金的发展现状，信托公司作为社会公信力较强的金融机构，具有资金管理与项目管理的双重优势，完全可以通过主动管理设计更加符合市场需求的新型地产基金信托产品，既完成自身房地产信托业务的转型，又可以降低产品风险，满足社会投资者需求。此类地产基金的基本形式是常见的股权投资信托计划，信托资金以股权投资形式入股项目公司或与开发商合资成立有限合伙制企业（信托计划作为有限合伙人）。信托期限设计最长期限与最短期限，其中最长期限根据项目的大小及项目所属地区办理相关开发手续的时间长短以及正常的工程、销售进度进行测试后加上1年左右的宽限期，一般项目的最长期限为3年（按照正常地产项目从获得土地开始两年开发完毕）或5年（较大项目或需要分期开发的项目或考虑较多预留时间），最短期限一般不少于1年。社会投资人预期收益在信托期限内（即实际信托期限不超过最长期限）预期收益率固定（但按照存续时间，预期收益率递增），例如，第一年预期收益率

---

① 王巍：《房地产私募基金"四两拨千斤"》，《中国建设报·中国住房》2011年7月13日。

10％，第二年预期收益率 11％，第三年预期收益率 12％，依此类推。①

实际上，"信托式阳光私募地产基金"能够实现"信托"与"合伙"两大制度的有机结合，将创造出更多创新金融产品，满足不同层次投资者的各类投资需求。这种私募基金因其较好的金融投资政策契合度、金额较大、利润丰厚、涉及主体多、创新能力强，将成为《投资基金法》在修改发布之前金融界与地产界的一次大练兵，并将成为标准的可流通房地产信托基金问世前的一支"正规军"。所谓"信托式阳光私募地产基金"，是信托公司以信托资金认购房地产有限合伙企业的有限合伙份额，与其合作的房地产公司或其关联公司担任普通合伙人，有限合伙企业单独或与房地产公司共同投资、增资、购买项目公司股权，或购买股权收益权或项目收益权，或再次认购下一层房地产有限合伙企业的有限合伙份额之全部（只允许信托计划作为有限合伙人）或部分（允许多个有限合伙人），信托利益的满足最终依赖项目公司利润或地产项目销售，此类金融产品的资金来源合法公开，并无非法集资的问题，故称为"信托式阳光私募地产基金"。此类私募基金可分期滚动发行，募集的金额较大，符合房地产开发资金密集的特点。一般的阳光私募地产基金规模不低于 5 亿元，规模较大的可达几十亿元，可以同时投资几个项目。资金可满足土地款全额缴付及前期开发，一直到"四证"齐全获得开发贷款为止，甚至对好的地产项目实现资金供给"全包"。"信托式阳光私募地产"在一定程度上契合当今的金融投资政策。首先，中国金融产品的结构性缺陷是直接投资的匮乏，它是一种直接投资，风险与利益相互匹配、透明、一致。其次，在信托监管部门提倡真实、纯粹投资的政策牵引下，它具有较大的成长空间。最后，它使得普通投资者获得可真正分享地产项目投资利润的机会。

"信托式阳光私募地产基金"创新能力强，形式多样。其创新元素包括资金来源、投资标的、增信措施、分配模式、交易结构、发行周期等。其创新的法律基础在于：信托制度具有极强的灵活性，有限合伙制度也具有很强的灵活性，这样信托合同、合伙协议、项目管理协议等均可由当事人在法定空间中任意约定，从而满足各种商务需求。例如，当事人可以设计完全的投资型"信托式阳光私募地产基金"，投资者的利润不但全部来自项目公司股权分红及股权收益，而且有限合伙企业获得的投资利润在扣除必要的费用和普通合伙人激励提成之后，全部分配给信托受益人，"信托—有限合伙—项目公司—项目"，实现利润直通递送。又如，有的房地产公司愿意提供增信措施并承担风险，则可以在有限合伙企业中设置"1 级优先有限合伙份额"、"2 级优先有限合伙份

---

① 参见《后调控时期房地产信托业务的发展模式与趋势》一文。此文是中国信托业协会"我看信托这十年"征文稿件，来源于和讯网——和讯信托 2011-7-11。

额"、"劣后有限合伙份额"，信托计划认购其中"1级优先有限合伙份额"、"2级优先有限合伙份额"，房地产公司以资金或资产认购"劣后有限合伙份额"，而信托计划资金也可以分为两层、多层信托单位，从而满足不同投资者的投资偏好。再如，由于"信托式阳光私募地产基金"采用"信托＋合伙"，信托可以区分优先与劣后，有限合伙份额也可以区分层次，信托单位和有限合伙份额均可以以资金、资产认购，由此将衍生出若干增信组合。①

第二节 信托型房地产基金

一、模式简析

信托型房地产基金的实质是一个信托计划，信托公司作为受托人，通常也担任房地产基金的管理人。在有些情况下，信托公司也会聘请外部的专业机构作为管理公司（即投资顾问），为房地产基金的投资决策提供专业建议或参考信息（见图8.2）。

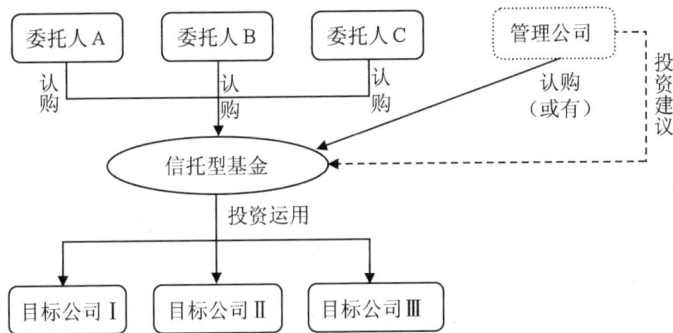

图8.2　信托型房地产基金基本架构

例如，下面勾勒出一个"投资组合管理人模式的房地产信托 PE 基金方案"②（见表8.1）。

---

① 周天林：《信托式阳光私募地产：地产金融的创新形式》，《信托周刊》第 62 期，2011 年 4 月 26 日。

② 姜江：《投资组合管理人模式的房地产信托 PE 基金方案勾勒》，《信托周刊》第 40 期，2010 年 6 月 16 日。

表 8.1 投资组合管理人模式的房地产信托 PE 基金方案

投资组合管理人	(1) 甲信托公司； (2) 乙房地产投资咨询公司（W 房地产企业集团旗下的全资子公司）； (3) 丙理财顾问公司。
信托结构化安排	(1) 优先级受益人合计认购 6 亿元； (2) 乙房地产投资咨询公司作为次级受益人，独立或联合认购 2 亿元。
信托流动性安排	(1) 信托期限的 18 个月之内，优先级受益人不允许申购或赎回，但可依法依约对外转让信托受益权； (2) 信托期限的 18 个月之后（即第 19 个月起），W 房地产企业集团承诺每满 6 个月即依约至少受让优先级受益权份额的 5%（含 5%）。
管理运作方式	信托资金的管理和运用由所有的投资组合管理人共同组成决策委员会，重大事项由受托人亲自管理和执行，特定事项可由受托人依法依约委托给其他管理人予以贯彻执行，具体程序参照各方审议同意的《投资组合管理人决策委员会内部指引》。
资金运用方向	以股权投资、权益投资、信托贷款、其他方式投资于房地产开发项目或经营性物业，或者采用组合运用方式。
资金运用限制	(1) 以股权投资方式运用信托资金的，信托计划须持有核心项目公司 75% 以上的股权； (2) 以权益投资方式运用信托资金的，融资方须提供受托人认可的超额担保； (3) 以信托贷款方式运用信托资金的，除了融资方提供足额担保之外，信托贷款利息按照同期央行基准贷款利率上浮不低于 120% 计算，信托贷款期限不得超过 24 个月，信托贷款规模不得超过本信托计划信托资金总额的 30%； (4) 对单个房地产融资项目的累计投资总额不得超过本信托计划总规模的 40%； (5) 投资组合管理人约定的其他资金运用限制。
特别约定	(1) 甲信托公司作为受托人享有一票否决权，所有投资决策均需提交受托人并由其以确认； (2) 乙房地产投资咨询公司重点参与项目的筛选、储备、联合尽调、投资管理； (3) 丙理财顾问公司重点参与客户需求调查、营销方案设计、投资者教育等。

再如，下面是一家房地产企业与信托公司合作的房地产基金，体现了双方"紧密合作、共同管理、同股同权、做大做强"的基本理念（见图 8.3）。

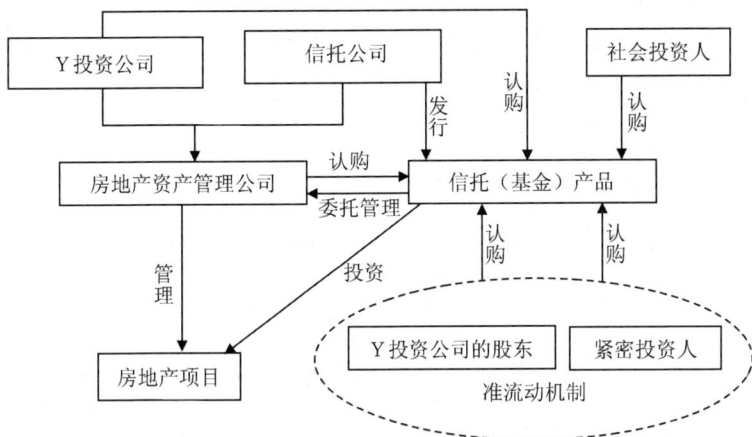

图 8.3　某房地产企业与信托公司合作的房地产基金基本架构

二、案例：祥云 K 号房地产投资集合资金信托计划

（一）项目背景

S 信托公司在房地产行业内拥有行业资源及专业判断识别能力，能够利用行业资源及专业判断积极识别、捕捉目标市场区间的投资机会，利用投资标准严格筛选、估值投资项目，利用金融技术缜密设计交易结构，利用内部投资程序及内控制度控制投资风险，通过持续跟踪投资项目实现动态组合管理、改善组合风险收益特性，在为投资项目提供有效财务解决方案的同时为投资者获取最大投资回报。为此，S 信托公司拟发行房地产投资集合资金信托计划，先募集资金，再以股权、债权、证券投资等方式分散投资于拟上市房地产企业、成熟企业、区域中心城市成熟项目以及优质上市房地产企业的股票或债券。

（二）交易结构

1. 信托计划基本信息（见表 8.2）

表 8.2　祥云 K 号房地产投资集合资金信托计划介绍

产品名称	祥云 K 号房地产投资集合资金信托计划
信托期限	5 年
信托规模	4 亿元（4 亿信托单位，1 元/信托单位；其中提前退出权份额为 1.8 亿信托单位）
资金运用方式	以股权、债权以及证券投资等方式，重点投资到丙市及周边区域经济中心城市的拟上市房地产企业、成熟企业、区域中心城市的成熟项目，以及优质上市房地产企业的股票或债券。

资金门槛	100 万元
预期年化收益率	20%
收益分配	本计划成立后 18 个月届满日为首次分配日，此后每顺延 12 个月届满分配一次，计划终止后一次性分配。
信托资金退出	(1) 提前退出权。认购不少于 1000 万信托单位的认购人有权以人民币 0.01 元/份的价款认购提前退出权；认购价款由受托人（S 信托公司）在本计划首次收益分配或返还信托资金或提前退出权人行权时从提前退出权人所获分配或返还金额中一次性全额收取；行权期为计划成立后 18 个月届满之日起的 10 个工作日内及首个行权期首日后每 12 个月届满之日起 10 个工作日内；提前退出权人行权时需支付行权赎回费，赎回费价格为首次行权 0.01 元/份、第二次行权 0.005 元/份、第三次行权 0.003 元/份、第四次行权 0.001 元/份。 (2) 自行转让信托单位。委托人可自行或委托 S 信托公司代为转让其持有的信托单位。 (3) 定期集中撮合转让。S 信托公司为委托人安排定期集中撮合转让，转让期为计划成立日后第 18 个月届满当日起 10 个工作日，以及其后每 12 个月届满当日起 10 个工作日，受托人决定变更或延展的除外。 (4) 择时安排公开上市交易。
投资原则	(1) 大类资产配置：股权投资比例不超过 70%，债权投资比例不超过 50%，证券投资比例不超过 30%。 (2) 分散投资比例：对单一项目投资比例不超过 50%，对单一交易对手投资比例不超过 60%。 (3) 投资期限：单项投资一般不超过 3 年。 (4) 通过抵质押、担保等外部权利设置与事后风险转移，降低风险损失。
受托人报酬	(1) 基本管理费：S 信托公司按委托人交付的信托资金 1%/信托年度提取。 (2) 业绩提成：年化投资收益率小于 8% 时，受托人不得收取业绩提成；年化投资收益率大于 8% 时，业绩提成为计划投资收益的 20%，但受托人提取业绩提成后委托人年化投资收益率不得低于 8%。

2. 交易结构图（见图 8.4）

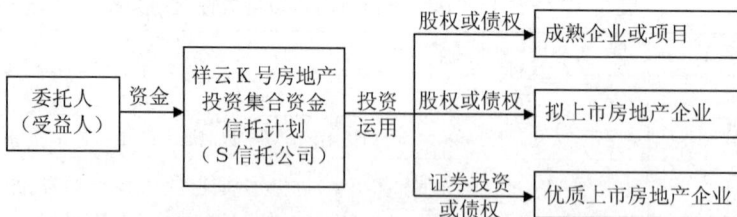

图 8.4 祥云 K 号房地产投资集合资金信托计划交易结构

（三）案例启示

对于信托公司而言，一方面，通过先募集资金，再分散投资于房地产股权、债权、证券，缩短了单个项目的资金募集期，减少了时间成本，提高了收益率；另一方面，先集资，再分散投资，虽说还是以房地产为主，但是降低了单个项目的风险。

对于融资方而言，在项目融资过程中，减少了资金募集的时间成本，能够使项目得以早日进行或持续推进，减少了项目延后等各风险因素对信托的影响。

对于投资者而言，首先，资金主要投资于房地产相关的股权、债权、证券，资金投资领域明确，预期收益较高；其次，资金进入信托计划后，以不同形式投资于不同公司的不同项目，由此分散了投资风险；再次，此款信托产品比一般信托产品的预期收益率要高，对于投资理财抵御通胀具备一定价值；最后，本信托计划设置了提前退出权、自行转让信托单位、定期集中撮合转让等机制，为信托产品的流动性提供了更多的选择及便利。

该信托计划对 S 信托公司的管理能力要求较高，只有具备专业管理能力的信托机构，才能在组合投资各项目的过程中，充分尽职尽责地利用自身专业管理能力，严格把控风险、保障投资收益。S 信托公司具备资深的行业资源、较强的管理团队、主动管理能力以及严格的内部风险控制机制，有利于稳健开展此类基金型的房地产信托业务。

第三节　公司型房地产基金

一、模式简析

公司型房地产基金的实质是依据《公司法》设立的公司法人。由于公司法及其相关的配套法规政策相对完善，因此仍有部分房地产私募基金采用公司制（见图 8.5）。

二、案例：M 住宅投资基金

（一）背景

1. M 公司

M 公司是基于由全国 10 余家房地产开发商共同参与的房地产企业俱乐部而设立的致力于产业投资基金的运作实体。公司成立于 2010 年，截至 2011 年 6 月，注册资本 1.8 亿元，实收资本 1.8 亿元。股东全部为俱乐部成员企业，股东出资额为 500 万元到 1000 万元不等（见图 8.6）。

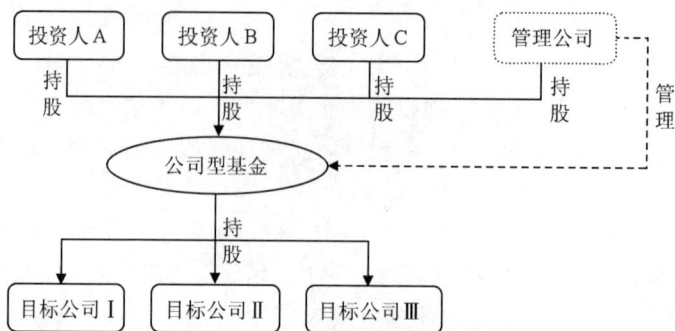

图8.5　公司型房地产基金基本架构

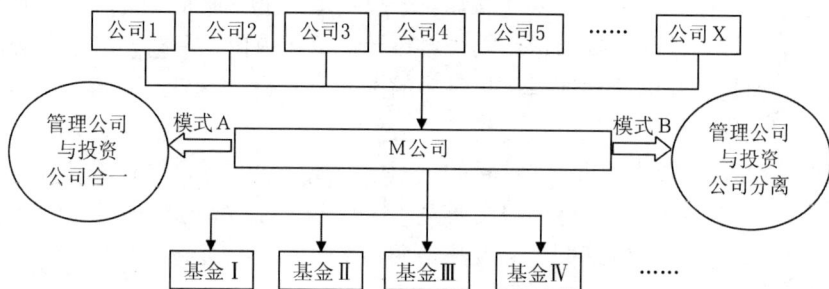

图8.6　M公司运营架构

M公司以"公司型产业投资基金"为目标，通过不断优化机构，提高投资能力和盈利能力，分阶段实施发展目标，发起并管理系列化不动产投资基金，实现直接投资和资产受托管理的双重收益。

M公司的业绩稳步增长，管理资金规模持续扩大，其投资模式主要有直接投资型、联合投资型、信托投资型和基金发展型。M公司不断按照房地产的产品类型、不同阶段设立分类基金，也按投资偏好设立风险差别化基金，还按投资期限设立短期基金与中长期基金。

M公司已形成成熟的投资管理模式，搭建了日趋成熟的投资管理平台，优选项目，严格投资程序，有效规避交易风险。

2. 产品及描述

（1）普通住宅（主要面向中低收入人群用于销售）产品特性：

1）主力户型面积：70％的户型套内面积为90平方米以下；

2）开发周期：1.5～4年；

3）收益指标：投资收益率大于或等于15％/年。

（2）青年公寓（主要面向青年白领阶层及城市的外来群体用于租赁）产品特性：

1）主力户型面积：90％的户型套内面积为30～60平方米；

2）租赁周期：10～15年；

3）收益指标：投资收益率大于或等于5％/年。

（二）M住宅投资基金简介（见表8.3）

表8.3　M住宅投资基金介绍

基金名称	M住宅投资基金
基金总规模	8亿元
基金出资比例	M公司出资不少于1.5亿元，W公司出资不多于1.5亿元
基金期限	封闭期≥7年
基金管理人	M公司、W公司
基金主要投向	该基金将主要直接投资于面向中低收入人群的普通住宅的项目开发及经营。计划在基金发起和募集成功后，将在3个月时间内，在中国若干省会城市，优选"普通住宅"和"青年公寓"项目，直接投资。
基金投资方式	以股权或结合债权方式直接投资项目为主
基金投资及退出	(1)"普通住宅"：在土地阶段或产品开发阶段进行投资，在产品开发结束或销售完毕后退出； (2)"青年公寓"：本基金完成项目培育后，可选择出售给即将设立的租赁型青年公寓投资基金。
风险控制措施	(1)投资组合比例："普通住宅"项目的总投资额在2.5亿～8亿元；"青年公寓"项目的总投资额在4000万～6000万元； (2)组建基金投资决策委员会，行使基金决策投资权； (3)其他。

（三）M住宅投资基金结构图（见图8.7）

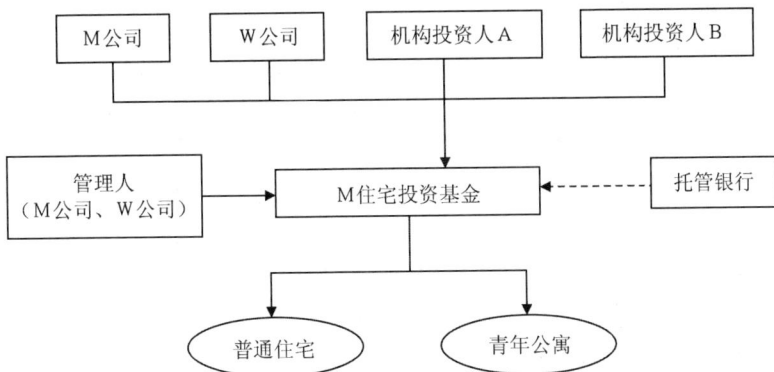

图8.7　M住宅投资基金架构

（四）M公司增资扩股的招股计划（见表8.4）

表8.4 M公司增资扩股招股计划介绍

增资规模	不少于1.5亿元
出资方式	新增资本全部以现金方式出资（一次性缴足全部认缴出资）
资金募集对象	合格机构投资人
认购要求	出资额不低于1000万元
资金运用	本次募集资金专项用于发起"M住宅投资基金"

1. **认购程序**

（1）认购申请。有意向的投资者应于约定日期之前，将以下材料送达M公司：

1）加盖法定代表人签章和单位公章的认购申请（承诺）书；

2）加盖单位公章的《法人营业执照》正、副本复印件；

3）经审计的最近年度财务报表和最近一期财务报表；

4）投资者基本情况表、企业介绍、法定代表人简历；

5）公司章程；

6）股东会或董事会同意参加认购的决议。

（2）认购资格确认。M公司收到上述材料后，对投资者的认购资格进行确认。M公司对所有经确认的合格投资者发出《认购资格确认书》，通知缴纳出资款项。

（3）认购出资。所有经确认的合格投资者应根据《认购资格确认书》所示要求，将出资款项在指定的时间内划入M公司指定的银行验资专用账户。

2. **认购资格确认原则**

（1）根据《公司法》等有关规定，参加本次增资扩股的投资者应符合下列条件：

1）符合中国法律、法规规定的有关投资入股有限责任公司资格要求的法人机构；

2）资金来源合法。

（2）有下列情形之一者，不能成为M公司的股东：

1）近三年有重大违法、违规经营记录的；

2）累计亏损达到注册资本50%以上的；

3）未决诉讼标的金额达到净资产50%以上的。

（3）M公司根据认购时间优先和认购量优先原则确认认购出资额。

3. 风险控制

M 公司将通过资产组合管理和单个项目风险控制，有效降低和化解投资风险。

（1）建立资产池，减少因行业或区域经济变化带来的影响。

（2）在项目前期进行尽职调查、立项，优选最佳投资项目。

（3）通过投资结构的谈判，获得最佳投资条件。

（4）在有关投资的法律文件中，设置部分选择权，有效地在项目开发和销售阶段控制风险。在项目发展顺利的情况下，获得较高回报；在项目发生危机时，可以及时退出，避免投资损失。

（5）在项目管理中，要求项目公司充分进行信息披露，定期报告工程、财务、销售及其他重大事项。

（6）通过其他相关投资退出的技术手段，保证投资收回和投资收益取得。

4. 信息披露

（1）在运作管理中，M 公司将及时准确地向投资人披露重要信息。

（2）例行的信息披露内容包括：项目投资流程和进程、M 公司定期财务报告、M 公司年度报告。

（3）根据投资人要求和合约规定披露其他重要信息。

第四节　有限合伙型房地产基金

一、模式简析

修订后的《合伙企业法》第三章专门规定了"有限合伙企业"。该种合伙企业不同于普通合伙企业。有限合伙企业的合伙人由普通合伙人与有限合伙人组成，前者负责合伙的经营管理，并对合伙债务承担无限连带责任，后者不执行合伙事务，仅以其出资额为限对合伙债务承担有限责任。相对于普通合伙企业，有限合伙企业允许投资者以承担有限责任的方式参加合伙成为有限合伙人，有利于激发投资者的积极性。这样可以使资本与才智、技能实现有效的结合，即拥有资本的人作为有限合伙人，拥有专业知识和技能的人作为普通合伙人，从而建立以有限合伙为组织形式的投资平台。房地产私募基金采用有限合伙企业的模式已经较为普遍，不少房地产企业还专门成立了系列化的有限合伙基金（见图 8.8）。

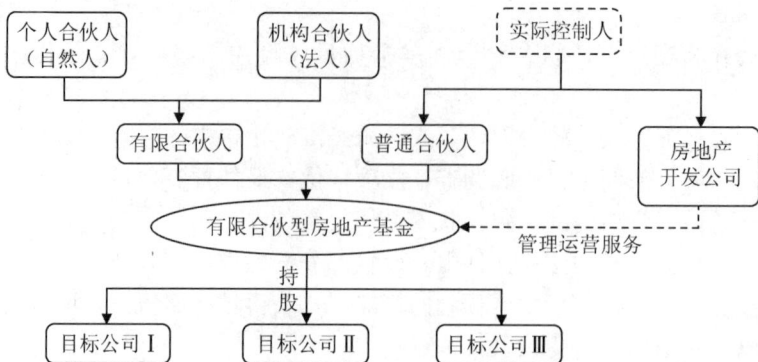

图 8.8 有限合伙型房地产基金基本模式

二、案例：T 基金（有限合伙）

（一）基金管理人

T 资本是由具有丰富的金融、投资、融资及财富管理经验的专家团队发起设立的专业投资理财管理机构和财富管理机构。现阶段，T 资本作为投资管理人（普通合伙人，即 GP）秉持为出资人（有限合伙人，即 LP）提供"收益高、风险低、流动性好"的投资产品理念，陆续推出了一系列合伙制地产基金。业务范围涉及房地产开发的整个领域，提供包括股权融资、债权融资、夹层融资等在内的综合投融资服务，设计个性化的金融解决方案。同时，T 资本与国内顶尖的金融机构合作推出了房地产过桥系列投融资服务。

（二）基金运作模式——有限合伙

T 基金的运作采用了国际通行的 PE 投资机构架构模式——有限合伙制。投资管理人为普通合伙人，出资人为有限合伙人。普通合伙人充当管理者的角色，对合伙企业发生的债务承担无限连带责任，有限合伙人仅以出资额承担有限连带责任。同时，管理人（T 资本）通过制定详尽的合伙协议，对普通合伙人形成有效的约束与激励机制，确保普通合伙人能够充分地发挥各项优势，努力实现有限合伙企业投入资本的最大增值，实现有限合伙人与普通合伙人的合作共赢。

（三）基金基本架构（见图 8.9）
（四）基金运作结构（见图 8.10）
（五）基金股权投资模式（见图 8.11）
（六）预售房投资模式（见图 8.12）

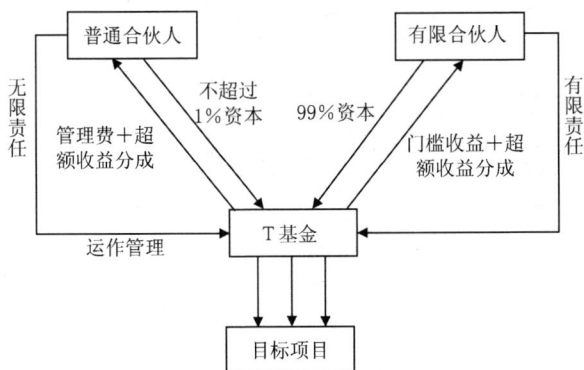

图 8.9　有限合伙型房地产基金基本架构

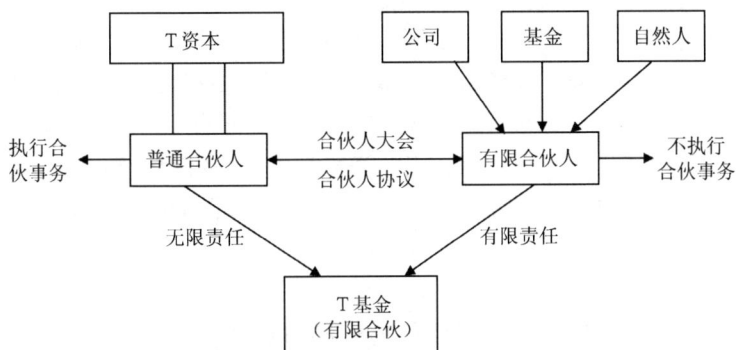

图 8.10　有限合伙型房地产基金运作结构

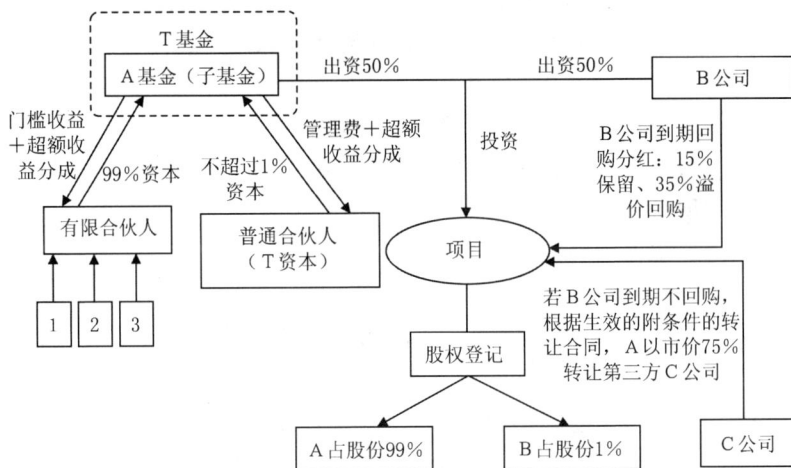

图 8.11　有限合伙型房地产基金股权投资模式

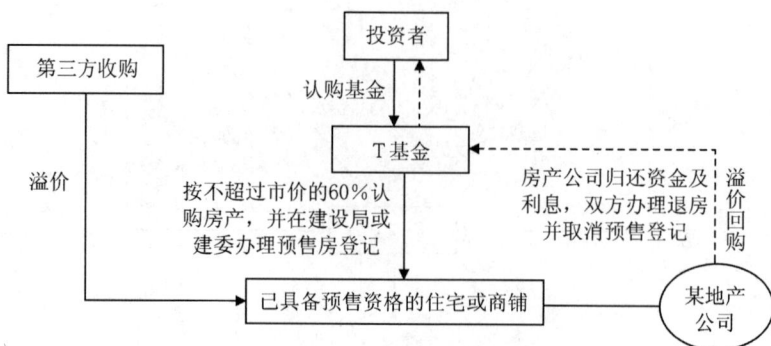

图 8.12　有限合伙型房地产基金预售房投资模式

（七）基金的项目备选原则及预售原则

第一，备选项目五证齐全：①国有土地使用证；②建设用地规划许可证；③建设工程规划许可证；④建筑工程施工许可证；⑤商品房预售许可证。

第二，按不超过现行市场均价的 60% 进行预售购房，并在当地房地产管理部门（或建设局）进行预售房备案登记。其中，预售房原则上按不超过市价的 50% 购买，发达中心城市的预售房可以按不超过市价的 60% 购买。

第三，所有预售房皆已结项（或者竣工）。

第四，所有预售房皆可做预售备案登记。

第五，预售房均属于重要经济圈的有潜力地区，区位优势和实际购买力较强。

（八）基金投资的风险控制措施

第一，以不超过对方投资总额 50% 的方式出资参与投资，但是实际获得投资公司 99% 或以上控股股权（办妥工商变更登记后投放资金），修订相关公司章程。

第二，派遣执行董事和资金监管人员入驻企业，监管投资资金的运用。

第三，监管人员持有企业四章——法人章、公章、财务章和合同章，以保障资金安全和项目正常运行。

第四，派遣董事拥有否决权，进一步严格控制资金使用，同时把握项目进展。

第五，对企业管理权进行控制，如出现无法按期完成计划的情况，基金管理人有权调整管理层的权限。

第五节　组合型房地产基金

一、"信托＋有限合伙"的房地产基金案例

参见第一章的"方城Ⅰ期房地产基金集合资金信托计划"，如图 8.13 所示。

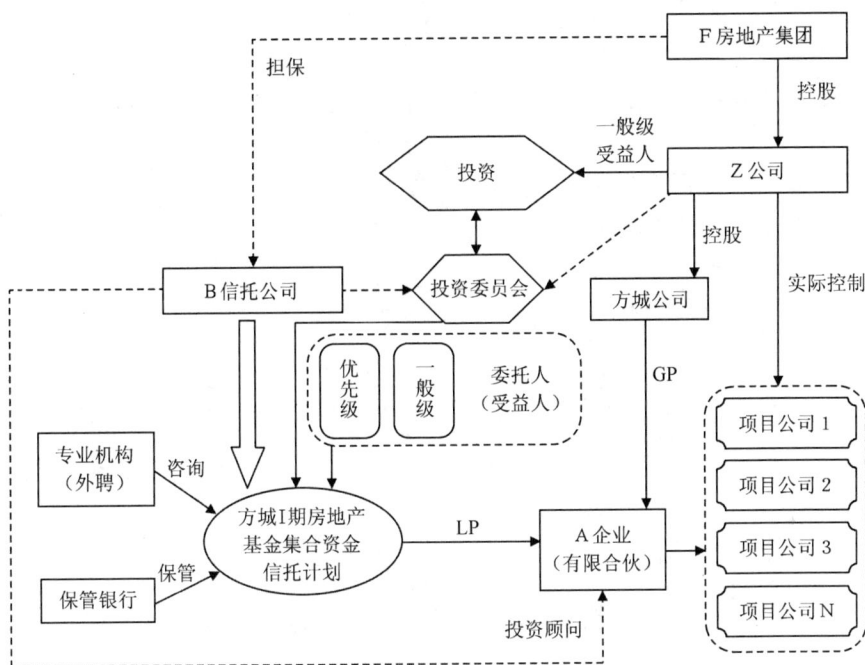

图 8.13　方城Ⅰ期房地产基金集合资金信托计划交易结构

二、"公司＋有限合伙"的房地产基金案例

1. 案例背景

F 投资管理有限公司（简称"F 公司"）是房地产私募基金事业的运作实体，战略目标是依托中国城市化、工业化优势的成长产业，引入国际通行的投资基金制度和创业"孵化器"制度，发起和管理专业化、系列化的房地产投资基金（见图 8.14）。

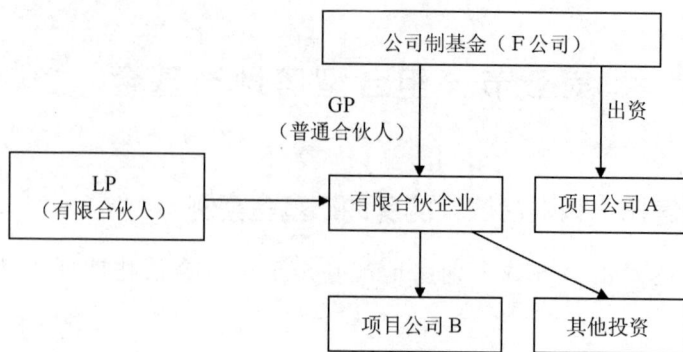

图 8.14 F公司基本运作

2. 公司型基金及公司型扩展（组合型）基金要点总结

（1）公司型。

1）基金设立形式为公司制。

2）扩募方式为增资扩股。

（2）组合型。

1）架构图（见图 8.15）。

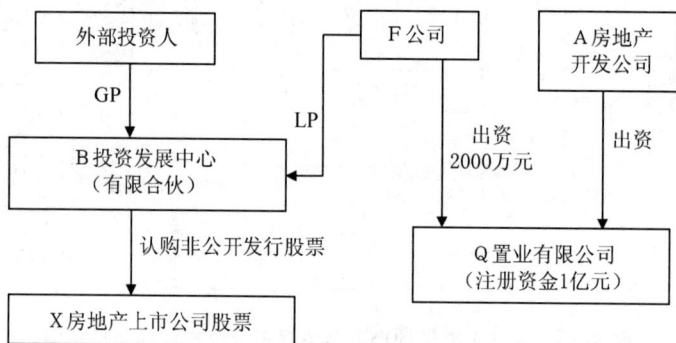

图 8.15 组合型基金架构

2）组合型主要是通过公司制、有限合伙制等多种方式来满足不同的投资需求。

3. 投资流程

项目投资过程包括以下几个环节：

（1）投资接洽：通过与客户沟通，了解项目概况，寻找投资机会。

（2）初步分析：对项目及公司的情况进行初步研究，提交初步评价报告；

在捆绑投资的情况下，接洽具有意向的联合投资人，设计初步投资结构框架。

（3）信息揭示：项目立项后，各方共同组成工作小组，构建工作环境和机制，实施审慎调查，通过数轮的工作交底，完成详尽的调研报告，实现完全的信息透明（包括市场、财务、方案、关联交易、合同以及其他或有事项）。

（4）方案形成：各方经谈判，就股权重组方案、工作进度、财务安排、人力资源、风险控制、分配方案、退出模式等各方面达成意向，并在此基础上设计出各方认可的项目建议书及项目投资议案。

（5）投资决策：项目由董事会或股东会进行决策。

（6）决策执行：详细谈判编制合同及其他有关管理的备忘录；项目公司成立后再介入的，应安排对项目公司的财务审计；签署各种合同；配合融资工作；项目管理和投资退出，依据投资合同推进其他事宜。

（7）投资评估：定期对投资业绩情况进行评估，并编制评估报告（见图8.16）。

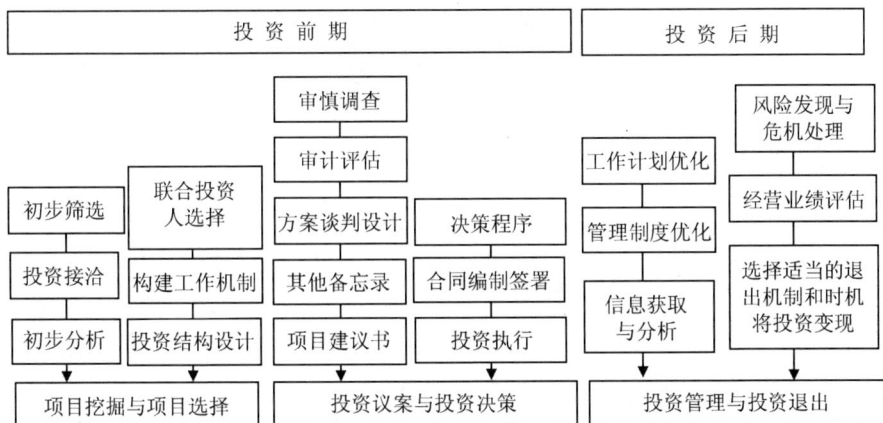

图 8.16 项目投资流程

4. 风险控制

风险控制是 F 公司业务流程、管理架构和公司体系的一部分，从而实现对公司整体业务风险的有效评价和管理，提高公司风险控制的能力。

（1）风险控制理念。

1）风险控制比业务发展更重要；

2）最高管理层负最终责任；

3）分工明确、前后台部门相互制衡的组织结构；

4）以制度建设为基础；

5）以制度执行监督为保障；

6）尽可能运用先进的监控方法和技术。

（2）风险控制目标。

1）保证公司运营以及未来向标准基金模式运作符合有关法律法规；

2）保证所有投资人的合法权益不受侵犯；

3）保证公司的经营目标和经营战略得以实现；

4）将各种风险严格控制在一定的范围内，保证业务稳健进行；

5）维护公司的信誉，保持公司的良好形象。

（3）风险控制原则。

1）全面性原则——内部风险控制必须覆盖公司的所有部门和岗位，渗透各项业务过程和业务环节；

2）独立性原则——公司财务总监保持独立性和权威性，负责对公司各部门内部风险控制工作进行稽核和检查；

3）相互制约原则——公司及各部门在内部组织结构的设计上形成相互制约机制，建立不同部门、不同岗位之间的制衡体系；

4）定性和定量相结合原则——建立完备的风险控制指标体系，使风险控制更具客观性和操作性。

（4）风险控制的组织架构（见图8.17）。

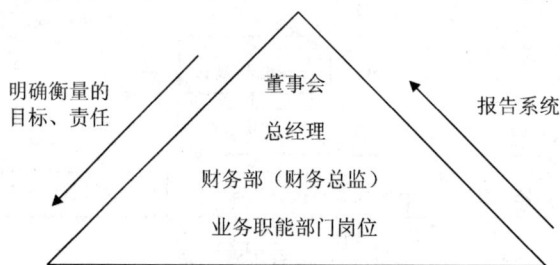

图 8.17　风险控制组织架构

1）公司董事会——制定风险控制政策，对公司风险负最终责任；

2）总经理——负责公司风险控制的组织、协调；

3）财务部——财务总监负责监督、检查风险控制制度的执行情况；

4）各业务部门和业务岗位——承担与其业务相关的风险控制责任。

（5）风险控制具体流程。

1）明确界定风险类型；

2）细分业务流程和每一业务流程的具体执行方式；

3）对业务执行风险控制点的监控和报告；

4）管理层对整个风险控制过程进行监督。

（6）业务风险界定。

1）政策法规风险：F公司的经营业绩、财务状况及前景受国内的经济、政治及法律法规发展影响较大；金融监管与金融开放进程可能会造成业务发展的不确定性。

2）行业风险：F公司的发展受房地产行业影响很大，经营业绩相当依赖于房地产开发项目的投资回报。若房地产行业平均利润水平显著下滑，所投资项目的财务状况和营运业绩将受到不利影响，并直接形成对公司投资的风险。

3）公司运营风险：F公司目前的项目来源渠道相对单一，可能因项目选择局限而产生损失。另外，严格筛选和评估项目并不能完全避免项目投资的失误。

（7）风险应对措施。

1）持续研发：管理团队积极组织研发力量，并与国家政策研究部门、专业研究机构进行合作，力求基金投资节奏和方向能够契合整体经济及行业发展趋势。

2）严格风险控制：根据对经济及行业趋势的研判，谨慎制订投资计划；在投资以及投资后的管理过程中，严格执行投资纪律；对投资项目进行严格筛选，对投资交易结构进行严格把关。

3）分散投资，避免风险过于集中：对单个项目的投资金额比例，不超过基金注册资本的一定比例；对单个企业的累计投资比例，不超过基金注册资本的一定比例。

4）积极寻求多方合作：寻求助力，提高抗风险能力。通过与国内外各类专业机构的合作，在完善自身投资决策能力的同时，争取外部资金的支持，进一步改善投资项目的财务状况，从而提高抗风险能力。

三、"信托＋公司"的房地产基金案例

（一）案例背景

1. 项目公司简介

P公司是R集团旗下的S上市公司设立的子公司。Q公司担任P公司股权投资集合资金信托计划的投资管理人。

（1）R集团简介。

R集团成立于2005年，注册资本（实收资本）为人民币10亿元。根据R集团的营业执照，其经营范围为：投资管理、投资咨询；技术开发、技术咨询、技术服务、技术转让；信息咨询服务（中介除外）；销售百货、纺织品、五金交电化工、工艺美术品、矿产品、机械产品、电器设备、电子计算机及配件。

R集团是目前中国规模较大的零售集团之一，拥有2家上市公司和多家控股公司，所属的100多家大型店面，遍布全国20个省、市、自治区的30多个

中心城市。根据 R 集团提供的最新财务数据，其资产总额为 100 亿元，负债总额为 55 亿元，净资产为 45 亿元。

（2）S 公司简介。

S 公司于 2008 年经中国证监会批准完成业务重组，主营业务由"百货零售业务"变更为"与商业零售相关的商业地产的投资、开发、租售及购物中心的运营和管理"。

S 公司具有丰富的商业零售行业经营管理经验，集团系统拥有成熟的商业零售网络体系，使公司能够获取新的商业地产信息资源，能够更准确地选定新的商业地产开发项目，具备从事商业地产开发运营管理的先天优势。此外，S 公司还积累了一批战略合作伙伴，为其开发的商业物业的顺利出租和出售增加了保证。

（3）Q 公司简介。

Q 公司成立于 2009 年，是由外资组建的外商独资有限责任公司，注册资本（实收资本）为 50 万美元。根据 Q 公司的营业执照，其经营范围是：投资咨询、商业管理咨询、房地产咨询、经济信息咨询、企业管理咨询。

2. 项目简介

（1）信托资金用于与其他投资者共同发起设立公司型基金。

（2）公司型基金拟设立为有限责任公司，计划在 H 地注册设立，注册资本为人民币 15 亿元，具体成立日以工商登记为准。

（3）基金期限 5 年，主要投资于中国在建的或已建成的购物中心。

（4）基金的内部决策机构为董事会，其董事会拟由 7 名董事组成（出资 1.5 亿元以上的投资者有权委派董事 1 名）。基金收购资产或处置资产等事项需要经过董事会过半数通过方可实施。凡涉及关联方的交易须经 2/3 以上董事通过方可实施，且关联方派出的董事不参与投票。

（5）基金计划聘请 Q 公司担任投资管理人。

3. 项目进度

（1）2010 年二季度进展情况见表 8.5

表 8.5　项目 2010 年二季度进展情况

时间	项目进度
3 月 26 日	完成外派董事、监事手续
4 月 20 日	P 公司已取得营业执照，营业期限自 2010 年 4 月 20 日至 2015 年 4 月 19 日
4 月 20 日	P 公司取得股东出资证明书
4 月 23 日	P 公司取得税务登记证和组织机构代码证
5 月 27 日	P 公司召开第一届董事会第一次会议，会议审议并一致通过了《关于收购 A 项目的议案》以及《关于收购 B 项目的议案》，目前收购协议已签署

（2）2010 年三季度。

除 2010 年二季度公布的项目进展情况以外，本季度 P 公司已收购的两个项目进展情况如下：

1）2010 年 8 月 20 日，A 项目已开工，目前商业工程地下三层、地下二层工程已完工。

2）2010 年 9 月 1 日，B 项目已开工，目前正在按进度进行地下基础施工。

（3）2010 年四季度。

除 2010 年三季度公布的项目进展情况以外，本季度 P 公司已收购的两个项目进展情况如下：

1）2010 年 11 月 11 日，P 公司召开董事会，通过了收购 C 项目的相关议案。

2）2010 年 12 月 29 日，P 公司召开董事会，通过了收购 D 项目的议案。

目前，以上两项收购进展顺利。

（4）2011 年一季度。

除 2011 年四季度公布的项目进展情况以外，本季度 P 公司已收购的两个项目进展情况如下：

1）A 项目正进行地上结构施工，部分已封顶，工程进展正常。

2）B 项目出正负零，正进行地上结构施工，工程进展正常。

（5）2011 年二季度。

除 2011 年一季度公布的项目进展情况以外，本季度 P 公司已收购的两个项目进展情况如下：

1）2011 年 6 月，A 项目已全部封顶，现正在进行内部装修，该项目四证已办齐。

2）2011 年 6 月底，B 项目已施工到地上四层，最近即可封顶，该项目四证已办齐。

目前，对 C 项目和 D 项目的收购正在按计划进行，进展顺利。其中，D 项目已取得项目土地证。

（6）2011 年三季度。

对 A 项目、B 项目、C 项目、D 项目的收购进展顺利，同时启动了对 E 项目、F 项目的收购计划，各项工作正在稳步推进过程中。

（二）信托计划方案

1. 信托计划简介（见表 8.6）

表 8.6　P 公司股权投资集合资金信托计划

产品名称	P 公司股权投资集合资金信托计划		
受托人	T 信托公司		
保管人	Y 银行		
管理顾问	Q 公司		
信托规模	2 亿元		
信托期限	5＋1 年，可以提前结束。信托计划届满 2 年后的第 11 个至第 20 个工作日、届满 4 年后的第 11 个至第 20 个工作日分别设立开放期，优先级投资者在开放期内可以赎回信托单位		
资金运用方式	投资于公司型基金（设立为 P 有限责任公司），用于收购优质的购物中心等商业物业		
认购条件	认购信托单位的投资者须是合格投资者。自然人投资者交付的认购资金不低于 100 万元，并以 1 万元的整数倍递增，其中投资额低于 300 万元的自然人投资者数量不超过 50 人。机构投资者交付的认购资金不低于 100 万元，并以 1 万元的整数倍递增		
预期年化收益率	信托单位类别	认购金额	预期年收益率
	优先 a 级信托单位	100 万（含）～300 万元	8％
	优先 b 级信托单位	300 万（含）～600 万元	9％
	优先 c 级信托单位	600 万（含）～1000 万元	10％
	优先 d 级信托单位	1000 万（含）～2000 万元	11％
	优先 e 级信托单位	2000 万元（含）以上	12％
	次级信托单位	3000 万元（含）以上	—
信托收益分配	分为年度信托利益分配与终止信托利益分配。 (1) 在信托存续期间，每个信托年度届满后 10 个工作日内分配信托收益；次级受益人不参与年度信托利益分配。 (2) 在信托终止时，信托终止后 10 个工作日内分配全部信托利益。		

2. 交易结构（见图 8.18）

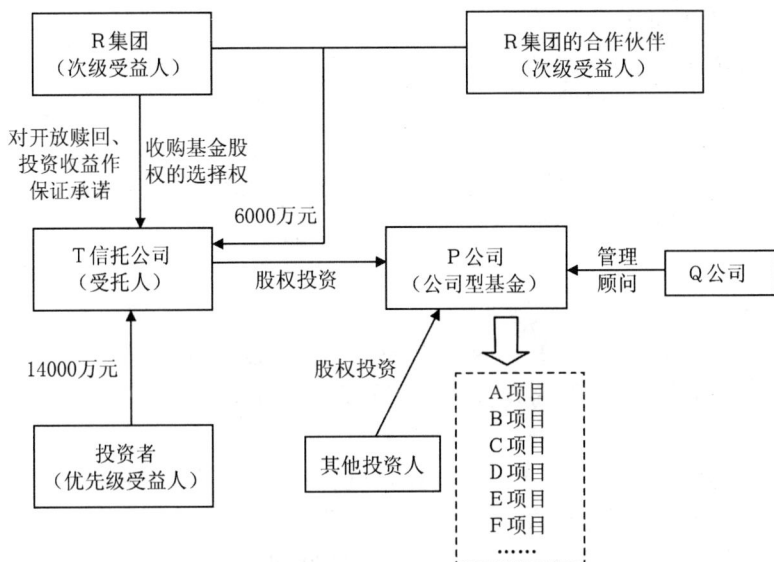

图 8.18　P 公司股权投资集合资金信托计划交易结构

3. 风险控制

（1）T 信托公司通过对基金章程有关股东会、董事会职权的科学设计，明确责、权、利的基础制度安排，确保 T 信托公司（代表信托计划）的参与决策权与监督权。

（2）T 信托公司向基金的董事会委派 1 名董事，参与重大事项的决策。

（3）T 信托公司要求基金实行分散投资，降低投资风险。

（4）R 集团与其合作伙伴认购次级信托单位，保障优先级投资者的信托利益。

（5）R 集团对信托计划的投资收益作保证承诺，保障优先级投资者预期收益的实现。在一定条件下，R 集团预先支付部分股权转让溢价款，满足信托年度分配的资金需求。

（6）R 集团出具承诺函，承诺信托计划开放期如有优先级信托受益人赎回，其将追加资金认购同等份额的优先级信托单位。

（7）T 信托公司与 R 集团签署相关退出协议，科学设计信托计划的退出渠道——赋予信托计划将基金股权转让给 R 集团从而实现退出的"选择权"。

四、"信托＋公司＋有限合伙"的房地产基金案例

(一) 背景简介

1. C公司

C公司是一家以房地产起步的民营产业投资企业，张三100％持股。公司成立于2002年，注册资本1.1亿元。现正在开发建设一片K新区（市政重点项目工程之一），Y项目即是K新区的一部分，包括农民还迁示范区项目、新农村城镇化商业服务区项目、新农村低碳生态居住区项目、传统农村文化旅游区项目。

2. 关联公司

(1) A公司。A公司是一家从事房地产金融创新的基金管理公司，公司在房地产基金管理领域具有丰富的管理和运作经验，其旗下还包括A1、A2、A3等多个基金。

(2) B公司。B公司作为A公司的股东，是一家投资管理型的控股公司，成立于1999年，注册资本2.5亿元。B公司从事房地产、矿产能源等多个行业的金融业务，正在逐步发展成为投资管理型的控股公司，其控股股东为C公司。

各公司主体之间的关系如图8.19所示。

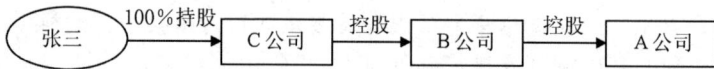

图 8.19　各公司主体之间的关系示意

(二) 信托计划 (见表8.7)

表 8.7　Y项目股权信托基金

产品名称	Y项目股权信托基金
发行机构	T信托公司
发行规模	4.9亿元（分类持续发行，一般级信托基金单位总值不低于信托基金财产总值的35％）
产品期限	4～5年（优先级信托基金单位存续期限为4年，存续期限可以根据信托基金文件的约定提前终止或延期；一般级信托基金单位存续期限为5年）

续表

资金运用方式	本信托基金项下的资金，由 T 信托公司以自己的名义，按信托基金文件的约定加以集合运用；T 信托公司作为有限合伙人，与 A 公司共同投资设立 Y 股权投资基金（有限合伙）（简称"Y 合伙"），并将合伙企业财产以股权方式投资于 D 建设投资有限公司（简称"D 公司"），主要用于 K 新区农民还迁示范区项目、新农村城镇化商业服务区项目、新农村低碳生态居住区项目以及传统农村文化旅游区项目
资金退出方式	(1) 协议转让信托基金持有的股权投资基金份额； (2) 从股权投资基金中退伙； (3) 先从 D 公司减资、清算，或转让持有的 D 公司股权，然后信托基金从 M 股权投资基金中退伙或清算； (4) 其他方式。
投资门槛	100 万元

预期年收益率	信托基金单位类别 （依据认购金额）	不同年度的预期收益率			
		第一信托基金年度	第二信托基金年度	第三信托基金年度	第四信托基金年度
	100 万（含）～300 万元	9%	9%	10%	10%
	300 万（含）～1000 万元	10%	10%	12%	12%
	1000 万元（含）以上	11%	11%	13%	13%

（三）基金的基本架构图（见图 8.20）

（四）风险控制措施

第一，信托基金采用了优先受益权和一般受益权的结构化设计，C 公司作为一般受益人认购一般级信托基金单位，并且为优先受益权的优先、足额兑付提供保障，从而降低了优先受益人的风险。

第二，信托基金通过合伙企业间接参与项目，并在新区政府部门的授权和协调下进行，这有利于节约项目开发的时间和成本，并在一定程度上保障了开发建设的顺利推进。

第三，项目建设采取"政府回购"的方式，即 D 公司作为项目的投资方与建设方，将督促新区政府履行其回购义务。

第四，在信托基金成立时，C 公司向 T 信托公司发出不可撤销的"承诺函"，承诺愿意以协议转让方式购买全部股权投资基金份额。

第五，在信托基金存续期限内，T 信托公司将密切关注合伙企业的经营管理情况，作为有限合伙人监督合伙企业的经营管理。

第六，作为受托人，T 信托公司将本着实现受益人的最大利益为原则，合

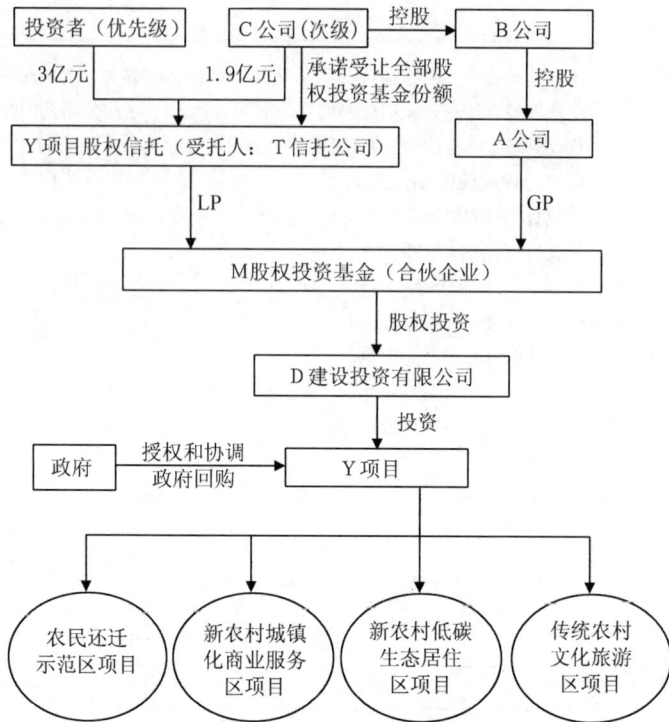

图 8.20　Y 项目股权信托基金基本架构

理选择信托基金财产的变现方式。

第七，信托基金向优先受益权提供"做市商"支持，在约定情形下实现优先受益权的转让与受让。

第八，作为受托人，T 信托公司内部建立了岗位分离制度、风险控制制度、内部审计制度等一系列的内控制度，并严格执行，以控制管理风险。

附　录

附录 1　全国信托公司联系方式

序号	机构全称	省份	城市	机构地址	邮编	机构电话	机构传真
1	中信信托有限责任公司	北京	北京	中国北京市朝阳区新源南路 6 号京城大厦 13 层和 9 层	100004	010-84861324	010-84861385
2	中诚信托有限责任公司	北京	北京	中国北京市东城区安定门外大街 2 号安贞大厦三层	100013	010-84267000、84267114	010-84267100
3	中海信托股份有限公司	上海	上海	上海市黄浦区中山东二路十五号七楼	200002	021-63555000	021-63551955
4	中航信托股份有限公司	江西	南昌	南昌市红谷滩新区赣江北大道 1 号中航广场 24～25 层	330038	0791-6776133、6769907	0791-6772268
5	中粮信托有限责任公司	北京	北京	北京市朝阳区朝阳门南大街 8 号福临门大厦 11F-08	100020	010-85005188	010-85617029
6	中融国际信托有限公司	黑龙江	哈尔滨	黑龙江省哈尔滨市南岗区嵩山路 33 号	150090	0451-55511460	0451-55511466
7	中泰信托有限责任公司	上海	上海	上海市黄浦区中华路 1600 号黄浦中心大厦 17、18 楼	200020	021-63871888	021-63872700
8	中铁信托有限责任公司	四川	成都	成都市航空路 1 号国航世纪中心 B 座 23、25、26 层	610041	028-86029134	028-86029198
9	中投信托有限责任公司	浙江	杭州	浙江省杭州市教工路 18 号世贸丽晶城 A 座 18～19 层 C 区、D 区	310012	0571-85069025	0571-85154216

序号	机构全称	省份	城市	机构地址	邮编	机构电话	机构传真
10	中原信托有限公司	河南	郑州	中国河南省郑州市郑汴路96号中原信托大厦	450004	0371-66513167	0371-66513180
11	上海爱建信托投资有限责任公司	上海	上海	上海市零陵路599号	200030	021-64396600	021-64392072
12	安信信托投资股份有限公司	上海	上海	上海市广东路689号海通证券大厦29层	200001	021-63410777	021-63410309
13	百瑞信托有限责任公司	河南	郑州	河南省郑州市郑东新区CBD商务外环10号中原广发金融大厦26~29层	450018	0371-69177566	0371-69177581
14	北方国际信托股份有限公司	天津	天津	天津市河西区友谊路5号北方金融大厦25~28层	300201	022-28370688	022-28370088
		天津	天津	天津开发区新城西路52号滨海金融街西区A座w8-1	300457	022-66290490	022-66207533
		北京	北京	北京市西城区复兴门内大街158号远洋大厦F211室	100038	010-68080848	010-68080766
15	北京国际信托有限公司	北京	北京	北京朝阳区安立路30号	100012	010-59680888	010-59680999
16	渤海国际信托有限公司	河北	石家庄	河北省石家庄市广安大街10号美东国际12号楼A座19层	050011	4008120198	0311-89618070
17	东莞信托有限公司	广东	东莞	广东省东莞市城区旗峰路福民广场12楼	523008	0769-22312322	0769-22389630
18	方正东亚信托有限责任公司	湖北	武汉	武汉市江汉区长江日报路特7号投资大厦11楼	430015	027-85565780	027-85565752
19	甘肃省信托有限责任公司	甘肃	兰州	兰州市静宁路308号	730030	0931-4890236	0931-8410739

序号	机构全称	省份	城市	机构地址	邮编	机构电话	机构传真
20	国联信托股份有限公司	江苏	无锡	无锡市县前东街 168 号国联大厦	214003	0510-82830759	0510-82830224
21	国民信托有限公司	北京	北京	北京市东城区西滨河路 18 号国民信托中心	100011	010-84268088	010-84268000
22	国投信托有限公司	北京	北京	北京市西城区西直门南小街 147 号国投 5 号楼 7 层、8 层	100034	010-88006600	010-88006576、88006631
23	安徽国元信托有限责任公司	安徽	合肥	安徽省合肥市宿州路 20 号	230001	0551-2659392	0551-2631500
24	青岛海协信托投资有限公司	山东	青岛	山东省青岛市香港中路 59 号青岛国际金融中心 30 层	266071	0532-85793283	0532-85793265
25	杭州工商信托股份有限公司	浙江	杭州	浙江省杭州市庆春路 136 号广利大厦 25 层	310003	0571-87218033	0571-87215866
26	湖南省信托有限责任公司	湖南	长沙	湖南省长沙市城南西路 1 号政务大楼	410015	0731-85165016	0731-85165016
27	华澳国际信托有限公司	上海	上海	浦东新区花园石桥路 33 号花旗集团大厦 17 层	200120	021-68883098	021-68885995
28	华宝信托有限责任公司	上海	上海	上海市浦东新区浦电路 370 号宝钢大厦 7 楼	200122	021-38506666	021-68403999
29	华宸信托有限责任公司	内蒙古	呼和浩特	呼和浩特市赛罕区如意西街 23 号日信华宸大厦 5 楼	010011	0471-4193900、6944557	0471-4193908
30	华能贵诚信托有限公司	贵州	贵阳	贵州省贵阳市云岩区北京路 27 号鑫都财富大厦 14 层	550001	0851-6827188	0851-6827088
		北京	北京	北京市西直门外大街 112 号阳光大厦 6 层	100044	010-88306060	010-88306005

续表

序号	机构全称	省份	城市	机构地址	邮编	机构电话	机构传真
31	华融国际信托有限责任公司	新疆	乌鲁木齐	新疆乌鲁木齐市中山路333号	830002	—	—
		北京	北京	北京市西城区白云路10号	100045	010-58315957	010-58315893
32	华润深国投信托有限公司	广东	深圳	深圳市福田区农林路69号深国投广场2号楼11~12层	518040	0755-33380600	0755-33380599
33	华鑫国际信托有限公司	北京	北京	北京市西城区宣武门内大街2号中国华电大厦B座11层	100031	010-83568201	010-82568281
34	大连华信信托股份有限公司	辽宁	大连	辽宁省大连市西岗区大公街34号	116011	0411-83631173	0411-83638415
35	吉林省信托有限责任公司	吉林	长春	长春市长春大街500号	130041	0431-88993999	0431-88993567
		北京	北京	北京市东城区东直门南大街甲3号居然大厦8层802	100007	010-57719177	010-57719188
36	建信信托有限责任公司	安徽	合肥	安徽省合肥市九狮桥街45号	230001	0551-5295555	0551-2634770
37	江苏省国际信托有限责任公司	江苏	南京	南京市长江路88号	210005	025-84784806	025-84784610
38	江西国际信托股份有限公司	江西	南昌	南昌市北京西路88号江信国际大厦	330046	0791-6304514	0791-6304500
39	交银国际信托有限公司	湖北	武汉	湖北省武汉市江汉区建设大道847号瑞通广场B座16~17层	430015	027-85487417	027-85487825
		上海	上海	上海市仙霞路18号锦明大厦15~16层	200336	021-32169666	—
40	中国金谷国际信托有限责任公司	北京	北京	北京市西城区金融大街33号通泰大厦C座10层	100140	010-88086816	010-88086546

序号	机构全称	省份	城市	机构地址	邮编	机构电话	机构传真
41	昆仑信托有限责任公司	浙江	宁波	宁波市江东区江东北路138号宁波金融大厦19楼、10楼	315040	0574-87033100	0574-87031700
42	平安信托有限责任公司	广东	深圳	广东省深圳市福田区福华路星河发展中心大厦12层、13层	518048	4008819888	0755-82415828
43	山东省国际信托有限公司	山东	济南	济南市解放路166号	250013	0531-86566555	0531-86968708
44	山西信托有限责任公司	山西	太原	山西省太原市府西街69号山西国际贸易中心	030002	0351-8686777	0351-8686111
45	陕西省国际信托股份有限公司	陕西	西安	陕西省西安市高新区科技路50号金桥国际广场C座24~27层	710075	029-88851988	029-88851989
46	上海国际信托有限公司	上海	上海	上海市九江路111号	200002	021-63231111	021-63235348
47	四川信托有限公司	四川	成都	四川省成都市人民南路2段18号川信红照壁大厦9楼	610016	028-86200288	028-86200678
48	苏州信托有限公司	江苏	苏州	苏州市竹辉路383号	215007	0512-65202987	0512-65293751
49	天津信托有限责任公司	天津	天津	天津市河西区围堤道125~127号（天信大厦）	300074	022-28408280	022-28408279
50	中国对外经济贸易信托有限公司	北京	北京	中国北京复兴门内大街28号，凯晨世贸中心中座F6	100031	010-59569288	010-59568858
51	五矿国际信托有限公司	青海	西宁	青海省西宁市黄河路36号银龙大厦19层	810000	0971-6125976	0971-6152298
		北京	北京	北京市东城区建国门内大街28号民生金融中心A座7层	100005	010-65980688	010-65980638
52	西安国际信托有限公司	陕西	西安	西安高新区科技路33号高新国际商务中心23~24层	710075	029-87990899	029-87990878

序号	机构全称	省份	城市	机构地址	邮编	机构电话	机构传真
53	西部信托有限公司	陕西	西安	西安市东新街 232 号	710004	029-87396523	029-87406300
54	西藏信托有限公司	西藏	拉萨	北京市朝阳区金桐西路 10 号远洋光华国际中心 C 座 1708A	100020	010-85906969	010-85906796
55	厦门国际信托有限公司	福建	厦门	厦门市湖滨北路莲滨里 8 号	361012	0592-5311981	0592-5311906
56	新华信托股份有限公司	重庆	重庆	重庆市渝中区临江路 69 号新华金融大厦 10 楼	400010	023-63792030 63792237	023-63792460
57	新时代信托股份有限公司	内蒙古	包头	内蒙古包头市青山区钢铁大街甲 5 号信托金融大楼	014030	0472-6969977、6969989	0472-6969992
58	兴业国际信托有限公司	福建	福州	福建省福州市五四路 137 号信和广场 25～26 层	350003	0591-88263888	0591-88263999
59	英大国际信托有限责任公司	北京	北京	北京市东城区建国门内大街乙 18 号院英大国际大厦 4 层	100005	010-51960300	010-51960222
60	广东粤财信托有限公司	广东	广州	广州市东风中路 481 号粤财大厦 14 楼	510045	020-83063111	020-83063082
61	云南国际信托有限公司	云南	昆明	云南省昆明市南屏街 4 号云南信托大厦	650021	0871-3173981	0871-3155739
		北京	北京	北京朝阳区霄云路 38 号现代汽车大楼 1005 室	100027	010-84538210	010-84538215
		上海	上海	上海市浦东新区芳甸路 1088 号紫竹国际大厦 502	201204	021-61357563	021-61032800
62	重庆国际信托有限公司	重庆	重庆	重庆市渝中区民权路 107 号	400010	023-89035888	023-89035998
63	紫金信托有限责任公司	江苏	南京	南京中山北路 2 号紫峰大厦 30 层	210008	025-66775858	025-66770666

序号	机构全称	省份	城市	机构地址	邮编	机构电话	机构传真
64	大业信托有限责任公司	广东	广州	广州市天河区体育西路191号中石化大厦B塔25楼	510620	010-63220960	—
		北京	北京	北京市西城区平安里西大街28号中海国际中心11层	100034	020-28028710	—
65	浙商金汇信托股份有限公司	浙江	杭州	浙江省杭州市庆春路199号6楼	310006	—	—

注：以上内容是由信泽金信托培训中心根据公开信息整理而成，排序不分先后，仅供研究参考，不作为投资决策的依据。

附录2　全国信托公司股东情况

序号	公司名称	股东总数（家）	公司注册资本（万元）	主要股东名称	持股比例（％）	股东机构法人代表	股东注册资本（万元）
1	中信信托有限责任公司	2	120000	★中国中信集团公司	80	常振明	5535800
				中信华东（集团）有限公司	20	王炯	67400
2	中诚信托有限责任公司	15	245700	★中国人民保险集团股份有限公司	32.92	吴焰	3060000
				国华能源投资有限公司	20.35	解建宁	310044
				兖矿集团有限公司	10.18	耿加怀	335339
3	北京国际信托有限公司	—	140000	北京市国有资产经营有限责任公司	34.3	李爱庆	500000
				威益投资有限公司	19.99	Tim Davis	—
				中国石油化工股份有限公司北京石油分公司	14.29	刘雄华	—
4	中国对外经济贸易信托有限公司	2	220000	★中国中化集团	96.22	刘德树	3980000
				中化集团财务有限公司	3.78	杨林	100000
5	上海爱建信托投资有限责任公司	—	100000	上海爱建股份有限公司	98	徐凤	82040
				上海爱建纺织品公司	1	姚福利	1400
				上海爱建进出口有限公司	1	王勇	3000

序号	公司名称	股东总数（家）	公司注册资本（万元）	主要股东名称	持股比例（%）	股东机构法人代表	股东注册资本（万元）
6	安信信托投资股份有限公司	—	45411	上海国之杰投资发展有限公司	32.96	—	—
				中国工商银行—南方成分精选股票型证券投资基金	2.01	—	—
				中国银行—大成蓝筹稳健证券投资基金	1.54	—	—
7	百瑞信托有限责任公司	10	120000	★郑州市财政局	22.05	王春山	—
				深圳市易建科技有限公司	21.49	刘忠宁	34000
				北京安瑞汇富投资有限公司	19.83	杨沁河	32450
8	北方国际信托股份有限公司	27	100100	天津泰达投资控股有限公司	32.33	刘惠文	600000
				津联集团有限公司	11.21	—	200万港币
				天津市财政局	6.23	—	
9	渤海国际信托有限公司	5	79565	海口美兰国际机场有限责任公司	38.98	张汉安	
				海航酒店控股集团有限公司	35.69	张翼	
				扬子江地产集团有限公司	19.23	李晓明	
				北京燕京饭店有限责任公司	4.15	宋翔	
				海南海航航空信息系统有限公司	1.95	张岭	
10	大业信托有限责任公司	3	30000	中国东方资产管理公司	41.67	—	1000000
				广州国际控股集团有限公司	38.33	—	
				广东京信电力集团有限公司	20	—	
11	方正东亚信托有限责任公司	3	30000	北大方正集团有限公司	70.01	—	
				东亚银行有限公司	19.99	—	
				武汉经济发展投资（集团）有限公司	10	—	
12	甘肃省信托有限责任公司	3	101819	★甘肃省国有资产投资有限公司	92.58	藏秋华	94265
				天水市财政局	4	刘永年	4073
				白银市财政局	3.42	康星钢	3481
13	国联信托股份有限公司	5	123000	★无锡市国联发展（集团）有限公司	65.85	王锡琳	800000
				无锡国联环保能源集团有限公司	9.76	蒋志坚	16633
				无锡市地方电力公司	8.13	毛伟坤	31950
				无锡市交通产业集团有限公司	8.13	薛军	553771
				无锡商业大厦大东方有限公司	8.13	潘宵燕	32607

序号	公司名称	股东总数（家）	公司注册资本（万元）	主要股东名称	持股比例（%）	股东机构法人代表	股东注册资本（万元）
14	东莞信托有限公司	7	50000	东莞市财信发展有限公司	40	何锦成	40000
				东莞市财政局	30	詹文光	—
				东莞市经济贸易总公司	6	王镜光	800
				东莞发展控股股份有限公司	6	尹锦容	103951
				广东福地科技总公司	6	朱海霞	39800
				东莞市东糖集团有限公司	6	陈尧燊	51813
				东莞市糖酒集团有限公司	6	叶志强	5900
15	国民信托有限公司	4	100000	丰益实业发展有限公司	31.73	张江泳	55000
				璟安实业有限公司	27.55	刘盈	23000
				上海创信资产管理有限公司	24.16	俞建伟	28000
				恒丰裕实业发展有限公司	16.56	仓万俊	20000
16	国投信托有限公司	—	—	★国投资本控股有限公司	95.45	黄炎勋	250000
				国投高科技投资有限公司	4.55	刘学义	64000
17	安徽国元信托有限责任公司	—	120000	★安徽国元控股（集团）有限责任公司	49.69	过仕刚	300000
				深圳市中海投资管理有限公司	40.38	孙文杰	195000
				首都机场集团公司	9	张志忠	500000
18	青岛海协信托投资有限公司	—	—	—	—	—	—
19	杭州工商信托股份有限公司	—	—	杭州市投资控股有限公司	52.99	虞利明	70000
				摩根士丹利国际控股公司	19.9	Harvey B. Mogenson	—
				浙江新安化工集团股份有限公司	6.26	王伟	67918
20	湖南省信托有限责任公司	2	50000	★湖南财信投资控股有限责任公司	96	胡军	95777
				湖南省国有资产投资经营总公司	4	陆小平	33282
21	华澳国际信托有限公司	3	—	★北京三吉利能源股份有限公司	60	余建平	96000
				北京融达投资有限公司	20.01	申献斌	30000
				麦格理资本证券股份有限公司	19.99	—	20亿港币
22	华宝信托有限责任公司	—	100000	★宝钢集团有限公司	98	徐乐江	5108262
				浙江省舟山市财政局	2	王伟	—

续表

序号	公司名称	股东总数（家）	公司注册资本（万元）	主要股东名称	持股比例（%）	股东机构法人代表	股东注册资本（万元）
23	华宸信托有限责任公司	5	57200	湖南华菱钢铁集团有限责任公司	48.95	李效伟	—
				内蒙古国有资产监督管理委员会	41.96	苏和	—
				呼和浩特市财政局	8.74	银效	—
				巴彦淖尔市财政资金管理局	0.18	靳成	—
				内蒙古众兴煤炭集团有限责任公司	0.18	林来嵘	—
24	华能贵诚信托有限公司	13	120000	华能资本服务有限公司	65.38	郭琨明	100000
				贵州省开发投资有限责任公司	26.9	周和生	300000
				贵州省贵财投资有限责任公司	3.96	王永茂	17600
25	华融国际信托有限责任公司	3	157777	★中国华融资产管理公司	97.5	赖小民	1000000
				新疆凯迪投资有限公司	1.48	黄文媛	42000
				新疆恒合投资股份有限公司	1.02	盛占银	11000
26	华润深国投信托有限公司	2	263000	★华润股份有限公司	51	宋林	1646700
				深圳市国有资产监督管理局	49	张晓莉	—
27	华鑫国际信托有限公司	—	—	★中国华电集团公司	—	—	1200000
28	大连华信信托股份有限公司	18	205700	华信汇通集团有限公司	52.17	董永成	220220
29	吉林省信托有限责任公司	5	159600	★吉林省财政厅	97.5	王化文	—
				吉林粮食集团有限公司	0.63	孟祥久	66000
				吉林化纤集团有限责任公司	0.63	王进军	81000
30	建信信托有限责任公司	3	152727	★中国建设银行股份有限公司	67	郭树清	23368900
				合肥兴泰控股集团有限公司	27.5	孙立强	87000
				合肥市国有资产控股有限公司	5.5	俞能宏	69200
31	江苏省国际信托有限责任公司	3	248390	★江苏省国信资产管理集团有限公司	98	董启彬	1000000
				江苏省投资管理有限公司	1	徐祖坚	100000
				江苏省房地产投资有限责任公司	1	蒋旭升	118100
32	江西国际信托股份有限公司	12	103658	江西省财政厅	45.8	胡强	—
				领锐资产管理股份有限公司	25	徐祗祥	193000
				北京供销社投资管理中心	20	符敬群	55801
33	交银国际信托有限公司	2	120000	★交通银行股份有限公司	85	胡怀邦	5626000
				湖北省财政厅	15	王文童	—

续表

序号	公司名称	股东总数（家）	公司注册资本（万元）	主要股东名称	持股比例（%）	股东机构法人代表	股东注册资本（万元）
34	中国金谷国际信托有限责任公司	3	120000	★中国信达资产管理股份有限公司	92.29	田立国	2510000
				中国妇女活动中心	6.25	郭象	3000
				中国海外工程有限责任公司	1.46	方远明	67900
35	昆仑信托有限责任公司	4	300000	中油资产管理有限公司	82.18	王亮	502000
				天津经济技术开发区国有资产经营公司	12.82	叶旺	30000
				宁波市南部新城置业有限公司	2.51	严朝阳	10000
				宁波广博投资控股有限公司	2.49	胡志明	41000
36	平安信托有限责任公司	2	698800	★中国平安保险（集团）股份有限公司	99.88	马明哲	764400
				上海市糖业烟酒（集团）有限公司	0.12	葛俊杰	32100
37	山东国际信托有限公司	—	128000	山东省鲁信投资控股集团有限公司	—		
				山东省高新技术投资有限公司	—	陈道江	37218
				山东黄金集团有限公司	—		
38	山西信托有限责任公司	3	100000	山西省国信投资（集团）公司	90.7	张广慧	260000
				太原市海信资产管理有限公司	8.3	张健健	10073
				山西国际电力集团有限公司	1	常小刚	600000
39	陕西省国际信托股份有限公司	—	35800	陕西省高速公路建设集团公司	44.34	—	
				中信信托有限责任公司	4.05	—	
				人保投资控股有限公司	1.51	—	
				国泰君安证券股份有限公司	1.24	—	
40	上海国际信托有限公司	13	250000	上海国际集团有限公司	66.33	吉晓辉	1055884
				上海久事公司	20	张惠民	2527000
				申能股份有限公司	5	仇伟国	315251.60
41	四川信托有限公司	10	130000	四川宏达（集团）有限公司	34.75	刘沧龙	54250
				中海信托股份有限公司	30	储晓明	120000
				四川宏达股份有限公司	19	刘沧龙	—
42	苏州信托有限公司	3	59000	苏州国际发展集团有限公司	70.01	陶纪利	100000
				苏格兰皇家银行公众有限公司	19.99	Stephen Hester	660900 万英镑
				联想控股有限公司	10	柳传志	66100

续表

序号	公司名称	股东总数（家）	公司注册资本（万元）	主要股东名称	持股比例（%）	股东机构法人代表	股东注册资本（万元）
43	天津信托有限责任公司	5	150000	★天津海泰控股集团有限公司	51.05	宗国英	211000
				天津市泰达国际控股（集团）有限公司	42.11	刘惠文	1061000
44	五矿国际信托有限公司	3	120000	五矿投资发展有限责任公司	66	周中枢	281292
				西宁城市投资管理有限公司	33.9	严发仓	100000
				青海华鼎实业股份有限公司	0.1	于世光	23685
45	西安国际信托有限公司	6	51000	西安市财政局	39.67	肖西平	—
				上海证大投资管理有限公司	39.33	朱南松	30000
				深圳市淳大投资有限公司	11.67	唐乾山	12000
46	西部信托有限公司	24	62000	★陕西省电力建设投资开发公司	57.78	梁平	200000
				陕西产业投资有限公司	8.66	郭庆国	80000
				重庆中侨置业有限公司	6.36	孙飚	1000
47	西藏信托有限公司	1	—	西藏自治区财政厅	100	艾建涛	—
48	厦门国际信托有限公司	2	100000	★厦门建发集团有限公司	51	王宪榕	320000
				厦门港务控股有限公司	49	郑永恩	310000
49	新华信托股份有限公司	4	62112	新产业	71.92	翁先定	80650
				巴克莱	19.5	不适用	240200万英镑
				中国诚信信用管理有限公司	8.25	关敬如	8000
				中国嘉陵工业股份有限公司（集团）	0.33	陈永强	68728
50	新时代信托股份有限公司	5	30000	新时代远景（北京）投资有限公司	58.54	李泽雄	14000
				重庆四维控股（集团）股份有限公司	14.63	雷刚	37768.5
				深圳市金瑞丰实业发展有限公司	14.63	敬宗泽	—
51	英大国际信托有限责任公司	8	150000	英大国际控股集团有限公司	75.82	王凤华	1600000
				中国电力财务有限公司	6.33	姜魁	500000
				济南市能源投资有限责任公司	5.32	王智太	20000

续表

序号	公司名称	股东总数（家）	公司注册资本（万元）	主要股东名称	持股比例（%）	股东机构法人代表	股东注册资本（万元）
52	广东粤财信托有限公司	2	653800	★广东粤财投资控股有限公司	98.14	梁棠	606700
				广东省科技创业投资公司	1.86	黎柏其	50000
53	云南国际信托有限公司	—	40000	云南省财政厅	25	陈秋生	—
				涌金实业（集团）有限公司	24.5	赵隽	20000
				上海纳米创业投资有限公司	23	刘明	30000
54	中海信托股份有限公司	2	120000	★中国海洋石油总公司	95	傅成玉	9493161
				中国中信集团公司	5	孔丹	3000000
55	中航信托股份有限公司	5	30000.5	中国航空工业集团公司	51	林左鸣	6400000
				中国航空技术深圳有限公司	21.47	由镭	100000
				华侨银行有限公司	19.99	Cheong Choong Kong	82.1亿新币
				共青城羽绒服装创业基地公共服务有限公司	4.67	邹秀峰	500
				江西省财政投资管理公司	2.87	陈林芳	120000
56	中粮信托有限责任公司	3	120000	中粮集团有限公司	90	宁高宁	31223
				中粮财务有限责任公司	5	邬小蕙	100000
				中粮粮油有限公司	5	—	—
57	中融国际信托有限公司	4	140000	经纬纺织机械股份有限公司	36	叶茂新	60380
				哈尔滨投资集团有限责任公司	24.62	冯晓江	500000
				中植企业集团有限公司	31.69	吕庆玉	50000
58	中泰信托有限责任公司	6	51660	★中国华闻投资控股有限公司	31.57	周立群	—
				上海新黄浦置业股份有限公司	29.97	王伟旭	—
				广联（南宁）投资股份有限公司	20	刘虹	—
59	中铁信托有限责任公司	17	—	中国中铁股份有限公司	56.1	李长进	1080000
				中铁二局集团有限公司	100	李长进	2130000
				成都工投资产经营有限公司	66.7	戴晓明	500000

续表

序号	公司名称	股东总数（家）	公司注册资本（万元）	主要股东名称	持股比例（%）	股东机构法人代表	股东注册资本（万元）
60	中投信托有限责任公司	1	150000	★中国建银投资有限责任公司	100	杨庆蔚	2069225
61	中原信托有限责任公司	3	120200	河南投资集团有限公司	48.42	胡智勇	1200000
				河南中原高速公路股份有限公司	33.28	关健	77000
				河南盛润创业投资管理有限公司	18.3	李喜朋	—
62	重庆国际信托有限公司	—	243373	重庆国信投资控股有限公司	66.99	何玉柏	163373
				重庆水务集团股份有限公司	23.86	武秀峰	480000
				上海淮矿资产管理有限公司	4.1	刘建祥	—
63	紫金信托有限责任公司	5	50000	南京紫金投资控股有限责任公司	60.01	王海涛	100000
				住友信托银行股份有限公司	19.99	—	28750000万日元
				三胞集团有限公司	10	袁亚非	50000
				南京高新技术经济开发总公司	5	胡洪	222470
				江苏金智科技股份有限公司	5	葛宁	20400
64	浙商金汇信托股份有限公司	3	50000	浙江省国际贸易集团有限公司	56		98000
				中国国际金融有限公司	35	汪建熙	12500万美元
				传化集团有限公司	9	徐传化	8000
65	兴业国际信托有限公司	5	51000	兴业银行股份有限公司	51.18	高建平	1078600
				福建华投投资有限公司	21.96	—	20975
				澳大利亚国民银行	20	—	—
				永安资产管理有限公司	4.9	宋祖慰	5000
				南平市投资担保中心	1.96	叶秀美	5596

注：★表示最终实际控制人。以上内容是由信泽金信托培训中心根据公开信息整理而成，排序不分先后，仅供研究参考，不作为投资决策的依据。

附录 3　2010 年一季度至 2011 年三季度信托公司主要业务数据^①

附录 3.1

2011 年三季度信托公司主要业务数据

时间：2011 年 9 月 30 日　　　　　　　　　　　　　　　　单位：万元

1. 固有资产、权益与利润					
1.1 固有资产：		16452600	1.3 经营收入：		2658500
货币类资产	余额	2617117	利息收入	余额	299548
	占比	15.91%		占比	11.27%
贷款	余额	2738163	信托业务收入	余额	2014698
	占比	16.64%		占比	53.31%
投资	余额	9625981	投资收益	余额	418879
	占比	58.51%		占比	15.76%
1.2 所有者权益：		14927600	1.4 利润总额：		1847700
实收资本	余额	8148376	1.5 人均利润：		165
	占比	54.59%			
信托赔偿准备	余额	338744			
	占比	2.27%			
未分配利润	余额	3680138			
	占比	24.65%			
2. 信托资产		409777300			
2.1 按来源划分：			2.2 按功能分类：		
集合资金信托	余额	114959161	融资类	余额	215473301
	占比	28.05%		占比	52.58%
单一资金信托	余额	279233522	投资类	余额	138271336
	占比	68.14%		占比	33.74%
管理财产信托	余额	15584952	事务管理类	余额	56032998
	占比	3.80%		占比	13.67%

① 附录 3 的数据来源于中国信托业协会网站，仅供研究参考，不作为投资决策的依据。

3. 资金信托					394192700
3.1 按运用方式划分：			3.2 按投向划分：		
贷款	余额	167350867	基础产业	余额	97714193
	占比	42.45%		占比	24.79%
交易性金融资产投资	余额	34831231	房地产	余额	67976907
	占比	8.84%		占比	17.24%
可供出售及持有至到期投资	余额	54844607	证券市场（股票）	余额	18059965
	占比	13.91%		占比	4.58%
长期股权投资	余额	60157757	证券市场（基金）	余额	1943479
	占比	15.26%		占比	0.49%
租赁	余额	716088	证券市场（债券）	余额	15543982
	占比	0.18%		占比	3.94%
买入返售	余额	7396580	金融机构	余额	34382360
	占比	1.88%		占比	8.72%
存放同业	余额	33296355	工商企业	余额	82023180
	占比	8.45%		占比	20.81%
其他	余额	35599196	其他	余额	76548616
	占比	9.03%		占比	19.42%
4. 特色业务					
银信合作	余额	167322602	PE	余额	3016665.59
	占比	40.83%		占比	0.74%
信政合作	余额	27883189	基金化房地产信托	余额	3258383.69
	占比	6.80%		占比	0.80%
私募基金合作	余额	14429396	QDII	余额	41265.43
	占比	3.52%		占比	0.01%
5. 证券投资信托					45311300
一级市场	余额	1945867	私募基金合作	余额	13830011
	占比	4.29%		占比	30.52%
二级市场	余额	11496129	其他	余额	31429600
	占比	25.37%		占比	69.36%
基金	余额	262764			
	占比	0.58%			
组合投资	余额	31606586	银信合作	余额	24683062
	占比	69.75%		占比	54.47%

续表

6. 上月内信托项目清算			
清算信托项目个数	502	涉及公司（家）	52
清算涉及实收信托金额	13573198	平均年化综合信托报酬率	0.54%
清算项目累计支付收益	776557	年化综合实际收益率	5.12%

7. 新增信托项目

时间	信托业务类型	新增金额	新增项目个数	运用方式（金额）									
				贷款	交易性金融资产投资	可供出售及持有至到期投资	长期股权投资	租赁	买入返售		拆出	同业存放	其他
									证券	信贷资产			
上月新增项目	集合	7985396	527	2045839	439410	1844130	1141067	0	96916	5000	0	639091	1773943
	单一	19978811	676.83	8311283	75841	6790223	508435	0	267500	145750	0	2327546	1552234
	财产	571152	26										
	小计	28535359	1229.83	10357122	515251	8634353	1649502	0	364416	150750	0	2966637	3326176
本年累计新增项目	集合	66002026	3445	16297779	4953565	13180714	14816748	0	1715586	256720	0	5453561	9327353
	单一	140479904	4489.83	80939025	6561984	25017946	4367821	350862	769124	615299	0	13835836	8022007
	财产	6675735	206										
	小计	118231981	8140.83	97236804	11515549	38198660	19184569	350862	2484710	872019	0	19289397	17349360

时间	信托业务类型	新增金额	新增项目个数	投向（金额）							
				基础产业	房地产	证券			金融机构	工商企业	其他
						股票	基金	债券			
上月新增项目	集合	7985396	527	811484	1621425	412547	69880	53951	525263	1390420	3100426
	单一	19978811	676.83	2771565	1200712	332824	67	8151	4634657	5948420	5082415
	财产	571152	26								
	小计	28535359	1229.83	3583049	2822137	745371	69947	62102	5159920	7338839	8182841

续表

时间	信托业务类型	新增金额	新增项目个数	投向（金额）							
				基础产业	房地产	证券			金融机构	工商企业	其他
						股票	基金	债券			
本年累计新增项目	集合	66002026	3445	5471634	20966551	5671799	269602	476703	3400350	12971464	16773924
	单一	140479904	4489.83	34544240	11200188	2688531	217663	5419309	17067817	41864315	27477841
	财产	6675735	206								
	小计	118231981	8140.83	40015874	32166739	8360330	487265	5896012	20468167	54835779	44251764

附录 3.2

2011 年二季度信托公司主要业务数据

时间：2011 年 6 月 30 日   单位：万元

1. 固有资产、权益与利润					
1.1 固有资产：		16140000	1.3 经营收入：		1727200
货币类资产	余额	2641484	利息收入	余额	194126
	占比	16.37%		占比	11.55%
贷款	余额	2590693	信托业务收入	余额	1238240
	占比	16.05%		占比	73.76%
投资	余额	9565887	投资收益	余额	312535
	占比	59.27%		占比	18.62%
1.2 所有者权益：		14453600	1.4 利润总额：		1191000
实收资本	余额	7894926	1.5 人均利润：		111
	占比	54.62%			
信托赔偿准备	余额	319926			
	占比	2.21%			
未分配利润	余额	3299784			
	占比	22.83%			

2. 信托资产		374201500			
2.1 按来源划分：			2.2 按功能分类：		
集合资金信托	余额	98876422	融资类	余额	202952123
	占比	26.42%		占比	54.24%
单一资金信托	余额	259003392	投资类	余额	124355740
	占比	69.21%		占比	33.23%
管理财产信托	余额	16321698	事务管理类	余额	46893649
	占比	4.36%		占比	12.53%
3. 资金信托		357879800			
3.1 按运用方式划分：			3.2 按投向划分：		
贷款	余额	166818809	基础产业	余额	101268787
	占比	46.61%		占比	28.30%
交易性金融资产投资	余额	30401959	房地产	余额	60519084
	占比	8.50%		占比	16.91%
可供出售及持有至到期投资	余额	45621887	证券市场（股票）	余额	19148899
	占比	12.75%		占比	5.35%
长期股权投资	余额	56587998	证券市场（基金）	余额	1568067
	占比	15.81%		占比	0.44%
租赁	余额	737534	证券市场（债券）	余额	15072473
	占比	0.21%		占比	4.21%
买入返售	余额	5680405	金融机构	余额	23681148
	占比	1.59%		占比	6.62%
存放同业	余额	25627718	工商企业	余额	69231336
	占比	7.16%		占比	19.34%
其他	余额	26403505	其他	余额	67390021
	占比	7.38%		占比	18.83%
4. 特色业务					
银信合作	余额	161135587	PE	余额	2670893.77
	占比	43.06%		占比	0.71%
信政合作	余额	29459972	基金化房地产信托	余额	2840920.75
	占比	7.87%		占比	0.76%
私募基金合作	余额	13699325	QDII	余额	46820.6
	占比	3.66%		占比	0.01%

5. 证券投资信托					43711700	
一级市场	余额	843923	私募基金合作		余额	12361210
	占比	1.93%			占比	28.28%
二级市场	余额	11246527	其他		余额	31275616
	占比	25.73%			占比	71.55%
基金	余额	368423				
	占比	0.84%				
组合投资	余额	31252847	银信合作		余额	24738240
	占比	71.50%			占比	56.59%

6. 上月内信托项目清算			
清算信托项目个数	638	涉及公司（家）	53
清算涉及实收信托金额	16424965	平均年化综合信托报酬率	0.46%
清算项目累计支付收益	1196013	年化综合实际收益率	5.23%

7. 新增信托项目

时间	信托业务类型	新增金额	新增项目个数	运用方式（金额）									
				贷款	交易性金融资产投资	可供出售及持有至到期投资	长期股权投资	租赁	买入返售		拆出	同业存放	其他
									证券	信贷资产			
上月新增项目	集合	7913057	378	1926809	730858	1411971	1920282	0	335756	66000	0	601575	919808
	单一	19322884	612	11376302	703312	3887179	340641	0	85399	30000	0	1420740	1479310
	财产	1575201	45										
	小计	28811142	1035	13303111	1434170	5299150	2260923	0	421155	96000	0	2022315	2399118
本年累计新增项目	集合	41410420	2085	10119005	3405191	8083636	9941747	0	918796	127030	0	3771121	5043894
	单一	91195997	2902	58195079	3515007	11202615	2864389	300862	224599	418049	0	9013232	5462165
	财产	4915338	137										
	小计	81734127	5124	68314085	6920198	19286251	12806136	300862	1143395	545079	0	12784353	10506059

续表

时间	信托业务类型	新增金额	新增项目个数	投向（金额）							
				基础产业	房地产	证券			金融机构	工商企业	其他
						股票	基金	债券			
上月新增项目	集合	7913057	378	499100	3008988	945193	22700	60	436089	1591656	1409270
	单一	19322884	612	4033281	1248267	229497	0	2446597	1963007	6674364	2727872
	财产	1575201	45								
	小计	28811142	1035	4532381	4257255	1174690	22700	2446657	2399096	8266020	4137142
本年累计新增项目	集合	41410420	2085	3202238	13813366	3988863	148226	192286	2206399	7771935	10087106
	单一	91195997	2902	25189364	6963204	2087833	217596	4300598	8554161	28187074	15696168
	财产	4915338	137								
	小计	81734127	5124	28391602	20776570	6076696	365823	4492883	10760560	35959009	25783274

附录3.3

2011年一季度信托公司主要业务数据

时间：2011年3月31日　　　　　　　　　　　　　　　　单位：万元

1. 固有资产、权益与利润					
1.1 固有资产：		15351800	1.3 经营收入：		706700
货币类资产	余额	2504233	利息收入	余额	80707
	占比	16.31%		占比	11.42%
贷款	余额	2554582	信托业务收入	余额	537852
	占比	16.64%		占比	53.31%
投资	余额	8972532	投资收益	余额	107650
	占比	58.45%		占比	15.23%
1.2 所有者权益：		13947200	1.4 利润总额：		471900
实收资本	余额	7769691	1.5 人均利润：		54
	占比	55.71%			
信托赔偿准备	余额	312548			
	占比	2.24%			
未分配利润	余额	2877710			
	占比	20.63%			

续表

2. 信托资产		326803100			
2.1 按来源划分：			**2.2 按功能分类：**		
集合资金信托	余额	78132003	融资类	余额	187739312
	占比	23.91%		占比	57.45%
单一资金信托	余额	234346262	投资类	余额	90555553
	占比	71.71%		占比	27.71%
管理财产信托	余额	14324857	事务管理类	余额	48508259
	占比	4.38%		占比	14.84%
3. 资金信托		312478300			
3.1 按运用方式划分：			**3.2 按投向划分：**		
贷款	余额	160011187	基础产业	余额	99395635
	占比	51.21%		占比	31.81%
交易性金融资产投资	余额	27690468	房地产	余额	48688832
	占比	8.86%		占比	15.58%
可供出售及持有至到期投资	余额	32517490	证券市场（股票）	余额	17534028
	占比	10.41%		占比	5.61%
长期股权投资	余额	50029445	证券市场（基金）	余额	1764152
	占比	16.01%		占比	0.56%
租赁	余额	759921	证券市场（债券）	余额	11514063
	占比	0.24%		占比	3.68%
买入返售	余额	2882124	金融机构	余额	17268262
	占比	0.92%		占比	5.53%
存放同业	余额	14191699	工商企业	余额	56915123
	占比	4.54%		占比	18.21%
其他	余额	24395932	其他	余额	59398170
	占比	7.81%		占比	19.01%
4. 特色业务					
银信合作	余额	153019428	PE	余额	2311949.87
	占比	46.82%		占比	0.71%
信政合作	余额	32393248	基金化房地产信托	余额	2142300.18
	占比	9.91%		占比	0.66%
私募基金合作	余额	14185797	QDII	余额	51479.32
	占比	4.34%		占比	0.02%

5. 证券投资信托					32568500		
一级市场	余额	524154		私募基金合作		余额	12551321
	占比	1.61%				占比	38.54%
二级市场	余额	9553528		其他		余额	19952544
	占比	29.33%				占比	61.26%
基金	余额	439072					
	占比	1.35%					
组合投资	余额	22051722		银信合作		余额	15222572
	占比	67.71%				占比	46.74%

6. 上月内信托项目清算

清算信托项目个数	621	涉及公司（家）	52
清算涉及实收信托金额	16136453	平均年化综合信托报酬率	0.43%
清算项目累计支付收益	763457	年化综合实际收益率	9.75%

7. 新增信托项目

时间	信托业务类型	新增金额	新增项目个数	运用方式（金额）									
				贷款	交易性金融资产投资	可供出售及持有至到期投资	长期股权投资	租赁	买入返售		拆出	同业存放	其他
									证券	信贷资产			
上月新增项目	集合	7567257	379	2490961	495868	1329570	1380984	0	91890	10380	0	736533	1031071
	单一	18125059	565	11462145	715639	1695409	504794	150794	31200	131139	0	2253478	1180462
	财产	1072655	22										
	小计	26764972	966	13953105	1211507	3024979	1885777	150794	123090	141519	0	2990012	2211533
本年累计新增项目	集合	15884977	847	4107441	1658304	2790923	3533447	0	265722	18380	0	1688739	1822020
	单一	35306314	1080	21601929	892269	3127781	1090871	300862	31200	284823	0	5211965	2764615
	财产	1174091	32										
	小计	31907998	1959	25709371	2550572	5918705	4624318	300862	296922	303203	0	6900704	4586634

续表

时间	信托业务类型	新增金额	新增项目个数	投向（金额）							
				基础产业	房地产	证券			金融机构	工商企业	其他
						股票	基金	债券			
上月新增项目	集合	7567257	379	832191	2053685	491353	21471	60206	288814	1170319	2649219
	单一	18125059	565	4450760	1150223	18500	0	986585	2636520	5050589	3831882
	财产	1072655	22								
	小计	26764972	966	5282951	3203908	509853	21471	1046791	2925335	6220908	6481100
本年累计新增项目	集合	15884977	847	1314443	4638504	1670062	68852	64842	680910	2797030	4650334
	单一	35306314	1080	8844543	2471296	131090	1487	1347143	3719243	9130109	9661405
	财产	1174091	32								
	小计	31907998	1959	10158985	7109800	1801153	70339	1411985	4400153	11927138	14311739

附录 3.4

2010 年四季度信托公司主要业务数据

时间：2010 年 12 月 31 日   单位：万元

1. 固有资产、权益与利润					
1.1 固有资产：		14834400	1.3 经营收入：		2839500
货币类资产	余额	2331171	利息收入	余额	297988
	占比	15.71%		占比	10.49%
贷款	余额	2378840	信托业务收入	余额	1668601
	占比	16.04%		占比	58.76%
投资	余额	8524927	投资收益	余额	818808
	占比	57.47%		占比	28.84%
1.2 所有者权益：		13202000	1.4 利润总额：		1587600
实收资本	余额	7378191	1.5 人均利润：		212
	占比	55.89%			
信托赔偿准备	余额	286041			
	占比	2.17%			
未分配利润	余额	2720369			
	占比	20.61%			

2. 信托资产		304045500			
2.1 按来源划分：			**2.2 按功能分类：**		
集合资金信托	余额	62669569	融资类	余额	179425770
	占比	20.61%		占比	59.01%
单一资金信托	余额	226558201	投资类	余额	72562388
	占比	74.51%		占比	23.87%
管理财产信托	余额	14773314	事务管理类	余额	52012927
	占比	4.86%		占比	17.11%
3. 资金信托		289227800			
3.1 按运用方式划分：			**3.2 按投向划分：**		
贷款	余额	157258279	基础产业	余额	99459667
	占比	54.37%		占比	34.39%
交易性金融资产投资	余额	24158852	房地产	余额	43236838
	占比	8.35%		占比	14.95%
可供出售及持有至到期投资	余额	29376914	证券市场（股票）	余额	14823188
	占比	10.16%		占比	5.13%
长期股权投资	余额	45458285	证券市场（基金）	余额	1335421
	占比	15.72%		占比	0.46%
租赁	余额	468514	证券市场（债券）	余额	11292492
	占比	0.16%		占比	3.90%
买入返售	余额	3828160	金融机构	余额	15093739
	占比	1.32%		占比	5.22%
存放同业	余额	8273021	工商企业	余额	53686490
	占比	2.86%		占比	18.56%
其他	余额	20405743	其他	余额	50299935
	占比	7.05%		占比	17.39%
4. 特色业务					
银信合作	余额	166052981	PE	余额	2270026.64
	占比	54.61%		占比	0.75%
信政合作	余额	35632720	基金化房地产信托	余额	1683745.45
	占比	11.72%		占比	0.55%
私募基金合作	余额	12632186	QDII	余额	44334.4
	占比	4.15%		占比	0.01%

5. 证券投资信托：			25356300			
一级市场	余额	475676	私募基金合作		余额	11398000
	占比	1.88%			占比	44.95%
二级市场	余额	9574710	其他		余额	13887600
	占比	37.76%			占比	54.77%
基金	余额	391180				
	占比	1.54%				
组合投资	余额	14914700	银信合作		余额	15189701
	占比	58.82%			占比	59.91%

6. 上月内信托项目清算			
清算信托项目个数	718	涉及公司（家）	51
清算涉及实收信托金额	18358834	平均年化综合信托报酬率	0.76%
清算项目累计支付收益	20581525	年化综合实际收益率	4.63%

7. 新增信托项目

时间	信托业务类型	新增金额	新增项目个数	运用方式（金额）									
				贷款	交易性金融资产投资	可供出售及持有至到期投资	长期股权投资	租赁	买入返售		拆出	同业存放	其他
									证券	信贷资产			
上月新增项目	集合	6954795	393	1736041	683411	1405367	1954407	0	105952	25000	0	411602	633016
	单一	12141786	448	7464056	1022535	1388504	795502	101179	100681	98000	100000	660776	410551
	财产	1454629	30										
	小计	20551180	871	9200100	1705950	2793870	2749910	101179	206633	123000	100000	1072380	1043570
本年累计新增项目	集合	43298335	2505	9545430	3990660	6675680	11920200	7000	401299	284593	0	4988460	5485200
	单一	173786200	5436	122775000	4183280	16983900	9180350	101179	177182	2947090	100000	6252740	11084900
	财产	7597360	149										
	小计	224683800	8090	132321000	8173940	23659500	21100400	108179	578480	3231680	100000	11241300	16570000

时间	信托业务类型	新增金额	新增项目个数	投向（金额）							
				基础产业	房地产	证券			金融机构	工商企业	其他
						股票	基金	债券			
上月新增项目	集合	6954795	393	614592	2188512	965351	36743	31146	709870	1104806	1303775
	单一	12141786	448	3360136	666870	102199	318725	669938	846445	3995762	2181710
	财产	1454629	30								
	小计	20551180	871	3974730	2855380	1067550	355468	701083	1556320	5100570	3485490
本年累计新增项目	集合	43298335	2505	2940320	15608500	4501640	131636	249282	2726050	6721250	10419700
	单一	173786200	5436	58280600	13032300	709131	454679	3910580	19575900	47794500	30028400
	财产	7597360	149								
	小计	224683800	8090	61220900	28640800	5210780	586315	4159860	22301900	54515700	40448100

附录3.5

2010年三季度信托公司主要业务数据

时间：2010年9月30日　　　　　　　　　　　　　　　　　　单位：万元

1. 固有资产、权益与利润						
1.1 固有资产：		13142500		1.3 经营收入：		1094200
货币类资产	余额	2051320		利息收入	余额	153147
	占比	15.61%			占比	14.00%
贷款	余额	2177013		信托业务收入	余额	583316
	占比	16.56%			占比	53.31%
投资	余额	6288722		投资收益	余额	311834
	占比	47.85%			占比	28.50%
1.2 所有者权益：		11422000		1.4 利润总额：		760000
实收资本	余额	6752217		1.5 人均利润：		134
	占比	59.12%				
信托赔偿准备	余额	250317				
	占比	2.19%				
未分配利润	余额	2267883				
	占比	19.86%				

2. 信托资产		295701600			
2.1 按来源划分：			**2.2 按功能分类：**		
集合资金信托	余额	47943200	融资类	余额	182577000
	占比	16.21%		占比	61.74%
单一资金信托	余额	233878000	投资类	余额	60339100
	占比	79.09%		占比	20.41%
管理财产信托	余额	13879500	事务管理类	余额	52784700
	占比	4.69%		占比	17.85%
3. 资金信托		281822000			
3.1 按运用方式划分：			**3.2 按投向划分：**		
贷款	余额	162742000	基础产业	余额	100123000
	占比	57.75%		占比	35.53%
交易性金融资产投资	余额	18931600	房地产	余额	37782000
	占比	6.72%		占比	13.41%
可供出售及持有至到期投资	余额	28338700	证券市场（股票）	余额	11586100
	占比	10.06%		占比	4.11%
长期股权投资	余额	40072900	证券市场（基金）	余额	1036960
	占比	14.22%		占比	0.37%
租赁	余额	362625	证券市场（债券）	余额	10963300
	占比	0.13%		占比	3.89%
买入返售	余额	2457290	金融机构	余额	17429100
	占比	0.87%		占比	6.18%
存放同业	余额	9142030	工商企业	余额	52788600
	占比	3.24%		占比	18.73%
其他	余额	19774700	其他	余额	50113000
	占比	7.02%		占比	17.78%
4. 特色业务					
银信合作	余额	189322000	PE	余额	1870630
	占比	64.02%		占比	0.63%
信政合作	余额	38160500	基金化房地产信托	余额	1358340
	占比	12.91%		占比	0.46%
私募基金合作	余额	9757100	QDII	余额	7323.01
	占比	3.30%		占比	0.00%

续表

5. 证券投资信托					20782500		
一级市场		余额	744582	私募基金合作		余额	8846230
		占比	3.58%			占比	42.57%
二级市场		余额	7113420	其他		余额	11874000
		占比	34.23%			占比	57.13%
基金		余额	281667				
		占比	1.36%				
组合投资		余额	12642800	银信合作		余额	14608710
		占比	60.83%			占比	70.29%

6. 上月内信托项目清算

清算信托项目个数	666	涉及公司（家）	51
清算涉及实收信托金额	13018874	平均年化综合信托报酬率	0.33%
清算项目累计支付收益	13845980	年化综合实际收益率	7.55%

7. 新增信托项目

时间	信托业务类型	新增金额	新增项目个数	运用方式（金额）									
				贷款	交易性金融资产投资	可供出售及持有至到期投资	长期股权投资	租赁	买入返售		拆出	同业存放	其他
									证券	信贷资产			
上月新增项目	集合	4336866	229	949839	172723	757613	1564368	0	25318	0	0	431238	435766
	单一	5927088	269	3588473	18240	1243945	338317	0	0	211595	0	223313	303206
	财产	415997	7										
	小计	10679954	505	4538310	190963	2001560	1902680	0	25318	211595	0	654551	738971
本年累计新增项目	集合	26707321	1493	5258249	1970883	3735273	7801638	7000	181767	208123	0	3460028	4084416
	单一	148132788	4435	107203473	2530670	13048645	7777107	0	34000	2708585	0	4885343	9945186
	财产	5588477	105										
	小计	180429154	6033	112461310	4501543	16783960	15578680	7000	215767	2916705	0	8345381	14029571

续表

时间	信托业务类型	新增金额	新增项目个数	投向（金额）							
				基础产业	房地产	证券			金融机构	工商企业	其他
						股票	基金	债券			
上月新增项目	集合	4336866	229	423442	1994774	182595	0	0	178785	645735	911534
	单一	5927088	269	1800732	686440	4537	0	29127	665023	1661854	1079376
	财产	415997	7								
	小计	10679954	505	2224170	2681210	187132	0	29127	843808	2307590	1990910
本年累计新增项目	集合	26707321	1493	1596532	10445464	2155625	63115	135754	1606465	3775745	6928674
	单一	148132788	4435	51565432	11602040	403890	45954	2753917	16890823	39928054	24942176
	财产	5588477	105								
	小计	180429154	6033	53161970	22047510	2559522	109069	2889667	18497308	43703790	31870810

附录 3.6

2010 年二季度信托公司主要业务数据

时间：2010 年 6 月 30 日　　　　　　　　　　　　　　　　单位：万元

1. 固有资产、权益与利润					
1.1 固有资产：		12391000	1.3 经营收入：		962800
货币类资产	余额	2474330	利息收入	余额	113589
	占比	19.97%		占比	11.80%
贷款	余额	1847610	信托业务收入	余额	538583
	占比	14.91%		占比	55.93%
投资	余额	6695584	投资收益	余额	307616
	占比	54.04%		占比	31.95%
1.2 所有者权益：		10905000	1.4 利润总额：		654700
实收资本	余额	6752217	1.5 人均利润：		82.06 万元
	占比	61.92%			
信托赔偿准备	余额	254369			
	占比	2.33%			
未分配利润	余额	1977087			
	占比	18.13%			

续表

2. 信托资产		291525000			
2.1 按来源划分：			**2.2 按功能分类：**		
集合资金信托	余额	34995800	融资类	余额	185894000
	占比	12.00%		占比	63.77%
单一资金信托	余额	242758000	投资类	余额	50504500
	占比	83.27%		占比	17.32%
管理财产信托	余额	13768700	事务管理类	余额	55124400
	占比	4.72%		占比	18.91%
3. 资金信托		277754000			
3.1 按运用方式划分：			**3.2 按投向划分：**		
贷款	余额	173998000	基础产业	余额	106365000
	占比	62.64%		占比	38.29%
交易性金融资产投资	余额	13418900	房地产	余额	31536300
	占比	4.83%		占比	11.35%
可供出售及持有至到期投资	余额	26722000	证券市场（股票）	余额	7929840
	占比	9.62%		占比	2.86%
长期股权投资	余额	33094800	证券市场（基金）	余额	1054380
	占比	11.92%		占比	0.38%
租赁	余额	364340	证券市场（债券）	余额	7323340
	占比	0.13%		占比	2.64%
买入返售	余额	2606180	金融机构	余额	21369400
	占比	0.94%		占比	7.69%
存放同业	余额	8724070	工商企业	余额	51912200
	占比	3.14%		占比	18.69%
其他	余额	18825200	其他	余额	50263200
	占比	6.78%		占比	18.10%
4. 证券投资信托：		17150000			
一级市场	余额	620546	私募基金合作	余额	7758240
	占比	3.62%		占比	45.24%
二级市场	余额	7128290	其他	余额	9266830
	占比	41.56%		占比	54.03%
基金	余额	316168			
	占比	1.84%			
组合投资	余额	9085410	银信合作	余额	12558588
	占比	52.97%		占比	73.23%

续表

5. 上月内信托项目清算

清算信托项目个数	519	涉及公司（家）	51
清算涉及实收信托金额	11237709	平均年化综合信托报酬率	0.55%
清算项目累计支付收益	1626758	年化综合实际收益率	4.67%

6. 新增信托项目

时间	信托业务类型	新增金额	新增项目个数	运用方式（金额）									
				贷款	交易性金融资产投资	可供出售及持有至到期投资	长期股权投资	租赁	买入返售		拆出	同业存放	其他
									证券	信贷资产			
上月新增项目	集合	3274885.06	182	640806	184685	484256	964592	0	43500	19021	0	495884	442141
	单一	27220582.36	709	16990473	270789	3842918	1437937	0	0	539650	0	1019758	3119056
	财产	147667.7	6										
	小计	30643120	897	17631300	455474	4327170	2402530	0	43500	558671	0	1515640	3561200
本年累计新增项目	集合	14136470	844	2756710	1217000	1979710	3516250	0	99610	109841	0	2017380	2439990
	单一	124871100	3610	93550300	1680650	10584100	5560800	0	34000	2307990	0	2595160	8558090
	财产	3945514	75										
	小计	142953400	4529	96307100	2897640	12563800	9077050	0	133610	2417830	0	4612540	10998100

续表

时间	信托业务类型	新增金额	新增项目个数	投向（金额）								
				基础产业	房地产	证券			金融机构	工商企业	其他	
						股票	基金	债券				
上月新增项目	集合	3274885.06	182	212446	1468586	187186	1466	10	293681	265035	846475	
	单一	27220582.36	709	8113378	1817673	12999	0	112396	4577292	8104466	4482378	
	财产	147667.7	6									
	小计	30643120	897	8325820	3286260	200185	1466	112406	4870970	8369500	5328850	
本年累计新增项目	集合	14136470	844	659062	4976000	1363210	31740	124521	1017950	1920020	4043950	
	单一	124871100	3610	44535200	9098890	225376	34000	1918400	149753000	33616800	20467100	
	财产	3945514	75									
	小计	142953400	4529	45194300	14074900	1588590	65740	2042920	159932000	35536800	24511000	

附录 3.7

2010 年一季度信托公司主要业务数据

时间：2010 年 3 月 31 日　　　　　　　　　　　　　　　　单位：万元

1. 固有资产、权益与利润						
1.1 固有资产：			12311000	1.3 总收入：		388000
货币类资产	余额		2466980	利息收入	余额	53114
	占比		20.04%		占比	13.70%
贷款	余额		1790031	信托业务收入	余额	217057
	占比		14.54%		占比	55.93%
投资	余额		6975358	投资收益	余额	92893
	占比		56.66%		占比	23.97%
1.2 所有者权益：			10866000	1.4 利润总额：		261000
实收资本	余额		6528825	1.5 人均利润：		35
	占比		60.08%			
信托赔偿准备	余额		245414			
	占比		2.26%			
未分配利润	余额		1929416			
	占比		17.76%			

2. 信托资产		237454000			
2.1 按来源划分：			**2.2 按功能分类：**		
集合资金信托	余额	29855200	融资类	余额	146163000
	占比	12.57%		占比	61.55%
单一资金信托	余额	191160000	投资类	余额	42221000
	占比	80.50%		占比	17.78%
管理财产信托	余额	16434200	事务管理类	余额	49065400
	占比	6.92%		占比	20.66%
3. 资金信托		221015000			
3.1 按运用方式划分：			**3.2 按投向划分：**		
贷款	余额	136639000	基础产业	余额	88765400
	占比	61.82%		占比	40.16%
交易性金融资产投资	余额	11813400	房地产	余额	23512900
	占比	5.35%		占比	10.64%
可供出售及持有至到期投资	余额	18584300	证券市场（股票）	余额	8788450
	占比	8.41%		占比	3.98%
长期股权投资	余额	27552400	证券市场（基金）	余额	871821
	占比	12.47%		占比	0.39%
租赁	余额	385932	证券市场（债券）	余额	3931900
	占比	0.17%		占比	1.78%
买入返售	余额	5436300	金融机构	余额	21598000
	占比	2.46%		占比	9.77%
存放同业	余额	7604400	工商企业	余额	32633200
	占比	3.44%		占比	14.77%
其他	余额	12998900	其他	余额	40913600
	占比	5.88%		占比	18.51%
4. 证券投资信托		12231000			
一级市场	余额	917474	私募基金合作	余额	4661000
	占比	7.50%		占比	38.11%
二级市场	余额	5598960	其他	余额	7447600
	占比	45.78%		占比	60.89%
基金	余额	322300			
	占比	2.64%			
组合投资	余额	5391850	银信合作	余额	10091592
	占比	44.08%		占比	82.51%

续表

5. 上月内信托项目清算			
清算信托项目个数	519	涉及公司（家）	50
清算涉及实收信托金额	11237709	平均年化综合信托报酬率	0.44％
清算项目累计支付收益	1626758	年化综合实际收益率	5.68％

6. 新增信托项目

时间	信托业务类型	新增金额	新增项目个数	运用方式（金额）									
				贷款	交易性金融资产投资	可供出售及持有至到期投资	长期股权投资	租赁	买入返售		拆出	同业存放	其他
									证券	信贷资产			
上月新增项目	集合	2466447.85	124	457886	131102	506513	462530	0	15700	0	0	81108	411608
	单一	26328774.03	778	21046751	572031	1573697	526145	0	0	278000	0	431278	1900871
	财产	337125.11	18										
	小计	29132300	920	21504600	703134	2080210	988675	0	15700	278000	0	912385	2312480
本年累计新增项目	集合	7399342.1	372	1373660	393307	1519540	1387590	0	47100	0	0	1443320	1234830
	单一	78986320	2334	63140300	1716090	4721090	1578440	0	0	834000	0	1293830	5702610
	财产	1011376	54										
	小计	87396970	2760	64514000	2109400	6240640	2966040	0	47100	834000	0	2737160	6937440

续表

时间	信托业务类型	新增金额	新增项目个数	投向（金额）							
				基础产业	房地产	证券			金融机构	工商企业	其他
						股票	基金	债券			
上月新增项目	集合	2466447.85	124	140727	507772	126783	3029	84244	345460	409648	848784
	单一	26328774.03	778	8157234	1597022	90737	0	417390	2845885	8635404	4585101
	财产	337125.11	18								
	小计	29132300	920	8297960	2104790	217520	3029	501634	3191350	9045050	5433890
本年累计新增项目	集合	7399342.1	372	422181	1523310	380350	9087	252732	1036380	1228940	2546350
	单一	78986320	2334	24471700	4791060	272211	0	1252170	8537660	25906200	13755300
	财产	1011376	54								
	小计	87396970	2760	24893900	6314370	652561	9087	1504900	9574050	27135100	16301700

附录4 房地产信托法律法规政策文件

附录4.1

中华人民共和国信托法

（中华人民共和国主席令［2001］第50号公布）

目　录

第一章　总　则

第一条　为了调整信托关系，规范信托行为，保护信托当事人的合法权益，促进信托事业的健康发展，制定本法。

第二条　本法所称信托，是指委托人基于对受托人的信任，将其财产权委托给受托人，由受托人按委托人的意愿以自己的名义，为受益人的利益或者特定目的，进行管理或者处分的行为。

第三条　委托人、受托人、受益人（以下统称信托当事人）在中华人民共和国境内进行民事、营业、公益信托活动，适用本法。

第四条　受托人采取信托机构形式从事信托活动，其组织和管理由国务院制定具体办法。

第五条　信托当事人进行信托活动，必须遵守法律、行政法规，遵循自愿、公平和诚实信用原则，不得损害国家利益和社会公共利益。

第二章　信托的设立

第六条　设立信托，必须有合法的信托目的。

第七条　设立信托，必须有确定的信托财产，并且该信托财产必须是委托人合法所有的财产。

本法所称财产包括合法的财产权利。

第八条　设立信托，应当采取书面形式。

书面形式包括信托合同、遗嘱或者法律、行政法规规定的其他书面文件等。

采取信托合同形式设立信托的，信托合同签订时，信托成立。采取其他书面形式设立信托的，受托人承诺信托时，信托成立。

第九条　设立信托，其书面文件应当载明下列事项：

（一）信托目的；

（二）委托人、受托人的姓名或者名称、住所；

（三）受益人或者受益人范围；

（四）信托财产的范围、种类及状况；

（五）受益人取得信托利益的形式、方法。

除前款所列事项外，可以载明信托期限、信托财产的管理方法、受托人的报酬、新受托人的选任方式、信托终止事由等事项。

第十条 设立信托，对于信托财产，有关法律、行政法规规定应当办理登记手续的，应当依法办理信托登记。

未依照前款规定办理信托登记的，应当补办登记手续；不补办的，该信托不产生效力。

第十一条 有下列情形之一的，信托无效：

（一）信托目的违反法律、行政法规或者损害社会公共利益；

（二）信托财产不能确定；

（三）委托人以非法财产或者本法规定不得设立信托的财产设立信托；

（四）专以诉讼或者讨债为目的设立信托；

（五）受益人或者受益人范围不能确定；

（六）法律、行政法规规定的其他情形。

第十二条 委托人设立信托损害其债权人利益的，债权人有权申请人民法院撤销该信托。

人民法院依照前款规定撤销信托的，不影响善意受益人已经取得的信托利益。

本条第一款规定的申请权，自债权人知道或者应当知道撤销原因之日起一年内不行使的，归于消灭。

第十三条 设立遗嘱信托，应当遵守继承法关于遗嘱的规定。

遗嘱指定的人拒绝或者无能力担任受托人的，由受益人另行选任受托人；受益人为无民事行为能力人或者限制民事行为能力人的，依法由其监护人代行选任。遗嘱对选任受托人另有规定的，从其规定。

第三章　信托财产

第十四条 受托人因承诺信托而取得的财产是信托财产。

受托人因信托财产的管理运用、处分或者其他情形而取得的财产，也归入信托财产。

法律、行政法规禁止流通的财产，不得作为信托财产。

法律、行政法规限制流通的财产，依法经有关主管部门批准后，可以作为信托财产。

第十五条 信托财产与委托人未设立信托的其他财产相区别。设立信托后，委托人死亡或者依法解散、被依法撤销、被宣告破产时，委托人是唯一受益人的，信托终止，信托财产作为其遗产或者清算财产；委托人不是唯一受益人的，信托存续，信托财产不作为其遗产或者清算财产；但作为共同受益人的

委托人死亡或者依法解散、被依法撤销、被宣告破产时，其信托受益权作为其遗产或者清算财产。

第十六条　信托财产与属于受托人所有的财产（以下简称固有财产）相区别，不得归入受托人的固有财产或者成为固有财产的一部分。

受托人死亡或者依法解散、被依法撤销、被宣告破产而终止，信托财产不属于其遗产或者清算财产。

第十七条　除因下列情形之一外，对信托财产不得强制执行：

（一）设立信托前债权人已对该信托财产享有优先受偿的权利，并依法行使该权利的；

（二）受托人处理信托事务所产生债务，债权人要求清偿该债务的；

（三）信托财产本身应担负的税款；

（四）法律规定的其他情形。

对于违反前款规定而强制执行信托财产，委托人、受托人或者受益人有权向人民法院提出异议。

第十八条　受托人管理运用、处分信托财产所产生的债权，不得与其固有财产产生的债务相抵销。

受托人管理运用、处分不同委托人的信托财产所产生的债权债务，不得相互抵销。

第四章　信托当事人

第一节　委托人

第十九条　委托人应当是具有完全民事行为能力的自然人、法人或者依法成立的其他组织。

第二十条　委托人有权了解其信托财产的管理运用、处分及收支情况，并有权要求受托人作出说明。

委托人有权查阅、抄录或者复制与其信托财产有关的信托账目以及处理信托事务的其他文件。

第二十一条　因设立信托时未能预见的特别事由，致使信托财产的管理方法不利于实现信托目的或者不符合受益人的利益时，委托人有权要求受托人调整该信托财产的管理方法。

第二十二条　受托人违反信托目的处分信托财产或者因违背管理职责、处理信托事务不当致使信托财产受到损失的，委托人有权申请人民法院撤销该处分行为，并有权要求受托人恢复信托财产的原状或者予以赔偿；该信托财产的受让人明知是违反信托目的而接受该财产的，应当予以返还或者予以赔偿。

前款规定的申请权，自委托人知道或者应当知道撤销原因之日起一年内不

行使的，归于消灭。

第二十三条　受托人违反信托目的处分信托财产或者管理运用、处分信托财产有重大过失的，委托人有权依照信托文件的规定解任受托人，或者申请人民法院解任受托人。

第二节　受托人

第二十四条　受托人应当是具有完全民事行为能力的自然人、法人。

法律、行政法规对受托人的条件另有规定的，从其规定。

第二十五条　受托人应当遵守信托文件的规定，为受益人的最大利益处理信托事务。

受托人管理信托财产，必须恪尽职守，履行诚实、信用、谨慎、有效管理的义务。

第二十六条　受托人除依照本法规定取得报酬外，不得利用信托财产为自己谋取利益。

受托人违反前款规定，利用信托财产为自己谋取利益的，所得利益归入信托财产。

第二十七条　受托人不得将信托财产转为其固有财产。受托人将信托财产转为其固有财产的，必须恢复该信托财产的原状；造成信托财产损失的，应当承担赔偿责任。

第二十八条　受托人不得将其固有财产与信托财产进行交易或者将不同委托人的信托财产进行相互交易，但信托文件另有规定或者经委托人或者受益人同意，并以公平的市场价格进行交易的除外。

受托人违反前款规定，造成信托财产损失的，应当承担赔偿责任。

第二十九条　受托人必须将信托财产与其固有财产分别管理、分别记账，并将不同委托人的信托财产分别管理、分别记账。

第三十条　受托人应当自己处理信托事务，但信托文件另有规定或者有不得已事由的，可以委托他人代为处理。

受托人依法将信托事务委托他人代理的，应当对他人处理信托事务的行为承担责任。

第三十一条　同一信托的受托人有两个以上的，为共同受托人。

共同受托人应当共同处理信托事务，但信托文件规定对某些具体事务由受托人分别处理的，从其规定。

共同受托人共同处理信托事务，意见不一致时，按信托文件规定处理；信托文件未规定的，由委托人、受益人或者其利害关系人决定。

第三十二条　共同受托人处理信托事务对第三人所负债务，应当承担连带清偿责任。第三人对共同受托人之一所作的意思表示，对其他受托人同样

有效。

共同受托人之一违反信托目的处分信托财产或者因违背管理职责、处理信托事务不当致使信托财产受到损失的，其他受托人应当承担连带赔偿责任。

第三十三条　受托人必须保存处理信托事务的完整记录。

受托人应当每年定期将信托财产的管理运用、处分及收支情况，报告委托人和受益人。

受托人对委托人、受益人以及处理信托事务的情况和资料负有依法保密的义务。

第三十四条　受托人以信托财产为限向受益人承担支付信托利益的义务。

第三十五条　受托人有权依照信托文件的约定取得报酬。信托文件未作事先约定的，经信托当事人协商同意，可以作出补充约定；未作事先约定和补充约定的，不得收取报酬。

约定的报酬经信托当事人协商同意，可以增减其数额。

第三十六条　受托人违反信托目的处分信托财产或者因违背管理职责、处理信托事务不当致使信托财产受到损失的，在未恢复信托财产的原状或者未予赔偿前，不得请求给付报酬。

第三十七条　受托人因处理信托事务所支出的费用、对第三人所负债务，以信托财产承担。受托人以其固有财产先行支付的，对信托财产享有优先受偿的权利。

受托人违背管理职责或者处理信托事务不当对第三人所负债务或者自己所受到的损失，以其固有财产承担。

第三十八条　设立信托后，经委托人和受益人同意，受托人可以辞任。本法对公益信托的受托人辞任另有规定的，从其规定。

受托人辞任的，在新受托人选出前仍应履行管理信托事务的职责。

第三十九条　受托人有下列情形之一的，其职责终止：

（一）死亡或者被依法宣告死亡；

（二）被依法宣告为无民事行为能力人或者限制民事行为能力人；

（三）被依法撤销或者被宣告破产；

（四）依法解散或者法定资格丧失；

（五）辞任或者被解任；

（六）法律、行政法规规定的其他情形。

受托人职责终止时，其继承人或者遗产管理人、监护人、清算人应当妥善保管信托财产，协助新受托人接管信托事务。

第四十条　受托人职责终止的，依照信托文件规定选任新受托人；信托文件未规定的，由委托人选任；委托人不指定或者无能力指定的，由受益人选

任；受益人为无民事行为能力人或者限制民事行为能力人的，依法由其监护人代行选任。

原受托人处理信托事务的权利和义务，由新受托人承继。

第四十一条 受托人有本法第三十九条第一款第（三）项至第（六）项所列情形之一，职责终止的，应当作出处理信托事务的报告，并向新受托人办理信托财产和信托事务的移交手续。

前款报告经委托人或者受益人认可，原受托人就报告中所列事项解除责任。但原受托人有不正当行为的除外。

第四十二条 共同受托人之一职责终止的，信托财产由其他受托人管理和处分。

第三节 受益人

第四十三条 受益人是在信托中享有信托受益权的人。受益人可以是自然人、法人或者依法成立的其他组织。

委托人可以是受益人，也可以是同一信托的唯一受益人。

受托人可以是受益人，但不得是同一信托的唯一受益人。

第四十四条 受益人自信托生效之日起享有信托受益权。信托文件另有规定的，从其规定。

第四十五条 共同受益人按照信托文件的规定享受信托利益。信托文件对信托利益的分配比例或者分配方法未作规定的，各受益人按照均等的比例享受信托利益。

第四十六条 受益人可以放弃信托受益权。

全体受益人放弃信托受益权的，信托终止。

部分受益人放弃信托受益权的，被放弃的信托受益权按下列顺序确定归属：

（一）信托文件规定的人；

（二）其他受益人；

（三）委托人或者其继承人。

第四十七条 受益人不能清偿到期债务的，其信托受益权可以用于清偿债务，但法律、行政法规以及信托文件有限制性规定的除外。

第四十八条 受益人的信托受益权可以依法转让和继承，但信托文件有限制性规定的除外。

第四十九条 受益人可以行使本法第二十条至第二十三条规定的委托人享有的权利。受益人行使上述权利，与委托人意见不一致时，可以申请人民法院作出裁定。

受托人有本法第二十二条第一款所列行为，共同受益人之一申请人民法院

撤销该处分行为的，人民法院所作出的撤销裁定，对全体共同受益人有效。

第五章　信托的变更与终止

第五十条　委托人是唯一受益人的，委托人或者其继承人可以解除信托。信托文件另有规定的，从其规定。

第五十一条　设立信托后，有下列情形之一的，委托人可以变更受益人或者处分受益人的信托受益权：

（一）受益人对委托人有重大侵权行为；

（二）受益人对其他共同受益人有重大侵权行为；

（三）经受益人同意；

（四）信托文件规定的其他情形。

有前款第（一）项、第（三）项、第（四）项所列情形之一的，委托人可以解除信托。

第五十二条　信托不因委托人或者受托人的死亡、丧失民事行为能力、依法解散、被依法撤销或者被宣告破产而终止，也不因受托人的辞任而终止。但本法或者信托文件另有规定的除外。

第五十三条　有下列情形之一的，信托终止：

（一）信托文件规定的终止事由发生；

（二）信托的存续违反信托目的；

（三）信托目的已经实现或者不能实现；

（四）信托当事人协商同意；

（五）信托被撤销；

（六）信托被解除。

第五十四条　信托终止的，信托财产归属于信托文件规定的人；信托文件未规定的，按下列顺序确定归属：

（一）受益人或者其继承人；

（二）委托人或者其继承人。

第五十五条　依照前条规定，信托财产的归属确定后，在该信托财产转移给权利归属人的过程中，信托视为存续，权利归属人视为受益人。

第五十六条　信托终止后，人民法院依据本法第十七条的规定对原信托财产进行强制执行的，以权利归属人为被执行人。

第五十七条　信托终止后，受托人依照本法规定行使请求给付报酬、从信托财产中获得补偿的权利时，可以留置信托财产或者对信托财产的权利归属人提出请求。

第五十八条　信托终止的，受托人应当作出处理信托事务的清算报告。受

益人或者信托财产的权利归属人对清算报告无异议的，受托人就清算报告所列事项解除责任。但受托人有不正当行为的除外。

第六章 公益信托

第五十九条 公益信托适用本章规定。本章未规定的，适用本法及其他相关法律的规定。

第六十条 为了下列公共利益目的之一而设立的信托，属于公益信托：

（一）救济贫困；

（二）救助灾民；

（三）扶助残疾人；

（四）发展教育、科技、文化、艺术、体育事业；

（五）发展医疗卫生事业；

（六）发展环境保护事业，维护生态环境；

（七）发展其他社会公益事业。

第六十一条 国家鼓励发展公益信托。

第六十二条 公益信托的设立和确定其受托人，应当经有关公益事业的管理机构（以下简称公益事业管理机构）批准。

未经公益事业管理机构的批准，不得以公益信托的名义进行活动。

公益事业管理机构对于公益信托活动应当给予支持。

第六十三条 公益信托的信托财产及其收益，不得用于非公益目的。

第六十四条 公益信托应当设置信托监察人。

信托监察人由信托文件规定。信托文件未规定的，由公益事业管理机构指定。

第六十五条 信托监察人有权以自己的名义，为维护受益人的利益，提起诉讼或者实施其他法律行为。

第六十六条 公益信托的受托人未经公益事业管理机构批准，不得辞任。

第六十七条 公益事业管理机构应当检查受托人处理公益信托事务的情况及财产状况。

受托人应当至少每年一次作出信托事务处理情况及财产状况报告，经信托监察人认可后，报公益事业管理机构核准，并由受托人予以公告。

第六十八条 公益信托的受托人违反信托义务或者无能力履行其职责的，由公益事业管理机构变更受托人。

第六十九条 公益信托成立后，发生设立信托时不能预见的情形，公益事业管理机构可以根据信托目的，变更信托文件中的有关条款。

第七十条 公益信托终止的，受托人应当于终止事由发生之日起十五日

内，将终止事由和终止日期报告公益事业管理机构。

第七十一条　公益信托终止的，受托人作出的处理信托事务的清算报告，应当经信托监察人认可后，报公益事业管理机构核准，并由受托人予以公告。

第七十二条　公益信托终止，没有信托财产权利归属人或者信托财产权利归属人是不特定的社会公众的，经公益事业管理机构批准，受托人应当将信托财产用于与原公益目的相近似的目的，或者将信托财产转移给具有近似目的的公益组织或者其他公益信托。

第七十三条　公益事业管理机构违反本法规定的，委托人、受托人或者受益人有权向人民法院起诉。

第七章　附　则

第七十四条　本法自 2001 年 10 月 1 日起施行。

附录4.2

信托公司管理办法

（银监会令［2007］2 号）

第一章　总　则

第一条　为加强对信托公司的监督管理，规范信托公司的经营行为，促进信托业的健康发展，根据《中华人民共和国信托法》、《中华人民共和国银行业监督管理法》等法律法规，制定本办法。

第二条　本办法所称信托公司，是指依照《中华人民共和国公司法》和本办法设立的主要经营信托业务的金融机构。

本办法所称信托业务，是指信托公司以营业和收取报酬为目的，以受托人身份承诺信托和处理信托事务的经营行为。

第三条　信托财产不属于信托公司的固有财产，也不属于信托公司对受益人的负债。信托公司终止时，信托财产不属于其清算财产。

第四条　信托公司从事信托活动，应当遵守法律法规的规定和信托文件的约定，不得损害国家利益、社会公共利益和受益人的合法权益。

第五条　中国银行业监督管理委员会对信托公司及其业务活动实施监督管理。

第二章　机构的设立、变更与终止

第六条　设立信托公司，应当采取有限责任公司或者股份有限公司的形式。

第七条　设立信托公司，应当经中国银行业监督管理委员会批准，并领取

金融许可证。

未经中国银行业监督管理委员会批准，任何单位和个人不得经营信托业务，任何经营单位不得在其名称中使用"信托公司"字样。法律法规另有规定的除外。

第八条 设立信托公司，应当具备下列条件：

（一）有符合《中华人民共和国公司法》和中国银行业监督管理委员会规定的公司章程；

（二）有具备中国银行业监督管理委员会规定的入股资格的股东；

（三）具有本办法规定的最低限额的注册资本；

（四）有具备中国银行业监督管理委员会规定任职资格的董事、高级管理人员和与其业务相适应的信托从业人员；

（五）具有健全的组织机构、信托业务操作规程和风险控制制度；

（六）有符合要求的营业场所、安全防范措施和与业务有关的其他设施；

（七）中国银行业监督管理委员会规定的其他条件。

第九条 中国银行业监督管理委员会依照法律法规和审慎监管原则对信托公司的设立申请进行审查，作出批准或者不予批准的决定；不予批准的，应说明理由。

第十条 信托公司注册资本最低限额为3亿元人民币或等值的可自由兑换货币，注册资本为实缴货币资本。

申请经营企业年金基金、证券承销、资产证券化等业务，应当符合相关法律法规规定的最低注册资本要求。

中国银行业监督管理委员会根据信托公司行业发展的需要，可以调整信托公司注册资本最低限额。

第十一条 未经中国银行业监督管理委员会批准，信托公司不得设立或变相设立分支机构。

第十二条 信托公司有下列情形之一的，应当经中国银行业监督管理委员会批准：

（一）变更名称；

（二）变更注册资本；

（三）变更公司住所；

（四）改变组织形式；

（五）调整业务范围；

（六）更换董事或高级管理人员；

（七）变更股东或者调整股权结构，但持有上市公司流通股份未达到公司总股份5%的除外；

（八）修改公司章程；

（九）合并或者分立；

（十）中国银行业监督管理委员会规定的其他情形。

第十三条　信托公司出现分立、合并或者公司章程规定的解散事由，申请解散的，经中国银行业监督管理委员会批准后解散，并依法组织清算组进行清算。

第十四条　信托公司不能清偿到期债务，且资产不足以清偿债务或明显缺乏清偿能力的，经中国银行业监督管理委员会同意，可向人民法院提出破产申请。

中国银行业监督管理委员会可以向人民法院直接提出对该信托公司进行重整或破产清算的申请。

第十五条　信托公司终止时，其管理信托事务的职责同时终止。清算组应当妥善保管信托财产，作出处理信托事务的报告并向新受托人办理信托财产的移交。信托文件另有约定的，从其约定。

第三章　经营范围

第十六条　信托公司可以申请经营下列部分或者全部本外币业务：

（一）资金信托；

（二）动产信托；

（三）不动产信托；

（四）有价证券信托；

（五）其他财产或财产权信托；

（六）作为投资基金或者基金管理公司的发起人从事投资基金业务；

（七）经营企业资产的重组、购并及项目融资、公司理财、财务顾问等业务；

（八）受托经营国务院有关部门批准的证券承销业务；

（九）办理居间、咨询、资信调查等业务；

（十）代保管及保管箱业务；

（十一）法律法规规定或中国银行业监督管理委员会批准的其他业务。

第十七条　信托公司可以根据《中华人民共和国信托法》等法律法规的有关规定开展公益信托活动。

第十八条　信托公司可以根据市场需要，按照信托目的、信托财产的种类或者对信托财产管理方式的不同设置信托业务品种。

第十九条　信托公司管理运用或处分信托财产时，可以依照信托文件的约定，采取投资、出售、存放同业、买入返售、租赁、贷款等方式进行。中国银

行业监督管理委员会另有规定的，从其规定。

信托公司不得以卖出回购方式管理运用信托财产。

第二十条　信托公司固有业务项下可以开展存放同业、拆放同业、贷款、租赁、投资等业务。投资业务限定为金融类公司股权投资、金融产品投资和自用固定资产投资。

信托公司不得以固有财产进行实业投资，但中国银行业监督管理委员会另有规定的除外。

第二十一条　信托公司不得开展除同业拆入业务以外的其他负债业务，且同业拆入余额不得超过其净资产的 20%。中国银行业监督管理委员会另有规定的除外。

第二十二条　信托公司可以开展对外担保业务，但对外担保余额不得超过其净资产的 50%。

第二十三条　信托公司经营外汇信托业务，应当遵守国家外汇管理的有关规定，并接受外汇主管部门的检查、监督。

第四章　经营规则

第二十四条　信托公司管理运用或者处分信托财产，必须恪尽职守，履行诚实、信用、谨慎、有效管理的义务，维护受益人的最大利益。

第二十五条　信托公司在处理信托事务时应当避免利益冲突，在无法避免时，应向委托人、受益人予以充分的信息披露，或拒绝从事该项业务。

第二十六条　信托公司应当亲自处理信托事务。信托文件另有约定或有不得已事由时，可委托他人代为处理，但信托公司应尽足够的监督义务，并对他人处理信托事务的行为承担责任。

第二十七条　信托公司对委托人、受益人以及所处理信托事务的情况和资料负有依法保密的义务，但法律法规另有规定或者信托文件另有约定的除外。

第二十八条　信托公司应当妥善保存处理信托事务的完整记录，定期向委托人、受益人报告信托财产及其管理运用、处分及收支的情况。

委托人、受益人有权向信托公司了解对其信托财产的管理运用、处分及收支情况，并要求信托公司作出说明。

第二十九条　信托公司应当将信托财产与其固有财产分别管理、分别记账，并将不同委托人的信托财产分别管理、分别记账。

第三十条　信托公司应当依法建账，对信托业务与非信托业务分别核算，并对每项信托业务单独核算。

第三十一条　信托公司的信托业务部门应当独立于公司的其他部门，其人员不得与公司其他部门的人员相互兼职，业务信息不得与公司的其他部门

共享。

第三十二条 以信托合同形式设立信托时，信托合同应当载明以下事项：

（一）信托目的；

（二）委托人、受托人的姓名或者名称、住所；

（三）受益人或者受益人范围；

（四）信托财产的范围、种类及状况；

（五）信托当事人的权利义务；

（六）信托财产管理中风险的揭示和承担；

（七）信托财产的管理方式和受托人的经营权限；

（八）信托利益的计算，向受益人交付信托利益的形式、方法；

（九）信托公司报酬的计算及支付；

（十）信托财产税费的承担和其他费用的核算；

（十一）信托期限和信托的终止；

（十二）信托终止时信托财产的归属；

（十三）信托事务的报告；

（十四）信托当事人的违约责任及纠纷解决方式；

（十五）新受托人的选任方式；

（十六）信托当事人认为需要载明的其他事项。

以信托合同以外的其他书面文件设立信托时，书面文件的载明事项按照有关法律法规规定执行。

第三十三条 信托公司开展固有业务，不得有下列行为：

（一）向关联方融出资金或转移财产；

（二）为关联方提供担保；

（三）以股东持有的本公司股权作为质押进行融资。

信托公司的关联方按照《中华人民共和国公司法》和企业会计准则的有关标准界定。

第三十四条 信托公司开展信托业务，不得有下列行为：

（一）利用受托人地位谋取不当利益；

（二）将信托财产挪用于非信托目的的用途；

（三）承诺信托财产不受损失或者保证最低收益；

（四）以信托财产提供担保；

（五）法律法规和中国银行业监督管理委员会禁止的其他行为。

第三十五条 信托公司开展关联交易，应以公平的市场价格进行，逐笔向中国银行业监督管理委员会事前报告，并按照有关规定进行信息披露。

第三十六条 信托公司经营信托业务，应依照信托文件约定以手续费或者

佣金的方式收取报酬，中国银行业监督管理委员会另有规定的除外。

信托公司收取报酬，应当向受益人公开，并向受益人说明收费的具体标准。

第三十七条　信托公司违反信托目的处分信托财产，或者因违背管理职责、处理信托事务不当致使信托财产受到损失的，在恢复信托财产的原状或者予以赔偿前，信托公司不得请求给付报酬。

第三十八条　信托公司因处理信托事务而支出的费用、负担的债务，以信托财产承担，但应在信托合同中列明或明确告知受益人。信托公司以其固有财产先行支付的，对信托财产享有优先受偿的权利。因信托公司违背管理职责或者管理信托事务不当所负债务及所受到的损害，以其固有财产承担。

第三十九条　信托公司违反信托目的处分信托财产，或者管理运用、处分信托财产有重大过失的，委托人或受益人有权依照信托文件的约定解任该信托公司，或者申请人民法院解任该信托公司。

第四十条　受托人职责依法终止的，新受托人依照信托文件的约定选任；信托文件未规定的，由委托人选任；委托人不能选任的，由受益人选任；受益人为无民事行为能力人或者限制民事行为能力人的，依法由其监护人代行选任。新受托人未产生前，中国银行业监督管理委员会可以指定临时受托人。

第四十一条　信托公司经营信托业务，有下列情形之一的，信托终止：

（一）信托文件约定的终止事由发生；

（二）信托的存续违反信托目的；

（三）信托目的已经实现或者不能实现；

（四）信托当事人协商同意；

（五）信托期限届满；

（六）信托被解除；

（七）信托被撤销；

（八）全体受益人放弃信托受益权。

第四十二条　信托终止的，信托公司应当依照信托文件的约定作出处理信托事务的清算报告。受益人或者信托财产的权利归属人对清算报告无异议的，信托公司就清算报告所列事项解除责任，但信托公司有不当行为的除外。

第五章　监督管理

第四十三条　信托公司应当建立以股东（大）会、董事会、监事会、高级管理层等为主体的组织架构，明确各自的职责划分，保证相互之间独立运行、有效制衡，形成科学高效的决策、激励与约束机制。

第四十四条　信托公司应当按照职责分离的原则设立相应的工作岗位，保

证公司对风险能够进行事前防范、事中控制、事后监督和纠正，形成健全的内部约束机制和监督机制。

第四十五条　信托公司应当按规定制定本公司的信托业务及其他业务规则，建立、健全本公司的各项业务管理制度和内部控制制度，并报中国银行业监督管理委员会备案。

第四十六条　信托公司应当按照国家有关规定建立、健全本公司的财务会计制度，真实记录并全面反映其业务活动和财务状况。公司年度财务会计报表应当经具有良好资质的中介机构审计。

第四十七条　中国银行业监督管理委员会可以定期或者不定期对信托公司的经营活动进行检查；必要时，可以要求信托公司提供由具有良好资质的中介机构出具的相关审计报告。

信托公司应当按照中国银行业监督管理委员会的要求提供有关业务、财务等报表和资料，并如实介绍有关业务情况。

第四十八条　中国银行业监督管理委员会对信托公司实行净资本管理。具体办法由中国银行业监督管理委员会另行制定。

第四十九条　信托公司每年应当从税后利润中提取 5％作为信托赔偿准备金，但该赔偿准备金累计总额达到公司注册资本的 20％时，可不再提取。

信托公司的赔偿准备金应存放于经营稳健、具有一定实力的境内商业银行，或者用于购买国债等低风险高流动性证券品种。

第五十条　中国银行业监督管理委员会对信托公司的董事、高级管理人员实行任职资格审查制度。未经中国银行业监督管理委员会任职资格审查或者审查不合格的，不得任职。

信托公司对拟离任的董事、高级管理人员，应当进行离任审计，并将审计结果报中国银行业监督管理委员会备案。信托公司的法定代表人变更时，在新的法定代表人经中国银行业监督管理委员会核准任职资格前，原法定代表人不得离任。

第五十一条　中国银行业监督管理委员会对信托公司的信托从业人员实行信托业务资格管理制度。符合条件的，颁发信托从业人员资格证书；未取得信托从业人员资格证书的，不得经办信托业务。

第五十二条　信托公司的董事、高级管理人员和信托从业人员违反法律、行政法规或中国银行业监督管理委员会有关规定的，中国银行业监督管理委员会有权取消其任职资格或者从业资格。

第五十三条　中国银行业监督管理委员会根据履行职责的需要，可以与信托公司董事、高级管理人员进行监督管理谈话，要求信托公司董事、高级管理人员就信托公司的业务活动和风险管理的重大事项作出说明。

第五十四条　信托公司违反审慎经营规则的，中国银行业监督管理委员会责令限期改正；逾期未改正的，或者其行为严重危及信托公司的稳健运行、损害受益人合法权益的，中国银行业监督管理委员会可以区别情形，依据《中华人民共和国银行业监督管理法》等法律法规的规定，采取暂停业务、限制股东权利等监管措施。

第五十五条　信托公司已经或者可能发生信用危机，严重影响受益人合法权益的，中国银行业监督管理委员会可以依法对该信托公司实行接管或者督促机构重组。

第五十六条　中国银行业监督管理委员会在批准信托公司设立、变更、终止后，发现原申请材料有隐瞒、虚假的情形，可以责令补正或者撤销批准。

第五十七条　信托公司可以加入中国信托业协会，实行行业自律。

中国信托业协会开展活动，应当接受中国银行业监督管理委员会的指导和监督。

第六章　罚　则

第五十八条　未经中国银行业监督管理委员会批准，擅自设立信托公司的，由中国银行业监督管理委员会依法予以取缔；构成犯罪的，依法追究刑事责任；尚不构成犯罪的，由中国银行业监督管理委员会没收违法所得，违法所得五十万元以上的，并处违法所得一倍以上五倍以下罚款；没有违法所得或者违法所得不足五十万元的，处五十万元以上二百万元以下罚款。

第五十九条　未经中国银行业监督管理委员会批准，信托公司擅自设立分支机构或开展本办法第十九条、第二十条、第二十一条、第二十二条、第三十三条和第三十四条禁止的业务的，由中国银行业监督管理委员会责令改正，有违法所得的，没收违法所得，违法所得五十万元以上的，并处违法所得一倍以上五倍以下罚款；没有违法所得或者违法所得不足五十万元的，处五十万元以上二百万元以下罚款；情节特别严重或者逾期不改正的，责令停业整顿或者吊销其金融许可证；构成犯罪的，依法追究刑事责任。

第六十条　信托公司违反本办法其他规定的，中国银行业监督管理委员会根据《中华人民共和国银行业监督管理法》等法律法规的规定，采取相应的处罚措施。

第六十一条　信托公司有违法经营、经营管理不善等情形，不予撤销将严重危害金融秩序、损害公众利益的，由中国银行业监督管理委员会依法予以撤销。

第六十二条　对信托公司违规负有直接责任的董事、高级管理人员和其他直接责任人员，中国银行业监督管理委员会可以区别不同情形，根据《中华人民共和国银行业监督管理法》等法律法规的规定，采取罚款、取消任职资格或

从业资格等处罚措施。

第六十三条 对中国银行业监督管理委员会的处罚决定不服的，可以依法提请行政复议或者向人民法院提起行政诉讼。

第七章 附 则

第六十四条 信托公司处理信托事务不履行亲自管理职责，即不承担投资管理人职责的，其注册资本不得低于 1 亿元人民币或等值的可自由兑换货币。对该类信托公司的监督管理参照本办法执行。

第六十五条 本办法由中国银行业监督管理委员会负责解释。

第六十六条 本办法自 2007 年 3 月 1 日起施行，原《信托投资公司管理办法》（中国人民银行令［2002］第 5 号）不再适用。

中国银行业监督管理委员会办公厅

二〇〇七年一月二十四日印发

附录 4.3
中国银监会关于实施《信托公司管理办法》和
《信托公司集合资金信托计划管理办法》有关具体事项的通知

（银监发［2007］18 号）

各银监局、银监会直接监管的信托投资公司：

《信托公司管理办法》和《信托公司集合资金信托计划管理办法》（以下统称新办法）将于 2007 年 3 月 1 日实施。为推动信托投资公司按照新办法相关规定开展业务并实现平稳过渡，现将有关事宜进一步通知如下：

一、新办法的颁布实施，目的是推动信托投资公司从"融资平台"真正转变为"受人之托、代人理财"的专业化机构，促进信托投资公司根据市场需要和自身实际进行业务调整和创新，力争在 3～5 年内，使信托投资公司发展成为风险可控、守法合规、创新不断、具有核心竞争力的专业化金融机构。银监会积极鼓励信托投资公司加强竞争，实现信托资源的优化配置，推动行业的持续健康发展和安全运行。

二、凡能够按照新办法开展业务，且满足本通知第三条规定条件的信托投资公司，应当自本通知下发之日起 2 个月内，向银监会提出变更公司名称和业务范围等事项的申请。其他信托投资公司实施过渡期安排。过渡期自新办法施行之日起，最长不超过 3 年。

申请由所在地银监局负责初审，报银监会审查批准后，给予信托投资公司换发新的金融许可证。

各银监局应当自收到信托投资公司申请之日起 15 个工作日内提出初审意见并报银监会审批。

三、信托投资公司申请变更公司名称并换发新的金融许可证，应当具备下列条件：

（一）具有良好的公司治理、内部控制、合规和风险管理机制。

（二）具有良好的社会信誉和业绩，具有规范的信息披露制度。

（三）具有满足业务开展需要的高级管理人员和专业人员。

（四）最近三年内无重大违法、违规行为。

（五）已到期信托产品均能正常清算，现有信托产品运行平稳。

（六）最近年度提足各项损失准备后净资产不低于 3 亿元人民币。

（七）公司不存在重大未决诉讼等事项。

（八）银监会规定的其他审慎性条件。

四、信托投资公司申请变更公司名称并换发新的金融许可证，应当报送下列文件和资料（一式三份）：

（一）公司名称、业务范围变更等事项的申请。

（二）固有项下实业投资清理方案。

（三）现有业务调整方案。包括集合资金信托贷款、担保、同业拆入等业务压缩方案、关联交易规范方案等。

（四）公司董事会批准实施实业投资清理、现有业务调整方案的决议，以及具备资质的律师事务所对相关方案出具的法律意见书。

（五）每个存续集合资金信托计划运行状况说明及流动性安排方案。

（六）营业执照复印件、拟修订的公司章程草案及股东会决议。

（七）高级管理人员和专业人员名单及从业履历。

（八）公司董事长、总经理对申报材料真实性、准确性和完整性的承诺书。

（九）银监会要求提交的其他文件和资料。

五、获准变更公司名称并换发新的金融许可证的信托投资公司，应当遵守以下规定：

（一）固有项下实业投资应当于 2007 年 12 月 31 日前清理完毕。应清理的实业投资逐月单独列表报告，并说明资产质量状况、清理结束时限。

对股权投资比例不超过 20% 且不存在控制、共同控制或重大影响，资产质量良好、投资收益显著的财务性实业投资，经批准，清理完成期限可延迟到 2010 年 3 月 1 日。

在实业投资清理期间，信托投资公司不得与被投资单位发生关联交易，但与清理事项有关的关联交易可向银监会或所在地银监局报告，经银监会或所在地银监局同意后进行交易。

完成固有项下实业投资清理后，信托投资公司提足各项损失准备后的净资产应不低于 3 亿元人民币。

（二）逐步压缩拆入、担保业务规模。在达到新办法相关要求前，信托投资公司不得新办拆入、担保业务。

（三）新发生的集合资金信托贷款业务以新发生的集合资金信托业务为基数，按照新办法规定的比例要求对年末余额进行考核。

（四）新发生业务应当严格执行新批准的业务范围及新办法有关规定。

所在地银监局应定期对信托投资公司固有项下实业投资清理和集合资金信托计划兑付情况进行督促、考核。获准换发新的金融许可证的信托公司在 2007 年 12 月 31 日前未完成实业投资清理的，将依据有关法律、法规采取暂停业务、取消部分业务资格等监管措施。

六、对获准换发新的金融许可证的信托投资公司，银监会鼓励其在业务创新、组织管理等方面主动提出试点方案，按照审批程序，优先支持其开展私人股权投资信托、资产证券化、受托境外理财、房地产投资信托等创新类业务。推进信托投资公司创新发展和机构监管的改革措施也将优先对其试行。

七、拟实施过渡期安排的信托投资公司，应当自本通知下发之日起 2 个月内，向银监会或所在地银监局报送下列文件和资料（一式三份）：

（一）过渡期方案。过渡期方案应当至少包括拟实施过渡期的时限、固有项下实业投资清理方案、业务调整规范方案、过渡期结束后存续业务与新办法的衔接处理安排、每个存续集合资金信托计划运行状况说明及流动性安排方案等。

（二）批准实施过渡期方案的董事会决议和具备资质的律师事务所对相关方案出具的法律意见书。

（三）银监会要求提交的其他文件和资料。

所在地银监局应对照过渡期方案，对信托投资公司相关事项进行督促、考核。

八、处于过渡期内的信托投资公司，应当遵守以下规定：

（一）按照过渡期方案确定的进度逐步清理固有项下实业投资，并于过渡期结束前清理完毕。

在实业投资清理期间，信托投资公司不得与被投资单位发生关联交易，但与清理事项有关的关联交易可向银监会或所在地银监局报告，经银监会或所在地银监局同意后可进行交易。

（二）逐步压缩拆入、担保业务规模。在达到新办法相关要求前，信托投资公司不得新办拆入、担保业务。

（三）集合资金信托业务不得进行异地推介。

（四）开展集合资金信托业务可适用以下过渡性措施：

1. 每个集合资金信托计划的委托人不得超过 200 个，每份合同金额不得低于人民币 20 万元（含 20 万元）。

2. 受益权转让每份金额不得低于人民币 20 万元（含 20 万元），且机构投资者受益权不得向自然人转让，转让后的集合资金计划受益权在存续期内不得超过 200 份。

3. 开展集合资金信托业务时，应当向银监会或所在地银监局事前报告。如银监会或所在地银监局在 20 个工作日内无异议，信托投资公司方可对集合资金信托计划进行推介。

（五）新发生的集合资金信托贷款业务以新发生的集合资金信托业务为基数，在过渡期结束前达到新办法规定的比例要求。

（六）除开展集合资金信托业务应按照本条有关规定外，其他新发生业务应当严格执行新办法有关规定。

九、银监会不受理过渡期内信托投资公司资产证券化、受托境外理财等创新类业务资格的申请。

十、实施过渡期安排的信托投资公司，在完成实业投资清理且业务调整已达到新办法要求后，可提前向银监会提出结束过渡期、变更公司名称和业务范围等事项的申请。申请结束过渡期的信托投资公司提足各项损失准备后的净资产不得低于 3 亿元人民币。

上述事项的行政许可程序按照本通知第二条执行。

十一、信托投资公司申请结束过渡期并换发新的金融许可证应报送下列文件和资料（一式三份）：

（一）本通知第四条第一、五、六、七、八、九项要求提交的文件和资料。

（二）过渡期方案落实情况，包括固有项下实业投资清理情况、现有业务调整情况（包括集合资金信托贷款、担保、同业拆入等业务压缩情况、关联交易规范情况等）等。

（三）银监会要求提交的其他文件和资料。

十二、所在地银监局要严格按照《新办法》和本通知有关规定，根据信托投资公司整体经营状况、制度建设和专业人员配备情况，结合公司固有项下实业投资清理效果、业务调整和存续集合资金信托计划的流动性安排等要素，审慎核准其变更业务范围和换发新的金融许可证的申请。

对资产证券化、受托境外理财等创新类业务资格的审批，银监会另有规定的，从其规定。

十三、新办法实施后，信托投资公司正在合同执行期的业务可履行至合同结束。

十四、自新办法正式施行之日起，实施过渡期安排的信托投资公司应按本通知要求开展业务；申请变更公司名称和业务范围等事项的信托投资公司，在有关申请获批前，应在原已批准的业务范围内按新办法有关规定开展业务。

十五、正在重组或拟引进合格战略投资者的信托投资公司，应执行新办法的有关规定。

十六、在 2010 年 3 月 1 日后仍未完成固有项下实业投资清理或无法按照新办法要求开展业务的信托投资公司，将依据有关法律法规责令其进行重组或市场退出。

中国银行业监督管理委员会

二○○七年二月十四日

附录 4.4

中国银监会办公厅关于加强信托公司房地产、证券业务监管有关问题的通知

（银监办发〔2008〕265 号）

各银监局、银监会直接监管的信托公司：

为有效防范和化解信托公司房地产、证券等敏感类业务风险，防止信托公司出现流动性问题，提高信托公司风险防范意识和风险控制能力，现就有关事项通知如下：

一、信托公司要严格按照《中国银行业监督管理委员会进一步加强房地产信贷管理的通知》（银监发〔2006〕54 号）等有关法规从事房地产业务。

（一）严禁向未取得国有土地使用证、建设用地规划许可证、建设工程规划许可证、建筑工程施工许可证（"四证"）的房地产项目发放贷款，严禁以投资附加回购承诺、商品房预售回购等方式间接发放房地产贷款。申请信托公司贷款（包括以投资附加回购承诺、商品房预售回购等方式的间接贷款）的房地产开发企业资质不低于国家建设行政主管部门核发的二级房地产开发资质，开发项目资本金比例应不低于 35%（经济适用房除外）。

（二）严禁向房地产开发企业发放流动资金贷款，严禁以购买房地产开发企业资产附回购承诺等方式变相发放流动资金贷款，不得向房地产开发企业发放用于缴交土地出让价款的贷款。要严格防范对建筑使用企业、集团公司等的流动资金贷款用于房地产开发。

（三）应充分认识土地储备贷款风险，审慎发放此类贷款。对政府土地储备机构的贷款应以抵押贷款方式发放，所购土地应具有合法的土地使用证、贷款额度不得超过所收购土地评估价值的 70%，贷款期限最长不得超过 2 年。

（四）信托公司开展房地产贷款、房地产投资等房地产业务应高度重视风险控制。要建立健全房地产贷款审批标准、操作流程和风险管理政策，并加大执行力度；进行尽职调查，深入了解房地产企业的资质、财务状况、信用状况、以往开发经历，以及房地产项目的资本金、"四证"、开发前景等情况，确保房地产业务的合法性、合规性和可行性；严格落实房地产贷款担保，确保担保真实、合法、有效；密切监控贷款及投资情况，加强项目管理。

二、信托公司要严格执行《中国银行业监督管理委员会关于信托公司证券投资业务风险提示的通知》（银监通〔2007〕1号）、《中国银行业监督管理委员会办公厅关于规范信托投资公司证券业务经营与管理有关问题的通知》（银监办通〔2004〕265号）等规定，合规、审慎开展证券投资业务。在开展证券投资信托业务时，应遵循组合投资、分散风险的原则，必须事前在信托文件中制定投资范围、投资比例、投资策略、投资程序及相应的投资权限，确立风险止损点，并在信托文件中约定信托管理期间如改变投资策略及相关内容时，是否需征得委托人、受益人同意以及向委托人、受益人的报告方式。

信托公司要严格控制仓位，实时监控净值及敞口风险，密切关注经济形势和证券市场的具体变化情况，及时调整投资策略，保持投资的灵活性。要认真制定业务应急预案，并保证各项处理方案在紧急的情况下的顺利实施，防范各种可能的风险。

三、各银监局对信托公司房地产、证券业务的风险监测，及时了解业务开展情况，有效防范风险。

（一）要进一步加强对信托公司房地产业务的风险监控，每季逐笔排查房地产业务风险，并在必要时安排现场检查。在排查中应逐笔分析业务的合规性和风险状况，一旦发现问题，应立即采取措施予以纠正，并专项报告银监会。

（二）要督促指导信托公司（已宣布停业整顿或撤销的除外）认真按时地填报《信托公司证券业务情况表》（附件一）。从2008年11月3日开始，要求信托公司每周一下午报送上周收盘后数据。同时，应加强对证券业务的监测，对信托公司上报数据进行分析整理，并填报《信托公司证券投资监测结果统计表》（附件二），连同《信托公司证券业务情况表》，于每周二下午下班前通过内网电子邮件上报银监会。

各银监局要注重数据质量和对监测结果的分析，对数据填报质量不高的信托公司要加强督促和指导。

四、在加强对信托公司房地产、证券等专项业务风险监测的基础上，各银监局要重视信托公司的流动性风险。对集合信托项目和银信合作信托项目，各银监局应在项目到期前两个月介入，督促信托公司做好兑付资金准备工作，对可能存在兑付风险的信托项目，应及时制定风险处置预案，并专项报告银监会。

各银监局要充分认识当前宏观经济形势下做好风险防范工作的重要性，扎实工作，认真履责。银监会将加大监督问责力度，对监管不力、工作失职的，将予以通报，并追究监管责任。

请各银监局及时将本通知转发至辖内银监分局和信托公司。

中国银行业监督管理委员会办公厅
二〇〇八年六月二十八日

附录4.5

信托公司集合资金信托计划管理办法

（中国银行业监督管理委员会令 2007 年第 3 号公布，根据 2008 年 12 月 17 日中国银行业监督管理委员会第 78 次主席会议《关于修改〈信托公司集合资金信托计划管理办法〉的决定》修订）

（银监发［2009］1 号）

第一章　总　则

第一条　为规范信托公司集合资金信托业务的经营行为，保障集合资金信托计划各方当事人的合法权益，根据《中华人民共和国信托法》、《中华人民共和国银行业监督管理法》等法律法规，制定本办法。

第二条　在中华人民共和国境内设立集合资金信托计划（以下简称信托计划），由信托公司担任受托人，按照委托人意愿，为受益人的利益，将两个以上（含两个）委托人交付的资金进行集中管理、运用或处分的资金信托业务活动，适用本办法。

第三条　信托计划财产独立于信托公司的固有财产，信托公司不得将信托计划财产归入其固有财产；信托公司因信托计划财产的管理、运用或者其他情形而取得的财产和收益，归入信托计划财产；信托公司因依法解散、被依法撤销或者被依法宣告破产等原因进行清算的，信托计划财产不属于其清算财产。

第四条　信托公司管理、运用信托计划财产，应当恪尽职守，履行诚实信用、谨慎勤勉的义务，为受益人的最大利益服务。

第二章　信托计划的设立

第五条　信托公司设立信托计划，应当符合以下要求：

（一）委托人为合格投资者；

（二）参与信托计划的委托人为惟一受益人；

（三）单个信托计划的自然人人数不得超过 50 人，但单笔委托金额在 300 万元以上的自然人投资者和合格的机构投资者数量不受限制；

（四）信托期限不少于一年；

（五）信托资金有明确的投资方向和投资策略，且符合国家产业政策以及其他有关规定；

（六）信托受益权划分为等额份额的信托单位；

（七）信托合同应约定受托人报酬，除合理报酬外，信托公司不得以任何名义直接或间接以信托财产为自己或他人牟利；

（八）中国银行业监督管理委员会规定的其他要求。

第六条　前条所称合格投资者，是指符合下列条件之一，能够识别、判断和承担信托计划相应风险的人：

（一）投资一个信托计划的最低金额不少于 100 万元人民币的自然人、法人或者依法成立的其他组织；

（二）个人或家庭金融资产总计在其认购时超过 100 万元人民币，且能提供相关财产证明的自然人；

（三）个人收入在最近三年内每年收入超过 20 万元人民币或者夫妻双方合计收入在最近三年内每年收入超过 30 万元人民币，且能提供相关收入证明的自然人。

第七条　信托公司推介信托计划，应有规范和详尽的信息披露材料，明示信托计划的风险收益特征，充分揭示参与信托计划的风险及风险承担原则，如实披露专业团队的履历、专业培训及从业经历，不得使用任何可能影响投资者进行独立风险判断的误导性陈述。

信托公司异地推介信托计划的，应当在推介前向注册地、推介地的中国银行业监督管理委员会省级派出机构报告。

第八条　信托公司推介信托计划时，不得有以下行为：

（一）以任何方式承诺信托资金不受损失，或者以任何方式承诺信托资金的最低收益；

（二）进行公开营销宣传；

（三）委托非金融机构进行推介；

（四）推介材料含有与信托文件不符的内容，或者存在虚假记载、误导性陈述或重大遗漏等情况；

（五）对公司过去的经营业绩作夸大介绍，或者恶意贬低同行；

（六）中国银行业监督管理委员会禁止的其他行为。

第九条　信托公司设立信托计划，事前应进行尽职调查，就可行性分析、合法性、风险评估、有无关联方交易等事项出具尽职调查报告。

第十条　信托计划文件应当包含以下内容：

（一）认购风险申明书；

（二）信托计划说明书；

（三）信托合同；

（四）中国银行业监督管理委员会规定的其他内容。

第十一条 认购风险申明书至少应当包含以下内容：

（一）信托计划不承诺保本和最低收益，具有一定的投资风险，适合风险识别、评估、承受能力较强的合格投资者；

（二）委托人应当以自己合法所有的资金认购信托单位，不得非法汇集他人资金参与信托计划；

（三）信托公司依据信托计划文件管理信托财产所产生的风险，由信托财产承担。信托公司因违背信托计划文件、处理信托事务不当而造成信托财产损失的，由信托公司以固有财产赔偿；不足赔偿时，由投资者自担；

（四）委托人在认购风险申明书上签字，即表明已认真阅读并理解所有的信托计划文件，并愿意依法承担相应的信托投资风险。

认购风险申明书一式二份，注明委托人认购信托单位的数量，分别由信托公司和受益人持有。

第十二条 信托计划说明书至少应当包括以下内容：

（一）信托公司的基本情况；

（二）信托计划的名称及主要内容；

（三）信托合同的内容摘要；

（四）信托计划的推介日期、期限和信托单位价格；

（五）信托计划的推介机构名称；

（六）信托经理人员名单、履历；

（七）律师事务所出具的法律意见书；

（八）风险警示内容；

（九）中国银行业监督管理委员会规定的其他内容。

第十三条 信托合同应当载明以下事项：

（一）信托目的；

（二）受托人、保管人的姓名（或者名称）、住所；

（三）信托资金的币种和金额；

（四）信托计划的规模与期限；

（五）信托资金管理、运用和处分的具体方法或安排；

（六）信托利益的计算、向受益人交付信托利益的时间和方法；

（七）信托财产税费的承担、其他费用的核算及支付方法；

（八）受托人报酬计算方法、支付期间及方法；

（九）信托终止时信托财产的归属及分配方式；

（十）信托当事人的权利、义务；

（十一）受益人大会召集、议事及表决的程序和规则；

（十二）新受托人的选任方式；

（十三）风险揭示；

（十四）信托当事人的违约责任及纠纷解决方式；

（十五）信托当事人约定的其他事项。

第十四条 信托合同应当在首页右上方用醒目字体载明下列文字：信托公司管理信托财产应恪尽职守，履行诚实、信用、谨慎、有效管理的义务。信托公司依据本信托合同约定管理信托财产所产生的风险，由信托财产承担。信托公司因违背本信托合同、处理信托事务不当而造成信托财产损失的，由信托公司以固有财产赔偿；不足赔偿时，由投资者自担。

第十五条 委托人认购信托单位前，应当仔细阅读信托计划文件的全部内容，并在认购风险申明书中签字，申明愿意承担信托计划的投资风险。

信托公司应当提供便利，保证委托人能够查阅或者复制所有的信托计划文件，并向委托人提供信托合同文本原件。

第十六条 信托公司推介信托计划时，可与商业银行签订信托资金代理收付协议。委托人以现金方式认购信托单位，可由商业银行代理收付。信托公司委托商业银行办理信托计划收付业务时，应明确界定双方的权利义务关系，商业银行只承担代理资金收付责任，不承担信托计划的投资风险。

信托公司可委托商业银行代为向合格投资者推介信托计划。

第十七条 信托计划推介期限届满，未能满足信托文件约定的成立条件的，信托公司应当在推介期限届满后三十日内返还委托人已缴付的款项，并加计银行同期存款利息。由此产生的相关债务和费用，由信托公司以固有财产承担。

第十八条 信托计划成立后，信托公司应当将信托计划财产存入信托财产专户，并在五个工作日内向委托人披露信托计划的推介、设立情况。

第三章 信托计划财产的保管

第十九条 信托计划的资金实行保管制。对非现金类的信托财产，信托当事人可约定实行第三方保管，但中国银行业监督管理委员会另有规定的，从其规定。

信托计划存续期间，信托公司应当选择经营稳健的商业银行担任保管人。信托财产的保管账户和信托财产专户应当为同一账户。

信托公司依信托计划文件约定需要运用信托资金时，应当向保管人书面提供信托合同复印件及资金用途说明。

第二十条 保管协议至少应包括以下内容：

（一）受托人、保管人的名称、住所；

（二）受托人、保管人的权利和义务；

（三）信托计划财产保管的场所、内容、方法、标准；

（四）保管报告内容与格式；

（五）保管费用；

（六）保管人对信托公司的业务监督与核查；

（七）当事人约定的其他内容。

第二十一条 保管人应当履行以下职责：

（一）安全保管信托财产；

（二）对所保管的不同信托计划分别设置账户，确保信托财产的独立性；

（三）确认与执行信托公司管理运用信托财产的指令，核对信托财产交易记录、资金和财产账目；

（四）记录信托资金划拨情况，保存信托公司的资金用途说明；

（五）定期向信托公司出具保管报告；

（六）当事人约定的其他职责。

第二十二条 遇有信托公司违反法律法规和信托合同、保管协议操作时，保管人应当立即以书面形式通知信托公司纠正；当出现重大违法违规或者发生严重影响信托财产安全的事件时，保管人应及时报告中国银行业监督管理委员会。

第四章 信托计划的运营与风险管理

第二十三条 信托公司管理信托计划，应设立为信托计划服务的信托资金运用、信息处理等部门，并指定信托经理及其相关的工作人员。

每个信托计划至少配备一名信托经理。担任信托经理的人员，应当符合中国银行业监督管理委员会规定的条件。

第二十四条 信托公司对不同的信托计划，应当建立单独的会计账户分别核算、分别管理。

第二十五条 信托资金可以进行组合运用，组合运用应有明确的运用范围和投资比例。

信托公司运用信托资金进行证券投资，应当采用资产组合的方式，事先制定投资比例和投资策略，采取有效措施防范风险。

第二十六条 信托公司可以运用债权、股权、物权及其他可行方式运用信托资金。

信托公司运用信托资金，应当与信托计划文件约定的投资方向和投资策略相一致。

第二十七条 信托公司管理信托计划，应当遵守以下规定：

（一）不得向他人提供担保；

（二）向他人提供贷款不得超过其管理的所有信托计划实收余额的 30%，但中国银行业监督管理委员会另有规定的除外；

（三）不得将信托资金直接或间接运用于信托公司的股东及其关联人，但信托资金全部来源于股东或其关联人的除外；

（四）不得以固有财产与信托财产进行交易；

（五）不得将不同信托财产进行相互交易；

（六）不得将同一公司管理的不同信托计划投资于同一项目。

第二十八条 信托公司管理信托计划而取得的信托收益，如果信托计划文件没有约定其他运用方式的，应当将该信托收益交由保管人保管，任何人不得挪用。

第五章 信托计划的变更、终止与清算

第二十九条 信托计划存续期间，受益人可以向合格投资者转让其持有的信托单位。信托公司应为受益人办理受益权转让的有关手续。

信托受益权进行拆分转让的，受让人不得为自然人。

机构所持有的信托受益权，不得向自然人转让或拆分转让。

第三十条 有下列情形之一的，信托计划终止：

（一）信托合同期限届满；

（二）受益人大会决定终止；

（三）受托人职责终止，未能按照有关规定产生新受托人；

（四）信托计划文件约定的其他情形。

第三十一条 信托计划终止，信托公司应当于终止后十个工作日内作出处理信托事务的清算报告，经审计后向受益人披露。信托文件约定清算报告不需要审计的，信托公司可以提交未经审计的清算报告。

第三十二条 清算后的剩余信托财产，应当依照信托合同约定按受益人所持信托单位比例进行分配。分配方式可采取现金方式、维持信托终止时财产原状方式或者两者的混合方式。

采取现金方式的，信托公司应当于信托计划文件约定的分配日前或者信托期满日前变现信托财产，并将现金存入受益人账户。

采取维持信托终止时财产原状方式的，信托公司应于信托期满后的约定时间内，完成与受益人的财产转移手续。信托财产转移前，由信托公司负责保管。保管期间，信托公司不得运用该财产。保管期间的收益归属于信托财产，发生的保管费用由被保管的信托财产承担。因受益人原因导致信托财产无法转移的，信托公司可以按照有关法律法规进行处理。

第三十三条　信托公司应当用管理信托计划所产生的实际信托收益进行分配，严禁信托公司将信托收益归入其固有财产，或者挪用其他信托财产垫付信托计划的损失或收益。

第六章　信息披露与监督管理

第三十四条　信托公司应当依照法律法规的规定和信托计划文件的约定按时披露信息，并保证所披露信息的真实性、准确性和完整性。

第三十五条　受益人有权向信托公司查询与其信托财产相关的信息，信托公司应在不损害其他受益人合法权益的前提下，准确、及时、完整地提供相关信息，不得拒绝、推诿。

第三十六条　信托计划设立后，信托公司应当依信托计划的不同，按季制作信托资金管理报告、信托资金运用及收益情况表。

第三十七条　信托资金管理报告至少应包含以下内容：

（一）信托财产专户的开立情况；

（二）信托资金管理、运用、处分和收益情况；

（三）信托经理变更情况；

（四）信托资金运用重大变动说明；

（五）涉及诉讼或者损害信托计划财产、受益人利益的情形；

（六）信托计划文件约定的其他内容。

第三十八条　信托计划发生下列情形之一的，信托公司应当在获知有关情况后三个工作日内向受益人披露，并自披露之日起七个工作日内向受益人书面提出信托公司采取的应对措施：

（一）信托财产可能遭受重大损失；

（二）信托资金使用方的财务状况严重恶化；

（三）信托计划的担保方不能继续提供有效的担保。

第三十九条　信托公司应当妥善保存管理信托计划的全部资料，保存期自信托计划结束之日起不得少于十五年。

第四十条　中国银行业监督管理委员会依法对信托公司管理信托计划的情况实施现场检查和非现场监管，并要求信托公司提供管理信托计划的相关资料。

中国银行业监督管理委员会在现场检查或非现场监管中发现信托公司存在违法违规行为的，应当根据《中华人民共和国银行业监督管理法》等法律法规的规定，采取暂停业务、限制股东权利等监管措施。

第七章　受益人大会

第四十一条　受益人大会由信托计划的全体受益人组成，依照本办法规定

行使职权。

第四十二条 出现以下事项而信托计划文件未有事先约定的，应当召开受益人大会审议决定：

（一）提前终止信托合同或者延长信托期限；

（二）改变信托财产运用方式；

（三）更换受托人；

（四）提高受托人的报酬标准；

（五）信托计划文件约定需要召开受益人大会的其他事项。

第四十三条 受益人大会由受托人负责召集，受托人未按规定召集或不能召集时，代表信托单位百分之十以上的受益人有权自行召集。

第四十四条 召集受益人大会，召集人应当至少提前十个工作日公告受益人大会的召开时间、会议形式、审议事项、议事程序和表决方式等事项。

受益人大会不得就未经公告的事项进行表决。

第四十五条 受益人大会可以采取现场方式召开，也可以采取通信等方式召开。

每一信托单位具有一票表决权，受益人可以委托代理人出席受益人大会并行使表决权。

第四十六条 受益人大会应当有代表百分之五十以上信托单位的受益人参加，方可召开；大会就审议事项作出决定，应当经参加大会的受益人所持表决权的三分之二以上通过；但更换受托人、改变信托财产运用方式、提前终止信托合同，应当经参加大会的受益人全体通过。

受益人大会决定的事项，应当及时通知相关当事人，并向中国银行业监督管理委员会报告。

第八章 罚 则

第四十七条 信托公司设立信托计划不遵守本办法有关规定的，由中国银行业监督管理委员会责令改正；逾期不改正的，处十万元以上三十万元以下罚款；情节特别严重的，可以责令停业整顿或者吊销其金融许可证。

第四十八条 信托公司推介信托计划违反本办法有关规定的，由中国银行业监督管理委员会责令停止，返还所募资金并加计银行同期存款利息，并处二十万元以上五十万元以下罚款；构成犯罪的，依法追究刑事责任。

第四十九条 信托公司管理信托计划违反本办法有关规定的，由中国银行业监督管理委员会责令改正；有违法所得的，没收违法所得，并处违法所得一倍以上五倍以下罚款；没有违法所得的，处二十万元以上五十万元以下罚款；情节特别严重或者逾期不改正的，可以责令停业整顿或者吊销其金融许可证；

构成犯罪的，依法追究刑事责任。

第五十条　信托公司不依本办法进行信息披露或者披露的信息有虚假记载、误导性陈述或者重大遗漏的，由中国银行业监督管理委员会责令改正，并处二十万元以上五十万元以下罚款；给受益人造成损害的，依法承担赔偿责任。

第五十一条　信托公司设立、管理信托计划存在其他违法违规行为的，中国银行业监督管理委员会可以根据《中华人民共和国银行业监督管理法》等法律法规的规定，采取相应的处罚措施。

第九章　附　则

第五十二条　两个以上（含两个）单一资金信托用于同一项目的，委托人应当为符合本办法规定的合格投资者，并适用本办法规定。

第五十三条　动产信托、不动产信托以及其他财产和财产权信托进行受益权拆分转让的，应当遵守本办法的相关规定。

第五十四条　本办法由中国银行业监督管理委员会负责解释。

第五十五条　本办法自 2007 年 3 月 1 日起施行，原《信托投资公司资金信托管理暂行办法》（中国人民银行令［2002］第 7 号）不再适用。

中国银行业监督管理委员会

二〇〇九年二月四日

附录 4.6

中国银监会关于当前调整部分信贷监管政策促进经济稳健发展的通知

（银监发［2009］3 号）

各银监局，各政策性银行、国有商业银行、股份制商业银行，中国邮政储蓄银行，银监会直接监管的信托公司、财务公司、金融租赁公司：

为应对国际金融危机的冲击和国内经济下行的风险，认真贯彻落实党中央国务院关于进一步扩大内需、促进经济增长的十项措施和《国务院办公厅关于当前金融促进经济发展的若干意见》（国办发［2008］126 号），近期，银监会在认真梳理现行各项信贷政策、法规、办法和指引的基础上，根据当前形势需要，对有关监管规定和监管要求做适当调整，加大信贷监管政策支持力度，促进经济稳健发展。

一、支持发放并购贷款。为满足企业和市场日益增长的合理并购融资需求，规范商业银行并购贷款行为，银监会近日发布了《商业银行并购贷款风险管理指引》，符合条件的商业银行可按指引要求开展并购贷款业务，支持企业

兼并重组，促进企业技术进步、产业结构调整和资源优化配置。有关商业银行要按照依法合规、审慎经营、风险可控、商业可持续的原则积极稳妥地开展并购贷款业务，在构建并购贷款全面风险管理框架、有效控制贷款风险的基础上，及时支持合理的并购融资需求。

二、加大对中小企业的信贷支持。各主要银行业金融机构（含政策性银行、国有商业银行、股份制商业银行）要按照《中国银监会关于银行建立小企业金融服务专营机构的指导意见》（银监发〔2008〕82号）要求，设立小企业信贷专营服务机构，对小企业不良贷款、信贷综合成本、责任认定等进行单独考核，形成有特色的激励约束机制，并提高培训专业队伍的能力。各银行业金融机构尤其是大型银行要继续认真落实小企业金融服务"六项机制"，在扩大现有小企业信贷服务成果的基础上，增强社会责任意识，加大对中小企业信贷支持力度。推动落实对中小企业融资担保、贴息等扶持政策和多层次担保机构的建立，完善相关体制机制。创新信贷产品，支持科技型中小企业发展。2009年各银行业金融机构小企业贷款增幅应不低于全部贷款增幅。

三、加大涉农信贷投入力度。银行业金融机构要切实提高激活农村市场在拉动内需中重要作用的认识，自觉加大支持"三农"力度。根据当前工作实际需要，对涉农类贷款实行有区别的信贷管理和考核政策，银行业监管部门将对涉农贷款中的不良贷款进行单独考核，并尽快出台相应具体办法。推动落实对涉农贷款的贴息制度以及减免营业税、放宽呆账核销条件等税收政策，健全完善支农信贷投放机制。允许村镇银行在成立五年以内逐步达到存贷比考核要求。结合农户生产经营特点和农业生产实际情况，按照"标杆不变、适度微调、简化程序、区别对待"的原则，对于确因受灾等不可抗力因素导致不能按期还款的，允许展期。对于信用记录良好的，展期贷款可确定为关注类贷款。研究制定支持农民专业合作社、支持发展林权质押贷款业务、加强农村地区银保合作的意见，完善农村融资、结算、信息网络和金融服务功能，明显提高农村金融服务水平。着力加大灾后农民住房重建金融支持力度，确保所有符合条件的灾区农房重建信贷资金需求得到满足，做到应贷尽贷。

四、鼓励实施贷款重组。鼓励银行业金融机构在风险可控的前提下，对基本面较好、信用记录良好、有竞争力、有市场、有订单但暂时因为受国际金融危机影响而出现经营或财务困难的企业予以信贷支持，支持其实施贷款重组。银行业金融机构应根据企业的生产规律、建设周期和进度以及信用记录、违约处罚措施等科学合理确定贷款品种、贷款利率和贷款期限。在严格五级分类准确度、把握好偏离度和严格监管的前提下，允许根据实际对贷款的品种、期限进行科学调整，并落实好相应担保措施，做好合同相应修订工作。对符合下列条件的贷款，鼓励银企双方友好协商，实施贷款重组：投向符合国家产业政策

要求和重点扶持的行业；借款人客户评级优良，且未发生实质性的、不可逆转的不利于贷款偿还的变化；借款人以往三年以上或注册经营以来一直有稳定正经营性现金流或危机过后预期收入仍可恢复至或超过正常水平，足以作为还款来源；借款人在所在行业和所面对的市场中有明显的技术、成本或人才优势，主业突出，需要转型或市场转向，但其相应潜在市场巨大；在原贷款期限内未发生恶意拖欠利息、挪用贷款等情况；重组后还贷期限内担保、抵质押权不会丧失或削弱，而通过其他方式处置将导致贷款担保或优先受偿权丧失等。

在坚持五级分类标准不变的前提下，鼓励银行业金融机构完善内部评级体系，对正常贷款（包括正常类和关注类）进行细分，整体分类可从 5 级扩展为 9~12 级，以提高贷款分类的科学管理和精细化管理水平。对地震灾前贷款因灾需要延期的，按人民银行、银监会《关于汶川地震灾前贷款因灾延期偿还有关政策的通知》（银发［2008］392 号）有关规定办理。

五、拓宽项目贷款范围。对以下符合国家产业政策导向、已列入国家发展改革委制定的发展规划且有紧迫融资需求的项目，银行业金融机构应予以积极的信贷支持：已批准开工，相关担保措施和资金来源已落实；有稳定现金流或预期收入作为还款来源；项目股东资信状况良好。对符合国家宏观经济政策导向、项目业主信誉良好、相关政府部门已同意开展项目前期工作或已列入国家发展改革委规划的项目，在项目资本金能按期按比例到位、各类风险可控及贷款回收安全的前提下，允许银行业金融机构在一定额度内向非生产性项目发起人或股东发放搭桥贷款。对政府类项目或涉及大额风险集中度超限的其他类较大型项目，应鼓励组成银团或通过信贷资产买卖等方式导入中小银行在内的各类银行业金融机构，通过银团贷款分散集团客户风险和贷款集中度风险。同时明确项目贷款不得借新还旧。

对部分集团客户多个公益性项目的融资需求，银行业金融机构必须逐个评估项目贷款风险，并逐个考核其成本与贷款质量状况，评估项目之间的关联性，估算可能产生的一切负面影响和风险，落实相应的风控安排，确保贷款能够通过未来现金流得到偿还，不得发放打捆贷款。

六、支持信贷资产转让。针对当前形势下银行业金融机构信贷资产结构差异及其结构性调整的要求，鼓励银行业金融机构通过贷款买卖调整资产结构，合理配置信贷资产。依照本通知，允许银行业金融机构在风险可控前提下按市场原则真实地转让、购买信贷资产，不得提供担保或安排任何显性或隐性的回购条件。银行业金融机构开展信贷资产转让业务应当严格自律，规范转让流程，促进业务健康可持续发展。

七、允许有条件适当突破存贷比。对资本充足、拨备覆盖率良好、仅仅存贷比较高的中小银行业金融机构，在综合考虑大额风险集中度、信贷资产质量

和内控状况等因素下，对 2009 年存贷比控制指标给予适当的灵活性。具体容忍度可由银行业金融机构提出申请，报经属地监管局同意后报银监会备案。

八、支持创新担保融资方式和消费信贷保险保障机制。按照《担保法》、《物权法》有关规定，只要担保机构通过有关监管部门的融资担保资格认定，能够足额、审慎地承担融资担保责任，银行业金融机构都可与之合作。允许对担保机构审慎授信，但本行直接使用其担保服务的除外。在扩大农村有效担保物范围的基础上，积极探索发展农村多种形式的信贷产品，督促指导农村金融机构开展林权质押贷款业务。同时，通过发展农业贷款保证保险、拓展农村保险保单质押范围和品种、对参保农户实施信贷优惠等措施，进一步加强银保合作，积极解决农村"担保难"问题。

要根据消费信贷的具体特点，推动建立科学的保险保障机制，加大对汽车、家电等消费信贷的支持，开发创新保单质押等相关产品，促进拉动内需。

九、科学实施贷款责任追究。按照"管法人、管内控、管风险、提高透明度"的监管理念，既要坚持科学界定贷款管理责任，又要注重防范道德风险。银行业金融机构要在继续抓好不良贷款比率下降的同时，从紧控制不良贷款余额。依据银监会《商业银行授信工作尽职指引》相关规定，对严格遵守有关法规，"三查"独立，勤勉尽职，只是由于受此次危机冲击而导致市场突变造成贷款质量不同程度下降的，经确认，可免除有关信贷人员的相关责任。对管理人员，重点追究其在授信和贷款管理中相应的玩忽职守及道德风险责任，可参考相应管辖范围内不良率与不良余额等整体变化情况予以问责，具体问责程序和问责结果由银行业金融机构根据实际情况自行决定和处理。涉及违法违规的，银行业金融机构应依法依规追究其责任，需移送司法部门调查的，应及时移送和报告。银监会及派出机构对银行业金融机构相关问责程序和结果进行监督，对于处理不当的及时予以纠正。

十、支持信托公司和财务公司业务创新发展。为适应扩大内需、支持重点行业发展的需要，支持符合一定监管评级要求、货币性资产充足的信托公司以固有资产独立从事私募股权投资业务，但投资额度上限为净资产的 20%。调整《信托公司集合资金信托计划管理办法》中关于信托计划向他人提供贷款不得超过其管理所有信托计划实收余额 30% 的规定，支持符合一定监管评级要求的信托公司，对其集合信托贷款比例考核放宽至 50%。调整《中国银监会办公厅关于加强信托公司房地产、证券业务监管有关问题的通知》（银监办发〔2008〕265 号）中有关房地产金融业务的规定，对符合一定监管评级要求、经营稳健、风险管理水平较高的信托公司，适当放宽对开发商资质、资本金比例等的要求。支持信托公司开展与企业兼并、收购、重组有关的投资银行业务。根据风险可控、成本可算、信息充分披露的原则，积极推动信托公司开展

如房地产信托投资基金、资产支持信托等直接融资型创新业务，重点支持民生工程、生态环境建设、重大基础设施建设、行业龙头企业及具有自主技术创新能力企业的有效需求和科学发展。

根据《中国银监会关于企业集团财务公司发行金融债券有关问题的通知》（银监发〔2007〕58号），进一步扩大发行金融债券的财务公司范围和发债规模，重点支持关系民生工程、基础设施、生态环境建设、产业结构调整、拉动内需消费以及具有自主创新能力的企业集团。与此同时，要严格审查发行金融债券用途，严禁用于不符合规定投向、不符合管理要求的建设项目，严禁用于"两高一资"行业、低水平重复建设和产能过剩行业的项目，严禁用于与集团和财务公司主业无关的风险性投资。

各银行业金融机构要认真贯彻落实以上十个方面的措施，以坚定决心和实际行动加强和改进信贷服务，切实防范金融风险，在风险可控前提下加大对经济支持的力度，促进国民经济平稳较快发展。

请各银监局将本通知转发给辖内法人银行业金融机构。本通知涉及的有关监管政策调整，外资银行、地方中小银行业金融机构均可参照执行。

特此通知。

中国银行业监督管理委员会办公厅

二〇〇九年一月十日印发

附录 4.7
中国银监会关于支持信托公司创新发展有关问题的通知
（银监发〔2009〕25号）

各银监局、银监会直接监管的信托公司：

中国为应对国际金融危机冲击和国内经济下行风险，结合《中国银监会关于当前调整部分信贷监管政策促进经济稳健发展的通知》（银监发〔2009〕3号）精神，现就信托公司创新发展有关问题通知如下：

一、信托公司以固有资产从事股权投资业务，应符合以下条件：

（一）具有良好的公司治理、内部控制及审计、合规和风险管理机制。

（二）具有良好的社会信誉、业绩和及时、规范的信息披露。

（三）最近三年内没有重大违法、违规行为。

（四）最近一年监管评级3C级（含）以上。

（五）货币性资产充足，能够承担潜在的赔偿责任。

（六）具有从事股权投资业务所需的专业团队和相应的约束与激励机制。负责股权投资业务的人员应达到3人以上，其中至少2名具备2年以上股权投

资或相关业务经验。

（七）具有能支持股权投资业务的业务处理系统、会计核算系统、风险管理系统及管理信息系统。

（八）中国银监会规定的其他审慎性条件。

二、本通知所指以固有资产从事股权投资业务，是指信托公司以其固有财产投资于未上市企业股权、上市公司限售流通股或中国银监会批准可以投资的其他股权的投资业务，不包括以固有资产参与私人股权投资信托。

信托公司以固有资产投资于金融类公司股权和上市公司流通股的，不适用本通知规定。

三、信托公司以固有资产从事股权投资业务，应向中国银监会或其派出机构提出资格申请，并报送下列文件和资料：

（一）申请书。

（二）对公司治理、内部控制及股权投资业务的内部审计、合规和风险管理机制的评估报告。

（三）最近两年经中介机构审计的财务报告和最近一个月的财务报表。

（四）最近三年信息披露情况的说明（包括信息披露是否真实、完整、及时等合规性描述和每年重大事项临时披露的次数、存在的问题及整改情况等）。

（五）负责股权投资业务的高管人员和主要从业人员名单、专业培训及从业履历。

（六）业务处理系统、会计核算系统、风险管理系统、管理信息系统及对股权投资业务的支持情况说明。

（七）董事会同意以固有资产从事股权投资业务的决议或批准文件。

（八）公司董事长、总经理对公司最近三年未因违法、违规受到相关部门处罚的申明及对申报材料真实性、准确性和完整性的承诺书。

（九）中国银监会要求提交的其他文件和资料。

四、信托公司申请以固有资产从事股权投资业务资格，由属地银监局审批；银监分局负责初审并在收到完整的申报材料之日起20个工作日内审核完毕，报银监局审批。银监会直接监管的信托公司直接报银监会审批。审批机构自收到完整的申报材料之日起3个月内做出批准或不予批准的决定。

信托公司取得以固有资产从事股权投资业务的资格后，可以按照有关法规自行开展业务。

五、信托公司以固有资产从事股权投资业务和以固有资产参与私人股权投资信托等的投资总额不得超过其上年末净资产的20％，但经中国银监会特别批准的除外。

六、信托公司以固有资产从事股权投资业务，应当参照《信托公司私人股

权投资信托业务操作指引》，制定股权投资业务流程和风险管理制度，严格实施尽职调查并履行投资决策程序，审慎开展业务，并按有关规定进行信息披露。

七、信托公司以固有资产从事股权投资业务，应遵守以下规定：

（一）不得投资于关联人，但按规定事前报告并进行信息披露的除外。

（二）不得控制、共同控制或重大影响被投资企业，不得参与被投资企业的日常经营。

（三）持有被投资企业股权不得超过 5 年。

八、信托公司以固有资产从事股权投资业务，应当在签署股权投资协议后 10 个工作日内向信托公司所在地银监会派出机构报告，报告应当包括但不限于项目基本情况及可行性分析、投资运用范围和方案、项目面临的主要风险及风险管理说明、股权投资项目管理团队简介及人员简历等内容。

九、信托公司管理集合资金信托计划时，向他人提供贷款不得超过其管理的所有信托计划实收余额的 30％，但符合以下条件的信托公司，自本通知下发之日起至 2009 年 12 月 31 日止可以高于 30％但不超过 50％，2010 年 1 月 1 日后，该比例超过 30％的，不再新增贷款类集合信托计划，直至该比例降至 30％以内：

（一）具有良好的公司治理、内部控制、合规和风险管理机制。

（二）具有良好的社会信誉、业绩和及时、规范的信息披露。

（三）最近三年内没有重大违法、违规行为。

（四）最近一年监管评级 3C 级（含）以上。

十、信托公司对房地产开发项目发放贷款，应遵守以下规定：

（一）不得向未取得国有土地使用证、建设用地规划许可证、建设工程规划许可证、建筑工程施工许可证（"四证"）的房地产开发项目发放贷款，但信托公司最近一年监管评级为 2C 级（含）以上、经营稳健、风险管理水平良好的可向已取得国有土地使用证、建设用地规划许可证、建设工程规划许可证（"三证"）的房地产开发项目发放贷款。

（二）申请贷款的房地产开发企业或其控股股东资质应不低于国家建设行政主管部门核发的二级房地产开发资质，但发放贷款的信托公司最近一年监管评级为 2C 级（含）以上、经营稳健、风险管理水平良好的除外。

（三）申请贷款的房地产开发项目资本金比例应不低于 35％（经济适用房除外）。

信托公司以投资附加回购承诺方式对房地产开发项目的间接融资适用前款规定。

信托公司向只取得"三证"的房地产开发项目发放信托贷款的，应在相应的信托合同中以显著方式向委托人或受益人进行相关风险提示，并在后续管理报告中进行充分披露。

十一、严禁信托公司以商品房预售回购的方式变相发放房地产贷款。

十二、信托公司违反审慎经营规则和本通知要求从事业务活动的，中国银监会或其派出机构将责令其限期整改。对于在规定的时限内未能采取有效整改措施或者其行为造成重大损失的，中国银监会或其派出机构将暂停或取消信托公司相关业务或业务资格，责令调整董事、高级管理人员或者限制其权利，或者采取《中华人民共和国银行业监督管理法》第三十七条规定的其他措施。

十三、本通知自发布之日起实施，中国银监会有关规范性文件规定与本通知相抵触的，适用本通知规定。

中国银行业监督管理委员会

二〇〇九年二月二十五日

附录4.8

中国人民银行、中国银行业监督管理委员会关于进一步加强信贷结构调整促进国民经济平稳较快发展的指导意见

（银监发〔2009〕92号）

中国人民银行上海总部，各分行、营业管理部、省会（首府）城市中心支行、副省级城市中心支行；各省、自治区、直辖市银监局；各政策性银行，国有商业银行，股份制商业银行，中国邮政储蓄银行：

为深入贯彻落实党中央、国务院关于进一步扩大内需、促进经济增长的十项措施和《国务院办公厅关于当前金融促进经济发展的若干意见》（国办发〔2008〕126号）精神，认真执行适度宽松的货币政策，在保持货币信贷总量合理增长的基础上，进一步加强信贷结构调整，促进国民经济平稳较快发展，现提出如下意见：

一、保证符合条件的中央投资项目所需配套贷款及时落实到位

各金融机构在保持信贷总量合理均衡增长的基础上，要进一步优化信贷资金结构，统筹配置信贷资源，优先保证手续齐全、符合项目开工和建设条件的中央投资项目所需配套信贷资金及时落实到位。对中央投资计划内已经启动、正在建设中的项目，要保证必要的信贷配套资金及时安排和足额拨付；对符合中央新增投资投向、正在报批或需要继续完善新开工条件的项目，要加强与政府有关部门和项目单位的密切沟通协商，高效率、扎实做好信贷审查和信贷资金拨付的前期准备工作。鼓励和支持银行业金融机构通过银团贷款，合理分散信贷风险，为符合条件的大型中央政府投资项目提供有效信贷支持。鼓励地方政府通过增加地方财政贴息、完善信贷奖补机制、设立合规的政府投融资平台等多种方式，吸引和激励银行业金融机构加大对中央投资项目的信贷支持力

度。支持有条件的地方政府组建投融资平台，发行企业债、中期票据等融资工具，拓宽中央政府投资项目的配套资金融资渠道。对钢铁、汽车、轻工、纺织、装备制造、电子信息、船舶、有色金属、石化、物流等国家重点产业调整振兴规划已明确支持方向的专项项目以及符合条件的技术改造项目，金融机构要根据产业规划的要求和项目需求特点，积极创新融资产品和服务方式，加大必要的融资支持力度，切实做好各项配套金融支持和服务工作。

二、进一步加大涉农信贷投放，引导更多资金投向农村

各金融机构都要积极支持农村改革发展，进一步研究采取得力措施，加大对符合信贷原则的涉农信贷资金投放力度，增加农村有效信贷供给。建立和完善考核制度及奖励机制，鼓励县域内各金融机构法人和各金融机构的分支机构当年可贷资金的一定比例留在当地使用。进一步做好当前农业春耕备耕、抗旱春管和严重干旱地区人畜饮水、森林防火以及防控禽流感等重大疫情的融资支持和服务工作。对符合信贷条件的春耕备耕和发展农业生产所需的农机具、种子、化肥、农药、农用薄膜等农用生产资料的生产和经营贷款，要加快审批，及时投放。大力发展新型农村金融机构和农村微型金融，有效扩大农村小额贷款的覆盖面，提高资金使用效益。切实加快推进农村金融产品和服务方式创新，中部六省和东北三省要认真抓好试点方案实施工作。稳步推进农村融资性担保体系的建立和发展，有效完善农村信贷风险分担机制，扩大农村有效担保物范围。大力开发符合农村实际特点的"信贷＋保险"金融服务新产品。支持政策性金融加大对农业开发和农田水利等农村基础设施建设的中长期信贷支持。有条件的地方可以探索开办土地经营权抵押贷款。进一步完善农村扶贫贴息信贷管理机制。积极发展林权抵押贷款。在银行间债券市场扩大发行涉农企业短期融资券、小企业集合债券和涉农信贷资产支持证券等融资工具，拓宽涉农金融机构的资金来源和涉农企业的融资渠道。努力做好"家电下乡"、"汽车下乡"、"万村千乡市场"、"双百市场"、农机具购置补贴和农村信息化建设等配套金融服务工作，为农民扩大消费提供融资便利。推进金融机构与农民专业合作组织等农村中介机构的信用合作。对县域内当年涉农贷款投放超过规定比例的存款类金融机构法人，加大再贷款、再贴现支持，并实施优惠的存款准备金率。

三、多方面拓宽中小企业的融资渠道，对中小企业的金融服务要精细化

各金融机构对已经出台的支持中小企业发展的各项信贷政策措施，要抓细、抓实、抓好落实，积极探索建立健全中小企业融资量化考核制度。进一步完善支持中小企业发展的"六项机制"。加快设立中小企业信贷专营服务机构。鼓励各金融机构自主创新中小企业金融服务模式和业务流程，提高中小企业贷款审批效率和服务质量。加快推进企业信用体系建设，加强企业信用自律管

理。支持有条件的中小企业利用电子商务平台拓展新市场。支持地方政府建立中小企业贷款风险补偿基金，完善中小企业信贷风险分担机制。规范、引导和发挥好民间金融在支持中小企业发展中的积极作用。支持金融机构发放并购贷款，及时满足中小企业合理的并购融资需求。支持地方政府在加强信用环境和金融生态建设的基础上，通过资本注入、风险补偿等方式增加对信用担保机构的支持，推进设立多层次中小企业贷款担保基金和担保机构，激励和促进金融机构稳步提高中小企业贷款比重。鼓励银行业金融机构对基本面和信用记录较好、有竞争力、有市场、有订单但暂时出现经营或财务困难的中小企业加大信贷及多元化融资支持，积极探索创新适合不同地域和不同发展阶段中小企业特点的融资产品和服务方式，利用授信开证、押汇、保理、融资租赁等多种融资手段，进一步拓宽中小企业的融资渠道，并做好对中小企业的金融信息咨询和代客理财服务。扩大中小企业短期融资券试点规模。在银行间市场加快推出高收益债券和中小企业集合债券。积极研究开发以中小企业贷款为标的资产的信用风险管理工具，有效分散中小企业信贷风险。加强中小企业金融统计和信息报送工作，探索建立适合中小企业特点的融资信息动态监测制度，及时掌握中小企业金融服务信息。

四、扎实做好就业、助学、灾后重建等改善民生类的信贷政策支持工作

认真落实《国务院关于做好当前经济形势下就业工作的通知》（国发[2009]4号），发挥小额担保贷款政策的积极作用，切实做好对零就业家庭、就业困难人员、高校毕业生、残疾人、返乡农民工等重点就业人群的小额担保贷款发放和金融支持帮扶工作。鼓励有条件的地方，积极创新信贷管理模式和服务方式，加大对具有比较优势的劳动密集型小企业的信贷支持，积极推动创业带动就业。加大对发展职业教育的融资支持，提高返乡农民工就业能力。进一步推进生源地信用助学贷款、国家助学贷款管理和商业性助学贷款业务，完善助学贷款风险分担机制，扩大助学贷款覆盖面，加强政策实施效果监测评估。积极探索建立助学贷款信用保险制度。做细、做实汶川地震灾后恢复重建的各项金融支持和服务工作。对符合条件的农户灾后自住房建设、灾区基础设施建设和灾区支柱产业加大有效信贷投放。积极研究采取措施，加大对灾区农村信用社等地方法人金融机构的扶持力度。探索建立灾后重建贷款的担保和信贷风险分担及补偿机制，支持各金融机构对符合条件的因灾不良贷款按规定予以核销，增强金融机构支持灾区重建的内在激励。

五、鼓励发展消费信贷，做大做好消费信贷市场

积极研究、制定和落实有利于扩大消费的信贷政策措施，有针对性地培育和巩固消费信贷增长点，集中推进汽车、住房、家电、教育、旅游等与民生密切相关的产业的信贷消费。系统总结近年来国内消费信贷政策的实践经验，及

时消除制度障碍，研究和探索拉动市场消费、特别是拉动农村扩大消费的有效
措施和办法。引导金融机构加大消费信贷产品创新力度，改进消费信贷业务管
理方式。支持有条件的地方试点设立消费金融公司。鼓励加强银商合作，在有
效防范风险的基础上，推广银行卡使用，提高刷卡效率，促进扩大银行卡消
费。拓展和完善农民工银行卡特色服务功能，支持开发符合农村市场特点的银
行卡产品。完善汽车融资管理制度，加强汽车经销商的贷款管理，扩大汽车消
费潜在市场。鼓励和支持各商业银行与汽车金融公司开展多方面的业务合作，
支持符合条件的汽车金融公司发行金融债券，扩大汽车贷款证券化规模，拓宽
汽车金融公司融资渠道。大力支持发展服务业、创意文化产业、旅游业等新型
消费，鼓励发展服务外包产业和现代物流配送服务，积极开发潜在消费市场。
加大对符合条件的大型流通企业集团和中小商贸企业融资支持力度，扩大信用
销售。

六、落实好房地产信贷政策，支持房地产市场平稳健康发展

认真落实《国务院办公厅关于促进房地产市场健康发展的若干意见》（国
办发〔2008〕131号），积极支持符合贷款条件的廉租住房、经济适用住房等
保障性住房建设项目。进一步加大对中低价位、中小套型普通商品住房建设、
特别是在建项目的信贷支持力度。做好对有实力、有信誉的房地产开发企业兼
并重组有关企业或项目的融资支持和配套金融服务。支持资信条件较好的房地
产企业发行企业债券和开展房地产投资信托基金试点，拓宽房地产企业融资渠
道。加大对自住型和改善型住房消费的信贷支持力度，鼓励普通商品住房消
费。各银行业金融机构要严格贯彻落实房地产信贷政策，努力改进和完善房地
产金融服务，继续支持房地产行业平稳健康发展，并切实做好风险防范工作。
人民银行各分支机构和各地银监局要密切跟踪把握辖区内房地产市场变化和房
地产信贷政策落实情况，及时反映新情况、新问题。

七、加大对产业转移的融资支持，支持过剩产业有序转移

鼓励金融机构开展出口信贷业务，灵活运用票据贴现、押汇贷款、对外担
保等方式，培育一批具有自主知识产权、自主品牌和高附加值的出口拳头产
品，促进加工贸易转型升级和梯度转移。多方面拓宽融资渠道，加大对企业参
与境外基础设施建设、农业综合开发、农产品加工基地和营销网络建设、外派
劳务基地建设的支持力度。支持国内有实力的企业开展高新技术领域的跨国并
购。适应国内产业升级和产业梯度转移的发展要求，稳步扩大总部融资模式施
行范围，支持优势企业兼并重组。支持发展特色产业区域和优势产业集群。积
极促进贸易投资便利化，加快进出口核销制度改革，支持外贸出口。进一步完
善出口收汇网上核销和出口退税无纸化管理，适当提高企业预收货款结汇比例
和延期付款年度发生额规模，简化企业申请比例结汇和临时额度的审批程序，

提高审批效率，支持境内企业加大对境外的战略性投资。鼓励金融机构扩大人民币出口买方信贷业务。完善出口信用保险项下贸易融资、境外资金管理、国际保理等配套金融服务，改进和提升支持企业"走出去"融资和结算服务。加强跨境资金流动管理，做好对进出口与贸易收付汇的真实性及一致性的审核工作。加大对企业进口先进技术设备、节能环保设备、关键零部件和重要原材料的贸易融资支持，为发展服务贸易提供更为快捷的结算便利。

八、支持区域经济协调发展，推进实施区域经济发展战略

进一步细化金融服务西部开发、振兴东北、中部崛起等国家重大区域经济发展战略的信贷政策支持措施。引导和鼓励金融机构加大金融支持和创新力度，建立长期稳定的资金开发渠道，促进东西互动、产业承接，实现东、中、西部优势互补，推动区域经济协调发展。鼓励地方政府加强区域信用环境和金融生态建设，不断增强欠发达地区对信贷资金的吸引力。进一步加强和改进适合区域特点的金融服务，建立健全区域经济社会加快发展的可持续机制，加大对革命老区、民族地区、边疆地区、贫困地区和人口较少民族的金融支持，全面做好国家重点科技开发园区、经济特区、环渤海经济区、长三角区域经济一体化、天津滨海新区开发开放、重庆统筹城乡改革试验区等国家重点支持区域的各项金融服务。将民族贸易用品和民族特需用品生产企业优惠利率贷款的承贷银行，从国有商业银行扩大到股份制商业银行和农村信用社。完善边贸结算政策，引导和鼓励边贸地区的企业使用人民币进行贸易结算。认真落实广东和长江三角洲地区与港澳地区、广西和云南与东盟的货物贸易进行人民币结算试点工作。积极推动和促进海峡两岸开展和加强实质性金融合作。

九、促进自主创新成果产业化，推动产业结构优化升级

发挥科技对扩大内需的支撑作用，鼓励和引导金融机构支持企业自主创新，用好各类政府基金、财政贴息等补偿手段，加强对国家级工程技术研究中心、重点实验室建设、高新技术产业群、国家高技术示范工程建设、国家重大科技产业化项目、科技成果转化项目等方面的信贷投入，促进提高企业自主创新能力，推动自主创新成果产业化。鼓励地方政府设立创业投资引导基金，通过参股和提供融资担保等方式扶持创业投资企业，促进政府引导、市场化运作的创业投资发展。探索推进知识产权、自主品牌质押贷款，支持火炬、星火等科技发展计划项目。加快发展私募股权基金，探索发行非上市企业私募可转换债券，搭建多种形式的科技金融合作平台，促进更多资本进入创业投资市场，支持创业孵化服务机构发展。为高科技创业风险投资企业跨境资金运作创造更加宽松的金融、外汇服务环境。

十、加强信贷结构监测评估，有效防范和控制信贷风险

人民银行各分支机构和银监会各派出机构在坚持"区别对待、有保有压"

的方针，积极鼓励和引导银行业金融机构对重点项目、重点产业和重点区域加大信贷支持的同时，要全面加强信贷结构监测分析和评估，对辖区内信贷资金投放的结构、节奏和进度的动态信息要及时把握，心中有数。在加强信贷结构调整的同时，要特别注意防止金融机构贷长、贷大、贷集中和严重存贷期限错配产生新的系统性金融风险。对于不符合国家产业政策规定、市场准入标准、达不到国家环评和排放要求的项目，要严格限制任何形式的新增授信支持，并依法加强监督检查，切实防止低水平重复建设。要进一步密切合作，建立和完善辖区内信贷结构定期监测分析评估制度，提高信贷结构分析监测能力，加强对国内外经济走势和各经济领域发展状况的前瞻性判断和预测，及时反映新情况、新问题，加强信贷政策指导和风险提示，促进货币信贷政策在辖区得到有效贯彻落实。

请人民银行上海总部、各分行、营业管理部、省会（首府）城市中心支行、副省级城市中心支行会同当地银监局将本意见迅速转发至辖区内各金融机构，并结合辖区特点抓紧制定实施意见，加强组织协调，做好贯彻实施工作。本意见贯彻实施情况，请及时报告人民银行和银监会。

中国人民银行　中国银行业监督管理委员会

二〇〇九年三月十八日

附录 4.9

中国银监会办公厅关于信托公司信政合作业务风险提示的通知

（银监办发［2009］155 号）

各银监局、银监会直接监管的信托公司：

自 2008 年下半年以来，国务院先后出台扩大内需、促进经济发展的一系列宏观经济政策，各信托公司通过与各级政府在基础设施、民生工程等领域开展信政合作业务，为地方经济发展做出了贡献。但部分信政合作业务也存在着项目管理不够严谨，担保、抵押等行为不够规范，个别业务环节存在法律瑕疵等问题。为进一步规范信政合作业务，提高信托公司风险管理能力，使其在贯彻中央经济政策、刺激经济增长中发挥积极作用，现做出如下风险提示：

一、信托公司开展信政合作业务应高度重视合规经营问题，积极探索创新，采取有效措施防范合规性风险和法律风险

（一）信托公司在项目选择中应严格遵守国家宏观经济政策各项要求，选择国家重点支持的行业领域进行合作，严禁向国家限制的行业、企业和项目提供融资或投资服务。

实务及典型案例
房地产信托投融资

（二）信托公司应严格遵守《担保法》及信政合作的相关监管规定，在合法合规的基础上开展业务。

二、信托公司应进一步提高风险管理能力，尽职管理信托财产，确保信政合作业务既支持地方经济发展，又能保证信托资金的安全和受益人的合法权益。

在开展信政合作业务中，信托公司应加强对合作方资金实力、信用程度和综合偿债能力的跟踪分析，及时、全面掌握借款人的各类授信信息，按照统一授信要求，结合地方政府财政实力与实际负债状况，核定信用等级和风险限额，在符合信贷条件、权衡风险与收益的前提下，审慎选择服务支持对象。在产品设计方面，应注意信托资金的成本收益分析，以及资金和项目之间的期限配比安排，完善和落实多种形式的担保，并通过办理合法有效的质押登记、建立质押资金专户等方式，增强担保的法律效力和执行效果。项目实施后，应及时跟踪了解进展情况，切实做好项目的后期管理和信息披露工作。

各信托公司应认真梳理现有信政合作项目的风险隐患和业务中的法律瑕疵，采取有效措施予以管理和控制；在坚持合规经营、风险可控的原则下，充分发挥信托制度优势，通过信政合作业务为地方经济发展做出贡献。

请各银监局将本通知转发至辖内各银监分局和信托公司。

特此通知。

中国银行业监督管理委员会办公厅

二〇〇九年四月十四日

附录 4.10

国务院关于调整固定资产投资项目
资本金比例的通知
（国发〔2009〕27 号）

各省、自治区、直辖市人民政府，国务院各部委、各直属机构：

固定资产投资项目资本金制度既是宏观调控手段，也是风险约束机制。该制度自 1996 年建立以来，对改善宏观调控、促进结构调整、控制企业投资风险、保障金融机构稳健经营、防范金融风险发挥了积极作用。为应对国际金融危机，扩大国内需求，有保有压，促进结构调整，有效防范金融风险，保持国民经济平稳较快增长，国务院决定对固定资产投资项目资本金比例进行适当调整。现就有关事项通知如下：

一、各行业固定资产投资项目的最低资本金比例按以下规定执行：

钢铁、电解铝项目，最低资本金比例为 40％。

水泥项目，最低资本金比例为 35％。

煤炭、电石、铁合金、烧碱、焦炭、黄磷、玉米深加工、机场、港口、沿海及内河航运项目，最低资本金比例为30%。

铁路、公路、城市轨道交通、化肥（钾肥除外）项目，最低资本金比例为25%。

保障性住房和普通商品住房项目的最低资本金比例为20%，其他房地产开发项目的最低资本金比例为30%。

其他项目的最低资本金比例为20%。

二、经国务院批准，对个别情况特殊的国家重大建设项目，可以适当降低最低资本金比例要求。属于国家支持的中小企业自主创新、高新技术投资项目，最低资本金比例可以适当降低。外商投资项目按现行有关法规执行。

三、金融机构在提供信贷支持和服务时，要坚持独立审贷，切实防范金融风险。要根据借款主体和项目实际情况，参照国家规定的资本金比例要求，对资本金的真实性、投资收益和贷款风险进行全面审查和评估，自主决定是否发放贷款以及具体的贷款数量和比例。

四、自本通知发布之日起，凡尚未审批可行性研究报告、核准项目申请报告、办理备案手续的投资项目，以及金融机构尚未贷款的投资项目，均按照本通知执行。已经办理相关手续但尚未开工建设的投资项目，参照本通知执行。

五、国家将根据经济形势发展和宏观调控需要，适时调整固定资产投资项目最低资本金比例。

六、本通知自发布之日起执行。

国务院

二〇〇九年五月二十五日

附录4.11

中国银监会关于信托公司开展项目融资业务涉及项目资本金有关问题的通知

（银监发〔2009〕84号）

各银监局、银监会直接监管的信托公司：

2008年三季度以来，在党中央、国务院坚决实施积极财政政策和适度宽松货币政策应对国际金融危机的背景下，信托公司积极响应国家宏观调控政策，发挥信托功能优势，拓展基础设施、民生等领域项目融资业务，对推动经济企稳起到了重要作用。但在项目融资业务发展的同时，部分信托公司的审慎经营意识出现减弱的苗头，积聚的风险隐患开始增加。为有效防范信托公司项目融资业务风险，防微杜渐，维护金融稳定，确保信托公司健康、平稳发展，

根据《信托公司管理办法》和《项目融资业务指引》等法规规定，现将有关事项通知如下：

一、信托公司要严格执行国家固定资产投资项目资本金管理制度，加强对项目资本金来源及到位真实性的审查认定。对股东借款（股东承诺在项目公司偿还银行或信托公司贷款前放弃对该股东借款受偿权的情形除外）、银行贷款等债务性资金和除商业银行私人银行业务外的银行个人理财资金，不得充作项目资本金。

信托公司应要求借款人提供资本金到位的合法、有效证明，必要时应委托有资质的中介机构进行核实认定。

二、信托公司不得将债务性集合信托计划资金用于补充项目资本金，以达到国家规定的最低项目资本金要求。前述债务性集合信托计划资金包括以股权投资附加回购承诺（含投资附加关联方受让或投资附加其他第三方受让的情形）等方式运用的信托资金。

信托公司按照《信托公司私人股权投资信托业务操作指引》开展私人股权投资信托业务时，约定股权投资附加回购选择权的情形不适用前款规定。

三、信托公司应加强对项目融资业务的合规性管理和风险管理，审慎开展该类业务，确保信托公司健康、平稳发展。

请各银监局将本通知转发至辖内银监分局和信托公司。

中国银行业监督管理委员会
二〇〇九年九月三日

附录4.12

财政部关于坚决制止财政违规担保向社会公众集资行为的通知

（财预〔2009〕388 号）

各省、自治区、直辖市、计划单列市财政厅（局）：

当前，一些基层政府出现了政府融资平台公司（以下简称平台公司）等主体由财政担保，向行政事业单位职工等社会公众集资，用于开发区、工业园等的拆迁及基础设施建设的现象。这些做法违反了《担保法》、《非法金融机构和非法金融业务活动取缔办法》（国务院令第 247 号）、《国务院办公厅关于依法惩处非法集资有关问题的通知》（国办发明电〔2007〕34 号）等法律法规和有关文件的规定，如任其发展，势必扰乱社会主义市场经济秩序，损害政府的声誉和形象，甚至危及地方社会稳定，必须采取有效措施坚决予以制止。现就有关问题通知如下：

一、高度重视制止财政违规担保向社会公众集资行为的重要性和紧迫性。规范地方政府及其平台公司的举债和担保承诺行为，是深入贯彻落实科学发展观，防范财政和金融风险，促进经济社会持续健康发展的重要举措。各级财政部门务必统一思想，高度重视，从大局出发，充分认识到财政违规担保向社会集资的严重性和危害性，认真采取有效措施，坚决制止和纠正财政违规担保向社会公众集资的行为。

二、严格遵守相关法律制度规定。《担保法》第八条规定："国家机关不得为保证人，但经国务院批准为使用外国政府或者国际经济组织贷款进行转贷的除外。"《非法金融机构和非法金融业务活动取缔办法》第五条规定："未经中国人民银行依法批准，任何单位和个人不得擅自设立金融机构或者擅自从事金融业务活动。"《国务院办公厅关于依法惩处非法集资有关问题的通知》（国办发明电〔2007〕34号）规定："地方人民政府要切实担负起依法惩处非法集资的责任，确保社会稳定。"这些法律法规和文件明确规定了政府不得担保、非法集资的社会危害性、非法集资的主要形式和特征、地方人民政府的责任等问题。各级财政部门务必牢固树立依法理财的意识，严格遵守法律制度规定，确保有法必依，违法必究。

三、严禁发生新的财政违规担保向社会公众集资行为。地方进行基础设施建设，必须量力而行。确需举债融资的，必须严格按照现行法律法规及国务院有关规定办理。严禁违反或规避相关法律的规定，为平台公司向社会公众集资等直接或变相提供财政担保。

四、立即停止财政违规担保向社会公众集资行为。财政担保正在向社会公众集资的，要立即终止。拟由财政担保向社会公众集资的，要及时终止集资计划。已经使用财政资金提供担保并集资的，要按照有关规定抓紧组织资金予以清退，依法保证干部群众等社会公众的集资款不受侵害，同时要密切关注清退过程中出现的问题，及时审慎地加以解决，确保清退工作有序进行。

五、加大对财政违法违规行为的监督和查处力度。财政部驻各地财政监察专员办事处及各省财政监督部门要加强与审计、纪检等部门的协调沟通，加大对地方财政部门违规担保向社会公众集资行为的监督检查力度，对检查出来的问题要及时上报。对性质恶劣、问题严重的单位，要依照有关法律法规，移交纪检监察部门追究相关责任人的党纪政纪责任；涉嫌犯罪的，要依法移送司法机关追究刑事责任。

财政部

二〇〇九年十一月六日

附录 4.13

中国银监会关于加强信托公司结构化信托业务
监管有关问题的通知

(银监通〔2010〕2 号)

各银监局、银监会直接监管的信托公司：

为规范信托公司开展结构化信托业务，保护信托当事人的合法权益，鼓励信托公司依法进行业务创新和培养自主管理能力，确保结构化信托业务健康、有序发展，根据《中华人民共和国信托法》、《信托公司管理办法》、《信托公司集合资金信托计划管理办法》等法律法规的规定，现就信托公司开展结构化信托业务的有关问题通知如下：

一、结构化信托业务是指信托公司根据投资者不同的风险偏好对信托受益权进行分层配置，按照分层配置中的优先与劣后安排进行收益分配，使具有不同风险承担能力和意愿的投资者通过投资不同层级的受益权来获取不同的收益并承担相应风险的集合资金信托业务。

本通知中，享有优先受益权的信托产品投资者称为优先受益人，享有劣后受益权的信托产品投资者称为劣后受益人。

二、信托公司开展结构化信托业务，应当严格遵循以下原则：

（一）依法合规原则。

（二）风险与收益相匹配原则。

（三）充分信息披露原则。

（四）公平公正，注重保护优先受益人合法利益原则。

三、信托公司开展结构化信托业务，应当培养并建立与业务发展相适应的专业团队及保障系统，完善规章制度，加强 IT 系统建设，不断提高结构化信托产品的设计水平、管理水平和风险控制能力，打造结构化信托产品品牌。

四、结构化信托产品的投资者应是具有风险识别和承担能力的机构或个人。

信托公司在开展结构化信托业务前应对信托投资者进行风险适应性评估，了解其风险偏好和承受能力，并对本金损失风险等各项投资风险予以充分揭示。

信托公司应对劣后受益人就强制平仓、本金发生重大损失等风险进行特别揭示。

五、结构化信托业务中的劣后受益人，应当是符合《信托公司集合资金信托计划管理办法》规定的合格投资者，且参与单个结构化信托业务的金额不得

低于 100 万元人民币。

六、结构化信托业务的产品设计：

（一）结构化信托业务产品的优先受益人与劣后受益人投资资金配置比例大小应与信托产品基础资产的风险高低相匹配，但劣后受益权比重不宜过低。

（二）信托公司进行结构化信托业务产品设计时，应对每一只信托产品撰写可行性研究报告。报告应对受益权的结构化分层、风险控制措施、劣后受益人的尽职调查过程和结论、信托计划推介方案等进行详细说明。

（三）信托公司应当合理安排结构化信托业务各参与主体在投资者管理中的地位与职责，明确委托人、受益人、受托人、投资顾问（若有）等参与主体的权限、责任和风险。

（四）结构化信托业务运作过程中，信托公司可以允许劣后受益人在信托文件约定的情形出现时追加资金。

七、信托公司开展结构化信托业务不得有以下行为：

（一）利用受托人的专业优势为自身谋取不当利益，损害其他信托当事人的利益。

（二）利用受托人地位从事不当关联交易或进行不当利益输送。

（三）信托公司股东或实际控制人利用信托业务的结构化设计谋取不当利益。

（四）以利益相关人作为劣后受益人，利益相关人包括但不限于信托公司及其全体员工、信托公司股东等。

（五）以商业银行个人理财资金投资劣后受益权。

（六）银监会禁止的其他行为。

八、结构化信托业务劣后受益人不得有以下行为：

（一）为他人代持劣后受益权。

（二）通过内幕信息交易、不当关联交易等违法违规行为牟取利益。

（三）将享有的信托受益权在风险或收益确定后向第三方转让。

九、信托公司开展结构化证券投资信托业务时，应遵守以下规定：

（一）明确证券投资的品种范围和投资比例。可根据各类证券投资品种的流动性差异设置不同的投资比例限制，但单个信托产品持有一家公司发行的股票最高不得超过该信托产品资产净值的 20%。

（二）科学合理地设置止损线。止损线的设置应当参考受益权分层结构的资金配比，经过严格的压力测试，能够在一定程度上防范优先受益权受到损失的风险。

（三）配备足够的证券交易操作人员并逐日盯市。当结构化证券投资信托产品净值跌至止损线或以下时，应按照信托合同的约定进行平仓处理。

十、信托公司应就结构化信托产品的开发与所在地银行业监督管理机构建立沟通机制，并按季报送上季度开展的结构化信托产品情况报告，报告至少包括每个结构化信托产品的规模、分层设计情况、投资范围、投资策略和比例限制以及每个劣后受益人的名称及认购金额等。

十一、各银监局应切实加强对信托公司开展结构化信托业务的监管。对未按有关法规和本通知要求开展结构化信托业务的信托公司，应责令其改正，并限制或暂停其开展结构化信托业务；情节严重的，应依法予以行政处罚。

十二、中国信托业协会可根据信托公司开展结构化信托业务的实际情况，制订相关行业标准和自律公约。

本通知自 2010 年 2 月 10 日起实施。

请各银监局及时将本通知转发至辖内相关银监分局及信托公司。

中国银行业监督管理委员会

二○一○年二月五日

附录 4.14

中国银监会办公厅关于加强信托公司房地产
信托业务监管有关问题的通知

（银监办发［2010］54 号）

各地银监局，各政策性银行、国有商业银行、股份制商业银行、中国邮政储蓄银行、银监会直接监管的信托公司：

为进一步规范信托公司开展房地产信托业务，防范房地产信托业务风险，提高信托公司风险防范意识和风险控制能力，现就有关事项通知如下：

一、商业银行个人理财资金投资于房地产信托产品的，理财客户应符合《信托公司集合资金信托计划管理办法》中有关合格投资者的规定。

二、信托公司以结构化方式设计房地产集合资金信托计划的，其优先和劣后受益权配比比例不得高于 3∶1。

三、停止执行《中国银监会关于支持信托公司创新发展有关问题的通知》（银监发［2009］25 号）第十条中对监管评级 2C 级（含）以上、经营稳健、风险管理水平良好的信托公司发放房地产开发项目贷款的例外规定，信托公司发放贷款的房地产开发项目必须满足"四证"齐全、开发商或其控股股东具备二级资质、项目资本金比例达到国家最低要求等条件。

四、信托公司不得以信托资金发放土地储备贷款。土地储备贷款是指向借款人发放的用于土地收购及土地前期开发、整理的贷款。

五、信托公司开展房地产信托业务应建立健全房地产贷款或投资审批标

准、操作流程和风险管理制度并切实执行；应进行项目尽职调查，深入了解房地产企业的资质、财务状况、信用状况、以往开发经历，以及房地产项目的资本金、"四证"、开发前景等情况，确保房地产信托业务的合法、合规性和可行性；应严格落实房地产贷款担保，确保担保真实、合法、有效；应加强项目管理，密切监控房地产信托贷款或投资情况。

六、各银监局要加强对既有监管规定的执行力度，强化对房地产信托融资的监管，按照实质重于形式的原则杜绝信托公司以各种方式规避监管的行为。

七、各银监局应进一步加强对信托公司房地产业务的风险监控，对发现的风险苗头要及时予以提示或下发监管意见，并在必要时安排现场检查。

请各银监局将本通知转发给辖内有关银监分局、信托公司及有关金融机构，督促认真遵照执行并总结经验。如遇重大问题，请及时报告。凡与本通知不一致的相关规定，以本通知为准。

中国银行业监督管理委员会办公厅

二〇一〇年二月十一日

附录4.15

国家税务总局关于项目运营方利用信托资金融资过程中增值税进项税额抵扣问题的公告

（国家税务总局公告〔2010〕第8号）

现就项目运营方利用信托资金融资进行项目建设开发过程中增值税进项税额抵扣问题公告如下：

项目运营方利用信托资金融资进行项目建设开发是指项目运营方与经批准成立的信托公司合作进行项目建设开发，信托公司负责筹集资金并设立信托计划，项目运营方负责项目建设与运营，项目建设完成后，项目资产归项目运营方所有。该经营模式下项目运营方在项目建设期内取得的增值税专用发票和其他抵扣凭证，允许其按现行增值税有关规定予以抵扣。

本公告自2010年10月1日起施行。此前未抵扣的进项税额允许其抵扣，已抵扣的不作进项税额转出。

特此公告。

国家税务总局

二〇一〇年八月九日

附录4.16

信托公司净资本管理办法

（银监会令［2010］5号）

《信托公司净资本管理办法》已经 2010 年 7 月 12 日中国银行业监督管理委员会第 99 次主席会议通过。现予公布，自公布之日起施行。

主席：刘明康

二○一○年八月二十四日

第一章 总 则

第一条 为加强对信托公司的风险监管，促进信托公司安全、稳健发展，根据《中华人民共和国银行业监督管理法》、《中华人民共和国信托法》等有关法律法规，制定本办法。

第二条 本办法适用于在中华人民共和国境内依法设立的信托公司。

第三条 本办法所称净资本，是指根据信托公司的业务范围和公司资产结构的特点，在净资产的基础上对各固有资产项目、表外项目和其他有关业务进行风险调整后得出的综合性风险控制指标。对信托公司实施净资本管理的目的，是确保信托公司固有资产充足并保持必要的流动性，以满足抵御各项业务不可预期损失的需要。

本办法所称风险资本，是指信托公司按照一定标准计算并配置给某项业务用于应对潜在风险的资本。

第四条 信托公司应当按照本办法的规定计算净资本和风险资本。

第五条 信托公司应当根据自身资产结构和业务开展情况，建立动态的净资本管理机制，确保净资本等各项风险控制指标符合规定标准。

第六条 中国银行业监督管理委员会可以根据市场发展情况和审慎监管原则，对信托公司净资本计算标准及最低要求、风险控制指标、风险资本计算标准等进行调整。

对于本办法未规定的新产品、新业务，信托公司在设计该产品或开展该业务前，应当按照规定事前向中国银行业监督管理委员会报告。中国银行业监督管理委员会根据信托公司新产品、新业务的特点和风险状况，审慎确定相应的比例和计算标准。

第七条 中国银行业监督管理委员会按照本办法对信托公司净资本管理及相关风险控制指标状况进行监督检查。

第二章　净资本计算

第八条　净资本计算公式为：净资本＝净资产－各类资产的风险扣除项－或有负债的风险扣除项－中国银行业监督管理委员会认定的其他风险扣除项。

第九条　信托公司应当在充分计提各类资产减值准备的基础上，按照中国银行业监督管理委员会规定的信托公司净资本计算标准计算净资本。

第十条　信托公司应当根据不同资产的特点和风险状况，按照中国银行业监督管理委员会规定的系数对资产项目进行风险调整。信托公司计算净资本时，应当将不同科目中核算的同类资产合并计算，按照资产的属性统一进行风险调整。

（一）金融产品投资应当根据金融产品的类别和流动性特点按照规定的系数进行调整。信托公司以固有资金投资集合资金信托计划或其他理财产品的，应当根据承担的风险相应进行风险调整。

（二）股权投资应当根据股权的类别和流动性特点按照规定的系数进行风险调整。

（三）贷款等债权类资产应当根据到期日的长短和可回收情况按照规定的系数进行风险调整。

资产的分类中同时符合两个或两个以上分类标准的，应当采用最高的扣除比例进行调整。

第十一条　对于或有事项，信托公司在计算净资本时应当根据出现损失的可能性按照规定的系数进行风险调整。

信托公司应当对期末或有事项的性质（如未决诉讼、未决仲裁、对外担保等）、涉及金额、形成原因和进展情况、可能发生的损失和预计损失的会计处理情况等在净资本计算表的附注中予以充分披露。

第三章　风险资本计算

第十二条　由于信托公司开展的各项业务存在一定风险并可能导致资本损失，所以应当按照各项业务规模的一定比例计算风险资本并与净资本建立对应关系，确保各项业务的风险资本有相应的净资本来支撑。

第十三条　信托公司开展固有业务、信托业务和其他业务，应当计算风险资本。

风险资本计算公式为：风险资本＝固有业务风险资本＋信托业务风险资本＋其他业务风险资本

固有业务风险资本＝固有业务各项资产净值×风险系数

信托业务风险资本＝信托业务各项资产余额×风险系数

其他业务风险资本＝其他各项业务余额×风险系数

各项业务的风险系数由中国银行业监督管理委员会另行发布。

第十四条 信托公司应当按照有关业务的规模和规定的风险系数计算各项业务风险资本。

第四章 风险控制指标

第十五条 信托公司净资本不得低于人民币 2 亿元。

第十六条 信托公司应当持续符合下列风险控制指标：

（一）净资本不得低于各项风险资本之和的 100％；

（二）净资本不得低于净资产的 40％。

第十七条 信托公司可以根据自身实际情况，在不低于中国银行业监督管理委员会规定标准的基础上，确定相应的风险控制指标要求。

第五章 监督检查

第十八条 信托公司董事会承担本公司净资本管理的最终责任，负责确定净资本管理目标，审定风险承受能力，制定并监督实施净资本管理规划。

第十九条 信托公司高级管理人员负责净资本管理的实施工作，包括制定本公司净资本管理的规章制度，完善风险识别、计量和报告程序，定期评估净资本充足水平，并建立相应的净资本管理机制。

第二十条 信托公司应当编制净资本计算表、风险资本计算表和风险控制指标监管报表。

中国银行业监督管理委员会可以根据监管需要，要求信托公司以合并数据为基础编制净资本计算表、风险资本计算表和风险控制指标监管报表。

第二十一条 信托公司应当在每季度结束之日起 18 个工作日内，向中国银行业监督管理委员会报送季度净资本计算表、风险资本计算表和风险控制指标监管报表。如遇影响净资本等风险控制指标的特别重大事项，应当及时向中国银行业监督管理委员会报告。

第二十二条 信托公司总经理应当至少每年将净资本管理情况向董事会书面报告一次。

第二十三条 信托公司董事长、总经理应当对公司年度净资本计算表、风险资本计算表和风险控制指标监管报表签署确认意见，并保证报表真实、准确、完整，不存在虚假记载、误导性陈述和重大遗漏。

第二十四条 信托公司应当在年度报告中披露净资本、风险资本以及风险控制指标等情况。

第二十五条 信托公司净资本等相关风险控制指标与上季度相比变化超过

30%或不符合规定标准的，应当在该情形发生之日起 5 个工作日内，向中国银行业监督管理委员会书面报告。

第二十六条 信托公司净资本等相关风险控制指标不符合规定标准的，中国银行业监督管理委员会可以视情况采取下列措施：

（一）要求信托公司制定切实可行的整改计划、方案，明确整改期限；

（二）要求信托公司采取措施调整业务和资产结构或补充资本，提高净资本水平；

（三）限制信托公司信托业务增长速度；

第二十七条 对未按要求完成整改的信托公司，中国银行业监督管理委员会可以进一步采取下列措施：

（一）限制分配红利；

（二）限制信托公司开办新业务。

（三）责令暂停部分或全部业务。

第二十八条 对信托公司净资本等风险控制指标继续恶化，严重危及该信托公司稳健运行的，除采取第二十七条规定的相关措施外，中国银行业监督管理委员会还可以采取下列措施：

（一）责令调整董事、监事及高级管理人员；

（二）责令控股股东转让股权或限制有关股东行使股东权利；

（三）责令停业整顿；

（四）依法对信托公司实行接管或督促机构重组，直至予以撤销。

第六章　附　则

第二十九条 本办法由中国银行业监督管理委员会负责解释。

第三十条 本办法自公布之日起施行。

附录 4.17

中国银监会办公厅关于信托公司房地产信托业务风险提示的通知

（银监办发〔2010〕343 号）

各银监局、银监会直接监管的信托公司：

近来，信托公司房地产信托业务增长迅速，个别信托公司开展这项业务不够审慎。为有效落实国家房地产调控政策，进一步规范房地产信托业务，提高信托公司风险防范意识和风险控制能力，根据《信托公司管理办法》及相关规定，现就信托公司房地产信托业务风险提示如下：

一、各信托公司应立即对房地产信托业务进行合规性风险自查。逐笔分析业务合规性和风险状况，包括信托公司发放贷款的房地产开发项目是否满足"四证"齐全、开发商或其控股股东具备二级资质、项目资本金比例达到国家最低要求等条件；第一还款来源充足性、可靠性评价；抵质押等担保措施情况及评价；项目到期偿付能力评价及风险处置预案等内容。

二、各银监局要加强对辖内信托公司房地产信托业务合规性监管和风险监控，结合今年开展的专项调查和压力测试，在信托公司自查基础上，逐笔对房地产信托业务进行核查，对以受让债权等方式变相提供贷款的情况，要按照实质重于形式的原则予以甄别。自查和核查中发现的问题，应立即采取措施责成信托公司予以纠正，对违规行为依法查处。

各银监局于 12 月 20 日前将核查及处理结果书面报告银监会。

三、各银监局要督促信托公司在开展房地产信托业务时审慎选择交易对手，合理把握规模扩张，加强信托资金运用监控，严控对大型房地产企业集团多头授信、集团成员内部关联风险，积极防范房地产市场调整风险。对执行不力的银监局，银监会将予以通报，并视情况追究相关责任。

请银监局将本通知转发给辖内有关银监分局和信托公司，如有重大问题，请及时向银监会报告。

中国银行业监督管理委员会办公厅
二〇一〇年十一月十二日

附录 4.18

中国银监会关于印发信托公司净资本
计算标准有关事项的通知
（银监发〔2011〕11 号）

各银监局，银监会直接监管的信托公司：

按照《信托公司净资本管理办法》（中国银监会令〔2010〕5 号）规定，现将信托公司净资本、风险资本计算标准和监管指标印发给你们，并就相关事项通知如下：

一、为进一步加强信托公司分类监管，确保信托公司业务发展与其风险管理能力、内控水平相匹配，银监会对不同监管评级的信托公司实施不同的风险资本计算标准。

评级结果为 3 级及以下的信托公司风险资本计算系数为标准系数。评级结果为 1 级和 2 级的信托公司风险资本计算系数在标准系数基础上下浮 20%。

二、对于同时包含融资类和投资类业务的信托产品，信托公司在计算风险

资本时应按照融资类和投资类业务风险系数分别计算风险资本。

融资类业务包括但不限于信托贷款、受让信贷或票据资产、附加回购或回购选择权、股票质押融资和准资产证券化等业务。

三、对于 TOT（信托之信托）信托产品，信托公司应按照被投资信托产品的分类分别计算风险资本。

除 TOT 和股票受益权投资信托业务外，其他受益权投资信托业务原则上应按照融资类业务计算风险资本。

四、银信合作业务以及受益权发生转让导致受益人超过两人（含两人）的信托业务，按照集合资金信托业务计算风险资本。

银行理财资金成为受益人的信托业务视为银信合作业务，按照集合资金信托业务计算风险资本。

五、为防范关联交易风险，信托公司对资金来自非关联方但用于关联方的单一信托业务应按照规定的风险系数额外计提附加资本。

六、银监会将根据信托公司业务发展的实际情况，适时调整净资本、风险资本计算标准和监管指标，确保信托公司风险可控、科学发展。

七、各信托公司应根据国家宏观调控政策和银监会监管政策导向积极调整业务规模和业务结构，确保在 2011 年 12 月 31 日前达到净资本各项指标要求。

对在规定时间内未达标的信托公司，各银监局应立即暂停其信托业务，并追究该公司董事长和高级管理人员责任。

八、各银监局应认真组织监管人员和信托公司学习净资本管理相关规定，有效落实各项监管要求，并将文件执行中遇到的问题和建议及时报告银监会。

请各银监局将本通知转发至辖内银监分局及信托公司。

附件1　信托公司净资本计算表
附件2　信托公司风险资本计算表
附件3　信托公司净资本风险控制指标监管报表

中国银监业监督管理委员会
二〇一一年一月二十七日

附件1　　　　　**信托公司净资本计算表**

编制单位：　　　　　　　年　　月　　日　　　　　　　　单位：万元

项目	期初余额	期末余额	扣减比例	应计算金额 期初余额	应计算金额 期末余额	说　明
注册资本						用于与净资本的比较。

续表

项目	期初余额	期末余额	扣减比例	应计算金额		说 明
				期初余额	期末余额	
净资产						这部分参考《商业银行资本充足率管理办法》填报说明。是指固有所有者权益，包括实收资本、资本公积、盈余公积和未分配利润可计入部分（扣除拟分配暂计部分）。
减：应提未提的准备金（准备金缺口）						按照财政部《金融企业呆账提取管理办法》提取范围包括信托公司承担风险和损失的贷款（含抵押、质押、担保等贷款）、信用垫款、拆出资金、应收融资租赁款等。
调整后净资产						
减：投资						
1. 债券						
国债			1%			
政策性金融债			1%			
特种金融债券			1%			
中央银行票据			1%			
短期融资券			2%			短期融资券是具有法人资格的非金融企业，依照规定的条件和程序在银行间债券市场发行并约定在一定期限内还本付息的有价证券，短期融资券是由企业发行的无担保短期本票。在我国，短期融资券是指企业依照《短期融资券管理办法》的条件和程序在银行间债券市场发行和交易并约定在一定期限内还本付息的有价证券，是企业筹措短期（1年以内）资金的直接融资方式。
中期票据			2%			
可转换债券			3%			
企业债券（包括公司债券）						
其中：有担保			3%			
无担保			4%			
2. 基金						

项目	期初余额	期末余额	扣减比例	应计算金额		说　明
				期初余额	期末余额	
货币市场基金			1％			货币市场基金（Money Market Fund，简称 MMF）是指投资于货币市场上短期（一年以内，平均期限120天）有价证券的一种投资基金。该基金资产主要投资于短期货币工具如国库券、商业票据、银行定期存单、政府短期债券、企业债券等短期有价证券。货币基金只有一种分红方式——红利转投资。货币市场基金每份单位始终保持在1元，超过1元后的收益会按时自动转化为基金份额，拥有多少基金份额即拥有多少资产。流动性较其他基金更好。
证券投资基金（不含货币市场基金）						
其中：债券型			2％			
股票型			3％			
3.股票						
上海180指数、深圳100指数、沪深300指数成分股			3％			
一般上市股票			5％			
限制流通的股票			10％			
未上市流通的股票			10％			
ST股票			30％			
*ST股票			50％			
持有一种股票的市值与该股票市值的比例超过5％的部分			50％			指总市值。
已退市且在代办股份转让系统挂牌的股票			100％			
已退市且未在代办股份转让系统挂牌的股票			100％			

续表

项目	期初余额	期末余额	扣减比例	应计算金额		说 明
				期初余额	期末余额	
4. 其他金融产品投资						
资产支持证券			10%			
衍生金融产品投资						
其中：权证投资			50%			
股指期货投资			100%			指占用保证金。
其他衍生金融资产注1						
信托产品投资						
其中：以自有资金购买本公司集合信托计划						
其中：以自有资金作为劣后优先承担损失			100%			
其他			10%			
以自有资金购买其他信托公司集合信托计划						
其中：以自有资金作为劣后优先承担损失			100%			
其他			20%			
其他公司集合资产管理投资（如银行、证券公司）			30%			
其他金融产品投资			50%			按银监会根据审慎监管原则和有关投资的风险情况确定的比例进行调整。
5. 股权投资（不含对上市公司的股权投资）						
对金融企业股权投资						
其中：对商业银行股权投资			10%			
对基金管理公司股权投资			10%			
对证券公司股权投资			10%			
对期货公司股权投资			10%			
对保险公司股权投资			10%			

项目	期初余额	期末余额	扣减比例	应计算金额		说　明
				期初余额	期末余额	
对其他金融企业股权投资			10%			
对非金融企业股权投资（包括 PE 投资）			30%			是指已获准开展的股权投资。
其他股权投资			100%			其他股权投资是指未经批准或认可的股权投资。
6. 投资性房地产			100%			按新两规信托公司只能进行自用固定资产投资。
投资的风险调整小计						
减：贷款等债权类资产						
1. 贷款（含投资附加回购和买入返售资产）						
三个月以内（含三个月）到期贷款			10%			是指距到期日在 3 个月以内，以下同。
三个月至一年（含一年）到期贷款			20%			
一年至两年（含两年）到期贷款			50%			
两年以上到期贷款			100%			逾期未还的贷款填入此项。
其中：对股东发放的贷款			100%			该条是与前列以到期期限的分类不同的分类方法，按照新两规，信托公司不得向关联方融出资金，处于过渡期清理关联贷款全额进行扣减。当某笔贷款同时符合两个或两个以上分类标准的，应当采用最高的比例进行调整。
2. 应收款项（应收账款、应收利息、应收股利、其他应收款等）						
账龄一年以内（含一年）的应收款项			20%			
账龄一年至两年（含两年）的应收款项			50%			

续表

项目	期初余额	期末余额	扣减比例	应计算金额 期初余额	应计算金额 期末余额	说　明
账龄两年以上的应收款项			100%			
应收股东及关联人款项			100%			
3. 长期应收款（融资租赁业务）						
一年以内（含一年）到期租赁资产			20%			
一年至两年（含两年）到期租赁资产			50%			
两年以上到期租赁资产			100%			
与股东及关联人交易形成的租赁资产			100%			
4. 拆出资金			1%			
贷款等债权类资产风险调整小计						
减：其他类资产						
1. 固定资产						按新两规信托公司只能进行自用固定资产投资。
所有权权属明确的自用房产			30%			
其他固定资产			100%			不包括投资性房地产。
2. 其他资产注2			100%			
其他类资产风险调整小计						
减：或有负债的风险调整合计						
1. 对外担保			100%			对有充足反担保的按50%扣减。
2. 其他或有负债注3						
减：中国银监会认定的其他调整项目合计						

续表

项目	期初余额	期末余额	扣减比例	应计算金额 期初余额	应计算金额 期末余额	说　明
1. 所有权受限等无法变现的资产（如被冻结）			100%			
2. 其他项目						按银监会审慎监管原则进行调整。
加：中国银监会核准的其他调整项目						
净资本金额						

注：1. 根据审慎监管原则和具体资产的风险情况、流动性情况进行调整。

2. 包括固定资产清理、在建工程、无形资产、商誉、抵债资产、递延所得税资产、长期待摊费用等。

3. 按或有事项涉及金额的20%或可能发生的损失孰高者调整。

4. 计算净资本时，需要计提资产减值准备的项目，以扣减资产减值准备后的净额作为计算基础；无须计提资产减值准备的项目，以其账面余额作为计算基础。

5. 未上市流通或限制流通股票，指已发行尚未上市流通的新股、处于禁售期的法人股以及在一定期限内被锁定的股票。

6. 股票的分类中同时符合两个或两个以上标准的，应采用最高的比例进行扣减。

法定代表人：　　　　　办公电话：

总经理：　　　　　　　办公电话：

财务负责人：　　　　　办公电话：　　　　　移动电话：

合规负责人：　　　　　办公电话：　　　　　移动电话：

制表人：　　　　　　　办公电话：　　　　　移动电话：

附件 2　　　　　　　　信托公司风险资本计算表

制作单位：　　　　　　　　　年　　月　　日　　　　　　　单位：万元

项目	期初余额	期末余额	风险系数	风险资本[注1] 期初余额	风险资本[注1] 期末余额	说　明
一、固有业务						按所形成的资产净值余额计算。
（一）金融产品投资						
1. 套期保值和套利业务						
其中：股指期货套期保值和套利业务						

续表

项目	期初余额	期末余额	风险系数	风险资本注1		说　明
				期初余额	期末余额	
有效套期保值部分						有效套期保值的认定参考企业会计准则24号，该项目只适用于套期保值交易和低风险套利交易。
权益类证券投资			1.25%			
股指期货			1.25%			按合约价值计算。
未有效套期保值部分						
权益类证券投资			10%			
股指期货			10%			按合约价值计算。
2. 其他金融产品投资						
其中：固定收益类证券投资			5%			指债券和主要以债券为投资对象的证券类金融产品，包括债券、债券基金以及银监会规定的其他证券。
权益类证券投资			10%			指股票和主要以股票为投资对象的证券类金融产品，包括股票、股票基金以及银监会规定的其他证券。
证券衍生品投资						
股指期货			10%			按合约价值计算。
其他			50%			
其他金融产品投资			20%			
（二）融资类业务			10%			按贷款净值计算，扣除了已计提各项损失准备。
（三）非上市金融类股权投资类业务			10%			
（四）非上市非金融类股权投资类业务			20%			
（五）现金类资产			0			银行存款、存放同业等。
（六）其他			10%			投资性房地产、固有资产、应收款等。
固有业务风险资本						
二、信托业务						按照所形成的信托资产余额计算。
（一）单一类信托业务（不含银信理财合作业务）						银信理财合作业务的定义参见银监发［2010］72号文件。

续表

项目	期初余额	期末余额	风险系数	风险资本[注1]		说　明
				期初余额	期末余额	
1. 投资类信托业务						投资类信托业务是指信托资产提供方的资产管理需求为驱动因素和业务起点，以实现信托财产的保值增值为主要目的。信托公司作为受托人主要发挥投资管理人功能，对信托财产进行投资运用的信托业务，如私募股权投资信托（PE）、证券投资信托（含私募证券投资信托）等。此类信托包含受托人自主决定将投资管理职责外包的情形，但不包含法律规定、受益人（大会）决定将投资管理职责安排给其他当事人的情形。
（1）金融产品投资						
其中：股指期货相关的投资产品			0.80%			
公开市场交易的固定收益产品			0.10%			
其他有公开市场价格金融产品			0.30%			
其他			0.50%			
（2）股权投资类业务（非上市公司股权投资，包括PE）			0.80%			
（3）其他投资类业务			0.80%			
2. 融资类信托业务						融资类信托业务是指以资金需求方的融资需求为驱动因素和业务起点，信托目的以寻求信托资产的固定汇报为主，信托资产主要运用于信托设立前已事先制定的特定项目。信托公司在此类业务中主要承担向委托人、受益人推荐特定目的、向特定项目索取融资本金和利息的职责，包括信托贷款、带有回购、回购选择权或担保安排的股权融资型信托、信贷资产受让信托等。

项目	期初余额	期末余额	风险系数	风险资本[注1] 期初余额	期末余额	说　明
(1) 房地产类融资						
公租房、廉租房类融资			0.50％			
其他房地产类融资			1.00％			
(2) 其他融资类业务			0.80％			
3. 事务类信托业务			0.10％			主要为年金业务、股权代持、员工福利计划、财产权信托中的事务管理类等。
4. 其他			1.00％			
(二) 集合类信托业务 (银信合作业务全部视为集合信托业务)						
1. 投资类信托业务						
(1) 金融类产品投资						
其中：股指期货相关的投资产品			1.00％			
公开市场交易的固定收益产品			0.20％			
其他有公开市场价格金融产品			0.50％			
其他			1.00％			
(2) 股权投资类业务（非上市公司股权投资，包括PE)			1.50％			
(3) 其他投资类业务			1.50％			
2. 融资类信托业务						
(1) 房地产类						
其中：公租房、廉租房类融资			1.00％			

项目	期初余额	期末余额	风险系数	风险资本_{注1}		说　明
				期初余额	期末余额	
其他房地产类融资			3.00%			
（2）其他类			1.50%			
3. 事务类信托业务			0.20%			
4. 其他			3.00%			
（三）财产信托						
1. 以财产受益权为标的的准资产证券化业务			1.00%			
2. 其他			0.20%			
（四）附加风险资本						对下列信托业务除了按上述标准计算风险资本外，还需要按以下标准再额外增加一块风险资本。
1. 单一类信托业务中资金来自非关联企业，但投向关联企业的信托业务			2.00%			
2. 银信合作业务中信托贷款业务、受让信贷/票据资产业务			9.00%			银信合作业务中的贷款业务和受让信贷/票据资产业务风险系数总计10.5%，因在前面已计算过1.5%，所以此处附加风险资本系数为9%。
信托业务风险资本						
三、其他业务						
（一）承销（包销）业务						主要指信托公司承担包销责任的承销业务，不包括代销。按包销债券金额的规定比例计算，不包括已完成的包销金额。
1. 承销公司债券业务规模			5%			包括公司债和企业债。
2. 承销政府债券业务规模			3%			

续表

项目	期初余额	期末余额	风险系数	风险资本[注1]		说　明
				期初余额	期末余额	
（二）其他业务			5％			
其他业务风险资本						
各项风险资本之和[注2]						

注：1. ①固有业务风险资本＝各项固有业务资产净值×风险系数；

②信托业务风险资本＝信托业务各项资产余额×风险系数；

③其他业务风险资本＝其他各项业务余额×风险系数；

　2. 各项业务风险资本之和＝固有业务风险资本＋信托业务风险资本＋其他业务风险资本

法定代表人：　　　　　办公电话：

总经理：　　　　　　　办公电话：

财务负责人：　　　　　办公电话：　　　　　移动电话：

合规负责人：　　　　　办公电话：　　　　　移动电话：

制表人：　　　　　　　办公电话：　　　　　移动电话：

附件3　　　　　　**信托公司净资本风险控制指标检测表**

编制单位：　　　　　　　　　年　　月　　日　　　　　　　　单位：万元

项目（信托公司）	期初余额	期末余额	监管标准	备注
净资本			≥2亿元	
固有业务风险资本				
信托业务风险资本				
其他业务风险资本				
各项业务风险资本之和				
净资本/各项业务风险资本之和			≥100％	
净资本/净资产			≥40％	

法定代表人：　　　　　办公电话：

总经理：　　　　　　　办公电话：

财务负责人：　　　　　办公电话：　　　　　移动电话：

合规负责人：　　　　　办公电话：　　　　　移动电话：

制表人：　　　　　　　办公电话：　　　　　移动电话：

附录 4.19

房地产信托业务风险监测表

（2011 年 5 月）

填表公司：　　　　　　　　填表日期：

序号	项目名称	项目属性			信托规模	资金来源有无银行理财基金（如有，请填写金额）	项目到期日	房地产项目类型					信托资金运用方式					风险控制措施（须详细说明抵押或担保措施）	三个月以内到期项目还款来源			信托公司项目风险判断意见	监管部门对项目到期兑付风险的判断意见
		集合	单一	财产权				非居住房地产	别墅	住宅项目	经济适用房等政策性项目	其他	贷款	股权投资	股权投资附回购	收（受）益权信托	其他		第一还款来源	第二还款来源	其他还款来源		

说明：

1. 请各银监局、银监会直接监管的信托公司于每月 10 日前将此表电子版填写完整，各银监局发至内网邮箱＿＿＿＿＿＿，各直管公司发至外网邮箱＿＿＿＿＿＿。

2. 项目所在地要求填报到县（区）一级。例如：××省××市××区。

3. 房地产项目类型为工业房地产、商业房地产、旅游房地产等均按非居住房地产类别填报。

4. 项目风险意见可根据还款资金情况分为 1～5 级。其中 1 级代表第一还款来源流动性充裕，无清算障碍；2 级代表第一还款来源流动性不稳定，有可能需要第二还款来源补充流动性；3 级代表第一还款来源流动性不足，需要动用第二还款来源偿付；4 级代表第二还款来源流动性不稳定，有可能需要其他还款来源补充流动性；5 级代表现有还款来源资金流动性不足，需要其他还款来源偿付（对于无第二还款来源的项目，若第一还款来源资金不足，即认定为 5 级风险）。

（资料来源：《关于逐月上报房地产信托业务风险监测表的通知》）

附录 4.20

中国银监会办公厅关于做好房地产信托业务风险监测工作有关事项的通知

（银监办发〔2011〕244 号）

各银监局、银监会直接监管的信托公司：

为落实银监会关于加强房地产业务风险管理的有关要求，前瞻性地防范房

地产信托业务各类风险，现就做好房地产信托业务风险监测工作有关事项通知如下：

一、工作目标

在房地产调控力度加大、市场波动加剧的背景下，通过逐笔监测房地产信托项目运行情况，把握房地产信托业务市场变化和风险情况；通过逐笔监测三个月以内到期信托项目的预期兑付情况，判断兑付风险并采取相应措施，做到对房地产信托项目兑付风险"早发现、早预警、早处置"。

二、工作方式

房地产信托业务风险监测是房地产信托业务监管的基础工作，各银监局应予以充分重视。可采取高管约谈、定期走访以及现场检查等方式逐笔监测房地产信托项目运行情况。

三、工作内容

房地产信托业务风险监测工作包括以下几个方面：

（一）各信托公司应结合当前房地产市场量价波动和土地出让价格松动的实际情况，对房地产信托项目的抵押物价值、预期销售情况等逐月进行评价，填报《房地产信托业务风险监测表》，报送各银监局。银监会直接监管的信托公司报送银监会。

（二）各银监局应严格审核信托公司《房地产信托业务风险监测表》，杜绝出现瞒报、漏报、错报等情况，全面掌握信托公司房地产信托项目面临的各类风险。

各银监局应重点关注三个月以内到期的房地产信托项目兑付风险，对还款来源、抵押担保等预期兑付情况做出判断，并在《房地产信托业务风险监测表》中明确注明对项目兑付风险的判断意见和拟采取措施。

（三）各银监局在风险监测工作中还应评估信托公司房地产信托业务发展速度和风险情况。对于房地产信托业务发展速度过快或者风险隐患加大的信托公司，各银监局可采取项目事前报告或者暂停房地产信托业务等措施。对于已出现风险的房地产信托项目，各银监局应果断处置并将有关情况及时报送银监会。

中国银行业监督管理委员会办公厅

二〇一一年八月十五日印发

附件：　　　　　　　　　　房地产信托业务风险监测表

公司名称：　　　　　　统计日期：　　年　　月　　日　　　　　　　单位：万元

序号	信托项目名称	项目属性			信托规模	资金来源								项目成立日	项目到期日	项目期限（年）	项目所在地	房地产项目类型								信托资金运用方式						风险控制措施（须详细说明抵押或担保措施）	房地产商预计资金成本（%）	三个月以内到期项目流动性监测					
						自然人						机构																												
		集合	单一	财产权	银信理财	100万元以下		100万（含）~300万元		300万元（含）及以上		地产商自身认购	信托公司固有资金认购	其他机构认购	备注					非居住房产	别墅	住宅附加别墅	住宅	保障性住房等政策性项目	商住两用项目	其他	备注	贷款	股权投资	股权投资附回购	收（受）益权信托	其他	备注			第一还款来源	第二还款来源	其他还款来源	信托公司对项目到期风险判断意见	监管部门对项目到期兑付风险的判断意见	监管部门拟采取措施
						人数	规模	人数	规模	人数	规模																														
1																																									
2																																									
3																																									
4																																									
5																																									
6																																									

填表说明

一、本表旨在通过逐笔填写房地产信托项目属性、信托规模、资金来源、项目期限、房地产信托项目类型、信托资金运用方式、风险控制措施、三个月以内到期项目兑付情况来监控房地产信托业务风险状况。

二、报表名称：信托公司房地产信托业务风险监测表。

数据单位：万元

报送频度：月度

报送口径：各项目下填写信托项目的实收信托规模

报送金额格式：50000.0（以 5 亿元为例）

填报时间格式：2011－1－1

报送方式：每月 10 日之前发至内网＿＿＿＿＿＿＿＿＿＿＿＿＿

四舍五入要求：金额保留 1 位小数

三、非基金房地产信托项目填报说明。

（一）序号。此列填写房地产信托项目序号。

（二）信托项目名称。此列填写信托项目名称，分期成立的信托项目应分成多个项目填写。

（三）项目属性。此项下填写信托项目属性。若为集合（单一、财产权）信托项目，则在此项下集合（单一、财产权）列对应的单元格中填写信托项目实收信托规模。

（四）信托规模。此列填写信托项目实收信托规模。结构化信托业务等应填写实收信托规模总额，股权投资类项目应填写受让股权实际支付的金额。

（五）资金来源。此项下填写信托项目资金来源。各部分应填报以下内容：

1. 银信理财部分应填写信托项目实收信托中银信理财资金规模。

2. 自然人部分应根据委托金额规模〔100万元以下、100万（含）～300万元、300万元（含）及以上〕不同，分别在相应单元格中填写信托项目中对应的委托人个数和实收信托金额。

3. 机构部分应根据委托人资质不同，分别在相应单元格中填写信托项目中对应的实收信托金额。

4. 备注部分填写填报机构资金来源的特殊情况。

（六）项目成立日。此列填写房地产信托项目成立的日期。

（七）项目到期日。此列填写房地产信托项目到期的日期，对于分期到期的信托项目，应填写离填报日最近一期的到期时间，距第一期到期时间不足三个月的信托项目，应填写三个月内到期项目兑付风险部分。

（八）项目期限。此列填写信托项目期限，单位为年。

（九）项目所在地。此列填写信托项目所在地点，格式为"××省××市"。

（十）房地产项目类型。此项下填写房地产信托项目类型。各部分应填报以下内容：

1. 非居住房地产部分应填报地产信托项目中用于非居住房产部分的实收信托规模。房地产项目类型为工业房地产、商业房地产、旅游房地产等均按非居住房产类别填报。

2. 别墅部分应填报房地产信托项目中用于别墅部分的实收信托规模。

3. 住宅附加别墅部分应填报房地产信托项目中用于住宅附加别墅部分的实收信托规模。

4. 住宅项目部分应填报房地产信托项目中用于住宅的实收信托规模。对于附带底商的住宅、以住宅为主的综合房地产信托项目均应按照住宅填报。

5. 保障性住房等政策性项目部分应填报房地产信托项目中用于保障性住房等政策性项目部分的实收信托规模。棚户区改造、安置房等一律填在保障性

住房等政策性住房项下。

6. 商住两用项目应填报房地产信托项目中用于商住两用项目的实收信托规模。

7. 其他部分应填报房地产信托项目中用于其他部分的实收信托规模。无确定类型的可填写至其他项，并在备注中进行说明。

（十一）信托资金运用方式。此项下填写房地产信托项目信托资金运用方式。各部分应填报以下内容：

1. 贷款部分应填报房地产信托项目信托资金以贷款方式运用的实收信托规模。

2. 股权投资部分应填报房地产信托项目信托资金以股权投资方式运用的实收信托规模。

3. 投资附加回购部分应填报房地产信托项目信托资金以投资附加回购运用的实收信托规模。

4. 其他部分应填报房地产信托项目信托资金以除上述方式以外的方式运用的实收信托规模。

（十二）风险控制措施。

此列填写房地产子项目风险控制措施，须详细说明抵押和担保措施。

（十三）房地产商预计资金成本。

此列填写子项目房地产商预计资金成本，对于融资成本不明确的项目，可填估计值或者"不确定"。

（十四）三个月以内到期项目流动性监测。

此项下填写三个月内到期房地产信托项目流动性监测情况。各部分应填报以下内容：

1. 第一还款来源应填写房地产信托项目第一还款来源，填写内容应明确第一还款来源预期金额，并对其充足性进行评估。

2. 第二还款来源应填写房地产信托项目第二还款来源，填写内容应明确第二还款来源预期金额，并对其充足性进行评估。

3. 其他还款来源应填写房地产信托项目除第一、第二还款来源以外的其他还款来源，填写内容应明确还款来源预期金额，并对其充足性进行评估。

4. 信托公司项目风险判断意见填写信托公司对房地产信托项目兑付风险的意见。信托公司应明确注明1～5级风险级别，项目风险意见可根据还款资金情况分为1～5级。其中1级代表第一还款来源流动性充裕，无清算障碍；2级代表第一还款来源流动性不稳定，有可能需要第二还款来源补充流动性；3级代表第一还款来源流动性不足，需要动用第二还款来源偿付；4级代表第二还款来源流动性不稳定，有可能需要其他还款来源补充流动性；5级代表现有

还款来源资金流动性不足，需要其他还款来源偿付（对于无第二还款来源的项目，若第一还款来源资金不足，即认定为 5 级风险）。有需要说明事项的可在备注中注明。

5. 监管部门对项目到期兑付风险的判断意见填写直接监管部门对房地产信托项目兑付风险的意见。各监管部门应明确注明 1~5 级风险级别，项目风险意见可根据还款资金情况按上述标准分为 1~5 级，有需要说明的事项可在备注中注明。

6. 监管部门拟采取措施部分填写监管部门根据风险监测结果和信托公司、监管部门对兑付风险的判断采取的针对性措施。

（十五）是否为本月新增项目。

若为本月新增项目应填写"是"，若非新增项目填写"否"。

四、投资子项目均为房地产投资项目的房地产基金说明。

（一）对于房地产基金项下子项目资金来源、项目类型等可以明确区分的房地产基金，应分成多个房地产信托项目填写，填报说明参照非基金房地产信托项目。

（二）对于房地产基金项下子项目资金来源无法明确区分的房地产基金，应分成多行填写。以包含 3 个子项目的房地产基金为例，该项目应分为 4 行填写，具体如下：

第一行填写内容：序号列下以基金为单位填写序号；信托规模部分填写基金实收信托规模；项目属性部分以根据基金募集情况填写相应基金规模；资金来源部分根据基金来源情况填写相应实收信托规模、委托人个数；项目成立日列填写该基金成立时间；其余各列均空白。各列填报格式和口径参照一般房地产信托项目填报说明。

第二至第四行填写内容：信托规模部分填写子项目运用实收信托规模；项目到期日列填写子项目到期时间；项目期限列填写子项目项目期限；项目所在地填写子项目所在地；房地产项目类型填写子项目房地产信托类型；信托资金运用方式填写子项目信托资金运用方式；风险控制措施填写各子项目的风险控制措施；房地产商预计成本填写子项目房地产商融资成本；三个月内到期房地产信托项目填写子项目流动性监测情况；是否为新增项目填写子项目是否为本月新增项目；其余各列均空白。

五、投资子项目包括房地产项目和非房地产项目的基金填报说明。

对于投资子项目包括房地产项目和非房地产项目的基金，应分成多行填写。具体内容如下：

第一行填写内容：序号列下以基金为单位填写序号；项目属性部分以根据基金募集情况填写整体基金规模；信托规模部分填写基金实收信托规模；资金

来源部分根据基金来源情况填写相应实收信托规模、委托人个数；项目成立日列填写该基金成立时间；其余各列均空白。各列填报格式和口径参照一般房地产信托项目填报说明。

其他各行填写内容：信托规模部分填写子项目运用实收信托规模；项目到期日列填写子项目到期时间；项目期限列填写子项目项目期限；项目所在地填写子项目所在地；房地产项目类型填写子项目房地产信托类型；信托资金运用方式填写子项目信托资金运用方式；风险控制措施填写各子项目的风险控制措施；房地产商预计成本填写子项目房地产商融资成本；三个月内到期房地产信托项目填写子项目流动性监测情况；是否为新增项目填写子项目是否为本月新增项目；其余各列均空白。各列填报格式和口径参照一般房地产信托项目填报说明。

六、校验关系。

（一）非基金房地产信托项目。

1. $F=C+D+E$

2. $F=G+I+K+M+N+O+P$

3. $F=V+W+X+Y+Z+AA+AB$

4. $F=AD+AE+AF+AG+AH$

（二）投资子项目均为房地产投资项目的房地产基金（以 3 个子项目房地产基金为例）。

1. 第一行 $F=$ 第一行 $C+$ 第一行 $D+$ 第一行 E

2. 第一行 $F=$ 第一行 $(G+I+K+M+N+O+P)$

3. 第二至第四行 $F=$ 第二至第四行 $(V+W+X+Y+Z+AA+AB)$

4. 第二至第四行 $F=$ 第二至第四行 $(AD+AE+AF+AG+AH)$

5. 第一行 $F=$ 第二行 $F+$ 第三行 $F+$ 第四行 F

（三）投资子项目包括房地产项目和非房地产项目的基金（以 3 个子项目房地产基金为例）。

1. 第一行 $F=$ 第一行 $C+$ 第一行 $D+$ 第一行 E

2. 第一行 $F=$ 第一行 $(G+I+K+M+N+O+P)$

3. 第二至第四行 $F=$ 第二至第四行 $(V+W+X+Y+Z+AA+AB)$

4. 第二至第四行 $F=$ 第二至第四行 $(AD+AE+AF+AG+AH)$

七、特殊说明。

1. 对于单个房地产信托项目涉及多个房地产项目类型的项目，若能区分各类项目金额，应分开填报。若无法区分则在对应项下打钩注明。

2. 对于各单元格中需要填写的，尽量明确金额，对于无需填写的，无需填"0"或"—"。

附录 5   房地产信托立法的相关草案

附录 5.1
银行间债券市场房地产信托受益券发行管理办法
（征求意见稿）

第一章   总   则

第一条 【目的及法律依据】为了规范房地产信托受益券（以下简称受益券）发行，保护投资人的合法权益，根据《中华人民共和国人民银行法》、《中华人民共和国信托法》及相关法律、行政法规，制定本办法。

第二条 【规范范围】企业为实现融资，将其持有的房地产物业委托给受托人进行管理和处分，并通过受托人在银行间债券市场发行受益券的方式，在一定期限内向投资人转让部分信托受益权的行为，适用本办法。

第三条 【受益券】受益券是指在银行间债券市场发行的，表明持有人享有房地产信托受益权份额的记账式电子凭证。

第四条 【信息披露】受益券的发行应当遵守公平、公正、诚信、自律原则，委托人、受托人等信息披露义务人应当披露有关信息，并提示投资风险。

第五条 【风险承担】受益券的投资风险由投资人自行承担。

第二章   房地产信托

第六条 【受托人】房地产信托的受托人应当是具备受益券发行资格的信托公司，信托公司的受益券发行资格由银行业监督管理部门核准。

第七条 【信托合同】企业通过房地产信托进行融资，应当与受托人签订信托合同。信托合同具体内容应当包括但不限于下列事项：

（一）信托名称；

（二）信托目的；

（三）委托人、受托人的名称、住所；

（四）信托财产的状况及其估值；

（五）信托财产管理和处分的具体方法或安排；

（六）信托受益权的约定及转让限制；

（七）信托终止事由；

（八）信托当事人的权利、义务、违约责任及纠纷解决方式；

（九）受益人大会召集、议事及表决的程序和规则；

（十）受托人报酬计算方法、支付期间及方法。

第八条　【信托受益权】信托受益权应当按照信托设立时的信托财产评估值划分份额，并根据信托收益分配顺序区分为不同层级，分配顺序在前的为优先级受益权，分配顺序在后的为次级受益权。

第九条　【优先级受益权】优先级受益权可以通过由受托人在银行间债券市场发行受益券的方式进行转让。

受益券应当为固定收益产品。在受益券存续期间，委托人或第三方应当承诺对受益券的收益水平提供流动性支持；信托收益超过受益券约定收益水平的部分，应当分配给次级受益权持有人。在受益券到期时，委托人或第三方应当按照合同约定的价格收购受益券。第三方是指除委托人和受托人以外的其他法人机构。

第十条　【次级受益权】次级受益权应当由委托人全部持有。保障性住房和普通住房项目的次级受益权比例不得低于20％，其他项目的次级受益权比例不得低于30％。

在受益券存续期间，委托人不得将其持有的次级受益权转让，但委托人破产的情形例外。

第十一条　【信托财产及其登记】企业委托给受托人管理和处分的房地产物业应当已经投入使用，具有稳定现金流，并按照住房和城乡建设主管部门的有关规定办理房地产信托登记。

第十二条　【信托财产管理】受益券存续期间，受托人应当根据信托合同约定管理经营房地产物业，不得将其转让、抵押、投资入股或变卖，但委托人或第三方未能按信托合同约定收购受益券时，受托人处分信托财产的情形例外。

第十三条　【收益来源】房地产信托收益由房地产物业租金收入和处分房地产物业所得构成，受托人应当按照信托合同约定在扣除相关税费以及为了保障投资人利益而保留的必要储备之后，将其余信托收益全部分配给受益人。

第十四条　【资产管理】受托人可以根据信托合同约定，聘请资产服务人对房地产物业进行管理，资产服务人再聘请专业机构进行管理的，须经受托人同意。

第十五条　【资金保管】受托人可以根据信托合同约定，选择经营稳健的商业银行担任资金保管人，受托人应当与选定的商业银行签订资金保管合同，明确双方的权利和义务。

第十六条　【估值】受托人在发行受益券、披露年度信息、处分房地产物业前，应当聘请房地产评估机构，按照住房和城乡建设主管部门制定的相关管

理办法和技术规范，对房地产物业进行估值。

第三章 受益券的发行

第十七条 【承销】受益券发行，应当聘请一家在中国境内注册的具备专业承销能力和经验的金融机构作为主承销商。主承销商应当熟悉银行间债券市场有关法律制度和管理政策，具有社会责任感，为市场投资人所认可。

第十八条 【信用评级】受益券发行，应当经过在中国境内工商注册且具备专业评级能力和经验的资信评级机构的信用评级，并将评级结果在银行间债券市场公示。

第十九条 【发行人】受托人在银行间债券市场发行受益券，应当经中国人民银行核准，并提交下列材料：

（一）受益券发行申请报告（格式要求见附1）；

（二）主承销商的推荐报告；

（三）银行业监督管理部门同意受托人从事房地产信托业务的文件；

（四）募集说明书；

（五）交易合同草案；

（六）中国人民银行规定提交的其他文件。

第二十条 【受理】中国人民银行在收到受托人提交的材料后，应当及时向受托人反馈是否受理申请，并做出核准或不核准的书面决定。

中国人民银行核准受益券发行申请的期限，适用《中国人民银行行政许可实施办法》（中国人民银行令［2004］第3号发布）的规定。

第二十一条 【交易】受益券发行结束后次一工作日即可以在银行间债券市场交易流通。

第二十二条 【报告】受益券发行技术后10个工作日内，受托人应当向中国人民银行报告受益券发行情况。

第四章 信息披露

第二十三条 【方式与场所】委托人、受托人等信息披露义务人应当通过中国货币网、中国债券信息网以及中国人民银行规定的其他方式在银行间债券市场披露信息。

第二十四条 【原则】信息披露义务人应当保证信息披露真实、准确、完整、及时，不得有虚假记载、误导性陈述和重大遗漏。

为发行受益券提供中介服务的承销机构、信用评级机构、房地产评估机构、会计师事务所、律师事务所等中介机构及其指派的经办人员，应当对所出具的专业报告和专业意见负责。

第二十五条　【投资风险】投资人应当对披露信息进行独立分析，判断受益券的投资价值，自行承担投资风险。

第二十六条　【发行公告】受托人应当在受益券发行前 5 个工作日在中国人民银行指定的媒体公布当期发行公告（格式要求见附 3），同时印制、散发募集说明书（格式要求见附 2）。

募集说明书应当在显著位置载明"投资人购买本期受益券，应当认真阅读本文件及有关的信息披露文件，进行独立的投资判断。主管部门对本期受益券发行的核准，并不表明对本期受益券的投资价值做出任何评价，也不表明对其投资风险做出任何判断"。

第二十七条　【发行情况】受托人应当在每期受益券发行结束当日或者次一工作日，在银行间债券市场公布当期受益券发行概况。

第二十八条　【受托人报告】受益券存续期间，受托人应当在受益券每个分配日的 3 个工作日前公布受托机构报告。受托机构报告应当至少包括以下内容：

（一）受托机构的名称、地址和声明；

（二）受益券收益分配情况；

（三）信托事务处理情况；

（四）信托账户资金状况；

（五）信托财产运行情况。

第二十九条　【财务报告】受益券存续期间，受托人应当于每年 4 月 30 日以前，披露本信托上一年度的年度财务报表和审计报告；在每年 8 月 31 日以前，披露本信托本年度上半年的财务报表。

承诺收购受益券的委托人或第三方应当在每年 4 月 30 日以前，披露上一年度的年度财务报表和审计报告；在每年 8 月 31 日以前，披露本年度上半年的财务报表。

第三十条　【信用跟踪评级报告】受益券存续期间，受托人应当于每年 7 月 31 日以前，向投资人披露信用跟踪评级报告。

第三十一条　【房地产物业跟踪评估报告】受益券存续期间，受托人应当于每年 3 月 31 日以前，向投资人披露房地产物业跟踪评估报告。

第三十二条　【重大事项通知】受益券存续期间，在发生或预期将发生影响投资人利益的事件时，受托人应当及时向中国人民银行报告，并在银行间债券市场披露。

前款所称事件包括但不限于以下事项：

（一）房地产物业发生重大损失；

（二）承诺收购受益券的第三方发生变更；

（三）委托人或第三方信用质量严重恶化；

（四）涉及委托人、受托人、承诺收购受益券的第三方、信托财产的重大诉讼。

第三十三条 【中介机构】为受益券发行提供专业化服务的受托机构、承销机构、信用评级机构、房地产评估机构、会计师事务所、律师事务所等中介机构应当于每年 4 月 30 日之前，将上一年度的相关业务开展情况向中国人民银行备案，并在银行间债券市场披露。

第五章　监督管理

第三十四条 【日常交易监测】全国银行间同业拆借中心负责受益券交易的日常监测，每半年应当向中国人民银行报送受益券的发行、交易等相关情况，并及时将违反信息披露规定的行为向中国人民银行报告并公告。

第三十五条 【登记结算】中央国债登记结算公司负责受益券的登记、托管、结算的日常监测，每半年应当向中国人民银行报送受益券的登记、托管、结算、兑付等相关情况，并及时将违反信息披露规定的行为向中国人民银行报告并公告。

第三十六条 【自律管理】中国银行间市场交易商协会依据本办法及中国人民银行相关规定对受益券的发行和交易实施自律管理。中国银行间市场交易商协会可以根据本办法制定相关自律管理规则，并报中国人民银行备案。

为受益券发行提供专业化服务的受托机构、承销机构、信用评级机构、房地产评估机构、会计师事务所、律师事务所等中介机构应当接受自律管理。

中国银行间市场交易商协会应当每月向中国人民银行报告房地产信托受益券自律管理工作情况、市场运行情况及自律管理规则执行情况。

第三十七条 【机构监管】为受益券发行提供专业化服务的受托机构、承销机构、信用评级机构、房地产评估机构、会计师事务所、律师事务所等中介机构应当接受其监管部门的监督，并遵守相关监管规定。

第三十八条 【发行人管理】受托人有下列行为之一的，由中国人民银行按照《中华人民共和国中国人民银行法》第四十六条的规定予以处罚。

（一）未经中国人民银行核准擅自发行受益券；

（二）超规模发行受益券；

（三）以不正当手段操纵市场价格、误导投资者；

（四）未按规定报送材料或披露信息；

（五）其他违法本办法的行为。

第三十九条 【承销商管理】承销商有下列行为之一的，由中国人民银行按照《中华人民共和国中国人民银行法》第四十六条的规定予以处罚。

（一）以不正当竞争手段招揽承销业务；

（二）发布虚假信息或泄露非公开信息；

（三）其他违反本办法的行为。

第四十条　【信息披露管理】为受益券发行提供专业化服务的受托机构、承销机构、信用评级机构、房地产评估机构、会计师事务所、律师事务所等中介机构和人员所出具的文件有虚假记载、误导性陈述或重大遗漏的，由中国人民银行按照《中华人民共和国中国人民银行法》第四十六条的规定予以处罚。其行为给他人造成损失的，应当就其负有责任的部分依法承担民事责任。

第六章　附　则

第四十一条　【登记托管】受益券在全国银行间债券市场登记、托管、交易、结算参照《全国银行间债券市场债券交易管理办法》、《银行间债券市场债券登记托管结算管理办法》等有关规定执行。

第四十二条　【试点阶段】房地产投资信托基金试点阶段，中国人民银行仅受理为试点企业融资的受益券发行申请。受益券发行前，经国务院批准的试点城市人民政府或其授权部门应当将试点项目推荐材料送中国人民银行。

试点企业应当内控制度健全、治理结构合理、资信状况良好、所持房地产物业品质高，筹集资金的投向符合国家产业政策和行业发展方向，具体标准由试点城市人民政府或其授权部门另行制定。

第四十三条　【解释】本办法由中国人民银行负责解释。

第四十四条　【生效时间】本办法自发布之日起 30 日后实施。

附 1　房地产信托受益券试点发行申请报告编制要求

附 2　房地产信托受益券募集说明书编制要求

附 3　房地产信托受益券发行公告编制要求

附 1

房地产信托受益券试点发行申请报告编制要求

（一）发行目的。

（二）发行安排。

（三）受益券收益分配计划和收购保障措施。

（四）募集资金的运用。

（五）受托人（发行人）、委托人或第三方等主要当事人基本情况。

（六）律师出具的法律意见书。

（七）受托人从事信托业务的时间及主要业务情况。

（八）受托人法定代表人、相关部门的主要负责人及主要业务人员的工作简历。

（九）受托人信托业务管理制度、内部风险控制与财务管理制度说明。

（十）受托人经具备证券期货从业资格的会计师事务所审计的近两个会计年度的财务报表及审计报告全文。

第（七）条至第（十）条在附件中单独列出。

附 2
房地产信托受益券募集说明书编制要求

（一）受益券受偿顺序说明及风险提示。

（二）信托合同等相关法律文件的主要内容。

（三）交易结构及当事人的主要权利和义务。

（四）保管人安排。

（五）收购事项说明。

（六）受托人基本情况和财务状况。

（七）受托人或第三方最近三年经审计的财务报告、最近一期的会计报表。

（八）房地产物业状况评价报告和市场调研报告摘要。

（九）交易各方的关联关系声明。

（十）受益券的承销与发行方式。

（十一）资信评级机构出具的信用评级报告草案及有关持续跟踪评级安排。

（十二）律师出具的法律意见书。

（十三）房地产评估机构出具的房地产物业价值评估报告及后续物业评估安排。

（十四）经具备证券期货从业资格的会计师事务所审计或鉴证的物业资产财务信息报告。

（十五）税务处理说明。

（十六）信息披露安排。

（十七）备查文件和查询地址。

附 3
房地产信托受益券发行公告编制要求

房地产信托受益券发行公告不得与募集说明书相冲突，应当包括以下内容：

（一）受益券受偿顺序说明及风险提示。

（二）信托合同等相关法律文件的主要内容。

（三）交易结构及当事人的主要权利和义务。

（四）受托人基本情况和财务状况概要。

（五）委托人或第三方最近三年经审计的财务报告、最近一期会计报表和指标摘要。

（六）交易各方的关联关系声明。

（七）受益券的承销与发行方式。

（八）房地产信托登记证明。

（九）信用评级机构出具的房地产信托受益券信用评级报告概要及有关持续跟踪评级安排的说明。

（十）律师出具的法律意见书概要。

（十一）房地产评估机构出具的房地产物业价值评估报告及后续物业评估安排。

（十二）备查文件和查询地址。

附录5.2

房屋信托登记办法（草案）

第一章　一般规定

第一条　【立法目的和依据】为规范房屋信托登记行为，明确当事人之间的权利义务关系，维护信托当事人的合法权益，依据《中华人民共和国物权法》、《中华人民共和国信托法》、《中华人民共和国城市房地产管理法》等法律制定本办法。

第二条　【适用范围】以房屋设立信托的，因信托财产的管理运用、处分或其他情形取得房屋的，以及房屋信托期间，房屋信托内容变更或房屋信托关系终止的，应当按本办法进行登记。

第三条　【登记生效】房屋信托自记载于房屋登记簿之日起发生法律效力。

第四条　【登记机构】房屋信托登记由房屋所在地的房屋登记机构办理。

第五条　【登记簿记载事项】房屋信托登记，应当在房屋登记簿上载明为信托财产，并记载委托人、受托人、受益人及其他应当记载的事项，并将信托合同或信托关系成立、变更、终止的其他证明文件附于房屋登记簿。

第六条　【原权证的处理、发放登记证明】设立房屋信托登记，房屋登记机构应当将委托人的房屋所有权证收回注销，根据房屋登记簿的记载，缮写并向受托人发放房屋信托登记证明。

以房屋的部分权利设立信托的，登记机构不收缴委托人的房屋所有权证

书，但应根据房屋登记簿的记载，缮写并向受托人发放房屋信托登记证明，注明"部分权利信托"。

第二章 房屋信托设立登记

第七条 【以房屋设立信托登记】委托人以其所有的房屋作为信托财产设立信托，应当由委托人和受托人共同向房屋登记机构申请信托设立登记，并提交下列材料：

（一）登记申请书；

（二）申请人的身份证明；

（三）房屋所有权证书或者房地产权证书；

（四）信托合同或信托关系成立的其他证明文件；

（五）其他必要材料。

第八条 【取得房屋信托设立登记】受托人因信托财产的管理运用、处分或其他情形取得房屋的，应当由受托人和原房屋所有权人共同申请房屋转移登记和信托设立登记，并提交下列材料：

（一）登记申请书；

（二）双方申请人的身份证明；

（三）房屋转让协议书或者其他房屋所有权转移的证明材料；

（四）房屋所有权证书或者房地产权证书；

（五）信托合同或信托关系存在的其他证明文件；

（六）其他必要材料。

房屋登记机构应在登记簿上记载该房屋为信托财产。

第九条 【遗嘱信托设立登记】以遗嘱方式设立房屋信托的，可以由受托人单独申请，并提供下列材料：

（一）登记申请书；

（二）受托人的身份证明；

（三）已发生法律效力的遗嘱；

（四）房屋所有权证书或者房地产权证书；

（五）其他必要材料。

第十条 【公益信托设立登记】以公益为目的设立房屋信托的，应当由信托监察人和受托人共同申请，并提交下列材料：

（一）登记申请书；

（二）申请人的身份证明；

（三）信托合同或信托关系存在的其他证明文件；

（四）房屋所有权证书或者房地产权证书；

（五）相关备案或批准证明文件；

（六）其他必要材料。

第三章　房屋信托变更登记

第十一条　【变更登记】房屋信托期间，信托法律关系主体、内容发生变更的，应当向房屋登记机构申请信托变更登记，并提交下列材料：

（一）登记申请书；

（二）申请人的身份证明；

（三）信托法律关系变更的证明材料；

（四）其他必要材料。

第十二条　【受托人变更】房屋信托期间，受托人发生变更的，应当由新任受托人和新任受托人的选任人共同申请信托变更登记。

第十三条　【委托人变更受益人】房屋信托期间，委托人变更受益人的，应当由委托人和受托人共同申请信托变更登记。

第十四条　【受益权转移】房屋信托期间，受益人将受益权用以抵偿债务或者转让的，应当由原受益人和新受益人共同申请信托变更登记。

因受益权的继承导致受益人变更的，可以由受益人的继承人单独申请信托变更登记。

第十五条　【信托期限变更】房屋信托期间，信托期限发生变更的，应当由委托人和受托人共同申请信托变更登记。

第十六条　【信托管理财产方式变更】房屋信托期间，信托财产的管理方法变更的，应当由委托人和受托人共同申请。

第十七条　【公益信托变更】因设立信托时不能预见的情形导致公益信托文件中的有关条款变更的，公益事业管理机构可以单方向房屋登记机构申请房屋信托变更登记。

第十八条　【不涉权的信托变更】发生下列情形之一的，受托人应当在有关法律文件生效或者事实发生后向房屋登记机构申请信托变更登记：

（一）委托人、受托人、受益人的姓名或者名称变更的；

（二）房屋坐落的街道、门牌号或者房屋名称变更的；

（三）房屋面积增加或者减少的；

（四）法律、法规规定的其他情形。

第四章　房屋信托注销登记

第十九条　【注销登记】信托法律关系因法定事由终止的，应当向房屋登记机构申请注销房屋信托登记，并提交下列材料：

（一）登记申请书；

（二）申请人的身份证明；

（三）信托法律关系终止的证明文件；

（四）其他必要材料。

第二十条 【信托房屋归属登记】信托关系终止，信托房屋权属归委托人所有的，应当由委托人和受托人共同申请信托注销登记和信托房屋权属登记。

第二十一条 【信托房屋归属登记】信托关系终止，信托房屋权属归委托人以外的其他人所有的，应当由房屋权属取得人和受托人共同申请信托注销登记和房屋权属登记。

第二十二条 【信托房屋灭失】在信托关系存续期间房屋灭失的，委托人或受托人可以单方申请房屋信托注销登记。

登记机构应当实地察看后注销房屋信托登记。

第五章 其他规定

第二十三条 【信托房屋转移登记】受托人依信托合同转让信托房屋的，应当由受托人和买受人共同申请房屋转移登记。房屋登记簿上记载的信托登记信息自动失效。

第二十四条 【信托房屋抵押登记】受托人依信托合同抵押信托房屋的，应当由受托人和抵押权人共同申请房屋抵押登记。房屋登记簿上记载的信托登记信息依然有效。

第二十五条 【房屋投资信托的特别规定】以发行受益凭证方式设立的房屋投资信托，申请信托登记后，可以由受托人单独申请信托变更登记或信托注销登记。但受托人变更登记的，依本办法第十二条规定办理。

第二十六条 【登记期限】房屋登记机构应当自受理房屋信托登记申请之日起 30 个工作日内，将申请登记事项记载于房屋登记簿或做出不予登记的决定。

第二十七条 【与《房屋登记办法》的衔接】本办法对房屋信托登记无规定的，参照适用《房屋登记办法》的相关规定。

本办法自　　年　　月　　日起施行。

附录6　房地产信托相关合同文本（参考）

附录6.1
××信托计划认购风险申明书

第一部分　风险申明

尊敬的投资者：

感谢您加入××信托计划。在您签署本风险申明书前，请仔细阅读《××信托合同》、《××信托计划说明书》及本风险申明书（以下统称"信托文件"）的具体内容。

本信托计划投资运作过程中存在不可预知的风险（具体请阅读信托文件的相关内容），信托计划仅适合于具有较强风险识别、风险评估和风险承受能力的合格投资者。委托人/受益人对此应有充分的理解和认识，并愿意承受信托计划的投资风险。

××信托公司作为××信托计划的受托人特别提示：

一、信托计划不承诺保本和最低收益，具有一定的投资风险，适合风险识别、评估、承受能力较强的合格投资者。

二、委托人应当以自己合法所有的资金认购信托单位，不得非法汇集他人资金参与信托计划。

三、受托人依据信托文件管理信托财产所产生的风险，由信托财产承担。受托人因违背信托文件、处理信托事务不当而造成信托财产损失的，由受托人以固有财产赔偿；不足赔偿时，由投资者自担。

四、委托人在本风险申明书上签字，即表明已认真阅读并理解所有的信托文件，同意受信托文件的约束，并愿意依法承担相应的信托投资风险。

第二部分　认购条款

一、投资者基本信息

姓名/名称：＿＿＿＿＿＿＿＿＿＿＿＿＿＿

法定代表人：＿＿＿＿＿＿＿＿＿＿＿＿＿

证件名称：＿＿＿＿＿＿＿＿＿＿＿＿＿＿

证件号码：☐☐☐☐☐☐☐☐☐☐☐☐☐☐☐☐☐☐

通信地址：_____

邮政编码：_____

联系电话/传真：_____

E-mail：_____

二、认购情况

认购资金：人民币____万元整（小写金额￥_____）。

资金的支付方式：□支票　　□划款　　□其他

（认购不成功的认购资金退回投资者）

三、信托利益账户

投资者指定以下账户用于接受受托人分配的现金信托利益：

账户名：_____

账　　号：_____

开户行：_____

本认购风险申明书一式两份，委托人和受托人各持一份。

受托人：××信托公司（公章）

法定代表人或授权代表（签字或盖章）_____

委托人：_____（公章或签字）

法定代表人或授权代表（签字或盖章）_____

日期：× 年 × 月 × 日

附录 6.2

××信托合同

编号：××

　　信托公司管理信托财产应恪尽职守，履行诚实、信用、谨慎、有效管理的义务。信托公司依据信托合同约定管理信托财产所产生的风险，由信托财产承担；信托公司违背信托合同、处理信托事务不当使信托财产受到损失，由信托公司以固有财产赔偿，不足赔偿时，由投资者自担。

目　录

一、前言

根据《中华人民共和国信托法》以及其他有关法律法规，在平等自愿、诚实信用、充分保护投资者合法权益的原则基础上，订立《××信托合同》。

信托合同是规定信托合同当事人之间权利义务的基本法律文件，其他与本信托相关的涉及信托合同当事人之间权利义务关系的任何文件或表述，均以信托合同为准。投资者自签署认购风险申明书、交付认购资金，并于持有信托单位之日起成为本信托的受益人，其签署认购风险申明书的行为本身即表明其对信托合同的承认和接受，投资者作为信托合同当事人并不以在信托合同上书面签章为必要条件。信托合同当事人按照《中华人民共和国信托法》及其他有关法律法规的规定享有权利、承担义务。

本信托由受托人按照《中华人民共和国信托法》、信托合同及其他有关法律法规的规定设立。受托人将恪尽职守，履行诚实、信用、谨慎、有效管理的义务，但并不保证信托财产的运用无风险，也不保证受益人的最低收益。

受托人在信托合同之外披露的涉及本信托的信息，其内容涉及界定信托合同当事人之间权利义务关系的，应以信托合同为准。

二、释义

1. 受托人：指××信托公司。

2. 本合同或信托合同：指《××信托合同》以及对该合同的任何有效修订或补充。

3. 本信托或信托计划：指受托人根据信托合同设立的××信托计划。

4. 信托计划说明书：指《××信托计划说明书》以及对该信托计划说明书的任何有效修订或补充。

5. 认购风险申明书：指《××信托计划认购风险申明书》。

6. 信托文件：指信托合同、信托计划说明书、认购风险申明书的总称。

7. 信托利益：指受益人因持有受益权而取得的受托人分配的信托财产。

8. 信托受益权或受益权：指受益人在信托计划中享有的权利，包括但不限于取得受托人分配信托利益的权利。

9. 信托单位：指信托受益权的份额化表现形式，是计算各受益人享有信托利益的计量单位，每份信托单位的面值为1元。

10. 信托单位总份数：指信托计划项下信托单位的总数。

11. 委托人：信托计划推介期和开放期内，指认购信托单位的投资者；信托计划期限内，指持有信托单位的投资者。

12. 受益人：指持有信托单位的投资者。

13. 认购资金：指各委托人因认购信托单位而交付给受托人的资金。

14. 信托资金：指信托计划项下的货币资金。

15. 信托财产：指受托人因信托资金的管理、运用、处分或者其他情形而取得的财产，以及因前述一项或数项财产灭失、毁损或其他事由形成的财产（含损失）。

16. 信托财产总值：指信托计划期限内，信托计划项下各类财产的价值总和。

17. 信托财产净值：指信托财产总值扣除信托财产负债后的余额。

18. 认购：指在信托计划推介期和开放期内，投资者购买信托单位的行为。

19. 信托利益账户：指受益人指定的用于接收受托人分配的信托利益的银

行账户。

20. 信托财产专户：指受托人为信托计划在保管人处开立的信托资金专用银行账户。

21. 认购专用账户：指受托人为信托计划开立的用于接收委托人认购资金的专用银行账户。

22. 保管人：指××银行××分行。

23. 借款人：＿＿＿＿＿＿＿＿＿＿＿＿＿

24. 保证人：＿＿＿＿＿＿＿＿＿＿＿＿＿

25. 保管合同：指受托人与保管人签署的《××信托计划保管合同》以及对该合同的任何有效修订或补充。

26. 个人投资者：指中国境内具有完全民事行为能力的自然人。

27. 机构投资者：指中国境内依法成立的法人或其他组织。

28. 投资者：指个人投资者和机构投资者的总称。

29. 信托月度：指自信托计划成立日起每满一个月的期间，如信托计划成立日为 T 日，则信托计划成立日起每个月的 T－1 日为一个信托月度届满日，当月无 T－1 日的，以当月最后一日为一个信托月度届满日。

30. 不可抗力：指受托人不能预见、不能避免、不能克服的客观情况，包括但不限于法律法规或政策变化、政府限制、盗窃、战争、罢工、社会骚乱、恐怖活动、火灾、自然灾害等。

31. 法律法规：指中国现行有效并公布实施的法律、行政法规、规章、司法解释以及监管部门的决定、通知等。

32. 工作日：指中华人民共和国国务院规定的金融机构正常营业日。

33. 元：指人民币元。

三、信托目的

全体委托人基于对受托人的信任，认购信托单位并交付认购资金于受托人，由受托人将信托资金加以集合运用，用于向＿＿＿＿＿＿＿（公司）＿＿＿＿＿＿＿（运用方式），用于××项目，以管理、运用或处分信托财产形成的收入作为信托利益的来源，为投资者获取投资收益。

四、受托人及保管人的名称和住所

【略】

五、信托计划规模

信托单位总份数＿＿＿＿＿＿＿。

六、信托计划期限

_____个月。（附加说明）

七、信托单位的认购

（一）委托人资格

委托人应当是符合下列条件之一，能够识别、判断和承担信托计划相应风险的合格投资者：

1. 认购信托单位的最低金额不少于100万元的个人投资者或机构投资者。

2. 个人或家庭金融资产总计在其认购时超过100万元，且能提供相关财产证明的个人投资者。

3. 个人收入在最近三年内每年收入超过20万元或者夫妻双方合计收入在最近三年内每年收入超过30万元，且能提供相关收入证明的个人投资者。

加入信托计划的合格投资者中单笔委托金额在300万元以下的个人投资者人数不超过50人，机构投资者和单笔委托金额在300万元以上的个人投资者数量不受限制。

申请认购信托单位的合格投资者中单笔委托金额在300万元以下的个人投资者人数超过50人的，由受托人按照时间优先、金额优先的原则接受认购申请，认购申请以个人投资者签署认购风险申明书的方式进行。

（二）认购价格

信托单位面值1元，认购价格1元。

（三）资金要求

个人投资者认购信托单位的单笔认购资金金额最低为人民币____万元，并可按人民币____万元的整数倍增加。

机构投资者认购信托单位的单笔认购资金金额最低为人民币____万元，并可按人民币____万元的整数倍增加。

（四）受益人要求

受益人与委托人是同一人。

（五）认购方式

1. 认购资金应当是人民币资金。

2. 投资者在认购信托单位时，作出如下陈述与保证：

（1）认购信托单位的资金是其合法所有的可支配财产，其来源合法。

（2）认购信托单位完全符合其财务需求、目标和条件。

（3）认购信托单位遵守并完全符合其投资政策、指引和限制，并已获得所需内部批准。

（4）认购信托单位对其而言是合理、恰当而且适宜的投资，尽管投资本身存在明显切实的风险。

3. 投资者应当至受托人营业场所或受托人指定的代理发行机构签署认购风险申明书，并将认购资金支付至以下认购专用账户：

账户名：＿＿＿＿＿＿＿＿＿＿＿

账　号：＿＿＿＿＿＿＿＿＿＿＿

开户行：＿＿＿＿＿＿＿＿＿＿＿

（六）信托计划的加入

投资者签署认购风险申明书并交付认购资金后，于信托计划成立之日或开放期结束的下一工作日起即视为加入信托计划。

八、信托计划的推介与成立

1. 信托计划的推介期为＿＿至＿＿。受托人有权根据认购情况提前结束或延长推介期。受托人提前结束或延长推介期的，应通知投资者。

2. 除受托人特别声明外，信托计划推介期届满或者信托计划推介期内，投资者认购的信托单位总份数达到＿＿份，或信托计划推介期届满，投资者认购的信托单位总份数达到＿＿份，信托计划成立，信托计划成立日以受托人公告为准。

信托计划推介期结束，投资者认购的信托单位总份数低于＿＿份，信托计划不成立。

3. 信托计划成立的，认购资金在委托人的交付日至信托计划成立日期间的利息，于信托计划成立日归入信托财产。

4. 信托计划推介期结束，信托计划不符合成立条件的，受托人于推介期结束后的＿＿个工作日内，将委托人交付的认购资金连同交付日至退还日期间所取得的全部利息，一并退还给该委托人。由此产生的相关债务和费用，由受托人以固有财产承担。

5. 信托计划推介期结束，投资者认购的信托单位总份数低于＿＿份的，受托人有权决定信托计划开放并设立开放期，受托人于开放期内接受投资者认购信托单位，开放期由受托人提前＿＿个工作日在受托人网站或营业场所公布。认购资金在委托人的交付日至开放期结束的下一工作日期间的利息，于开放期结束的下一工作日归入信托财产。

九、信托财产的管理、运用和处分

1. 受托人将全部信托资金用于＿＿（公司）＿＿（方式）用于＿＿项目＿＿（用途），受托人与＿＿（公司）签署＿＿合同。

2. 条件

(1) 期限：【略】

(2) 年利率：【略】

(3) 用途：【略】

(4) 还款方式：【略】

3. 担保措施【略】

4. 管理【略】

十、受托人对信托财产的内部管理

1. 受托人为信托资金在保管银行设立信托财产专户，信托计划项下的投资收入和变现资金应存入该信托财产专户，受托人不得使用该专户进行本信托计划以外的任何活动。信托计划的一切资金往来均需通过信托财产专户进行。

2. 信托计划项下的财产单独记账，受托人设置受益人名册，记录各委托人认购的信托单位份数及其他信息。

3. 本信托财产与受托人固有财产分别管理，分别记账，不得归入受托人的固有财产或成为固有财产的一部分。

4. 本信托财产与受托人管理的其他信托财产分别管理。

5. 受托人管理、运用、处分信托财产所产生的债权，不得与其固有财产产生的债务相抵销；受托人管理、运用、处分不同的信托财产所产生的债权债务，不得相互抵销。

十一、信托财产的保管

（一）货币资金的保管

1. 信托计划项下货币形式的信托财产由保管人进行保管。受托人与保管人订立保管合同，明确受托人与保管人之间在信托财产的保管、信托财产的管理和运作及相互监督等相关事宜中的权利、义务及职责，确保信托财产的安全，保护受益人的合法权益。

2. 保管人的职责由保管合同规定，保管人违反职责时，由受托人根据保管合同向保管人追究违约责任。

3. 保管人对信托财产的保管，并非对本信托计划本金或收益的保证或承诺，保管人不承担本信托计划的投资风险；对受托人与投资者在信托合同中约定的信托分配等内容，保管人不承担任何责任；因受托人违背信托合同、处理信托事务不当使信托资金受到损失，受托人应以固有财产向投资者赔偿，与保管人无关。

（二）保管人的职责

保管人的职责包括：

（1）安全保管信托财产；

（2）对所保管的信托财产单独设置账户，确保信托财产的独立性；

（3）确认与执行受托人管理运用信托财产的指令，核对信托财产交易记录、资金和财产账目；

（4）记录信托资金划拨情况，保存受托人的资金用途说明；

（5）定期向受托人出具保管报告；

（6）法律法规、保管合同规定的其他义务。

十二、委托人与受益人的权利、义务

（一）权利

1. 有权按照信托文件的规定了解信托财产的管理、运用、处分及收支情况，并有权要求受托人做出说明。

2. 有权查询、抄录或者复制与信托财产有关的信托账目以及处理信托事务的其他文件。

3. 受托人违反信托目的处分信托财产或者因违背管理职责、处理信托事务不当致使信托财产受到损失的，有权申请人民法院撤销该处分行为，并有权要求受托人恢复信托财产的原状或者予以赔偿。

4. 受托人违反信托目的处分信托财产或者管理运用、处分信托财产有重大过失的，有权申请人民法院解任受托人。

5. 信托文件及法律法规规定的其他权利。

（二）义务

1. 按信托文件的规定及时交付认购资金，并保证资金来源的合法性。

2. 保证其享有签署信托文件的权利，并且就签署行为已经履行必要的批准授权手续。

3. 信托文件及法律法规规定的其他义务。

十三、受托人的权利、义务

（一）权利

1. 自信托计划成立之日起，根据信托文件规定管理、运用和处分信托财产。

2. 信托计划成立后，以受托人名义开立信托财产专户，并享有包括根据信托文件处置账户内现金、资金划拨、销户等一切账户名义所有人的权利。

3. 根据信托文件的规定足额收取受托人报酬。

4. 信托文件及法律法规规定的其他权利。

（二）义务

1. 为受益人的最大利益处理信托事务，恪尽职守，履行诚实、信用、谨慎、有效管理的义务。

2. 严格遵守法律法规以及信托文件的规定，管理信托财产。

3. 根据信托文件的规定，以信托财产为限向受益人支付信托利益。

4. 对委托人、受益人以及处理信托事务的情况和资料依法保密。

5. 妥善保管信托业务的交易记录、原始凭证及资料，保存期为自信托计划终止日起 15 年。

6. 根据信托文件的规定履行信息披露义务。

7. 信托文件及法律法规规定的其他义务。

十四、受益人大会

（一）组成

信托计划的受益人大会由全体受益人组成。

（二）召开事由

出现以下事项而信托文件未有事先约定的，应当召开受益人大会审议决定：

（1）提前终止信托合同或延长信托期限；

（2）改变信托财产运用方式；

（3）更换受托人；

（4）提高受托人的报酬标准；

（5）信托文件、法律法规规定或受托人认为的其他应当召开受益人大会的事项。

（三）会议召集方式

1. 受益人大会由受托人召集，开会时间、地点、方式等由受托人选择确定。

2. 代表信托单位总份数 10％以上（含 10％）的受益人认为有必要召开受益人大会的，有权向受托人提出书面提议。受托人应当自收到书面提议之日起 10 个工作日内决定是否召集，并书面告知提出提议的受益人代表。受托人决定召集的，应当自出具书面决定之日起 30 个工作日内召开。受托人决定不召集的，代表信托单位总份数 10％以上的受益人有权自行召集受益人大会。受益人依法自行召集受益人大会的，受托人应当配合，不得阻碍、不得干扰。

（四）通知

1. 召开受益人大会，召集人应当至少提前 10 个工作日书面通知全体受益

人。会议通知应至少载明以下内容：

（1）会议召开的时间、地点和会议形式；

（2）会议拟审议的主要事项、议事程序和表决方式；

（3）授权委托书的内容要求（包括但不限于代理人身份、代理权限和代理有效期限等）、送达的期限、地点；

（4）会务联系人姓名、电话及其他联系方式；

（5）出席会议者必须准备的文件和必须履行的手续；

（6）召集人需要通知的其他事项。

2. 采取通信方式开会并进行表决的情况下，由召集人决定通信方式和书面表决方式，并在会议通知中说明本次受益人大会所采取的具体通信方式、书面表决意见的寄交截止时间和收取方式。

（五）受益人的委托表决

1. 受益人可以亲自出席受益人大会，也可以委托代理人代为出席和表决，代理人的出席与表决与受益人本人的出席与表决具有同等法律效力。受益人委托代理人出席受益人大会的，应当以书面形式委托代理人，由受益人签署授权委托书。

每名受益人限出具一份书面委托书及委托一名代理人。

2. 受益人委托他人出席受益人大会的，下列文件应于受益人大会召开日的____个工作日前送达受托人：

（1）授权委托书；

（2）受益人的身份证明文件复印件；

（3）代理人的身份证明文件复印件。

受托人核对授权委托书所附受益人身份证明复印件与受益人在签署认购风险申明书时提交的身份证明文件相一致的，应当确认持有与授权委托书所附代理人身份证明复印件相一致原件的人（即代理人本人），拥有合法的代理权。但受益人在授权委托书送达受托人后又要求亲自出席会议并参加表决的，应在受益人大会召开日的 1 个工作日前向受托人提交终止其签署的授权委托书效力的书面文件。

（六）召开方式、会议方式

1. 受益人大会召开方式。

（1）受益人大会的召开方式包括现场开会和通信方式开会；

（2）现场开会由受益人本人出席或通过授权委托书委派其代理人出席，现场开会时受托人的授权代表应当出席；

（3）通信方式开会应当以书面方式进行表决；

（4）会议的召开方式由召集人确定，但决定更换受托人必须以现场开会方

式召开受益人大会。

2. 受益人大会召开条件。

（1）现场开会：代表信托单位总份数 50％以上（含 50％）的受益人出席会议，现场会议方可举行。未能满足上述条件的情况下，则召集人可另行确定并通知重新开会的时间。

（2）通信方式开会：出具书面意见的受益人所代表的信托单位总份数占 50％以上（含 50％）的，通信会议方可举行。

（七）议事内容和程序

1. 议事内容。

受益人大会不得就未经公告的事项进行表决。

2. 议事程序。

（1）在现场开会的方式下，首先由召集人宣读提案，经讨论后进行表决，并形成会议决议；

（2）在通信表决开会的方式下，在所通知的表决截止日期第 2 日由召集人统计全部有效表决并形成决议；

（3）会议主持人由召集人指定。

（八）表决

1. 受益人所持每份信托单位享有一票表决权。

2. 受益人大会决议分为普通决议和特别决议：

（1）普通决议：普通决议须经参加会议的受益人所持表决权的 2/3 以上通过方为有效；除本合同明确规定须以特别决议通过事项以外的其他事项均以普通决议的方式通过。

（2）特别决议：特别决议须经参加会议的受益人全体通过。更换受托人、改变信托财产运用方式、提前终止信托计划等事项，应当以特别决议的方式通过。

3. 受益人大会采取记名方式进行投票表决。

（九）受益人大会决议的效力

1. 受益人大会决议对全体受益人、受托人均有约束力。

2. 受托人于每次受益人大会召开后 10 个工作日内将受益人大会决议向全体受益人进行披露，并向中国银行业监督管理委员会报告。

十五、受托人职责终止和新受托人的选任

（一）受托人职责终止

有下列情形之一的，受托人职责终止：

1. 被依法撤销或者被宣告破产。

2．依法解散或者法定资格丧失。

3．被受益人大会解任。

4．信托文件及法律法规规定的其他情形。

（二）新受托人的选任

受托人依法终止其职责的，新受托人由受益人大会选任。

如果有关法律法规或政府部门已经对新受托人的选任方式有了明确规定或安排，则在出现需要重新选任受托人的情况时应按照该规定或安排进行。

十六、信托费用与税收

（一）信托财产承担的费用

受托人因处理信托事务发生的费用由信托财产承担。受托人以其固有财产先行支付的，对信托财产享有优先受偿的权利。信托计划中，信托财产承担的费用主要包括以下项目：

1．受托人报酬。

2．信托计划事务管理费：包括文件或账册制作、印刷费用；信息披露费用；银行结算和账户管理费；信托计划终止清算时所发生费用；以及受托人为履行受托职责而发生的差旅费等其他费用。

3．相关服务机构费用：律师费、评估费、保管费、代理发行费用、财务顾问费、资金监管费等相关服务机构费用。

4．信托财产管理、运用和处分过程中发生的税费。

5．为解决因信托财产及处理信托事务发生的纠纷而发生的诉讼费、仲裁费、律师费等费用，但因受托人违背管理职责或者处理信托事务不当产生的纠纷而发生的费用除外。

6．按照法律法规规定可以列入的其他费用。

（二）信托费用的计算和提取

1．受托人报酬。受托人报酬包括固定报酬和浮动报酬。

（1）固定报酬年费率为____，每日固定报酬按照"该日信托单位总份数×1元×固定报酬年费率÷360"计算。

受托人有权于×年×月×日起____个工作日内以____（条件）为限提取固定报酬，于第____个信托月度届满日起____个工作日内提取计算至第____个信托月度届满日（含）的剩余固定报酬，并于信托终止日起____个工作日内提取计算至信托终止日（含）的剩余固定报酬。

（2）浮动报酬＝信托财产收入－除浮动报酬外的其他信托费用－本合同第____条规定的全部信托单位预期信托利益，上述公式计算结果为负或者为0时，受托人不收取浮动报酬。

受托人有权于第____个信托月度届满日起____个工作日内以____（条件）为限提取浮动报酬，并于信托终止日起____个工作日内根据前款规定进行调整。

2. 保管费。保管费年费率为____，每日保管费按照"该日信托单位总份数×1元×保管费年费率÷365"计算。受托人于第____个信托月度届满日起____个工作日内向保管人支付计算至第____个信托月度届满日（含）的保管费，并于信托终止日起10个工作日内向保管人支付剩余保管费。

3. 受托人聘请××银行××分行为本信托提供代理发行服务。代理发行费根据代理发行协议的规定计算和支付。

4. 除受托人报酬和保管费外的其他费用于实际发生时从信托财产中直接支付。

5. 如受托人在处理本信托计划事务时，不得不先行垫付应由信托财产承担的费用的，则受托人将按本条规定在本信托计划终止时优先从信托财产中等额提取相关费用。

（三）不列入信托费用的项目

因受托人违背管理职责或者管理信托事务不当所负债务及所受到的损害，以其固有财产承担。

（四）信托税费

信托计划运作过程中的各类纳税主体，依照法律法规的规定履行纳税义务。

应当由信托财产承担的税费，按法律法规的规定办理。

十七、信托利益的计算和分配

（一）一般原则

1. 在任何情形下，受托人均仅以信托财产为限向受益人分配信托利益。

2. 受托人仅以现金形式向受益人分配信托利益，信托利益直接划入受益人指定的信托利益账户。

（二）信托利益的计算

每份信托单位的预期信托利益按照如下公式计算：

每份信托单位的预期信托利益＝1元×（1＋该份信托单位适用的预期年收益率÷365×该份信托单位实际存续天数）

信托单位适用的预期年收益率具体见下表：

	信托单位分类标准（份数）	预期年收益率（％）
投资者认购信托		
单位份数		

特别提示：本项中计算的每份信托单位的预期信托利益并不代表受益人最终实际分配取得每份信托单位信托利益的数额，也不构成受托人对受益人本金和收益的任何承诺和保证。

（三）信托利益的分配

1. 受托人于第＿＿＿个信托月度届满日起＿＿＿个工作日内按照"1 元×该份信托单位适用的预期年收益率÷365×该份信托单位成功认购日（含）起至第＿＿＿个信托月度届满日（含）期间天数"的数额分配每份信托单位的信托利益。信托计划推介期内认购的信托单位，该份信托单位成功认购日为信托计划成立日；信托计划开放期内认购的信托单位，该份信托单位成功认购日为信托计划开放期结束的下一个工作日。

受托人于信托终止日起 10 个工作日内分配每份信托单位的剩余信托利益。

（其他约定条款略）

2. 信托财产收入扣除除受托人浮动报酬外的其他信托费用后的余额不足分配本款第 1 项规定的全部信托单位的信托利益的，受托人按本款第 1 项规定的每份信托单位应分配信托利益占全部信托单位应分配信托利益的比例分配每份信托单位的信托利益。

十八、风险揭示与风险承担

（一）风险揭示

信托计划可能涉及风险，投资者在决定认购信托单位前，应谨慎衡量下文所述之风险因素及承担方式，以及信托文件的所有其他资料。

1. 信用风险。借款人因任何原因不能按期偿还信托贷款，将影响信托财产的收益。

2. 担保风险。存在抵押权及第三人保证等担保措施，当未按约定履行其还款义务时，受托人将及时行使相关担保权利，以控制相关风险。但存在因抵押物价值减损、保证人财产遭遇重大损失等，导致担保措施无法充分保障主债权的风险，将可能对信托财产收益产生较大影响。

3. 流动性风险。信托期限内，借款人不能按时偿还信托贷款本息时，受托人需要依据抵押合同及保证合同等担保合同行使权利，可能存在不能将信托财产及时变现、无法及时向受益人分配信托利益的风险。

4. 管理风险。在信托计划管理过程中，受托人对经济形势等判断有误、获取信息不全等因素将影响信托财产的收益。受托人的管理水平、管理手段和管理技术等也可能对信托财产的收益产生影响。

5. 不可抗力及其他风险。除上述提及的主要风险以外，战争、动乱、自然灾害等不可抗力因素和不可预料的意外事件的出现，将会严重影响经济的发展，可能导致信托财产的损失。

（二）风险承担

受托人依据信托文件管理信托财产所产生的风险，由信托财产承担。

受托人因违背信托文件、处理信托事务不当而造成信托财产损失的，由受托人以固有财产赔偿；不足赔偿时，由投资者自担。

受托人承诺以受益人的最大利益为宗旨处理信托事务，并谨慎管理信托财产，但不承诺信托财产不受损失，亦不承诺信托财产的最低收益。

十九、信托计划的信息披露

（一）信息披露形式

受托人在有关披露事项的报告、报表或通知制作完毕后，以下列形式之一种或数种报告受益人：

1. 在受托人网址_____上公告。

2. 电子邮件_____

3. 电话_____

4. 信函_____

5. 受益人以书面形式声明的其他信息披露方式。

受托人以信函邮递的，在信函发出之日后第____日视为已送达。

（二）定期信息披露

1. 信托计划推介结束后____个工作日内，受托人应当就受益人人数与信托单位总份数向受益人进行披露。

2. 受托人每季度将该季度的信托资金管理报告、信托资金运用及收益情况和保管人提交的保管报告向受益人进行披露。

（三）临时信息披露

信托计划发生下列情形之一的，受托人应在知道该等事项发生后的____个工作日以内向受益人披露，并于披露之日起____个工作日内向受益人书面提出受托人采取的应对措施。

1. 信托财产可能遭受重大损失。

2. 信托资金使用方的财务状况严重恶化。

3. 担保人不能继续提供有效的担保。

（四）其他

1. 其他与信托计划相关且应当披露的信息根据法律法规的规定进行披露。

2. 受益人有权向受托人查询与其信托财产相关的信息，受托人应在不损害其他受益人合法权益的前提下，准确、及时、完整地提供相关信息。

二十、信托计划的终止与信托财产的清算、归属

（一）信托计划期满终止

除法律法规、信托文件另有规定外，信托计划期限届满，信托计划终止。

（二）信托计划的提前终止

发生下述情形的，受托人有权提前终止信托计划：

1. 信托计划的结构和管理运作必须符合法律法规的规定，信托计划存续期限内如因任何原因导致信托的结构和管理运作与法律法规的规定存在冲突，受托人有权终止信托计划。

2. 信托目的已经实现或不能实现。

3. 信托计划被解除或被撤销。

4. 受益人大会决议或全体受益人一致以书面形式同意终止信托计划。

5. ＿＿＿＿＿＿＿＿＿＿＿＿＿＿＿＿（特殊约定）。

6. 法律法规规定的其他情形。

（三）信托计划的延期

截止到信托计划期限届满之日信托财产未能及时变现的，信托计划自动延期至信托财产全部变现之日，并在信托财产变现之日起 10 个工作日内向受益人分配信托利益。

（四）信托计划终止后的清算

信托计划终止，受托人应负责信托财产的保管、清理、变现、确认和分配。

受托人在信托计划终止后 10 个工作日内编制信托计划清算报告，并以第十九条规定的方式报告受益人。全体受益人一致同意，信托计划清算报告无须审计。

受益人在信托计划清算报告公布之日起 30 日内未提出书面异议的，受托人就清算报告所列事项解除责任。

（五）信托财产的归属

清算后的信托财产，按第十七条的规定归属于全体受益人。

二十一、信托单位的登记与转让

（一）信托单位的登记

1. 受托人在营业场所置备受益人名册，记载受益人持有信托单位的相关信息。

2. 受益人可以至受托人营业场所查询信托单位持有情况。

（二）信托单位的转让

1. 信托单位可以根据信托合同的规定转让。

2. 受让信托单位的投资者，必须是符合信托文件规定的委托人资格的合格投资者。

信托受益权进行拆分转让的，受让人不得为自然人；机构所持有的信托受

益权，不得向自然人转让或拆分转让。

3. 受益人转让信托单位，应持认购风险申明书、转让合同及有效身份证明文件与受让人到受托人营业场所办理转让登记手续。未到受托人营业场所办理转让登记手续的，不得对抗受托人。

4. 受益人转让信托单位，转让人和受让人应当按照转让信托单位面值的____%分别向受托人缴纳转让手续费。

二十二、信托单位的赎回

（略）

二十三、违约责任

1. 本合同任何一方当事人未履行本合同项下应尽义务包括陈述与保证不真实或被违背的，视为违反本合同，违约方应承担违约责任。

2. 除法律法规另有规定外，非因受托人原因导致信托计划被撤销、被解除或被确认无效的，受托人不承担任何责任。

3. 在发生一方或多方当事人违约的情况下，信托合同能继续履行的，应当继续履行。未违约方当事人在职责范围内有义务及时采取必要措施，防止损失的扩大。

二十四、争议处理和适用法律

本合同的订立、生效、履行、解释、修改和终止等事项适用中国法律法规。

与本信托有关的任何争议，各方应友好协商解决；若协商不能解决，则提交受托人住所地有管辖权的人民法院解决。

二十五、通知

（一）地址变化的通知

委托人的通信地址或联系方式以委托人在认购风险申明书中填写的内容为准。委托人通信地址或联系方式发生变化的，应以书面形式在发生变化后的30日内通知受托人。在信托期限届满前30日内变更通信地址或联系方式的，至迟应在信托期限届满的2日前通知受托人。

（二）受益人信托利益账户变化通知

信托期限内，受益人变更其信托利益账户，应以书面形式通知受托人，并持本合同及受益人身份证件到受托人营业场所办理信托利益账户变更确认手续。

（三）上述信息变化，因委托人或受益人未及时通知受托人而导致任何损

失，受托人不承担责任。

二十六、其他事项

（一）合同组成

1. 信托计划说明书与认购风险申明书是本合同的组成部分，和本合同具有同等法律效力。本合同未规定的，以信托计划说明书和认购风险申明书为准；如果本合同与信托计划说明书和认购风险申明书所规定的内容冲突，优先适用本合同。

2. 受益人证明等各类附件均是本合同的组成部分，和本合同具有同等法律效力。

（二）合同修改

1. 本合同的修改须经受托人同意。

2. 修改本合同应经受益人大会以普通决议通过。但如因相应的法律法规发生变动并属于本合同必须遵照进行修改的情形，或者本合同的修改对受益人利益无实质性不利影响或修改不涉及信托当事人权利义务关系的，可不经受益人大会决议，而经受托人同意后修改。

（三）期间的顺延

本合同规定的受托人接收款项或支付款项的日期如遇法定节假日，应顺延至下一个工作日。

（四）合同效力和文本

受托人法定代表人或其授权代理人在信托合同和信托计划说明书中签字或盖章并加盖法人公章之日起，受托人受信托合同和信托计划说明书约束。

投资者签署认购风险申明书，即表明其愿意承担信托计划的各项风险，同意受信托合同和信托计划说明书约束。

投资者在签署认购风险申明书时取得由受托人签章的信托合同和信托计划说明书正本一份。投资者无需在信托合同和信托计划说明书中签字，其签署认购风险申明书的行为本身即表明其对信托合同和信托计划说明书的承认和接受。

（此页为《××信托合同》之签署页，无正文）

受托人：××信托公司（公章）

法定代表人/授权代表（签字或盖章）：_____

签署地点：_____

签署日期：×年 × 月 × 日

附录7　房地产信托尽职调查报告（参考）

附录7.1

×市S房地产项目尽职调查报告

目　录

第一部分　信托方案

一、各方关系人

借款人：B房地产开发有限公司（以下简称"B公司"）

贷款人：Y信托公司

抵押人：B公司

信托贷款债权受让人：A公司

二、信托计划概述

A公司发起设立集合资金信托，用于向B公司发放贷款，为B公司开发的S项目提供建设资金，保证措施主要为以××土地作为信托贷款抵押物，还款来源为包括该S项目销售收入在内的B公司的全部经营收入。具体信托方案如下：

（1）信托计划名称：S房地产集合资金信托计划。

（2）信托计划规模：计划募集资金＿＿＿万元。

（3）信托的成立及期限：信托计划在募集的信托资金总量达到＿＿＿万元（含）以上于推介期满次日成立。信托期限＿＿＿个月。

如本信托计划未成立，受托人（Y信托公司）将信托资金于推介期结束后10日内退还给委托人，并按活期储蓄利率计算信托资金实际到账日至推介期结束日期间利息。

（4）预计受益人信托年收益率：＿＿＿％。

（5）信托财产管理及运用：委托人将资金委托给Y信托公司设立集合资金信托计划，Y信托公司将募集的信托资金向B公司发放贷款，期限×个月，为其开发的S项目提供建设资金。

（6）保证措施：B公司以××土地作为信托贷款抵押物。

（7）其他保障措施：A公司同意以B公司实际未偿付S信托计划的债权

本息为对价受让 Y 信托公司的信托贷款债权。A 公司将受让债权的款项于信托贷款到期日后×个工作日划至 Y 信托公司制定账户,用于支付 B 公司未偿付 Y 信托公司的信托贷款本息。

(8)还款来源:包括该项目销售收入在内的 B 公司的全部经营收入。

第二部分 ×市房地产宏观环境分析

一、×市房地产投资环境【略】

二、×市城市规划【略】

第三部分 ×市房地产开发态势

一、房地产开发【略】

二、商品房施工面积、竣工面积、销售面积【略】

三、商品住宅

1. 供应【略】

2. 价格【略】

3. 需求【略】

4. 趋势【略】

综上所述,×市房地产市场的局面总体上来说是……

第四部分 借款人情况

一、基本情况

B 公司创建于×年×月×日,系经××工商行政管理局核准成立的××公司,工商注册号码:_____,组织机构代码:_____。×年×月×日,经×市建设委员会核准为二级资质房地产开发企业。

公司经营范围:_____

公司注册资本:_____元,由_____出资_____元,持股_____%。

公司住所:_____

法定代表人:_____

二、公司发展历程【略】

三、法定代表人简介【略】

四、治理结构及组织结构【略】

五、公司员工【略】

六、财务状况【略】

第五部分　信托资金贷款项目分析

一、项目概况

1. 项目立项情况【略】

2. 项目"四证一图"情况【略】

3. 项目建设规模及内容

(1) 项目名称：S项目。

(2) 项目内容及规模【略】。

4. 项目土地性质

(1) 地理位置【略】。

(2) 地质地貌【略】。

5. 项目周边环境

6. 项目市政配套设施

(1) 供水。

(2) 供电。

(3) 天然气。

7. 设计单位

工程方案设计方：××公司，设计资质：×级。

8. 项目市场定位和价格

9. 项目建设进度

项目建设工程进度安排详见下表【略】。

10. 项目总投资

项目总投资为_____元。具体明细【略】。

二、项目经济效益分析

销售收入、成本及利润估算表【略】。

三、预期销售计划【略】

四、敏感性分析

影响本项目效益的主要因素有_____、_____、_____。

对这些因素进行单因素敏感性分析后发现对项目效益影响最敏感的因素是_____，_____次之……

另外，从对现金流量的研究情况看，_____时，项目现金流量大于0，从_____时候开始偿还信托贷款是现实可行的。

五、项目资金筹措与来源

本项目工程总投资为_____元（见《工程项目建设投资估算表》）。

资金筹措方案：

（1）自筹资金_____。

（2）向金融机构借款_____。

本项目资金缺口拟申请信托贷款_____元予以解决。

第六部分　信托贷款项目风险评价及保证措施

一、借款人还款资金来源

B公司将其包括本房地产项目销售收入在内的全部经营收入用于归还本信托借款。

本项目建成后，_____（位置）按销售均价_____元/平方米可获得销售收入_____元。

二、信托贷款项目风险分析

由于本信托资金用于向 B 公司发放贷款，为其开发的 S 项目提供建设资金，故存在以下风险：

1. 项目建设风险

S项目建设过程中可能存在出现工期延长、项目自然灾害等问题，从而影响其贷款偿还能力。

2. 政策风险

有关房地产市场的法律、法规及相关政策、规则发生变化，可能引起房地产市场波动，难以实现预期销售收入。

3. 借款人信用风险

借款人不能按期偿还信托贷款本息的风险。

4. 信托贷款资金被挪用的风险

借款人将贷款资金全部或部分挪用，没有按借款合同的约定使用资金的风险。

5. 管理风险

在信托财产的管理运用过程中，由于受托人（Y 信托公司）的管理水平有限、获取的信息不完备等原因致使信托财产遭受损失的风险。

6. 其他风险

除以上揭示的风险外，本信托不排除行业风险，尽职调查不能穷尽的风险，因借款人未按期偿还本息导致受托人（Y 信托公司）需实施担保措施或者其他保障措施时延迟兑付的风险，届时可能存在抵押物贬值和因市场原因抵押物不能变现等情况发生的风险，以及其他因政治、经济、自然灾害等不可抗力对信托财产产生影响的风险。

三、风险防范与控制措施

1. 项目建设风险

B公司已就项目建设制定了严格的项目管理制度和科学的项目管理流程，以避免建设项目工期延长给项目带来的风险。同时项目建筑商就承担的开发项目进行工程保险，以规避自然灾害对项目工程的损失。

Y信托公司也将采取积极的措施，监管项目进度，以规避项目建设风险。

2. 政策风险之对策

Y信托公司将密切关注宏观经济动态，特别是房地产市场政策变化，加强对借款人生产经营情况及项目进展情况的了解。

3. 信用风险之对策

若B公司未按《信托借款合同》的约定按期、足额向Y信托公司偿还信托贷款本息，可采取以下措施：A公司同意以B公司实际未偿付Y信托公司的债权本息为对价受让Y信托公司的信托贷款债权；Y信托公司有权处置B公司提供的信托贷款抵押物——××土地。

4. 信托资金被挪用风险之对策

Y信托公司将对贷款资金的运用进行严格的监控，并将严格按照《信托借款合同》的规定，控制借款人挪用信托贷款资金。同时，Y信托公司委托××银行对信托财产进行托管，以监督信托贷款的使用情况，从而防止贷款资金的挪用。

5. 管理风险之对策

B公司已制订严密的项目运行管理计划，建立信托项目的后续跟踪检查制度，配备两名以上信托经理负责信托项目存续期内的管理工作。

6. 其他风险之对策

Y信托公司将坚持委托人及受益人利益最大化的原则，严格履行自己应尽的义务，通过信托经理的勤勉工作，加强抵押物的有效管理，不断分析潜在的风险，尽职防范和化解可能出现的风险，维护委托人和受益人的信托利益。

第七部分　担保的可行性及评价

一、抵押物价值

B公司拟用位于××土地作为信托借款的保证，如果按该项目所在地块的现有土地挂牌成交价计＿＿＿＿＿＿元。

根据××评估事务所报告《××》（××号），作为信托借款抵押保证的土地的价值为＿＿＿＿＿＿元。

总体评价：【略】。

二、A公司受让信托贷款债权的可行性

如果B公司未按《信托借款合同》的约定按期、足额向Y信托公司偿还

信托贷款本息，A公司同意以B公司实际未偿付Y信托公司的信托贷款债权本息为对价受让Y信托公司的信托贷款债权。

（一）A公司基本情况

（二）A公司经营范围

（三）A公司信用等级

（四）A公司经营活动分析

（五）A公司财务状况及评价

（六）担保评价结论

第八部分　信托计划涉及的关联交易

一、关联关系

【略】

二、关联交易

【略】

三、关联交易价格及关联交易的公平性

【略】

第九部分　信托贷款综合评价【略】

调查人签字：＿＿＿＿＿＿＿

×年×月×日

附录7.2

M商厦财产权信托项目尽职调查报告

目　录

1.4.4 负债及其担保情况

1.5 管理人

1.6 运营状况

1.6.1 整体状况

1.6.2 第＿＿层经营情况

第二部分　M 商厦的租金收入

2.1 历史租金收入

2.2 租金收入预测

2.3 租金收入的监管

第三部分　M 商厦房产的市价评估

第四部分　总体评估

4.1 资产权属

4.2 租金收入的权属

4.3 市场分析

4.3.1 商业地产的价格

4.3.2 商业地产的租金

4.3.3 M 商厦风险因素分析

4.3.4 市场评估

第五部分　结论

附件目录

第一部分　　M 商厦概况

1.1 基本情况

M 商厦坐落于＿＿＿＿＿＿市，于＿＿年＿＿月＿＿日开业，是一家以传统百货和专业卖场相结合的市场化经营、商业化管理的新型区域百货商店，并融合了休闲等经营项目。

M 商厦周边建筑有×办公楼、×医院、×银行、×小区、×学校；公交×、×路均途经此地，并且地铁×线即将开通。

M 商厦共＿＿层，总面积＿＿平方米。

1.2 历史沿革【略】

1.3 权证状况

现 M 商厦＿＿层为 A 公司所有，房地产权证号：××。

1.4 产权证

M 商厦产权人 A 公司成立于＿＿年＿＿月，注册资本＿＿亿元，法人代表＿＿＿＿＿＿，注册地址：＿＿＿＿＿＿＿＿＿＿＿＿＿，A 公司主要业务为房地产

开发、物业租赁、物业管理、商业零售等。

1.4.1 A公司股权结构【略】

1.4.2 A公司主要财务数据【略】

1.4.3 流动性分析

A公司的2007年、2008年、2009年、2010年主要流动指标（流动比率、速动比率）情况及分析。【略】

1.4.4 负债及其担保情况

A公司目前存在负债有＿＿＿＿＿＿，共计＿＿＿＿＿＿＿元。

A公司目前存在担保总额＿＿＿＿＿＿元，明细为＿＿＿＿＿＿。

1.5 管理人

M商厦由B公司负责进行租赁经营和管理，即首先由B公司负责对外招商，由B公司、A公司与租户签订三方租赁合同，由B公司统一收取租金，然后按约定向产权人（A公司）上缴租金。

B公司，成立于＿＿＿年＿＿＿月，法人代表＿＿＿＿＿＿，注册资本为＿＿＿＿＿＿万元。截至2010年12月31日，B公司总资产、总负债、股东权益情况（略）。

1.6 运营状况

1.6.1 整体状况【略】

1.6.2 第＿＿＿层经营情况【略】

第二部分　M商厦的租金收入

2.1 历史租金收入【略】

2.2 租金收入预测【略】

2.3 租金收入的监管【略】

第三部分　M商厦房产的市价评估

M商厦第＿＿＿层，建筑面积共计＿＿＿＿＿＿平方米，2011年12月31日由××房地产估价有限公司以收益法和市场比较法出具房地产估价报告，房地产市场价值评估值为＿＿＿＿＿＿元。估价报告的有效期至2012年12月30日止。

第四部分　总体评估

4.1 资产权属

目前，M商厦第＿＿＿层的产权人为A公司，其中，第＿＿＿层已经取得了相关的产权证明。

4.2 租金收入的权属

A公司拥有M商厦＿＿＿层的完整产权，A公司拥有该部分房产所孳生的

租金收入。

4.3 市场分析

4.3.1 商业地产的价格

截至 2011 年 9 月，＿＿＿＿＿市各商业区域街铺底层售价分别为＿＿＿＿＿＿。

4.3.2 商业地产的租金

目前，＿＿＿＿＿市商业地产的平均回报率仍然维持在较高水平，平均回报率达到＿＿＿％。目前各商业区域商铺租金分别为＿＿＿＿＿＿＿。

4.3.3 M 商厦风险因素分析

（1）物业贬值风险。

（2）租金收入下降风险。

（3）其他风险。

4.3.4 市场评估【略】

第五部分　结论

【略】

附件目录

【略】

附录 8　房地产信托相关交易文本（参考）

附录 8.1

股权转让协议

编号：××

本协议由以下各方于＿＿＿＿＿年＿＿＿月＿＿＿日在＿＿＿＿＿＿＿＿（地点）共同签署：

甲　方（出让方）：A 公司　　　　　乙　方（受让方）：××信托公司
住所：＿＿＿＿＿＿＿＿　　　　　　住所：＿＿＿＿＿＿＿＿
法定代表人：＿＿＿＿＿＿　　　　　法定代表人：＿＿＿＿＿＿

鉴于：

1. B公司（项目公司）为甲方全资控股子公司。甲方同意将其持有的B公司____％股权转让给乙方，乙方同意向甲方支付股权受让价款。

2. 乙方作为一家专业的信托公司，拟发起设立"××信托计划"（以下简称"信托计划"），并以信托计划资金收购甲方持有的B公司____％的股权。

为进一步明确双方在股权受让中的权利义务，甲、乙双方本着平等互利的原则，经友好协商，一致同意签订本股权受让协议，就有关股权受让事宜约定如下：

第一条 股权转让标的。

乙方受让的标的股权为甲方持有的B公司共计____％的股权。（以下简称"标的股权"）

第二条 声明与保证。

2.1 甲方保证标的股权是其合法拥有的股权，甲方拥有完全的处分权。甲方保证标的股权未设置任何抵押、质押或担保，并免遭任何第三人的追索。否则，甲方将承担由此导致的全部责任，并赔偿乙方因此受到的全部损失。

2.2 甲方保证签署及履行本协议已获得完全充分的授权，不会违反对其有约束力的法律法规、公司章程、合同协议等的约定。

2.3 甲方在本协议项下作出的所有陈述和保证完整、真实、准确，不存在虚假记载、误导性陈述或重大遗漏。

2.4 甲方已经完全并适时地履行了其在本协议以及其他交易文件项下自身的义务，且不存在任何未履行前述义务的情况。

第三条 股权受让价款及支付方式。

3.1 乙方拟设立总规模为人民币_____元的"××信托计划"，其中优先级信托资金共计_____元，次级信托资金_____元，并将部分优先级信托资金用于支付标的股权的转让价款。

3.2 标的股权受让价款为人民币_____（大写）元［_____（小写）元］。

3.3 乙方将于信托计划成立之日起____个工作日内，向甲方支付上述股权受让价款，甲方指定用于收取股权受让价款的账户信息如下：

户　　名：_____

开户行：_____

账　　号：_____

3.4 乙方受让本协议标的的股权并办理工商变更登记手续后，将根据信托计划募集资金的进度，将信托资金用于B公司的增资扩股。

第四条 公司章程修改与工商变更。

4.1 乙方将股权受让价款全部支付至甲方指定的银行账户之日起____个工作

日内，甲方应配合乙方共同完成B公司章程修改及工商变更登记手续办理事宜。

4.2 上述章程修改与工商变更事宜办理完毕后，对于经乙方认可的B公司存续债务，由乙方控股的B公司继续支付。

第五条　违约责任

本协议生效后，协议双方应严格遵守，任何一方违约，应承担由此造成的守约方的损失。

第六条　争议解决及管辖

本协议适用的法律为中华人民共和国的法律、法规。甲、乙两方就协议约定事项发生争议，应协商解决；协商不成的，任何一方有权向己方所在地人民法院提起诉讼。

第七条　附则

7.1 协议的成立与生效。本协议自双方法定代表人或授权代表签章之日起成立，自信托计划成立之日起生效。

7.2 协议的补充。本协议为甲、乙双方就股权受让事宜所约定的基本原则与内容，其中涉及的具体事项及未尽事宜，可由甲、乙双方另行订立补充协议，该等补充协议与本协议具有同等的法律效力。

7.3 协议的解除。非经本协议双方共同书面同意，任何一方均不得自行解除本协议。

7.4 协议的终止。乙方支付完毕标的股权转让价款，且甲方协助乙方完成标的股权的工商变更登记手续后，本协议终止。

7.5 协议文本。本协议一式伍份，双方各执壹份，贰份提交项目公司当地工商管理部门办理变更登记手续，均具有同等法律效力。

（以下无正文，为签署页）

甲方：A公司　　　　　　　　乙方：××信托公司
法定代表人或授权代表：_____　法定代表人或授权代表：_____
时间：×年×月×日　　　　　时间：×年×月×日

附录8.2
关于审查××信托公司××信托计划的法律意见书

_____律师事务所（以下简称"律师事务所"）接受××信托公司的委托，担任_____项目信托（以下简称"本信托"）的合同审查法律顾问。本所律师根据《中华人民共和国律师法》的要求，按照中国律师行业公认的业务标准、道德规范和勤勉尽责精神，就本信托涉及的相关法律问题出具法律意

见书。

出具法律意见书的法律依据：

(1)《中华人民共和国信托法》（以下简称《信托法》）；

(2)《中华人民共和国合同法》（以下简称《合同法》）；

(3)《中华人民共和国民法通则》（以下简称《民法通则》）；

(4)《中华人民共和国公司法》（以下简称《公司法》）；

(5)《信托公司管理办法》；

(6)《信托公司集合资金信托计划管理办法》等。

为出具本法律意见书，律师事务所已审阅了信托公司出具的《××信托计划尽职调查报告》（以下简称《尽职调查报告》）的电子文本和与本信托有关的下列文件的电子文本（即本意见书所附的打印文件）：

(1)信托公司作为信托受托人，拟于____年____月____日与信托委托人签订将集合信托资金向_____公司_____用于_____项目的《××信托合同》样本（以下简称《资金信托合同》）。

(2)涉及本信托的《××信托计划认购风险申明书》样本（以下简称"风险申明书"）。

(3)信托公司起草的《××信托计划说明书》样本（以下简称"《资金信托计划说明书》"）。

(4)信托公司拟于____年____月____日与××银行签署的《信托资金保管合同》样本（以下简称《保管合同》）。

在审查上述文件时，律师事务所基于下列假定：

(1)所有提交给律师事务所的电子文本手续完备，所有提交的电子文本与原件正本一致。

(2)有关政府、行政主管部门的批文、文件等是通过正常渠道合法获得的，具有法律效力。

(3)文件中所述的事实真实、准确、完整，不存在实质性错误、遗漏或者误导性信息。

(4)提供的相关文件、资料未隐瞒、遗漏任何与本信托项目有关的重大事实、事件。

(5)各方当事人的主体资格符合法律法规和规章或已获完全授权，有权正式签署与本信托相关的所有文件。

经过适当审查，律师事务所发表法律意见如下：

一、关于信托的设立

1. 信托关系人

根据《资金信托合同》第____条约定_____。

（1）委托人。

_____

我们认为，对委托人的规定符合我国的法律法规和规章。

（2）受托人。

根据《资金信托合同》第____条的约定："本信托的受托人为____（信托公司名称），法定代表人为_____，注册资本为____元人民币，住所为_____，经营范围为_____。"受托人为信托公司，是独任的初始受托人。信托公司述称自己是经中国银行业监督管理委员会批准成立并合法存续的信托公司，注册资本_____元人民币，根据我国《信托法》第二十四条、《信托公司管理办法》第八条的规定，律师事务所认为信托公司符合受托人的要求。

（3）受益人。

依据《资金信托合同》第____条约定，_____。

我们认为，该信托是有确定的受益人，该约定符合《信托法》第四十三条和《信托公司集合资金信托计划管理办法》规定的受益人的资格。

2. 委托人设立信托的意思表示及信托文件内容【略】

3. 信托财产【略】

4. 信托目的【略】

5. 资金信托计划成立【略】

6.《资金信托合同》的生效【略】

二、关于信托受益权

1. 信托受益权的取得

_____。

综上我们认为，《资金信托合同》关于信托受益权取得方式的约定没有违反现行有效的中国法律、行政法规。

2. 信托受益权的转让

_____。

综上我们认为，《资金信托合同》项下对信托受益权转让的约定不违反现行有效的中国法律、行政法规的规定。

三、集合信托资金的保管服务

_____。

综上，我们认为，《资金信托合同》中规定的集合信托资金的保管不违反现行有效的中国法律、行政法规。

四、信托当事人的权利、义务

1. 委托人的权利和义务

（1）委托人的权利。

_____。

我们认为，《资金信托合同》约定的委托人的权利没有违反国家法律和行政法规。

（2）委托人的义务。

《资金信托合同》第____条列明了委托人____项义务，根据我国《信托法》的规定应该是合法、有效的。

2. 受托人的权利和义务【略】

3. 受益人的权利和义务

（1）受益人的权利。

_____。

（2）受益人的义务。

_____。

我们认为，对受益人____项义务的规定符合法律规定。

五、风险揭示与风险防范

《资金信托合同》第____条及《资金信托计划说明书》第____条对风险进行了揭示并提出防范措施，我们认为该约定符合法律对风险揭示及风险防范的要求，尽管在实践操作中信托计划的风险可能会超过人们的预期，作为风险防范《资金信托合同》____条规定的受托人管理信托财产应恪尽职守，履行诚实、信用、谨慎、有效管理的义务应是最基本的。

六、预计信托利益

在本信托中，预期年收益率为____％。信托财产，在扣除本合同项下信托财产应承担的各项税费，信托单位收益后，为受托人的报酬。

我们认为，_____。

七、受托人的变更及新受托人选任方式

_____。

综上，我们认为，该条款的约定不违反现行有效的中国法律、行政法规。

八、信托的终止

_____。

我们认为，上述关于信托终止的约定不违反现行有效的中国法律、行政法规。

九、信息披露

我国《信托法》对信息披露做了一般原则性的规定，为加强信托的监管，《信托公司集合资金信托计划管理办法》对信息披露做了明确规定。《资金信托合

同》第＿＿＿条中已经列明信息披露条款，其中包括由定期信息披露、临时信息披露等内容，经审查，我们认为，该约定符合现行有效的《信托法》的规定。

十、关于《风险申明书》、《资金信托计划说明书》和《保管合同》

＿＿＿＿＿＿＿＿＿＿＿＿＿＿＿＿＿＿＿＿＿＿＿＿＿＿＿＿＿＿＿。

十一、对本信托的结论性意见

＿＿＿＿＿＿＿＿＿＿＿＿＿＿＿＿＿＿＿＿＿＿＿＿＿＿＿＿＿＿＿。

本法律意见书正文共××页，其后之附件均为本法律意见书不可分割之组成部分。

＿＿＿＿＿＿＿＿＿律师事务所

＿＿＿＿＿＿＿＿＿＿律师

日期：× 年 × 月 × 日

附录 9　房地产信托受益权转让

附录 9.1

信托受益权转让一般流程

信托计划存续期间，信托受益人可以根据信托合同约定转让信托受益权，出让人与受让人自行确定具体转让价格，并自行处理资金交割事宜。

转让双方共同到受托人处办理转让登记手续。未到受托人处办理登记手续的，其转让行为不得对抗受托人。

转让提示：

1. 信托受益权进行拆分转让的，受让人不得为自然人；机构所持有的信托受益权，不得向自然人转让或拆分转让。

2. 转让信托受益权时，出让人和受让人应当按照信托合同中相关约定向受托人缴纳转让手续费。

附录 9.2

信托受益权转让登记申请书

××信托公司：

经出让方、受让方双方协商，出让方将其在××号信托合同或编号为××

的《××受益人权利确认书》（确认表）项下委托金额人民币＿＿＿万元（大写：＿＿＿仟＿＿＿佰＿＿＿拾＿＿＿万元）对应的信托受益权转让给受让方。转让总价款为人民币＿＿＿元（大写：＿＿＿仟＿＿＿佰＿＿＿拾＿＿＿万＿＿＿仟＿＿＿佰＿＿＿拾＿＿＿元＿＿＿角＿＿＿分）。

出让方、受让方一致同意，受让方自×年×月×日起享有上述所转让的信托受益权，并经××信托公司登记后生效。

受让方申明：受让方在受让上述信托受益权时，已知悉《信托计划》、《信托合同》、《信托资金管理、运用风险申明书》等信托文件的内容。

出让方和受让方共同向贵公司申请办理上述信托受益权的转让登记手续。

出让方：＿＿＿＿＿＿＿＿＿＿（签章）受让方：＿＿＿＿＿＿＿＿＿＿（签章）

出让方证件名称：＿＿＿＿＿＿＿　受让方证件名称：＿＿＿＿＿＿＿

出让方证件号码：＿＿＿＿＿＿＿　受让方证件号码：＿＿＿＿＿＿＿

法定代表人或授权代表（签章）：＿＿＿　法定代表人或授权代表（签章）：＿＿＿

时　间：　×年×月×日　　　　时　间：　×年×月×日

本"申请书"由出让方、受让方和××信托公司各保留一份。

附录9.3

信托受益权转让协议

出 让 人（甲方）：　　　　　　受 让 人（乙方）：

名　　　称：　　　　　　　　名　　　称：

证件种类及号码：　　　　　　证件种类及号码：

法定代表人：　　　　　　　　法定代表人：

通信地址及邮编：　　　　　　通信地址及邮编：

联系电话：　　　　　　　　　联系电话：

传　　真：　　　　　　　　　传　　真：

电子邮件：　　　　　　　　　电子邮件：

开户银行：　　　　　　　　　开户银行：

账　　号：　　　　　　　　　账　　号：

鉴于：

1. 出让人系依据《××信托合同》（编号：＿＿＿号）设立的信托项下的受益人，受益权证号为＿＿＿，在该信托中享有人民币（大写）＿＿＿元（￥＿＿＿）

信托资金，折合 份信托单位所对应之信托受益权（以下简称"该受益权"）。

2. 出让人所属信托项下的信托财产依照《××信托合同》的规定由受托人集合管理、运用和处分。

3. 受让人自愿受让出让人所持有上述受益权之人民币＿＿元（￥＿＿）信托资金，折合＿＿＿份信托单位所对应之信托受益权。

4. 出让人和受让人自愿依据《××信托合同》的规定，按照公平公正、自主定价的原则，实施本次信托受益权转让。

出让人和受让人现就信托受益权转让事宜达成如下协议，以资共同遵守。

第一条　转让标的

出让人向受让人转让的信托受益权为其所属信托（受益权证号：＿＿）中享有的人民币＿＿＿＿＿元（￥＿＿＿＿＿）信托资金，折合＿＿＿＿＿份信托单位所对应之信托受益权及相关一切衍生权利。

第二条　转让价款

2.1 受让人愿以人民币＿＿＿＿＿元（￥＿＿＿＿＿）的价格受让第一条所述信托受益权。

2.2 转让价款的支付方式：

支付时间：受让人于本协议生效后＿＿＿＿个工作日内将受益权转让款划付至出让人的指定账户。

支付形式按以下第＿＿项约定执行：①人民币现金；②现金支票；③转账支票；④银行汇款；⑤其他 。

第三条　信托利益的计算

受让方所享有的本次转让的信托受益权对应的信托利益从×年×月×日起开始计算。

第四条　出让人保证

出让人保证对其转让给受让人的信托受益权享有合法和完整的支配权利，并未在其上设置担保，且任何第三方对该信托受益权均不具有优先受偿或追索的权利。

第五条　转让登记

出让人和受让人签署本协议后，应当按照《××信托合同》的有关规定，提供《信托受益权转让申请》、《信托受益权转让协议》、《受益证明书》（正本）以及甲、乙双方有效身份证明文件复印件，由受托人办理信托受益权转让登记手续。

第六条　权利义务的转移

6.1 自受托人办理转让登记手续并在本协议上签字盖章确认之日起，受让人享有依据本协议受让的信托受益权，承继基于该信托受益权产生的受益人权利和义务。

6.2 出让人转让前述信托受益权时，其依据《××信托合同》享有的相应的委托人权利义务与信托受益权同时转移至受让人。

如果出让人同时为转让标的所属信托的委托人，则转让人转让前述信托受益权时，其依据信托合同《××信托合同》（编号：____号）及相关信托文件享有的委托人的权利义务与信托受益权同时移转给受让人，受让人参照受让的信托受益权份额占转让前转让人享有的信托受益权份额的比例承继委托人的权利义务；如果出让人并非转让标的所属信托的委托人，但其依据合法、有效的约定（包括但不限于委托人不可撤销的书面制授权、转让协议）取得了相应的委托人权利，则其一旦转让信托受益权，与之相应的委托人权利也将一并转移至受让人，受让人参照受让的信托受益权份额占转让前转让人享有的信托受益权份额的比例承继转让人所取得的委托人的权利义务。

第七条　税费承担

因信托受益权转让发生的税费，按照信托合同、信托计划和国家有关规定执行。

第八条　协议生效

本协议自双方签署之日起成立，自受托人办理转让登记手续并在本协议上签字盖章确认之日起生效。

第九条　附则

9.1 因本协议发生的争议，应首先提请受托人协调解决，解决未果，可依法提起诉讼或根据事后达成的仲裁约定依法申请仲裁。

9.2 本协议一式叁份，双方各执壹份，另外壹份用于办理转让登记并由受托人留存。

9.3 本协议于____年____月____日在_____签署。

甲方：（签章）
法定代表人或授权代理人：（签章）

乙方：（签章）
法定代表人或授权代理人：（签章）

受托人申明：受托人于____年____月____日受理并办理了本协议所述的信托受益权转让登记，受托人将依据生效的《信托受益权转让协议》向新的受益人划付信托利益。

受托人：××信托公司（公章）

信托经理：_____（签字）

附录 10　房地产企业（上市与非上市）信托融资一览表

附录 10.1
非上市房地产企业信托融资一览表

日期	名称	规模（亿元）	期限（年）	主要交易对手	年收益率（%）
2011-8-26	青岛卓远易得商城项目集合信托计划	4	2	青岛卓远置业有限公司	8～10
2011-8-16	民生主题9号（宝源置地深圳金稻田旧城改造项目）集合信托计划	4.497	3	广州海航实业有限公司	8.5～10.5
2011-8-10	石家庄中嘉信股权投资集合信托计划	4.555	2	石家庄中嘉信房地产开发有限公司	10.5～11.5
2011-8-8	固安旧城改造股权投资集合资金信托计划	4	5	固安华夏幸福基业房地产开发有限公司	9.5～10.5
2011-8-2	临沂万兴都商业地产项目贷款集合资金信托计划（一期）	2.319	2	临沂市金凤凰置业有限公司	10.5～14
2011-8-1	滁州嘉宇房地产股权投资集合资金信托计划	3.5	2	滁州嘉宇房地产有限公司	10.5～14
2011-7-30	绿城—金华御园项目特定资产收益权集合资金信托计划	3	2	金华泰龙置业有限公司	9～11.5
2011-7-29	俊发地产股权投资集合资金信托计划（第四期）	0.993	2	云南俊华投资有限公司	12.5～14
2011-7-29	泉州香缤股权投资集合资金信托计划	8.6	2	泉州市香缤置业发展有限公司	10～14
2011-7-28	中建无锡房地产项目集合信托计划	12.847	2	无锡惠中房地产开发有限公司	8.5～9
2011-7-28	廊坊海润达股权投资集合资金信托计划	8.707	2	廊坊市海润达房地产开发有限公司	11～15
2011-7-22	鼎新30号昆明世纪半岛四期项目集合资金信托计划	10	2	云南奥宸房地产开发有限公司	10～12

续表

日期	名称	规模 (亿元)	期限 (年)	主要交易对手	年收益率 (%)
2011-7-22	武汉汉正街危旧房升级改造项目特定资产收益权集合资金信托计划	6	2	武汉金正茂商务有限公司	8～10.5
2011-7-22	长江畔·桂圆林生态墅区项目集合资金信托计划	4.566	2	四川同汇房地产开发有限公司	11～14.5
2011-7-22	丹霞山1号项目特定资产收益权投资集合信托计划	2	2	韶关市中衍房地产开发有限公司	11
2011-7-21	桃花源居特定资产收益权投资集合资金信托计划	2	2	云南桃园屋业发展有限公司	10.5～15.5
2011-7-20	重庆江北区观音桥项目股权投资集合信托计划	12.65	5	重庆华诚投资有限公司	12
2011-7-19	鄂尔多斯红星美凯龙商场租金收益权转让项目集合资金信托计划(一期)	0.757	2	鄂尔多斯市易兴房地产开发有限责任公司	8.5～12
2011-7-19	合肥华都股权投资集合资金信托计划	5.8	2	合肥华都房地产开发有限公司	11～13
2011-7-18	城建"沁园春景二期"集合资金信托计划	9.5	3	—	8.5～11
2011-7-15	汇泰股权投资集合信托计划	10	1.5	福建汇泰房地产开发有限公司	11.5～12.5
2011-7-15	四川佳兆港投资集合信托计划	4.5	2.25	四川佳兆港投资有限公司	9.5～12
2011-7-12	富荣23号(杭州江南春城项目)集合资金信托计划	2.5～5	2	杭州金成江南春置业有限公司	10.5～12.5
2011-7-12	长沙赤岗冲棚改股权投资集合资金信托计划I期	1.004	2	—	9.5～11
2011-7-12	乐居1号保障房项目集合资金信托计划	2	2	丰盛集团	8.8～9.5
2011-7-11	东海·巴黎城项目贷款集合资金信托计划	1.18	2	山东东海房地产开发有限公司	8～9
2011-7-8	金牡丹·融丰系列·龙山特定资产收益权集合资金信托计划	2.059	2	北京安宝房地产开发有限公司	10.5～12
2011-7-8	天来国际广场股权投资集合资金信托计划	7.168	2	成都天来房地产开发有限公司	10～14
2011-7-7	焦作远大股权投资集合资金信托计划	5.97	2	焦作远大置业有限公司	10～14

续表

日期	名称	规模 （亿元）	期限 （年）	主要交易对手	年收益率 （％）
2011-7-5	盛景·北京市通州宾馆股权投资集合资金信托计划	2.1～2.8	2	北京盛业房地产开发有限公司	10.5～11
2011-6-30	世纪锦城特定资产收益权投资集合资金信托计划	—	1.5	成都置成	11
2011-6-30	中金黄金花园项目特定资产收益权集合资金信托计划	1.5	2	三河市长城重机房地产开发有限公司	10～13.5
2011-6-29	西山御园贷款项目集合资金信托计划	1.27	2	河北省省直纪元房地产开发有限公司	9.5～12
2011-6-29	金科北京南邵项目投资集合信托计划	—	3	—	9～12
2011-6-27	创鸿集团佛山创鸿汇苑集合资金信托计划		2	佛山市富明房地产开发有限公司	9～14
2011-6-24	稳盛Ⅰ号股权投资集合资金信托计划	—	4.5	武汉金地伟盛房地产开发有限公司	—
2011-6-24	世融·嘉城城中村改造项目集合资金信托计划	2.2	2	西安世融投资有限公司	9～11
2011-6-24	兴源股权投资集合资金信托计划	4.2	2	—	14
2011-6-23	平阳县昆阳镇城北示范小区项目贷款集合资金信托计划	≤3.5	2	平阳置信德嘉房地产开发有限公司	10.5～12
2011-6-22	南昌丹石街区集合资金信托计划	2.5	2	江西绿都置业有限公司	7.8～8.5
2011-6-22	恒泰地产·阿奎利亚六期项目开发贷款集合资金信托计划	3.7384	2	恒泰房地产	10～12
2011-6-22	中天亚东信托贷款集合资金信托计划	3	1.5	杭州中天亚东房地产开发有限公司	9～10.5
2011-6-20	长白山号星河湾集合资金信托计划	0.597	1	安徽一文置业有限公司	10
2011-6-20	睿石29号全功能房地产基金集合资金信托计划	4	3		—
2011-6-17	鑫达五号·欢乐城1期股权投资项目集合资金信托计划	5.5	2	云南海运房地产开发有限公司	10.5～14.1
2011-6-16	哈尔滨荣邦置地浦江国际项目股权投资集合资金信托计划	1	1.5	—	9～11
2011-6-16	英合地产股权投资集合资金信托计划	2	2	英合地产有限公司	10～12

日期	名称	规模（亿元）	期限（年）	主要交易对手	年收益率（％）
2011-6-15	大连琥珀湾股权投资集合资金信托计划	3.5	2		10～14
2011-6-15	民享3号保障性安居工程应收账款流动化信托计划	4	2	南通市新沿海实业有限公司	9～10.5
2011-6-15	中信人和阳光贷款集合资金信托计划	1	1.5	黑龙江人和阳光房地产开发有限公司	9.6～10.5
2011-6-13	稳盛Ⅱ号股权投资集合资金信托计划	≥0.1	2.58	慈溪金启房地产开发有限公司	—
2011-6-13	郑州清华大溪地置业股权投资集合资金信托计划	—	2	郑州清华大溪地置业有限公司	11.5～13.5
2011-6-13	金牡丹融丰系列国中新城股权收益权集合资金信托计划（3期）	—	2	西安国中星城置业有限公司（阳光城）	10～11.8
—	金牡丹·融丰系列·国中星城股权收益权集合资金信托计划（一期）	—	2	西安国中星城置业有限公司（阳光城）	10～11.8
2011-6-10	普惠16号（大连湾山置业股权投资）集合信托计划	3.913	2.5	大连湾山置业有限公司	10.5
2011-6-10	珠光北京长辛店项目集合信托计划	5.5	2	北京珠光御景房地产开发有限公司	7.5～9.5
2011-6-10	临汾茂杰股权投资集合资金信托计划	0.474	1	临汾茂杰房地产开发有限公司	9～10
2011-6-10	俊发地产股权投资集合资金信托计划（第二期）	1.167	2	云南俊华投资有限公司	12.5～14
2011-6-8	天启142号淮安大长江国际家居广场项目贷款集合资金信托计划	1.2	1.5	大长江置业有限公司	9.5
2011-6-7	简阳东城国际旧城改造股权投资集合资金信托计划	1.31	2	四川省精华房地产开发有限公司	10.7～12
2011-6-3	光耀股权收益权流动化信托计划	9	2	—	7.5～10
2011-6-3	北京丹霞股权投资集合资金信托计划	2	1.5	北京丹霞房地产开发有限公司	9.5～12
2011-6-3	泰达时代中心投资集合资金信托计划	1	1	北京鑫丰物业发展有限公司	9～10
2011-6-2	德贝置业股权投资集合资金信托计划	1.004	1.5	嵊州市德贝置业有限公司	9.5～11.5
2011-6-2	优债52期优品道实业项目集合资金信托计划	0.8413	2	成都博瑞房地产开发有限公司	8.5～10.5

日期	名称	规模（亿元）	期限（年）	主要交易对手	年收益率（%）
2011-6-2	天津隆礴房地产开发有限公司股权投资集合资金信托计划	1.2	1.5	天津隆礴房地产开发有限公司	7.8～10.1
2011-6-1	"融创置地公司"股权收益权投资集合资金信托计划	2	2	天津融创置地有限公司	8.4～10.4
2011-6-1	富荣20号（西安幸福快车项目）集合资金信托计划	1.7	1.5	西安愿景房地产开发有限公司	10.5～12
2011-6-1	遇喜·聚宝盆3期佳源公司股权投资项目集合资金信托计划	1.003	1.5	浙江佳源房地产集团有限公司	10.5～13
2011-5-31	中都置业特定资产收益权集合信托计划	0.9	1	浙江临安中都置业有限公司	9.5～10.5
2011-5-31	长白山［17］号华瀚置业集合资金信托计划	1	1	华瀚投资集团长春置业有限责任公司	7
2011-5-31	滁州御景园项目集合资金信托计划信托计划	2.4	2	安徽卓耕投资置业有限公司	9.5～13
2011-5-30	绿都控股应收债权投资集合资金信托计划	2	1.5	杭州清江房地产开发有限公司、绿都控股集团有限公司	9.3～10.8
2011-5-27	舟山安舟公司股权投资集合计划	4.2761	2	舟山安舟置业有限公司	10.8～12
2011-5-27	北京安华图股权投资集合资金信托计划	3.2	2	北京安华图房地产开发有限公司	10～14
2011-5-27	泰禾·运河岸上的院子特定资产收益权投资集合资金信托计划	9	2	北京泰禾房地产开发有限公司	11
2011-5-26	长沙玮隆股权投资集合资金信托计划	3	2	湖南玮隆房地产开发有限公司	9～13
2011-5-26	上海森泽股权投资集合资金信托计划	3.459	1.5	上海森泽房地产有限公司	10～13
2011-5-25	旭辉广场商业资产受益权集合资金信托计划	5.6	2	浙江旭辉置业有限公司	11
2011-5-24	浙江开化房产"一品梧墅"股权投资集合资金信托计划	1.383	2	浙江开化之信房地产开发有限公司	10～12
2011-5-24	天津市中北高科技产业园项目（二期）贷款集合资金信托计划	1.5	2	天津市九胜投资发展有限公司	8～10
2011-5-23	山东信豪股权投资集合资金信托计划	3.5	1.5	济南信豪房地产开发有限公司	9.5～13

续表

日期	名称	规模 （亿元）	期限 （年）	主要交易对手	年收益率 （%）
2011-5-20	田厦金牛广场股权投资集合资金信托计划	7	1.5	深圳市田厦房地产有限公司	9～13
2011-5-20	金牡丹·融丰系列·当代万国城不动产收益权转让及回购（二期）集合资金信托计划	1.5	2	当代节能置业股份有限公司	10.8～11.5
2011-5-19	宝安山水龙城资产收益权投资集合资金信托计划	1.3531	1	武汉华安置业有限公司	8.5～10
2011-5-18	永济"御苑三期"项目一期贷款集合资金信托计划	0.2	1	运城市海纳房地产开发有限公司	6.5～6.7
2011-5-17	富祥9号（广州颐和大厦项目）集合信托计划	6.96	2	广州南开房地产开发有限公司	10.5～11.5
2011-5-17	南昌申标股权投资集合资金信托计划	2.193	1.5	南昌申标房地产发展有限公司	9～10
2011-5-17	乾景·北京海洋广场股权投资集合信托计划	18.4313	2	新生地产投资有限公司	11～13
2011-5-11	玫瑰园集合资金信托计划二期	0.6	2	中佳（徐州）房地产开发有限公司	9～9.5
2011-5-11	乌海锦绣中华特定资产收益权集合信托计划	—	1.5	乌海市广昊房地产	9～11
2011-5-10	鄂尔多斯伊金霍洛旗棚户区改造项目集合资金信托计划	11.635	1.5	鄂尔多斯凯创房地产开发有限责任公司	9.5～12
2011-5-10	营口永安阳光世纪城信托贷款集合资金信托计划	—	2	营口永安房地产开发有限公司	9.5～13
2011-5-9	昭山"两型社会"改革示范区棚户区改造-新民村片区项目集合资金信托计划	0.4	3	湖南昭山经济建设投资有限公司	8～9
2011-5-6	汉镒·北京石景山商业项目贷款集合资金信托计划	0.9	1.25	北京石景新天置业有限公司	7.6～8.6
2011-5-6	俊发地产股权投资集合资金信托计划	17.058	2	云南俊华投资有限公司（俊发地产）	12.5～14
2011-5-6	创鸿集团佛山创鸿广场集合资金信托计划	7.4	2	佛山市南海万业置地有限公司	9～13
2011-5-6	滨港旅游应收债权投资集合资金信托计划	3.2	2	上海滨港旅游发展有限公司（上海中房置业股份有限公司）	9.5～11

续表

日期	名称	规模（亿元）	期限（年）	主要交易对手	年收益率（%）
2011-5-6	鄂尔多斯富强建筑贷款集合资金信托计划	1.8	1	鄂尔多斯市富强建筑安装工程有限责任公司	10
2011-5-6	创鸿集团佛山创鸿广场集合资金信托计划	7.4	2	佛山市南海万业置地有限公司	9~13
2011-4-30	中融观澜华庭项目集合资金信托计划	2.8	2	合肥光明置业有限公司	9.5~11
2011-4-29	九坤秦南都汇危房改造项目贷款集合资金信托计划	1	1	武汉九坤集团	8~8.8
2011-4-29	上海旭创信托贷款集合资金信托计划	3.348	1	上海旭创置业有限公司	9.3~9.8
2011-4-29	鑫达4号·集合信托计划为和都国际集合信托计划	1.8	2	内江市中泽地产开发有限公司	11~12
2011-4-29	财富联合集团贷款项目集合资金信托计划	1.631	2	财富联合集团有限公司	9.2~11.5
2011-4-29	成都中信广场项目投资集合资金信托计划	2	2	成都中信光达地产有限公司	8.5~10.5
2011-4-28	万楼新城股权投资集合资金信托计划	3.55	2	湘潭万楼投资有限公司	9.5~13
2011-4-28	建信兆祥观澜华庭项目集合资金信托计划	6	2	兆祥地产	9~9.5
2011-4-27	江苏能恒置业有限公司股权投资信托计划	13.4	2	江苏能恒置业有限公司	16.8
2011-4-27	上海珠江投资信托贷款集合资金信托计划	2.803	1	上海珠江投资有限公司	9~9.5
2011-4-27	长安财富优债2期—天津天山房地产"水榭花都一期名望里"项目贷款集合资金信托计划	0.7	1	天津天山房地产开发有限公司	9~9.5
2011-4-27	昆明西房公司股权投资集合资金信托计划	5	2	西房公司	9~13
2011-4-26	鼎新24号项目集合资金信托计划	3.5	1.5	融侨集团	9~10
2011-4-26	长沙芒果城特定资产收益权集合资金信托计划	1.5	1.5	湖南北山房地产开发有限公司	9~12

续表

日期	名称	规模（亿元）	期限（年）	主要交易对手	年收益率（%）
2011-4-26	温州泰宇花苑项目开发贷款集合资金信托计划	3.99	2	泰宇房地产开发有限公司	10～11.8
2011-4-26	金厦股权投资集合资金信托计划	6.6	2	兰溪市金厦房地产有限公司	9.5～16
2011-4-26	吉林泰安股权投资集合信托计划	2.2	1.75	吉林市泰安房地产开发有限公司	9.5～10.5
2011-4-25	富荣19号（蓝光圣菲TOWN城项目）集合资金信托计划	1.9	1	成都双流和骏置业有限公司	9.75～10.75
2011-4-25	民生主题7号（威海市海埠旧村改造一、二期项目收益权投资）集合资金信托计划	2	1.5	威海大平房地产开发有限公司	7.8～10
2011-4-22	优债46期（成都金房集团）集合资金信托计划	0.8	1	成都金房集团有限公司	7.5～8.7
2011-4-21	天纵盘龙城股权投资集合信托计划	1.995	2	武汉市湖北天纵滨湖置业有限公司	9.5～12
2011-4-18	明华恒基股权投资集合资金信托计划	2.5	1	沈阳明华恒基房地产开发有限公司	9～11
2011-4-15	绿洲17期（青蒲发展一期）集合资金信托计划	1.2	2	成都青蒲建设发展有限公司	7.5～9
2011-4-15	普惠14号（金罗马中央商业广场项目收益权投资）集合资金信托计划	1.702	2	东阳市百盛实业发展有限公司	8～10
2011-4-14	明华恒基股权投资集合资金信托计划	2.9	2.5	沈阳明华恒基房地产开发有限公司	9～11
2011-4-13	民生主题6号（茂华集团山东潍坊项目）集合资金信托计划	5.99	3	茂华控股集团有限公司、潍坊茂华置业有限公司	8.8～15
2011-4-13	宋都阳光国际应收债权投资集合资金信托计划	2.5	2	浙江东霖房地产开发有限公司	9.5～10.5
2011-4-12	睿石23号全功能房地产基金集合资金信托计划	2	3	—	—
2011-4-11	华欣置业应收债权投资集合资金信托计划	1.5	1.5	浙江华丰房地产开发有限公司、浙江华欣置业有限公司	9.5～10.5
2011-4-11	厦门联发二号物业租赁收益权投资集合资金信托计划	1.5	1	厦门联发集团	—

续表

日期	名称	规模 （亿元）	期限 （年）	主要交易对手	年收益率 （%）
2011-4-8	长信 7 号股权投资集合资金信托计划	1.5	2	成都同森岷江置业有限公司	9～11.5
2011-4-8	天宝物业股权投资集合资金信托计划	2.5	2	陕西天宝物业投资有限公司	9～11.2
2011-4-7	粤贵 2 号集合资金信托计划	0.7	1	广东海富建设有限公司	4.5
2011-4-7	仁文股权投资集合资金信托计划	1.5	2	厦门仁文置业有限公司	9～13
2011-4-6	力迅广州江南大道改善型住房集合资金信托计划	4	1	广州南联房地产开发有限公司	10～11
2011-4-2	长安财富优债 1 期（朗诗城峰置业股权投资）集合资金信托计划	3	1.5	上海城峰置业有限公司	9.5～10.5
2011-4-1	厦门联发一号物业租赁收益权投资集合资金信托计划	1.038	1	厦门联发集团	—
2011-4-1	宏业 22 期-绿都集团贷款项目（新乡绿都城二期 A 区）集合资金信托计划	0.5	3	绿都集团	9.5～10.5
2011-4-1	鑫达 1 期·绵阳科发集团低碳经济产业基地项目集合资金信托计划	2	2	绵阳科技城发展投资（集团）有限公司	8.5～9.5
2011-3-31	联合 9 号集合资金信托计划	1.24	1	佛山市南海金融高新区经营管理有限公司	4.5～4.7
2011-3-31	绵阳科技城低碳经济产业基地市政项目集合资金信托计划	5	2	中国（绵阳）科技城低碳经济产业基地	10～11.5
2011-3-31	优债 44 期（阳光壹佰）优质债权集合资金信托计划	1	2	阳光壹佰公司	8.5～10
2011-3-31	住宅集团住宅产业化股权信托基金—海春园限价房建设信托基金	0.5	0.25	天津津城住宅产业投资基金管理有限责任公司、天津住宅建设发展集团有限公司、天津华夏建设发展股份有限公司	7.4～7.8
2011-3-31	成都尚岛春天国际度假酒店项目集合资金信托计划	1.2	2	四川世纪天怡酒店投资有限公司	7.7～9
2011-3-31	万兴都商业地产项目贷款集合资金信托计划	1.6	2	临沂市金凤凰置业有限公司	10.5～11.5

续表

日期	名称	规模 （亿元）	期限 （年）	主要交易对手	年收益率 （%）
2011-3-30	洛社新城信托贷款集合资金信托计划	1	1	江苏华广置业有限公司	9.5
2011-3-30	百家湖国际商业广场商业物业收益权受让集合资金信托计划	1.3211	—	南京百家湖房地产开发有限公司	9
2011-3-30	长白山（11号）南京联强集合资金信托计划	2	1	南京牡丹园置业有限公司	9.5～10.5
2011-3-28	联合6号集合资金信托计划	2	1	清远市狮子湖酒店有限公司	4.7
2011-3-25	上海浦东曹路（基地）保障房开发建设贷款集合资金信托计划	0.55	1.25	中星（集团）有限公司	—
2011-3-24	上房经营集团—印象春城股权分红权投资集合资金信托计划	4.5	1	上房经营集团	—
2011-3-24	阜阳环球国际广场旧城改造股权投资集合资金信托计划	2.495	2	浙江环球房地产集团有限公司	10～12
2011-3-23	昊嘉置业杭州临平投资项目集合资金信托计划	3	3	杭州昊嘉置业有限公司	9.6～10.8
2011-3-23	电力4号（舟山发电股权受益权投资）集合资金信托计划	2	2	华凯投资集团有限公司	10.8
2011-3-22	恒富产业投资基金第17号集合资金信托计划	0.7	1	济南东岳汽车集团有限公司	8
2011-3-22	宏大·香榭华都集合资金信托计划	1.2	1.5	安徽天德源置业有限公司	8～8.5
2011-3-21	西安大桥西街棚户区改造项目股权投资集合资金信托计划	2	2	陕西芳洲建设开发有限公司	9.5～11
2011-3-21	襄樊星苑信托受益权受让集合资金信托计划	0.3649	1.25	—	—
2011-3-21	华鑫兴云联合投资基金集合资金信托计划	7.3	5		
2011-3-21	联合8号集合资金信托计划	1.05	1		
2011-3-18	勤诚达贷款项目集合资金信托计划	2	2	勤诚达公司	9～11.2
2011-3-18	铜陵市经济技术开发区基础设施建设贷款集合资金信托计划	0.5	2.5	铜陵市新城区建设投资有限责任公司	7～7.5
2011-3-18	联合7号集合资金信托计划	0.9	1	广东工贸职业技术学院	4.7

日期	名称	规模（亿元）	期限（年）	主要交易对手	年收益率（%）
2011-3-18	海南国际旅游岛投资开发信托基金（1期）集合资金信托计划	3	2	儋州新天地酒店有限公司	7.7～9
2011-3-18	湘财源 2011-7 号集合资金信托计划	0.5	3	—	8
2011-3-18	鸿福 7 号曼城国际商业资产收益权投资集合资金信托计划	1	2	—	—
2011-3-17	福建阳光集团信托贷款Ⅲ集合资金信托计划	—	—	—	—
2011-3-17	海湾国际名苑项目集合信托计划	—	—	—	—
2011-3-17	佛奥集团武汉俊贤雅居项目股权投资集合资金信托计划	1	—	—	—
2011-3-16	百瑞宝盈108号集合资金信托计划	5.832	2	海航机场集团	8.5
2011-3-16	宏业 21 期—新时代广场不动产收益权投资集合资金信托计划	1	2.5	郑州中原华丰投资中心有限公司	9～9.5
2011-3-16	中爱联实业应收账款收益权转让集合资金信托计划	3	2	中爱联公司	8.2～10
2011-3-15	富荣 18 号（盛高香逸湾贷款项目）集合资金信托计划	3.8	1	上海东方康桥房地产开发有限公司	9.5～10.5
2011-3-15	湘财源 2011-6 号集合资金信托计划	0.5	3	市政棚户区改造类信托计划的信托受益权	8
2011-3-15	当代万国城不动产收益权转让暨回购集合资金信托计划	2	2	当代节能置业股份有限公司	—
2011-3-15	富荣 18 号（盛高香逸湾贷款项目）二期集合资金信托计划	5	1	上海东方康桥房地产开发有限公司	9.5～10.5
2011-3-14	江宇世纪城特定资产收益权转让集合资金信托计划	1.93	2	江宇世纪城	9.5～12
2011-3-11	中国水电长兴太阳城特定资产收益权投资集合资金信托计划	3	2	中国水电地产	9
2011-3-11	龙鼎控股应收债权投资集合资金信托计划	1.38	1.5	嘉善金鸿置业有限公司（浙江龙鼎控股集团有限公司持有其债权）	9～10.5
2011-3-11	福建阳光集团信托贷款Ⅱ集合资金信托计划	—	—	—	—
2011-3-11	重庆西部物流园大川建材物流城股权投资集合资金信托计划	5	—	—	—

续表

日期	名称	规模（亿元）	期限（年）	主要交易对手	年收益率（%）
2011-3-10	美达檀香山项目贷款集合资金信托计划	1	1	美达集团	9～10
2011-3-10	优债43期（铁门小区拆迁安置房）集合资金信托计划	0.7	1.5	成都市西汇城市建设有限公司	7.5～8.8
2011-3-10	睿石21号全功能房地产基金集合资金信托计划	—	—	—	—
2011-3-10	福建阳光集团信托贷款集合资金信托计划	—	—	—	—
2011-3-8	"滨海·重机工业园"股权集合资金信托计划	3	2	天津滨海新区重机工业园投资发展有限公司	8～10
2011-3-8	中环百汇广场项目贷款集合资金信托计划	1.419	2	苏州市相城区达丰房地产开发有限公司	8.5～10
2011-3-8	睿石18号全功能房地产基金集合资金信托计划				
2011-3-4	上海英泰化工应收账款集合资金信托计划	1.3	1	上海英泰化工贸易有限公司、上海长甲投资管理有限公司、启东崇德置业有限公司	9～10
2011-3-4	郑州德润黄金海岸项目特定资产收益权投资集合资金信托计划	1.227	2	河南德润置业有限公司	8.5
2011-3-4	普惠11号（漳州福晟股权受益权投资）集合资金信托计划	1.35	1.25	福建福晟房地产开发有限公司	9～10
2011-3-4	睿石20号全功能房地产基金集合资金信托计划	—	3		
2011-3-4	鄂尔多斯金澳地产股权投资集合资金信托计划	4.45	2	鄂尔多斯市金澳房地产开发有限责任公司	10～12
2011-3-3	天佐奥城房地产信托贷款集合资金信托计划	1.8	2	内蒙古天佐投资集团有限责任公司	8.5～10.5
2011-3-3	天启91号襄樊廉租房及经济适用房集合资金信托计划	1	1.5	襄樊远驰实业有限公司	7.6～8
2011-3-2	皖江城市带系列产品之：安庆长江大桥开发区基础设施建设贷款项目集合资金信托计划	0.8	2	安庆长江大桥综合经济开发区建设投资有限责任公司	6.8～7.3

日期	名称	规模（亿元）	期限（年）	主要交易对手	年收益率（%）
2011-3-2	金帝星城股权受益权投资集合信托计划（二期）	1.49638	—	—	—
2011-3-1	"金宅"系列之上海中凯佘山曼荼园项目信托贷款集合资金信托计划	6.52	2.5	上海中凯置业有限公司	—
2011-3-1	富荣16号（华远九都汇贷款项目）集合资金信托计划	2	2	北京金秋莱太房地产开发有限公司	10~11
2011-3-1	睿石19号全功能房地产基金集合资金信托计划	—	—	—	—
2011-3-1	华夏地产—"金林佳园"贷款集合资金信托计划	0.4	1	华夏地产	—
2011-3-1	睿石22号全功能房地产基金集合资金信托计划	0.2	3	—	—
2011-2-28	买断蓟县环秀湖东地块收益权集合资金信托计划	1	1.75	天津金傲伟诚投资有限公司、天津广成投资集团有限公司	7.5~10
2011-2-28	玫瑰园集合资金信托计划	3.4357	2	中佳（徐州）房地产开发有限公司	8~9.2
2011-2-28	合肥双凤开发区安居工程集合资金信托计划	4.7	2	安徽润地双达房地产开发有限公司	9~11.5
2011-2-28	卓达太阳城项目特定资产收益权流动化信托项目	—	2	卓达集团	11~12
2011-2-28	深圳南联旧改项目股权投资集合信托计划一期	3	2.5	深圳宝源创建有限公司	11~11.5
2011-2-25	美的御海东郡信托贷款集合资金信托计划	2	2	佛山市顺德区捷高房产有限公司	8.4~9
2011-2-25	财富6号集合资金信托计划	3	3	北京爱达星房地产开发有限公司	8~12.5
2011-2-25	睿石17号全功能房地产基金集合资金信托计划	0.2	3	—	—
2011-2-25	四川南充天来豪庭、天来大酒店项目贷款集合资金信托计划	3.325	1.5	四川天来房地产发展有限公司	9~10.5
2011-2-25	北京长辛店南区生态城项目集合信托计划	7.5	2.25	—	—
2011-2-25	德信九龙城项目集合资金信托计划	1.5	1	—	9.2~11

续表

日期	名称	规模（亿元）	期限（年）	主要交易对手	年收益率（%）
2011-2-24	天津泰恒达投资有限公司股权收益权收购集合资金信托计划	0.8	2	天津泰恒达投资有限公司	8～8.8
2011-2-24	常州新北万达广场股权投资集合资金信托计划	5	—	万达	—
2011-2-24	中信地产珠海红树湾股权收益权投资（二期）集合资金信托计划	6.313	1.5	中信华南集团	8.3～9
2011-2-23	优债39期（远大项目）集合资金信托计划	2	1	中国远大集团有限责任公司	7～9
2011-2-21	康桥地产—"莱茵半岛"贷款集合资金信托计划	0.25	2	临汾康桥房地产开发有限公司	7～8
2011-2-18	君合百年项目收益权集合资金信托计划	2	2	华业地产	9.5～10
2011-2-18	惠民类基金集合资金信托计划	6.225	2		8～10
2011-2-17	睿石16号全功能房地产基金集合资金信托计划	—	—		—
2011-2-16	优债40期（阳光壹佰）集合资金信托计划	2	1	阳光壹佰置业（成都）有限公司、重庆渝能壹佰房地产开发有限公司	8.5～10
2011-2-16	上海城开绿色低碳城市发展基金集合资金信托计划	3.969	2	城开绿碳（天津）股权投资基金合伙企业（有限合伙）、上海城开集团龙城置业有限公司	8.5
2011-2-14	华鑫·嘉盛龙庭特定资产收益权集合资金信托计划	1.3	2	嘉兴达胜置业发展有限公司	9.5～10.5
2011-2-12	安徽水利龙子湖开发项目股权投资集合资金信托计划	0.5	—		—
2011-2-1	富荣14号（阳光壹佰重庆项目）集合资金信托计划	1.7	2	重庆渝能壹佰房地产开发有限公司	10～11
2011-1-31	绿城御园股权收益权投资集合资金信托计划	6.5	2	上海绿顺房地产开发有限公司	
2011-1-31	苏州融邦投资集合信托计划	3.4	2	苏州融邦	—

日期	名称	规模（亿元）	期限（年）	主要交易对手	年收益率（％）
2011-1-31	中贸广场商业地产项目投资集合资金信托计划	0.9	5	陕西中贸房地产开发有限公司	12
2011-1-31	阿拉善经济开发区中等职业学校校园建设项目集合资金信托计划	0.3856	3	阿拉善经济开发区中等职业学校	7.5～9.5
2011-1-31	天启95号武汉城中村改造集合信托计划	2.4	1.5	武汉汉阳造地产开发有限公司	8.2～9.5
2011-1-30	徐州龙湖国际家苑二期项目贷款集合资金信托计划	2.5	—	—	—
2011-1-30	湘潭河西滨江棚户区改造—御江西郡片区项目集合资金信托计划	0.4	3	湘潭城市棚户区改造有限公司	8
2011-1-30	银杏26期（蓝光锦绣城）集合资金信托计划	1.8	1.5	成都成华蓝光和骏置业有限公司	7.5～8.8
2011-1-28	天启67号重庆交通大学学生公寓集合资金信托计划	0.5	2	重庆天景置业有限公司	10
2011-1-28	地铁十四号线信贷资产项目集合资金信托计划	—	—	—	—
2011-1-28	浙江金磊房地产开发有限公司股权投资信托计划	11.8	3	浙江金磊房地产开发有限公司	9～15.75
2011-1-27	天启75号黄山市星汇漫谷项目集合资金信托计划	0.8	1.5	浙江汇鑫控股集团有限公司、黄山汇鑫房地产集团	9.5～10.5
2011-1-27	俊安（天津）实业有限公司流动资金贷款集合资金信托子计划1	0.5	1.5	俊安（天津）实业有限公司	9～9.7
2011-1-27	俊安（天津）实业有限公司流动资金贷款集合资金信托子计划2	≥1.5	2	俊安（天津）实业有限公司	9.2～11
2011-1-27	常州嘉宏正泰置业投资集合信托计划	3.0077	—	常州嘉宏正泰置业	
2011-1-26	金宏保障性住房投资基金1号集合资金信托计划	4	—		
2011-1-26	睿石15号全功能房地产基金集合资金信托计划	0.2	3	房地产公司	
2011-1-25	恒利5号商业地产项目—绍兴解放南路商业地块股权投资集合资金信托计划	4.5	3	—	9.5～12

续表

日期	名称	规模 (亿元)	期限 (年)	主要交易对手	年收益率 (%)
2011-1-24	麦购（天津）集团有限公司流动资金贷款集合资金信托计划	0.5	1.25	麦购（天津）集团有限公司	7.4~7.8
2011-1-24	合肥包河石桥保障房项目股权投资集合资金信托计划	3.8	2	安徽国开置业有限公司	9~12
2011-1-21	优债37期（成都经开区南北大道建设）集合资金信托计划	1	1.75	成都经济技术开发区建设发展有限公司	7.5~9
2011-1-21	鼎丰·北大方正盈丰股权投资集合信托计划	11.5	5	重庆盈丰投资有限公司	11.5
2011-1-20	天启56号特定资产收益权集合信托计划	1.521	2	云南新都昌房地产开发有限公司	8.5~9.5
2011-1-20	金诚（1101）号—明泽地产商业物业租金收益权转让项目集合资金信托计划	2.0015	2	明泽房地产公司	10~12.5
2011-1-20	无锡翠竹房地产信托贷款（二期）集合资金信托计划	1.31	—	—	—
2011-1-20	天津2号股权投资集合资金信托计划	1.6	1	天津空港商贸中心开发有限公司	7.3~10
2011-1-18	松花江17号亿利资源集团有限公司股权投资集合资金信托计划（三期）	10	3	亿利资源集团有限公司	11~12
2011-1-18	乌海锦绣中华特定资产收益权投资集合信托计划	1.5	1.5	乌海市广昊房地产	9~11
2011-1-18	天津渤海和兴集团有限公司股权投资集合资金信托计划	0.6	1.25	天津渤海和兴集团有限公司	7.5~7.8
2011-1-17	万达商业地产发展基金Ⅰ号股权投资集合资金信托计划	14.994	1	长沙开福万达广场投资有限公司、大连万达商业地产股份有限公司	6.3~7
2011-1-17	和县城市建设投资有限公司应收债权转让集合资金信托计划	0.6	2	和县城市建设投资有限公司	6.9~7.3
2011-1-17	普惠5号（宏亿数码广场项目收益权投资）集合资金信托计划	5.796	1.5	长春市宏义房地产开发有限公司	9.5~10.5
2011-1-14	2010年中诚信托哈尔滨金色莱茵贷款项目集合信托计划	5.2	2	—	—
2011-1-13	天启97号京御幸福股权投资集合信托计划	4.9	2	廊坊市京御幸福房地产开发有限公司	8

日期	名称	规模（亿元）	期限（年）	主要交易对手	年收益率（%）
2011-1-12	富荣拾号（旭辉东方之珠二期项目）集合资金信托计划	3.9	1.5	中石房地产开发有限公司	—
2011-1-11	长白山5号—希望宜城集合资金信托计划（一期）	0.72	1.5	海城市希望宜城置业有限公司	10.2～11
2011-1-11	安岳南山片区基础设施建设项目集合资金信托计划	0.5	1.5	四川省荣新集团有限公司	5.7～8.3
2011-1-11	同鑫1号房地产投资集合资金信托计划	—	—	—	—
2011-1-10	上海录润置业股权投资集合资金信托计划	8.5	3	高远置业	9.8～12
2011-1-6	重庆远展投资集合信托计划	7.2515	2	重庆市远展房地产开发有限公司	8.5～10
2011-1-5	珠江投资特定资产收益权投资系列集合信托计划（第一期）	13.481	6	广东珠江投资股份有限公司	7.5～7.8
2011-1-4	同森集团股权投资集合资金信托计划	0.8	2	成都同森投资集团有限公司	5.8～9.0
2010-12-31	重庆融汇温泉城市政道路工程BT合同收益权投资集合资金信托计划	1	2	重庆融汇投资	9～11
2010-12-31	西安思源学院2期集合资金信托计划	0.36	1.75	西安思源学院	7.5～8.5
2010-12-31	苏州相城华成股权收益权投资集合资金信托计划	1	1	苏州工业园区华成房地产开发有限公司、苏州相城华成房地产开发有限公司	9～10
2010-12-31	爱建—三盛宏业资产整合集合资金信托计划	1.9	1.5	三盛宏业、杭州颐盛	8.3～9.5
2010-12-31	丰盛集团安家利置业股权投资集合资金信托计划	2.5	2	南京丰盛产业控股集团有限公司、江苏安家利置业有限公司	—
2010-12-29	天启58号长春卓展资产收益权投资集合资金信托计划	4	2	长春卓展时代广场百货有限公司	8.5～9.2
2010-12-29	长信5号—华丰组合投资集合信托计划	6	2	华丰置业有限公司	8～10

续表

日期	名称	规模（亿元）	期限（年）	主要交易对手	年收益率（%）
2010-12-29	沈阳五洲特定资产收益权流动化信托计划	9.65	2	沈阳五洲商业广场发展有限公司	8.5～10.5
2010-12-29	泰达港城股权收益权收购集合信托计划	2.5	2	天津泰达港城投资有限公司	8～10
2010-12-28	中泰厦门溢源昌股权收益权投资集合资金信托计划	1.153	1	厦门源昌集团有限公司、厦门溢源昌房地产开发有限公司	8.8～9.8
2010-12-28	"上信·金铺"系列信托之河畔商贸集合资金信托计划	—	—	—	—
2010-12-27	柏庄股权投资集合信托计划	7.1189	3	芜湖柏庄置业有限公司	9～10.5
2010-12-27	新海航大厦项目贷款集合资金信托计划	2.507	3	海口新城区建设开发有限公司	8.2～11.5
2010-12-27	海航办公大厦项目贷款集合资金信托计划	—	3	海口新城区建设开发有限公司	8.2～11.5
2010-12-24	智造（天津）创意产业有限公司股权投资集合资金信托计划	1	2.25	智造（天津）创意产业有限公司	7.6～10.5
2010-12-24	"钢城花园"Ⅰ期—首钢（水钢）职工安居工程项目收益权投资集合信托计划	3.5	1.5	六盘水鼎业公司	9.5～10
2010-12-24	北都城市广场项目集合资金信托计划	1.98	2	北都商业	8
2010-12-24	富荣13号（山水文园贷款项目）集合资金信托计划	—	—	—	—
2010-12-24	济南恒大绿洲股权受益权投资集合资金信托计划	5.266	—	—	—
2010-12-24	优债35期（龙华二期D区安居工程）集合资金信托计划	1	2	龙泉驿区国有资产投资经营有限公司	5.8～9
2010-12-24	普惠8号（杭房开股权受益权投资）集合资金信托计划	5	1.5	杭州市房地产开发集团有限公司	7.5
2010-12-23	湘潭河西滨江棚户区改造—左岸绿洲片区项目集合资金信托计划	0.5	3	湘潭城市棚户区改造有限公司	8
2010-12-23	东原地产亲亲里项目贷款集合资金信托计划	1.8	5	东原地产	10
2010-12-23	无锡新城创置房地产有限公司股权投资项目集合资金信托计划	3	2	无锡新城创置房地产有限公司	8～9

日期	名称	规模 （亿元）	期限 （年）	主要交易对手	年收益率 （%）
2010-12-23	襄樊星苑贷款集合资金信托计划	1	1.5	天津宁河海航置业投资开发有限公司	—
2010-12-23	惠州东江新城项目股权投资集合资金信托计划	6	1.5	广东方直集团有限公司	9～12.5
2010-12-22	海控商业广场投资集合资金信托计划	2.5	2	海南海控置业有限公司	7.5～9
2010-12-21	郡原公元大厦物业收益权集合资金信托计划	0.494	1.5	浙江郡原地产股份有限公司	8.5～9
2010-12-21	启秀置业股权投资集合资金信托计划	1.4	1.5	连云港启秀置业发展有限公司	9～10
2010-12-21	中信民享 2 号保障性安居工程应收账款流动化信托项目	2	1.5	江苏省淮安经济开发区管理委员会	9.5
2010-12-20	合力地产—"丽华苑"贷款集合资金信托计划	0.2	2	山西合力房地产开发有限公司	6.6～7.02
2010-12-20	恒信—卓达三亚集合资金信托计划	3	1	三亚卓达房地产开发有限公司	8.5～10.5
2010-12-17	富荣 11 号（蓝光观岭项目）集合资金信托计划	1.5	1	成都金堂蓝光和骏置业有限公司	9～10
2010-12-16	鼎兴 1 号维邦集团股权投资项目集合资金信托计划	8	3	内蒙古维邦房地产开发集团股份有限公司	—
2010-12-15	金大元集团债权投资集合资金信托计划	1.5	1.25	昆山金源置业有限公司	8.5～10
2010-12-15	南京浦东房地产项目贷款集合资金信托计划	—	2		7～8
2010-12-14	九合地产股权投资集合资金信托计划	2	2	北京九合创业房地产开发有限公司	10
2010-12-13	长白山 6 号—松原宏宇地产集合资金信托计划	0.495	2	松原市宏宇房地产开发有限公司	10.3
2010-12-13	长白山 8 号—广东合生泰景集合资金信托计划	1.553	1	广东合生泰景房地产有限公司	4.25
2010-12-13	江西极地置业有限公司股权投资集合资金信托计划	—	2	—	9.5～10.5
2010-12-10	聚信汇金昆明玉器城股权投资集合信托计划	11.5	2	云南上基房地产开发责任有限公司	9.5～16
2010-12-10	天启 37 号重庆长寿区城乡统筹建设集合资金信托计划	1.4	3	重庆市长寿区街镇工业发展有限责任公司	8.8

续表

日期	名称	规模（亿元）	期限（年）	主要交易对手	年收益率（%）
2010-12-9	中信地产珠海红树湾股权收益权投资（一期）集合资金信托计划	3	1.5	中信华南集团、华南珠海	7.5～7.8
2010-12-9	机械装备股权投资项目集合资金信托计划	0.8439	2	江阴临港新城机械装备产业投资发展有限公司	8～8.8
2010-12-8	射洪国资公司涪江柳树段电航工程集合资金信托计划	2	2	射洪县国有资产经营有限责任公司	5.5～9
2010-12-8	星光地产贷款项目集合资金信托计划	1.1	2	山东聊城星光房地产开发有限公司	8.3～8.8
2010-12-8	嘉业太湖阳光假日二期项目贷款集合资金信托计划	0.554	1	湖州嘉业房地产开发有限公司	8～8.5
2010-12-8	金诚（1005）号—湖南新族股权收益权投资项目集合资金信托计划	2	2	湖南新族房地产开发有限公司	—
2010-12-8	金山1号天成一品房地产股权投资集合资金信托计划	1.5	2	广西长江天成投资集团有限公司	9.5～12
2010-12-8	苏州嘉业债权投资集合资金信托计划	2	2	苏州嘉业房地产开发有限公司	8
2010-12-6	香水湾红礁度假区金缔花园项目贷款集合资金信托计划	1	2	海南永泰金缔房地产开发有限公司	9.2～10
2010-12-6	2010年格兰山水投资集合信托计划	0.8	—	—	—
2010-12-6	津南示范镇配套工程集合信托计划	1.35	2.33	天津坤徽城镇建设开发投资有限公司	7.4～9.3
2010-12-3	智造（天津）有限公司股权投资集合资金信托计划	1	2.25	智造（天津）创意产业有限公司	7.6～10.5
2010-12-3	瑞城1010集合（苏州新湖明珠城贷款项目）资金信托计划	2	2	苏州新湖置业有限公司	9～10.5
2010-12-3	"祥禾花园"一期资产收益权集合资金信托计划	0.1	1		
2010-12-2	金科集团房地产股权投资集合资金信托计划	2.1166	1.5	成都金科、金科集团	8.5～10
2010-12-2	滨海新区开发建设之智造e谷园区收益权信托（Ⅰ）	—	2.25		

日期	名称	规模 (亿元)	期限 (年)	主要交易对手	年收益率 (%)
2010-12-1	阳光半岛集合资金信托计划（二期）	0.361	2	芜湖首创房地产开发有限公司	9～11
2010-12-1	天启 41 号明泽广场物业收益权集合资金信托计划	2	1.5	明泽地产	7.3
2010-12-1	滨海新区开发建设之创意产业收益权系列信托（Ⅳ）	0.5～0.6	2.25	智造（天津）有限公司以其公司	7.6～8.8
2010-12-1	盛景·中国农业科技文化园股权投资集合资金信托计划	5	2	北京中关村国际种业科技有限公司	10.5～11.5
2010-12-1	银杏 24 期（常州绿洲置业）集合资金信托计划	1	1.5	常州绿洲置业有限公司	8.5～9.3
2010-12-1	浙江省桐乡市濮院胜利广场项目集合资金信托计划	1.25	1.5	浙江凯旋万豪置业有限公司	8.3～8.8
2010-11-30	天津西青汽车工业园张家窝区域起步区基础设施项目贷款集合资金信托计划	0.7～1	1.5	天津高泰开发建设有限公司	7.5～8.5
2010-11-30	卓达太阳城（汉府二期）集合资金信托计划	1.452	1	河北卓达太阳城房地产开发有限公司	9.5～10
2010-11-29	现代集团有限公司股权收益权集合资金信托计划	3.804	3	天津现代集团有限公司、天津市现代投资有限公司	8～11
2010-11-29	长白山 7 号天泰府东花园集合资金信托计划	0.3	2	—	
2010-11-29	株洲金冠服饰文化传媒大楼项目贷款集合资金信托计划	1.241	1	株洲金冠置业有限公司	10～11
2010-11-29	天津浩地集团山水云天项目贷款集合资金信托计划	—	—	津浩地集团有限公司	10～9
2010-11-26	荣华水岸新城项目贷款集合资金信托计划	0.5	1	西安荣鼎置业有限公司、西安荣华集团有限公司	8～8.5
2010-11-26	兰江山第项目股权收益权投资集合资金信托计划	3.5	2	深圳市兰江房地产开发有限公司	10～13
2010-11-25	重庆海翔—顺祥·壹街区项目贷款集合资金信托计划	3	2	重庆海翔房地产开发有限公司	
2010-11-25	湖州万佳房地产股权投资集合资金信托计划	1.5	2	湖州万佳房地产开发有限公司	9～11

续表

日期	名称	规模（亿元）	期限（年）	主要交易对手	年收益率（%）
2010-11-23	联合3号（凯景酒店联合贷款）集合资金信托计划	1	1	东莞市凯景酒店有限公司	4.25
2010-11-22	瑞城1006精选房地产投资集合资金信托计划二期	0.4	—	—	—
2010-11-22	睿石14号全功能房地产基金集合资金信托计划	—	3		
2010-11-20	创鸿广州南沙丰田集合资金信托计划	2.43	2	广州市万业房地产开发有限公司	9.8~10.8
2010-11-19	朗诗朗锐置业股权投资集合资金计划	1.7	1.5	上海朗锐置业有限公司	7~8
2010-11-19	普惠9号（杭州莱德股权受益权投资）集合资金信托计划	2.5	1.5	南京莱茵达置业有限公司、杭州莱德房地产开发有限公司	8.6~8.8
2010-11-19	鼎新5号集合资金信托计划	2.5	1	安徽新华阳光控股集团有限公司	8.5~9
2010-11-19	中建地产运城"城市花园"小区项目贷款集合资金信托计划	0.4	1	中建地产有限公司	6
2010-11-19	大港经联大厦项目集合资金信托计划	0.58	1	—	—
2010-11-19	铜陵市循环经济工业园基础设施建设贷款集合资金信托计划	0.484	2	铜陵市新城区建设投资有限责任公司	6.4~7.1
2010-11-18	中奥置业股权投资集合资金信托计划	0.8	1.5	浙江中奥置业有限公司	9.5
2010-11-18	大连新星集团特定资产收益权投资集合信托计划A1类	3.57	2.5	大连新星集团	11
2010-11-18	千山米兰郡项目贷款集合资金信托计划	0.972	2	重庆千山房地产开发有限责任公司	—
2010-11-17	浙江珍贝房地产股权投资集合资金信托计划	1.3872	1.5	浙江珍贝置业有限公司	11~12
2010-11-17	佳园17号集合资金信托计划	21.5	5	广州雅恒房地产开发有限公司	—
2010-11-16	新湖美丽洲信托受益权转让集合资金信托计划	1.85	1.5	杭州新湖美丽洲置业有限公司	8.5~10
2010-11-16	国色天乡基础设施建设集合资金信托计划	2	1	成都国色天乡旅游投资有限公司	7~7.6

日期	名称	规模（亿元）	期限（年）	主要交易对手	年收益率（%）
2010-11-15	汉森金烁股权投资集合资金信托计划	3	2	长春汉森哈电房地产开发有限公司	8～10
2010-11-15	长春汉森哈电房地产股权投资项目集合资金信托计划	—	2	汉森哈电房地产开发有限公司	—
2010-11-12	湘潭河西滨江棚户区改造—江湾上品片区项目集合资金信托计划	0.5	3	湘潭城市棚户区改造有限公司	8
2010-11-12	累进式阶梯型集合信托计划—天津紫竹林官港置业有限公司股权投资集合资金信托计划	1.5～2.5	2.5	天津紫竹林官港置业有限公司	7.8～10.5
2010-11-12	遇喜·稳健1期—瑞茨私募投资基金集合资金信托计划	0.45	1	深圳市元盛瑞茨投资企业（有限合伙）、深圳市英龙置业有限公司	6.5～8
2010-11-12	河南顺时达—东岸尚景项目股权投资集合资金信托计划	4.7	1	河南顺时达房地产开发有限公司	8.5～12
2010-11-12	汉源一号私人股权投资集合资金信托计划	1	1	西安澳美达置业有限公司	8～9
2010-11-12	常州金丰置业股权投资集合资金信托计划	2.5	1	常州金丰置业有限公司	9～11
2010-11-12	滨海新区开发建设之创意产业收益权系列信托（Ⅲ）	0.5～0.6	2.25	智造（天津）有限公司	7.6～8.5
2010-11-12	滨海新区开发建设之创意产业收益权系列信托（Ⅱ）	0.5～0.6	2.25	—	7.6～8.5
2010-11-11	古北集团—苏州洞庭股权收益权投资集合资金信托计划	1.4	1	古北集团、苏州洞庭房地产开发有限公司	—
2010-11-11	天房集团保障性住房股权信托基金第Ⅳ期	1.1	—	天津市房地产开发经营集团	—
2010-11-11	遇喜·藏金阁Ⅰ期—内蒙古博大实地股权投资集合资金信托计划	5	3	内蒙古博大实地化学有限公司	9.5
2010-11-10	普惠10号（昆仑西润股权受益权投资）集合资金信托计划	2.8	1.5	浙江昆仑置业集团有限公司、杭州昆仑西润房地产开发有限公司	7.5
2010-11-10	展福置业信托贷款集合资金信托计划	1	1.5	威海展福置业有限公司	9

续表

日期	名称	规模（亿元）	期限（年）	主要交易对手	年收益率（%）
2010-11-10	凤凰书城文化地产集合资金信托计划	2.01	1.5	苏州凤凰置业有限公司	—
2010-11-10	凤凰书城文化地产集合资金信托计划（第二期）	0.99	1.5	苏州凤凰置业有限公司	—
2010-11-10	温州西湾海涂围垦项目股权投资集合资金信托计划	3	2	杭州紫来实业投资有限公司、平阳县利得海涂围垦开发有限公司	8～9.5
2010-11-10	锦城B1001集合资金信托计划	3.2259	2	湖州汇泰置业有限公司	8.5～10.8
2010-11-10	中大西郊半岛项目贷款集合资金信托计划	0.8	2	—	9～10
2010-11-10	生态大厦信托贷款项目集合资金信托计划	0.8	—	—	—
2010-11-9	百瑞宝盈83号集合资金信托计划	1	1.5	濮阳市昆濮商贸发展有限公司	9～11
2010-11-9	联合2号（源河实业联合贷款）集合资金信托计划	0.5	1	河源市源河实业有限公司	4.25
2010-11-9	睿石13号全功能房地产基金集合资金信托计划	≥0.2	3		
2010-11-8	重庆市永川区港桥旧城改造一期工程项目贷款集合资金信托计划	3.87	3	重庆豪江建设开发有限公司	
2010-11-8	民生主题4号（昆明"苏家塘"片区城中村改造）集合资金信托计划	4	1.5	云南浙联地产公司	8.5～10.5
2010-11-8	2010年中诚信托杭州野风富阳项目投资集合信托计划	4.0664	2	野风集团房地产股份有限公司、富阳野风	8.5～11
2010-11-8	蒙苑国际商业广场项目贷款集合资金信托计划	3	2	内蒙古天旭房地产开发有限责任公司	11～12
2010-11-8	新天地互动贷款项目集合资金信托计划	—	1	—	9～10
2010-11-5	兴唐地产二期贷款项目集合资金信托计划	0.8	1	山东兴唐房地产开发有限公司	8.8～9.3
2010-11-5	万成教育地产股权投资集合资金信托计划	1.2	2.5	盐城万成置业有限公司	—
2010-11-4	旭辉集团上海青浦投资项目集合资金信托计划	4	3	上海旭博置业有限公司	9～10.5

续表

日期	名称	规模（亿元）	期限（年）	主要交易对手	年收益率（%）
2010-11-4	优债30期（都江堰东能）集合资金信托计划	0.6	2	都江堰东能投资发展有限公司	7～8.5
2010-11-4	富荣8号（青山湖畔项目）集合资金信托计划	—	—	—	—
2010-11-3	江苏江北农副产品批发市场建设集合资金信托计划	1	2	江苏华侨沪江置业有限公司	7.8～8.8
2010-11-2	江桥商铺收益权集合资金信托计划	2	2	金丽华房产	8～9.5
2010-11-2	金诚（1003）号—呼和佳地商业地产租金收益权转让项目集合信托计划	0.5	1.5	呼和浩特佳地房地产公司	
2010-11-1	舟山中恒特定资产收益权集合资金信托计划	1.5	2	舟山中恒置业有限公司	8.5～10
2010-11-1	湖南信托湘潭河西滨江棚户区改造—倚江阁片区项目集合资金信托计划	0.55	3	湘潭城市棚户区改造有限公司	7.5
2010-11-1	优债33期（置信芙蓉青城）集合资金信托计划	0.65	1	成都青城置信房地产开发有限公司	7～7.6
2010-10-29	天津市津南区北闸口镇示范小城镇建设项目股权投资集合资金信托计划	2	2	天津鑫泰鼎实投资发展有限公司	8.5～9
2010-10-28	华夏孔雀城集合资金信托计划	2.92	1.5	永定河房地产开发有限公司	9～12
2010-10-28	百瑞宝盈82号集合资金信托计划	1.399	2	湖北武当太极湖旅游发展集团有限公司	8.5～11
2010-10-28	富祥6号（当代万国城特定资产收益权）集合资金信托计划	1.5	2	当代节能置业股份有限公司	9.3～10.3
2010-10-28	睿石12号全功能房地产基金集合资金信托计划	—	3	—	
2010-10-27	百瑞宝盈88号集合资金信托计划	0.65	1.5	开封大宏房地产开发有限公司	9～11
2010-10-27	南凯置业股权投资集合资金信托计划	—	—	南凯置业	
2010-10-27	裕田长沙奥特莱斯项目股权投资集合资金信托计划	2	2	湖南裕田奥特莱斯置业有限公司	9～12

续表

日期	名称	规模（亿元）	期限（年）	主要交易对手	年收益率（%）
2010-10-27	天津市津南区北闸口镇土地整合项目股权投资集合资金信托计划	—	2	天津鑫泰鼎实投资发展有限公司	8.5～9
2010-10-26	万邦伟盛股权投资集合资金信托计划	9	1.5	浙江万邦伟盛置业有限公司	9～12
2010-10-26	中星集团—虹达置业股权分红权投资集合资金信托计划	6.6462	1.5	上海中星（集团）有限公司、上海中星虹达置业有限公司	—
2010-10-26	上海海之门房地产投资管理有限公司股权投资集合资金信托计划	9.58	1.5	上海证大五道口房地产开发有限公司、上海海之门房地产投资管理有限公司	—
2010-10-26	滨海新区开发建设之创意产业收益权系列信托（Ⅰ）	0.5～0.6	2.25	智造（天津）有限公司	7.6～8.5
2010-10-26	新城万佳股权投资集合资金信托计划	4.4	2	常州新城万佳房地产开发有限公司	6.5～8.5
2010-10-26	百瑞宝盈91号集合资金信托计划（新都汇购物广场）	1.2	3	瑞信地产	9～12.5
2010-10-25	民生主题3号（苏州中锐定销房）集合资金信托计划	1.8	1.5	苏州高新中锐科教发展有限公司、上海中锐佳城投资有限公司	8.5～10.5
2010-10-25	普惠6号集合资金信托计划	4.555	2	北京西澳房地产开发有限公司、北京春光房地产开发有限公司、北京昊坤嘉业房地产开发有限公司、北京盛玺置业有限公司	9～10
2010-10-25	天启16号齐鲁证券股权投资集合资金信托计划	1.5	1.08	青岛展冠投资有限公司	6.8
2010-10-25	海南万福实业发展有限公司股权投资集合资金信托计划	1.2～1.6	2	海南万福实业发展有限公司	9～10.1
2010-10-25	明珠十三号创兴置业全流通股权收益权投资集合资金信托计划	0.71	1.5	创兴置业	—
2010-10-25	2010年上海元宇置业股权投资信托计划	2.02	2.25	上海元宇置业	—

日期	名称	规模（亿元）	期限（年）	主要交易对手	年收益率（%）
2010-10-22	旭景兴园集合资金信托计划	1	1.5	西安市星火房地产开发公司	7.5～8.5
2010-10-21	优质债权投资 24 期集合资金信托计划	0.7	1.83	成都市武侯区泰基地产有限责任公司	5.8～9
2010-10-21	天房集团保障性住房股权信托基金第Ⅱ期	0.9	1.5	天津保障性住房股权投资基金合伙企业、天津市信缘房地产开发有限公司（天津市天房信诚房地产开发有限公司、天津市房地产信托集团公司）	7.3～8.3
2010-10-21	优质债权投资（24 期）集合资金信托计划	0.7	1.83	成都市武侯区泰基地产有限责任公司	7.5～9
2010-10-20	杜鹃花园项目股权投资集合资金信托计划	1.092	1	兴安盟时光房地产有限公司	10～12
2010-10-20	西安惠泽房地产开发有限公司股权投资项目集合资金信托计划	0.19	0.17	陕西金丝路置业有限公司、西安惠泽房地产开发有限公司	—
2010-10-20	福州金融街项目集合资金信托计划	1.85	2	福建申发置业有限公司	9.5～12
2010-10-20	鸿福 6 号蔚蓝青城建设贷款集合资金信托计划	1.1	2	西安天朗置业有限公司	9～9.5
2010-10-20	松原博翔百年城建设项目股权投资集合资金信托计划信托计划	2	2	松原市博翔房地产开发有限公司	—
2010-10-19	中信瑞威 1 号集合资金信托计划	4.09	5	中小房地产企业及其他符合条件的企业	10%
2010-10-19	中信民享 1 号保障性安居工程应收账款流动化信托计划	2	1.5	淮安开发控股有限公司	9.5
2010-10-19	南京白下高新产业园区建设项目集合资金信托计划	3	3	—	—
2010-10-18	睿石 11 号全功能房地产基金集合资金信托计划	≥0.2	3	地产及其相关行业	—
2010-10-18	浙江正达置业"正达·和家园"信托贷款项目集合资金信托计划	2.2	2.5	紫金房地产	8.5～9.5

续表

日期	名称	规模（亿元）	期限（年）	主要交易对手	年收益率（%）
2010-10-15	延安城投杨家岭经济适用房住宅小区贷款项目集合资金信托计划	1.2	2	延安城市建设投资开发有限责任公司	8.5～9
2010-10-15	中住集团债权投资集合资金信托计划	—	2	无锡中住集团有限公司	6.5～7
2010-10-15	天信城市名居租金收益权集合信托计划	0.7	1.5	收购城市名居商业物业的租金收益权	7.5～8.3
2010-10-15	厦门禹洲集团资产收购项目集合资金信托计划	1.1	1	厦门禹洲集团地产投资有限公司	5.5
2010-10-15	安鑫4号房地产投资基金信托计划	7.1	3	受让委托贷款收益权	—
2010-10-14	天启19号东单正和广场投资集合资金信托计划	4	1.5	北京正和鸿远置业有限责任公司	8.8
2010-10-13	鑫福2号（德信金沙信托贷款）集合资金信托计划	2.6	1	浙江德信金沙置业有限公司	9～10
2010-10-13	商业地产投资系列集合资金信托计划I期	1.9705	5	北京恒世华融房地产开发有限公司	8～13
2010-10-12	美林资产特定受益权集合资金信托计划	2.5	2.5	汤姆房产	9～10
2010-10-11	吉林白城牧业园区股权投资集合资金信托计划	0.3107	2.5	吉林金谷膨化饲料有限公司	10
2010-10-11	富荣7号（合生世界村项目）集合信托计划	—	—	—	—
2010-10-11	"遇喜·聚宝盆I期"长虹首府信托贷款项目集合资金信托计划	0.8	1.5	湖北九丰房地产开发有限公司、湖北志强房地产开发（集团）有限公司	7.6～7.9
2010-10-9	新农村低碳生态居住区项目股权投资信托基金	2.762	5	天津滨海新城镇发展股权投资基金（有限合伙）	9～13
2010-10-9	"郡督世纪大厦"项目贷款集合资金信托计划	0.23	2	山西锦佳房地产开发有限公司	6.6～7
2010-10-9	富祥5号（哈尔滨涧桥西畔项目）集合信托计划	2	1.5	黑龙江圣基伟业房地产开发有限公司	9.2～10.2
2010-10-9	广州万璟股权投资集合资金信托计划	6.5	1.5	广州万璟、上海璟东房地产开发有限公司	—

续表

日期	名称	规模（亿元）	期限（年）	主要交易对手	年收益率（%）
2010-10-9	南京边城房地产有限公司股权投资集合资金信托计划	0.84	2.5	南京边城房地产有限公司	—
2010-10-9	南京边城房地产有限公司股权投资集合资金信托计划（第二期）	1.58	2.5	南京边城房地产有限公司	9.5～10.7
2010-9-30	首创优质债权（2期）集合资金信托计划	1	1.5	首创置业股份有限公司、无锡首创新东置业有限公司	8～8.5
2010-9-30	上海融晟财产收益权投资集合资金信托计划	0.53	1.5	上海融晟置业投资顾问有限公司	9
2010-9-30	上海明勇实业股权投资集合资金信托计划	3.638	1	上海明勇实业	8～11
2010-9-30	金牡丹·融丰系列·益兴集团信托贷款项目集合资金信托计划	1.5	1.5	江苏益兴集团有限公司	6.6～7.8
2010-9-30	北京通州荷花塘项目集合信托计划	6	1.25	北京融科阳光房地产开发有限公司	—
2010-9-29	卓达新城（书香园三期）项目贷款集合资金信托计划	1.88	1.5	卓达房地产集团	—
2010-9-29	希森三和集合资金信托计划	5.47	2	希森三和集团有限公司	7.8～9
2010-9-29	2010年上海盛众地产青浦项目投资集合信托计划	9.39	2.42	上海盛众地产发展有限公司、北京润丰房地产开发有限公司	9～10
2010-9-29	三元世纪大酒店装修改集合资金信托计划	0.8	2	开原市三元世纪大酒店有限公司	9～11
2010-9-29	祺瑞地产股权投资集合信托计划	0.5	1	湖南省郴州市祺瑞房地产开发有限责任公司	9.5
2010-9-29	遇喜—聚宝盆Ⅱ期福星惠誉汉口置业股权投资项目集合资金信托计划	10	1.5	湖北福星惠誉汉口置业有限公司	8.5～9
2010-9-29	宜居发展2号集合资金信托计划	3	2	滁州市申城置业有限公司	9～12
2010-9-29	北京"博瑞大厦"特定资产权益投资项目集合资金信托计划	2	2	北京特尔特置业有限公司	6.2～6.8
2010-9-29	天纵藏龙集合资金信托计划	3.7	2	天纵藏龙	9.5～12

续表

日期	名称	规模 （亿元）	期限 （年）	主要交易对手	年收益率 （％）
2010-9-29	永川区"康安·尚都"二期A区项目贷款集合资金信托计划	0.5	1	重庆市康安房地产开发有限公司	—
2010-9-28	上海盛博项目投资集合资金信托计划（C类）	1.7	5	上海盛博房地产开发有限公司	—
2010-9-28	睿石10号全功能房地产基金集合资金信托计划	≥0.2	3	—	—
2010-9-28	上海盛博项目投资集合资金信托计划（A，B类）	1.7	5	—	8
2010-9-27	重庆怡豪国际公寓项目贷款集合资金信托计划	0.8	1	重庆怡豪房地产开发有限公司	9
2010-9-27	丽景花园房地产开发贷款项目集合资金信托计划	1	1	黑龙江龙一房地产开发有限责任公司	8
2010-9-25	浙江云厦集团嘉谊置业股权投资集合信托计划	6.5	—	浙江云厦集团、杭州嘉谊置业有限公司	—
2010-9-25	金城地产—鼓楼花园三期资产收益权投资集合资金信托计划	0.25	1	海门市金城房地产开发有限公司	6
2010-9-25	绿洲（16期）青羊工业基础设施及配套建设集合资金信托计划	1.6	2	成都青羊工业建设发展有限公司	5.8～9
2010-9-21	鼎新3号集合资金信托计划	4	2	重庆协信控股集团远润房地产开发有限公司	9～10
2010-9-21	舟山海洲·新天地房产项目收益权买入返售集合信托计划	2.393	1	浙江海洲房地产开发有限公司	—
2010-9-21	阳光半岛集合资金信托计划	1.148	2	芜湖首创房地产开发有限公司	9～11
2010-9-21	望岛名郡贷款项目集合资金信托计划	1.3	2	威海仙姑顶旅游开发有限公司	7.5～8.5
2010-9-21	江苏唯诚安置房一期应收债权买入返售集合资金信托计划	0.8	2	江苏唯诚房地产开发有限公司	9
2010-9-21	东海黔灵半山集合资金信托计划	2.5	1.5	贵州东海房地产开发有限公司	9.5～12.5
2010-9-20	仙林翠谷项目贷款集合资金信托计划	1.6692	2	江苏新湖宝华置业有限公司	—

续表

日期	名称	规模（亿元）	期限（年）	主要交易对手	年收益率（％）
2010-9-20	宇星实业集合资金信托计划	1	2	福建邦盛集团有限公司、福建宇星实业有限公司	9.5～13
2010-9-19	天津武清土地一级开发项目集合资金信托计划	15	2.5	兰海 泉州水城（天津）发展有限公司	10.3～11.6
2010-9-17	蓝色港湾地产基金集合资金信托计划（二期）	1.797	2	天汇地产	
2010-9-16	密云鼓楼贷款项目集合资金信托计划	1	1.75	北京市天鸿基业房地产开发有限公司	8.5～10.5
2010-9-15	永安股权投资集合资金信托计划（第一期）	1	2	山东永安房地产开发有限公司	8.5～9.5
2010-9-15	山东天业国际广场项目贷款集合资金信托计划	0.7	1	山东天业恒基股份有限公司	8～8.5
2010-9-15	金牡丹·融丰系列·连云港久和信托贷款集合资金信托计划	0.8	1	连云港久和置业投资发展有限公司	5.5～6.8
2010-9-15	世纪和瑞—学院新城股权投资集合资金信托计划	2.4	2	黑龙江世纪和瑞房地产开发有限公司	9.5～11
2010-9-14	天津融创置地有限公司海逸长洲项目五期贷款集合资金信托计划	1	2	天津融创置地有限公司	7.6～9
2010-9-14	百瑞宝盈56号集合资金信托计划	—	2	金石蒙荣房地产公司	9～10.7
2010-9-14	佳园19号集合资金信托计划	50～72	1.5	—	8.8～9.8
2010-9-13	北京溪雅苑贷款项目集合资金信托计划	1.3	2.25	北京福洲房地产开发有限公司	7.8～9
2010-9-10	鑫汇地产贷款项目集合资金信托计划	1.2	2	山东鑫汇房地产开发有限公司	7.5～8.5
2010-9-10	仁文置业股权投资集合资金信托计划	15	2	厦门仁文置业有限公司	9～14
2010-9-10	宁乡县沙河片区棚改项目集合资金信托计划	0.9	3	—	7.5
2010-9-10	睿石9号全功能房地产基金集合资金信托计划	≥0.2	3	—	—
2010-9-10	宁乡县沙河片区棚改项目集合资金信托计划	0.9	3	—	7.5
2010-9-9	普惠3号（富阳华都新山水御园项目）集合资金信托计划	3	1	富阳华都山水置业有限公司	8～8.5

续表

日期	名称	规模（亿元）	期限（年）	主要交易对手	年收益率（%）
2010-9-9	龙光1号集合资金信托计划	3	1	佛山市顺德区龙光置业房产有限公司	8.5～9.5
2010-9-8	恒大地产恒鑫2号优质资产投资集合资金信托计划	0.6558	—	恒大地产	
2010-9-7	久盛汇鑫Ⅰ号·宝华里安居工程股权投资集合信托计划	16.6148	5	北京中通房地产开发有限公司、北京地汇春科贸有限责任公司	8.5～9
2010-9-7	中锐置业应收债权买入返售集合资金信托计划	1	1	上海中锐置业有限公司	10
2010-9-7	重庆市永川区产业发展集团土地收益权买入返售集合资金信托计划	2	3	重庆市永川区产业发展集团	—
2010-9-6	"上虞·滨江一号"资产收益财产权信托计划	3.2597	2	浙江普利实业有限公司	8～8.5
2010-9-6	新海园地产贷款项目集合资金信托计划	1.9193	—	青岛新海园房地产开发有限责任公司	6
2010-9-6	巨鹏公司租金收益权转让集合资金信托计划	0.511	3	北京巨鹏投资公司	7～10
2010-9-3	西安兴正元实业投资集团贷款集合资金信托计划	0.3	1	西安兴正元实业投资集团有限公司	7.5
2010-9-3	睿石8号全功能房地产基金集合资金信托计划	≥0.2	3	—	
2010-9-2	百瑞宝盈72号集合信托计划	3.3	2	银鑫实业	9～10
2010-9-2	朗诗绿峰地产股权投资集合资金信托计划	0.9	1.5	苏州绿峰房地产开发有限公司	6.8～7.8
2010-9-2	三星堆文化产业园投资集合资金信托计划	1	2	四川三星堆置业有限公司	5.8～9
2010-9-2	青岛凯悦中心信托贷款集合资金信托计划	3.845	1.5	凯悦置业	9～11
2010-9-2	合肥兆祥房地产开发有限公司贷款项目集合资金信托计划	0.5	3	合肥兆祥房地产开发有限公司	7.8～8.5
2010-9-2	金牡丹·融金系列·常州华光股权投资项目集合信托计划	2	2	常州华光房地产开发有限公司	7～8.5
2010-9-1	无锡西水东项目债权受让集合资金信托计划	6.5	2.5	—	8.7～12

日期	名称	规模 （亿元）	期限 （年）	主要交易对手	年收益率 （％）
2010-9-1	嘉粤集合资金信托计划	1.5	1.5	嘉粤集团有限公司	8～9
2010-8-31	盐城职教园区商业配套项目股权投资集合资金信托计划	2.1	1.5	天和置业开发	9～11
2010-8-27	合肥飞龙置业财智中心项目集合资金信托计划	2.4375	3	合肥飞龙置业有限公司	8.5～13
2010-8-27	绿洲中环中心项目集合资金信托计划	6	2.5	金午置业	7～8
2010-8-27	中金佳成房地产基金1号集合资金信托计划	2.8462	3	中金佳成（天津）房地产投资中心（有限合伙）、江苏九西建设发展有限公司	—
2010-8-26	长信2号—盛和股权投资集合信托计划	21.774	2	重庆盛和建设有限公司、哈尔滨高登置业有限公司	6.5～10.5
2010-8-25	金谷卓达书香园信托贷款集合资金信托计划	2	1	卓达房地产集团有限公司	8.5
2010-8-25	天津海泽源公司集合资金信托计划	4	3	天津海泽源房地产开发有限公司	8～13
2010-8-25	湖州天鸿股权投资集合资金信托计划	4	2	湖州天鸿房地产开发有限责任公司	9.5～10.6
2010-8-25	海南中度房地产股权投资集合资金信托计划	8.5	2	海南中度房地产开发有限公司	10～15
2010-8-25	长发雨花台项目集合资金信托计划	6.05	1.5	南京长发都市房地产开发有限公司	7.5
2010-8-24	首创优质债权（4期）集合资金信托计划	2	1.5	首创置业股份有限公司	7.8
2010-8-24	凯德世家项目集合资金信托计划	1.912	1.5	大同市阳光嘉业房地产开发有限责任公司	8.5～9.5
2010-8-23	天津天山—水榭花都新公爵项目贷款集合资金信托计划	—	1.5	天津市天山房地产开发有限公司	8.6～9
2010-8-23	巴南区危旧房改造安置房建设股权投资集合资金信托计划	2.695	2	富达置地、富高建设	—

续表

日期	名称	规模（亿元）	期限（年）	主要交易对手	年收益率（%）
2010-8-23	舒斯贝尔特定资产收益权投资集合信托计划（优先级）	3.0285	2.5	青岛舒斯贝尔房地产开发有限公司、青岛乾正置业有限公司	9～13
2010-8-23	优质债权投资（29期）集合资金信托计划	1	2	成都市龙泉驿区国有资产投资经营有限公司	7.5～9
2010-8-20	港城集合资金信托计划	3.5	2	重庆旭华房地产开发有限公司	9.5～11
2010-8-20	新农村城镇化商业服务区项目股权信托基金	3.688	5	银宏（天津）股权投资基金管理有限公司、天津滨海新城镇发展股权投资基金（有限合伙）	9～13
2010-8-20	山田东园项目贷款集合资金信托计划	0.5	2	黄山市山田房地产开发有限公司	8.5
2010-8-20	东渡丰汇债权投资项目集合资金信托计划	1.5	1	上海东渡丰汇投资发展有限公司	8.5～9.2
2010-8-19	重庆市荣昌县工业园区标准厂房工程项目贷款集合资金信托计划	2	3	—	—
2010-8-18	民生主题1号股权投资集合资金信托计划	2.5	2	陕西天朗实业有限公司	9～10.5
2010-8-18	鑫鲲鹏"申仕兰庭"项目贷款集合资金信托计划	0.35	2	山西鑫鲲鹏房地产开发有限公司	6.3～6.6
2010-8-17	西安世园2号集合资金信托计划	1.5	2	西安世园投资（集团）有限公司、西安市土地储备中心浐灞分中心	7.5～8
2010-8-17	建信海南国际旅游岛投资1号集合信托计划	3	—	海南白马建设开发有限公司	—
2010-8-16	优质债权投资（28期）集合资金信托计划	0.7	1	彭州置信、置信集团	7～8.5
2010-8-16	天启9号亳州置业股权投资集合资金信托计划	2	1	华源物业、亳州置业	—
2010-8-16	睿石7号全功能房地产基金集合资金信托计划	≥0.2	3	房地产及其相关行业	—

日期	名称	规模（亿元）	期限（年）	主要交易对手	年收益率（%）
2010-8-16	华实1001集合资金信托计划	1.5398	5	—	—
2010-8-16	新狮重建发展公司股权投资集合资金信托计划	3	2	新狮重建发展公司	7.3～7.8
2010-8-13	普惠2号（中北花园二期）信托贷款集合资金信托计划	3	1.5	中北公司	7
2010-8-13	美达集团债权投资集合资金信托计划	1.8	1.5	徐州同创房地产开发有限公司、美达集团有限公司	8.4～8.8
2010-8-13	天启33号华源物业信托贷款集合资金信托计划	0.5	1	合肥华源物业发展有限公司	6.3
2010-8-12	扬州金达房地产股权投资集合资金信托计划	1.5	2	扬州市金达西湖置业有限公司	9～11
2010-8-11	短期债权投资信托基金第1号集合资金信托计划	1	—	枣庄市香江置业有限公司、山东亿嘉元置业	7
2010-8-11	丹东金地盈达滨江3号住宅项目股权投资集合资金信托计划	2.9805	2	丹东金地盈达房地产开发有限公司	
2010-8-11	长江国际泓园信托贷款集合资金信托计划	1.5	1	无锡民申房地产开发有限公司	6
2010-8-10	武汉中森华置业国际城项目股权投资集合资金信托计划	2.5733	2	武汉中森华置业有限公司	9.5～11
2010-8-10	"上锦南府医院·养老中心"项目投资集合资金信托计划	1.1	1.5	成都市武侯区桂溪房地产开发公司	7.3～8.8
2010-8-10	昆山海帝投资集合信托计划	2.9	2	—	—
2010-8-6	上海松山房地产开发有限公司股权投资集合资金信托计划	1.542	2	上海松山房地产开发有限公司	10
2010-8-6	上海汇京置业发展有限公司收购整合信托计划	5.688	2	上海汇京置业发展有限公司	8.8～10
2010-8-6	鼎信理财2号集合资金信托计划	1.5	1.5	广东光正教育集团有限公司	7.5～8
2010-8-5	太原星河湾债权投资集合资金信托计划	4	1	广州番禺海怡房地产开发有限公司、太原星河湾房地产开发有限公司	8～9.2

续表

日期	名称	规模（亿元）	期限（年）	主要交易对手	年收益率（%）
2010-8-5	北京长河湾项目信托贷款集合资金信托计划	2～2.05	1	北京中坤锦绣房地产开发有限公司	8.5～9.5
2010-8-4	普惠1号（长沙博林金谷项目）集合信托计划	4.5	3	长沙汇丰置业有限公司	8.2～11
2010-8-3	丰利（12期）股权收益权投资集合资金信托资金信托计划	1	2	浙江省天地实业发展有限责任公司	7.5～9
2010-8-3	当代投资集团信托贷款集合资金信托计划	3	2	当代投资集团有限公司	8～11
2010-8-2	北京西荣阁资产收益权集合资金信托计划	2.9089	2	中矿宏业房地产开发有限公司	8～9
2010-8-2	天启6号重庆永川工业园区廉租房贷款集合资金信托计划	1.704	3	重庆豪江建设开发有限公司	8
2010-7-30	月亮湾特定资产收益权投资集合信托计划	0.7	1.5	月亮湾公司	7～9
2010-7-30	风尚米兰股权投资集合资金信托计划	5.46	2	徐州天创世纪置业发展有限公司	8～15
2010-7-30	西安世园1号集合资金信托计划	1.5	2	西安世园投资（集团）有限公司、西安市土地储备中心浐灞分中心	7.5～8
2010-7-30	温岭鑫磊股权投资集合资金信托计划	26.102	1.5	温岭市鑫磊房地产开发有限公司	8.5～13
2010-7-30	首创优质债权（3期）集合资金信托计划	2	1.5	首创置业股份有限公司、首创置业成都有限公司	7.8
2010-7-30	南京恒业阳光帝景房地产一期项目投资集合信托计划	1.6	2	南京恒业房地产开发有限公司	—
2010-7-29	福星颐美华庭项目股权投资集合资金信托计划	0.88	1	重庆星圳房地产开发有限公司	8～9.5
2010-7-29	长信1号集合资金信托计划	2.83	1.5	大连实德塑胶工业有限公司	6.5～11
2010-7-29	江苏信息服务产业基地（扬州）项目二期股权投资集合资金信托计划	2.3712	1.5	扬州泰达发展建设有限公司	8.6～9

续表

日期	名称	规模（亿元）	期限（年）	主要交易对手	年收益率（%）
2010-7-28	民生主题 2 号（新里程—东山居住区经济适用房项目收益权投资）集合资金信托计划	2.5	2	贵州新里程房地产开发有限公司	9.5～10.5
2010-7-28	昆仑置业丁桥投资项目集合资金信托计划	5.35	5	昆仑置业	8.8～10.3
2010-7-28	凯翔集团诸暨凯翔商务楼项目收益权买入返售集合资金信托计划	0.741	1.5	凯翔集团有限公司	8.5～10
2010-7-27	武进高新区安置房应收账款流动化信托项目二期	1	2	常州森联城建投资有限公司	8.5～9.5
2010-7-27	佳兆业地产—沈阳青年大街项目股权投资集合资金信托计划	—	2.5	佳兆业地产（辽宁）有限公司	8～12
2010-7-26	荣成河畔花园股权融资集合信托计划	1.3	1	荣成市金达房地产开发有限公司、荣成市龙鼎房地产开发有限公司	9
2010-7-26	睿石 6 号全功能房地产基金集合资金信托计划	—	—		—
2010-7-23	两江新区价值成长 1 号—松芝时代城股权投资集合资金信托计划	3.4	2	重庆松芝置业有限公司	7.2～7.8
2010-7-23	名门驻马店风光城市广场股权投资集合信托计划	1.54	1.5	名门地产（驻马店）有限公司	9.5
2010-7-23	蓝海汇金集合资金信托计划	2.03	1	北仑蓝海资源配置中心有限公司	8.5～9.5
2010-7-23	滨海新城镇发展妈祖传统农村文化旅游区项目股权信托计划	1.6125	—	—	—
2010-7-22	银杏（22）期股权投资项目集合资金信托计划	2.3	1.5	四川星慧酒店管理集团有限公司、四川世能能源投资公司	7.5～8.8
2010-7-22	东宸智地股权投资集合信托计划（优先级）	2.9	2	湖南长沙东宸智地公司	10.5
2010-7-22	杭州宋城集团休博园旅游综合体改造项目集合资金信托计划	2.2	2	杭州宋城集团	9.2～9.5
2010-7-22	稳健投资集合资金信托计划	0.3346	2	—	—

续表

日期	名称	规模（亿元）	期限（年）	主要交易对手	年收益率（%）
2010-7-21	大连秀山丽水贷款集合资金信托计划	1.5	2	大连通都房地产开发有限公司	9.5～10
2010-7-21	金牡丹·融丰系列·嘉能公司股权收益权转让集合资金信托计划	0.806	1	安阳市贞元（集团）有限责任公司、安阳市嘉能能源发展有限责任公司	8.2～9
2010-7-21	蓝色港湾地产基金集合信托计划一期	2.9775	2	吉林省天汇房地产有限责任公司、蓝色港湾地产项目公司	9.5
2010-7-20	富荣6号（融科东南海一期项目）集合资金信托计划	—	—	—	
2010-7-19	重庆佑山房地产股权投资集合资金信托计划	2.33	1	重庆佑山房地产开发有限公司	—
2010-7-19	海航—成都香颂湖项目股权投资集合资金信托计划	9.9	1.5	四川鸿景实业有限责任公司	—
2010-7-19	大连百年港湾奥特莱斯项目房地产股权投资集合资金信托计划	6.5124	2	大连百年港湾商业开发有限公司	8.5～9
2010-7-18	珠海中邦股权投资集合信托计划	0.85	1.5	凯翔集团有限公司	8.5～10
2010-7-16	皖江城市带系列产品之：宣州经济开发区基础设施建设贷款项目集合资金信托计划	0.8	2	宣城市宣州区国有资产运营有限公司	6～7
2010-7-16	常熟港口开发特定资产收益权投资集合信托计划	5	2	常熟港口开发建设有限公司	8
2010-7-15	滨海新城镇发展新城农民还迁示范区项目股权信托计划	4.8375	5	天津滨海新城镇发展股权投资基金（有限合伙）、天津葛龙湾城镇建设投资有限公司	9～13
2010-7-14	盛泽东方花园物业受益权投资集合资金信托计划	2.3982	3	苏州顺利房地产开发有限公司	8～9.5
2010-7-14	天津九胜投资发展有限公司中北高科技产业园项目B地块贷款集合资金信托计划	1.2	1.5	天津九胜	7～8.2

日期	名称	规模（亿元）	期限（年）	主要交易对手	年收益率（%）
2010-7-13	实德亦庄经海路股权投资集合资金信托计划	6.6	1	新蓝置业有限责任公司、天实和置业（北京）有限公司	8.5～9.5
2010-7-13	鄂尔多斯市恒信金山项目股权投资集合资金信托计划	9.8	2	鄂尔多斯市恒信金山投资有限责任公司	9～12
2010-7-13	发祥伟业股权收益权集合资金信托计划	0.6	1	中泰创展投资控股有限公司、济南发祥伟业房地产开发公司	9
2010-7-13	国色天乡海盗主题乐园项目集合资金信托计划	2	2	成都国色天乡旅游投资有限公司	7.5～9
2010-7-13	富荣5号（MOMA万万树项目）集合资金信托计划	1.9	2	北京东君房地产开发有限公司	8.3～9
2010-7-13	浏阳制造产业基地基础设施建设项目集合资金信托计划	0.5	3	——	7.5
2010-7-12	卓诚兆业股权投资项目集合资金信托计划	2.5	1.5	浙江卓诚兆业投资开发有限公司	7.5～7.8
2010-7-12	融创置地贷款集合资金信托计划	4.5	2	天津融创置地有限公司	7.5
2010-7-9	无锡美林湖集合资金信托计划	1.5657	2	无锡中富置业有限公司	7.5～8
2010-7-9	中旅南海西岸国际旅游产业园项目集合资金信托计划	2.5	1.25	广东中旅（南海）旅游投资有限公司	6.8～7.5
2010-7-8	兴正元集团信托贷款集合资金信托计划	1.2	2	西安兴正元实业投资集团有限公司	8.5～9.5
2010-7-8	广电地产工行委托贷款收益权集合资金信托计划	2.5	1.5	广州广电房地产开发集团有限公司、武汉广电海格房地产开发有限公司	6.8～7.2
2010-7-7	宝利集团长江道项目贷款集合资金信托计划	0.8	2	天津宝利集团有限公司	8.2～8.5
2010-7-7	陕西润芳城公司贷款集合资金信托计划	0.5	2	陕西润芳城房地产开发有限公司	——
2010-7-7	国泰阳光项目贷款集合资金信托计划	0.18	2	——	——

续表

日期	名称	规模（亿元）	期限（年）	主要交易对手	年收益率（％）
2010-7-6	重庆东原1891项目贷款集合资金信托计划	—	—	重庆东原房地产开发有限公司	—
2010-7-6	特房集团信托贷款项目单一资金信托（第二期）	0.5	2	厦门经济特区房地产开发集团有限公司	—
2010-7-6	乌鲁木齐沙依巴克棚户区改造项目集合资金信托计划	1.6	2	名城公司	7.5
2010-7-5	天津融创奥城应收款受让信托计划	4	2	天津融创置地有限公司	7.6～9
2010-7-5	鼎金1号集合资金信托计划	7	—	上海保鑫置业有限公司	6～6.2
2010-7-5	西革新里危改项目集合信托计划	2.7	3	鼎能置业开发有限公司	6.9
2010-7-2	福星颐美华庭股权投资集合资金信托计划	0.88	1	重庆星圳房地产开发有限公司	8.5～9.5
2010-7-1	香山游艇泊位收益权集合资金信托计划	7	1.5	香山国际游艇俱乐部（厦门）有限公司	9.5～12
2010-7-1	海河沿岸节点开发建设股权投资集合资金信托计划	1.1381	2	天津汇登房地产开发有限公司	8.6～10
2010-7-1	金华市万通置业股权投资集合资金信托计划	1.1	2	泰地房地产集团有限公司、金华市万通置业有限公司	9.5～11
2010-7-1	安鑫3号集合资金信托计划	3.94	2	成都市江龙投资有限公司	—
2010-6-30	上海袭明房地产开发有限公司股权投资集合资金信托计划	1.5	1	上海袭明房地产开发有限公司	10
2010-6-30	金奥大厦信托贷款项目集合资金信托计划	4	2.5	南京金高房地产开发有限公司	—
2010-6-30	承德京顺诚股权投资集合资金信托计划	2.25	2	承德京顺诚房地产开发有限公司	9.5～11
2010-6-30	泰达时代中心项目集合资金信托计划	1	1	北京鑫丰物业发展有限公司	8
2010-6-30	飞鹰六号房地产投资集合资金信托计划	6.3	3		8.5～10
2010-6-29	长盈9号—优质中小企业·永隆装饰流动资金贷款集合资金信托计划	1.1	2	山东省永隆装饰工程有限公司	8.8～10

续表

日期	名称	规模（亿元）	期限（年）	主要交易对手	年收益率（％）
2010-6-29	嘉盛 19 号—重庆红鼎嘉陵半岛股权投资集合资金信托计划	0.821	—	—	—
2010-6-29	睿石 5 号全功能房地产基金集合资金信托计划	—	—	—	—
2010-6-28	中大·嵊州剡溪花园信托受益权投资集合信托计划	0.6395	1.5	受让浙江中大集团国际贸易有限公司持有的中大嵊州剡溪花园单一资金信托的信托受益权	8～8.5
2010-6-28	收获地产基金集合资金信托计划一期	2	1	沈阳莱茵达房产开发有限公司	9～10
2010-6-28	河南天鹰投资股份有限公司贷款集合资金信托计划	0.3	1.5	河南天鹰投资股份有限公司	9.5
2010-6-25	鼎金 3 号（数码视讯股票质押项目）集合资金信托计划	0.4	2	青岛悦海喜来有限公司	
2010-6-25	金牡丹—融丰系列—大兴供热公司供热收益权转让暨回购项目集合资金信托计划	1	2	鄂尔多斯市大兴供热有限责任公司	7.5～8.3
2010-6-25	首创担保—财富联合集合资金信托计划	1.5	2	财富联合集团有限公司	7.5
2010-6-25	大宋控股土地收益权转让暨回购项目集合资金信托计划	3	1	大宋控股	7.5～8.3
2010-6-24	江苏海州湾发展集团有限公司债权转让项目集合资金信托计划	1	2	江苏海州湾发展集团有限公司	7
2010-6-24	金牡丹—融丰系列—淮安红豆股权投资项目集合信托计划	2	1.5	淮安红豆置业有限公司	7.5～8
2010-6-24	2010 年中诚信托大连张前路项目集合信托计划	3.5	1.75	大连耕海置业有限公司、大连瑞泰祥房地产开发有限公司	8.8～10.5
2010-6-24	星耀项目集合资金信托计划	23.278	4	天津星耀公司	—
2010-6-24	丹阳新嘉源股权投资集合资金信托计划	1.8	3	丹阳市新嘉源房地产开发有限公司	
2010-6-24	百瑞宝盈 66 号集合资金信托计划（三亚凤凰机场）	5	1.5		

续表

日期	名称	规模（亿元）	期限（年）	主要交易对手	年收益率（%）
2010-6-23	杭州馨华园房地产开发有限公司股权投资集合资金信托计划	5	2	杭州馨华园房地产开发有限公司	8.5～11
2010-6-22	银杏（19期）成都博瑞优品道四期项目集合资金信托计划	3	2.5	成都博瑞房地产开发有限公司	11.7
2010-6-21	南京勋远集合资金信托计划	4.5	4	南京勋远置业有限公司、昆山盈桥房地产开发有限公司	9.5～10.5
2010-6-18	银杏（21期）集合资金信托计划	1.8	2	自贡蓝光和骏置业有限公司	7.5～9
2010-6-18	银泰嘉园项目投资集合信托计划	9.3206	—	武汉银泰房地产开发有限公司	—
2010-6-17	华信大足信托贷款集合资金信托计划	2.6	2	华信大足房地产开发有限公司	9～12
2010-6-17	股权投资信托基金第2号信托计划	1	—	山东德庭置业有限公司	
2010-6-13	天正置业2期项目集合资金信托计划	—	1.5	天正集团南京置业有限公司	9
2010-6-12	陕西粤华实业投资有限公司股权投资集合资金信托计划	9	2	陕西粤华实业投资公司	9.5～11
2010-6-12	瑞城1006精选房地产投资集合资金信托计划	1	5	浙江郡原地产股份有限公司、沈阳华凌房地产有限公司	7
2010-6-11	哈尔滨科瑞斯商贸有限公司股权投资项目集合资金信托计划	3.1	1.5	哈尔滨科瑞斯商贸有限公司	9.5～11.5
2010-6-11	泉源4号孵化器集合资金信托计划	3.2	3	北京世纪星空影业有限公司	8～12
2010-6-10	嘉盛18号—重庆红鼎金龙湖股权投资集合资金信托计划	0.94	1.5	重庆红鼎实业发展有限责任公司	10～10.5
2010-6-10	特房集团信托贷款项目单一资金信托（第一期）	0.7	1	厦门经济特区房地产开发集团有限公司	—
2010-6-10	江苏句容经适房贷款集合资金信托计划	1.5	2	句容市城市建设投资有限责任公司	—
2010-6-9	天津滨海中地置业有限公司股权投资集合资金信托计划	—	1.83	天津滨海中地置业有限公司	7.7

日期	名称	规模（亿元）	期限（年）	主要交易对手	年收益率（%）
2010-6-9	重庆市合川城市建设投资（集团）有限公司土地收益权买入返售集合资金信托计划	2	3	合川城市建设投资（集团）有限公司	—
2010-6-8	丰利（7期）优质股权收益权投资集合资金信托计划	0.5	1	四川蓝光实业集团有限公司	7～8.5
2010-6-8	金牡丹—融丰系列—常州方圆特定土地收益权集合资金信托计划	2	1	常州市方圆房地产发展有限公司	5.5～6.5
2010-6-7	万顺滨海银行股权收益权项目集合资金信托计划	2	1.5	天津市万顺置业有限公司、滨海农村商业银行股份有限公司	8.5～8.7
2010-6-7	上海诚景股权投资集合信托计划	3.6	2	上海诚景投资有限公司、南通景瑞置业有限公司	9～10.5
2010-6-7	姜堰城投应收债权买入返售集合资金信托计划	0.9293	3	姜堰市城市建设投资发展有限公司	8
2010-6-7	富祥2号（京成远东）股权投资集合信托计划	4.56	2	北京京成远东房地产开发有限公司	8.5～9.2
2010-6-4	优质债权投资（19期）集合资金信托计划	1.4	1	四川泰丰集团，成都泰丰元创房产	7～8.5
2010-6-4	2010年北京正宏置业投资集合信托计划	4.3	2	北京正宏置业集团有限公司	
2010-6-4	嘉盛17号—重庆红鼎山庄股权投资集合资金信托计划	0.939	1.5	重庆红鼎实业发展有限责任公司	10～10.5
2010-6-2	昆明东部生态城特定资产收益权流动化信托计划	10.29	2.5	云南御行中天房地产开发有限公司	10
2010-6-2	睿石4号全功能房地产基金集合资金信托计划	≥0.2	3	—	—
2010-6-1	金牡丹·融金系列·福建康田实业有限公司应收账款转让集合资金信托计划	1.346	1	福建康田实业有限公司、咸阳上林西苑房地产有限公司	7.8～8.2
2010-5-31	海口海秀广场项目集合资金信托计划	2	1	海南高和房地产开发有限公司	7～8.5
2010-5-31	富荣4号（哈尔滨华鸿金色莱茵项目）集合资金信托计划	1	1.5	哈尔滨华鸿房地产开发有限公司	8.3～9

日期	名称	规模（亿元）	期限（年）	主要交易对手	年收益率（％）
2010-5-28	常州恒基置业股权投资集合资金信托计划	1.1	1.5	常州恒基置业有限公司	9
2010-5-28	睿石3号全功能房地产基金集合资金信托计划				
2010-5-27	SOHO广场项目（C级初始受益权）投资集合资金信托计划	0.3	3.25	郑州清华园房地产开发有限公司	9.5～10
2010-5-27	上海轨道交通十二线二期单一资金信托计划	8	1	—	—
2010-5-26	优质债权投资（22期）集合资金信托计划	1	2	重庆隆鑫地产集团公司、重庆隆鑫尚城置业有限公司	7.5～9
2010-5-25	大连周水子机场资金信托计划	—	1		
2010-5-21	天启3号青岛安都商贸项目集合资金信托计划	0.75	1.5	青岛安都商贸有限公司、青岛金辰经贸有限公司	6.8
2010-5-21	金城〔10〕02号维多利商业公司股权受益权项目集合资金信托计划	1.5	2	维多利商业公司	8.5～9.8
2010-5-21	中发集团·"上海国际机电城"项目股权受益权集合资金信托计划	2	2.3	上海中发电气（集团）股份有限公司、上海普陀中发都市工业科技有限公司	8.6～9.5
2010-5-21	辰兴房地产发展公司贷款项目单一资金信托计划	0.88	2	辰兴房地产发展公司	—
2010-5-20	宏业14期—SOHO广场项目（B级初始受益权）投资集合资金信托计划	0.4	2.75	郑州清华园房地产开发有限公司	9～9.5
2010-5-20	银杏（20期）红牌楼广场项目A期集合资金信托计划	1.01	1.5	四川省永合实业有限公司	6.4～7.2
2010-5-20	幸福1号集合资金信托计划	—	3	郡原地产	7.5～11
2010-5-19	大连彩虹园集合信托计划	0.75	0.75	大连欧兰房地产开发有限公司	—
2010-5-19	金帝星城股权受益权投资集合信托计划	4.187	—	—	—

续表

日期	名称	规模（亿元）	期限（年）	主要交易对手	年收益率（%）
2010-5-18	悦祥稳健3号集合资金信托计划	0.6514	2	沈阳华景资产管理有限公司	6.1
2010-5-18	北京首创优质债权（一期）集合资金信托计划	2	1.5	北京首创置业股份有限公司	7.2～8.5
2010-5-17	乌当区新添寨北衙路经济适用房项目收益权投资单一资金信托计划	0.25	1	贵州强臣房地产开发有限公司	7
2010-5-15	远东控股集团贷款项目单一资金信托计划	2	1	远东控股集团	—
2010-5-14	象山产业区应收款转让及回购资金信托计划二期	0.72	2	象山产业区投资建设有限公司	8.2～8.8
2010-5-13	天鸿田园新城项目投资集合资金信托计划	4	2	济南天鸿房地产开发有限公司	10
2010-5-13	锦佳"香榭丽舍"项目贷款集合资金信托计划	0.35	2		6.3～6.6
2010-5-11	悦祥稳健2号集合资金信托计划	0.6146	2	青岛极地海洋世界有限公司	6.1
2010-5-11	青枫墅园项目单一资金信托计划	0.15	1		
2010-5-10	宝利集团海尚豪庭项目贷款集合资金信托计划	0.7	2	天津宝利集团有限公司	8.2～8.5
2010-5-7	中邦置业集团有限公司债权买入返售集合资金信托计划	1.635	2.5	中邦置业集团有限公司、启东中邦房地产开发有限公司	8～9
2010-5-7	成都交大节能住宅项目投资集合信托计划	3.6	1.5	成都弘里置业有限公司	8～9.5
2010-5-6	优质债权投资21期（隆鑫地产）集合资金信托计划	1	2	重庆隆鑫地产（集团）有限公司	7
2010-5-5	万兆集团新文化花园不动产收益权集合资金信托计划	1.6	1.5	天津万兆集团有限公司	8.4～9.2
2010-5-5	万兆集团兆慧谷大厦不动产收益权集合资金信托计划	1.7	1.83	天津万兆集团有限公司	8.6～10
2010-5-5	怀化英泰国际项目贷款集合资金信托计划	1	1.5	怀化英泰建设投资有限公司	8～8.5
2010-5-4	常熟市恒隆置业有限公司贷款项目单一资金信托计划	1.2	0.66	常熟市恒隆置业有限公司	—

日期	名称	规模（亿元）	期限（年）	主要交易对手	年收益率（%）
2010-4-30	长春万达商城股权收益权买入返售集合资金信托计划	3.816	1.5	东北海航置业有限公司、长春万达商城有限公司	7.5～8.5
2010-4-30	鸿福5号天朗置业公司股权收益权集合资金信托计划	0.8	2	西安天朗地产集团有限公司、西安天朗置业有限公司	8～8.5
2010-4-30	悦祥稳健1号集合资金信托计划	0.6179	2	大连北亚房屋开发有限公司	6.1
2010-4-29	百瑞宝盈55号集合资金信托计划	1	2	信阳万家灯火实业有限公司	9～10
2010-4-29	银杏18期集合资金信托计划	0.5	2	四川国坤投资有限公司	7.5～9
2010-4-29	广田置业股权投资集合资金信托计划	2	1.5	江苏省广田置业有限公司	9～10
2010-4-29	重庆国泰广场项目收益权投资集合资金信托计划二期	3	—	—	—
2010-4-29	亚泰集团股份公司贷款项目单一资金信托计划	0.2	0.5	亚泰集团	
2010-4-29	鼎立股份收益权投资1号集合资金信托计划	0.7	2	鼎立建设集团股份有限公司、上海鼎立科技发展（集团）股份有限公司	8～8.5
2010-4-29	上海隧道工程公司贷款项目单一资金信托计划	1.3	0.5	上海隧道工程公司	
2010-4-26	东渡国际青年城项目股权投资集合资金信托计划	0.85	2	苏州欧瑞、苏州东渡房地产开发有限责任公司	8.5
2010-4-23	中建楷昕1号集合资金信托计划	5.1	1.5	西安中建	—
2010-4-23	汉镏青岛亿达项目股权投资集合资金信托计划	0.6	1	青岛亿达置业有限公司	8～8.5
2010-4-22	百瑞宝盈57号集合资金信托计划	0.4～0.5	3	郑州澳柯玛物流开发有限公司	8.5～9.5
2010-4-22	青岛安大置业股权收益权投资信托计划	5.4	1	青岛安大置业有限公司	8～9

日期	名称	规模（亿元）	期限（年）	主要交易对手	年收益率（%）
2010-4-19	SOHO广场项目（A级初始受益权）投资集合资金信托计划	0.5	2.25	郑州清华园房地产开发有限公司	8.5～9
2010-4-19	天玺苑经济适用房项目收益权投资集合资金信托计划	1.6	1.5	贵州英发集团房地产开发有限公司	9.5
2010-4-19	睿石2号全功能房地产基金集合资金信托计划	0.939	3	—	
2010-4-19	长盈8号集合资金信托计划	1.2	2	无锡市银仁房屋开发有限责任公司	8～10
2010-4-16	富祥1号（旭辉紫郡）集合资金信托计划	4	1.5	旭辉集团、旭辉兴腾公司	8.5
2010-4-15	国色天乡水上乐园集合资金信托计划	0.53	1	成都国色天乡旅游投资发展公司	6～7.02
2010-4-15	金科重庆大学城项目集合资金信托计划	11.65	2	重庆市金科星聚置业有限公司	8～9.5
2010-4-13	北京京贸国际城贷款项目集合资金信托计划	6	1		
2010-4-12	浙江飞耀集团贷款项目集合资金信托计划	1	1	浙江飞耀集团	8
2010-4-9	苏州工业园区贷款项目单一资金信托计划	1.2	0.416		
2010-4-8	"德信—泊林印象"投资项目集合资金信托计划	5	1.5	—	8.2～8.5
2010-4-7	陕西希望鱼化置业有限公司股权收益权集合资金信托计划	1	2	西安天朗地产集团有限公司	7.5～7.8
2010-4-6	百瑞富诚38号集合资金信托计划（二七区基础设施建设1期）	0.55	4	郑州市二七区预算外资金管理办公室	6.4～8.2
2010-4-6	科恩国际商用物业资产收益财产权信托计划	—	2	科恩国际中心大厦置业（上海）有限公司	8.5～10
2010-4-2	川苏科技产业园项目集合资金信托计划	1.8	2	四川东润投资有限公司	7
2010-4-2	2010年和泓嘉瑞投资集合信托计划	5.5	2	沈阳和泓嘉瑞房地产开发有限公司	8.5～10
2010-4-2	富荣3号（阳光100柳州项目）集合资金信托计划	1.94	2	柳州阳光壹佰置业有限公司	8.3～9
2010-4-2	南京德兰大世界装饰大市场受益权投资项目集合资金信托计划	0.45	3	南京德兰商业经营管理有限公司	9

续表

日期	名称	规模（亿元）	期限（年）	主要交易对手	年收益率（%）
2010-4-2	百瑞宝盈53号集合资金信托计划	2	2	河南美景鸿城置业有限公司	7.5～9
2010-4-2	麦金利股权投资集合信托计划	2.5	1	麦金利	7.5
2010-4-1	关铝花园项目贷款集合资金信托计划	0.3	1.5	—	—
2010-3-31	天津松江创展投资发展有限公司贷款集合资金信托计划	1	1.25	天津松江创展投资发展有限公司	7.4～8.4
2010-3-31	苏州兴力达房地产开发有限公司股权收益权投资集合资金信托计划	2	1.5	苏州兴利达房地产开发有限公司	8.5
2010-3-31	乾景·套利型投资集合资金信托计划（可转换债权投资Ⅱ期）项下T2类信托计划	1.871	1	广州大鹏房地产有限公司和美河投资有限公司	6.5～10
2010-3-30	重庆东原锦悦项目贷款集合资金信托计划	1.2	1.5	重庆东原房地产开发有限公司	8～8.5
2010-3-30	汇金国际贷款项目（二期）信托计划	0.5791	0.75	长沙兆发房地产有限公司	—
2010-3-26	金玉山集团贷款项目集合资金信托计划	0.78	1	临沂诚德房地产开发有限公司	7.2
2010-3-26	银杏（17期）集合资金信托计划	0.8	1	成都中铁正和置业有限公司	7.2
2010-3-26	厦门西岸中心项目结构化集合资金信托计划	3.2	5	—	8.5～10
2010-3-25	上海嘉定新城金郡项目集合资金信托计划	2.7	2	上海新城创佳置业有限公司	8～8.5
2010-3-25	金牡丹·融丰系列·志远大厦房产收益权转让暨回购集合资金信托计划	0.45	1	富民志远建筑工程有限公司	7.5～7.8
2010-3-24	朗基望锦股权投资集合资金信托计划	4	1.5	朗基地产、新昕实业、朗基望锦	9.5～10.8
2010-3-23	宇华公司股权收益权信托信托受益权投资集合资金信托计划	0.4	2	宇华公司	7.8
2010-3-23	老板娘水产城贷款集合资金信托计划	0.41	1.16	天津老板娘水产食品物流有限公司	7.4
2010-3-23	霍山经济开发区基础设施建设贷款项目集合资金信托计划	0.5	2	霍山县安园经济技术开发有限公司	6～7

续表

日期	名称	规模（亿元）	期限（年）	主要交易对手	年收益率（%）
2010-3-23	联合 5 号集合资金信托计划	0.79	1	广州中邮普泰移动通信设备有限责任公司、东莞市清溪医院	—
2010-3-23	绿洲 15 期集合资金信托计划	0.5	1	大陆房产、轩苑公司	5.3～7.2
2010-3-23	银杏（14 期）集合资金信托计划	1.25	2	北京和峻投资公司	6.7～7.8
2010-3-22	昆山和融股权投资项目集合资金信托计划	0.8	1.5	昆山和融房地产开发有限公司	7
2010-3-22	挚信樱花园集合资金信托计划	0.6196	1	西安挚信房地产开发有限责任公司	7.2～7.5
2010-3-22	鸿隆—江山美苑"绿景花园"项目贷款集合资金信托计划	1.5	2	惠州市银泰达实业公司	8
2010-3-19	优质债权投资（16 期）集合资金信托计划	0.5	2	崇州市土地储备中心	5.5～7.5
2010-3-19	英诚公司应收账款优先收益权投资集合信托计划	2.5137	2	北京英诚房地产开发有限公司	8～13
2010-3-17	西安信乐物业发展有限公司股权投资集合资金信托计划	1.387	2	西安信乐物业发展有限公司	8～9.5
2010-3-16	金诚（1001）号—颐高数码广场租金收益权转让项目集合资金信托计划	0.4	2.5	内蒙古龙海房地产公司	8.5
2010-3-15	苏州康杰置业股权投资集合资金信托计划	—	—	苏州康杰置业	—
2010-3-12	鹭弘 1 号股权投资集合资金信托计划	4	1.5	上海鹭弘投资中心	7.5～9
2010-3-11	惠州飞扬实业公司股权投资集合资金信托计划	2	2	广东方直投资集团有限公司、惠州市飞扬实业有限公司	9.5～11
2010-3-11	上海豪全公司股权受益权信托计划	10	1	上海长甲置业有限公司、上海豪全房地产开发公司	6～8
2010-3-8	弘泽 1 号·弘泽华信贷款集合资金信托计划	4.2385	1.5	天津弘泽华信房地产开发有限公司	9.5
2010-3-8	安鑫 2 号房地产投资基金信托计划	4.659	—		—

续表

日期	名称	规模 （亿元）	期限 （年）	主要交易对手	年收益率 （%）
2010-3-5	银杏十六期集合资金信托计划	0.25	1.25	北京鑫丰物业发展有限公司	5.3～7.2
2010-3-5	稳健系列房地产集合资金信托计划Ⅱ期	7.0583	2+1	中辉国华实业（集团）有限公司、北京京发房地产开发有限公司	8～13
2010-3-5	西河名邸项目投资集合资金信托计划	1.5	1	北京和泓置地有限公司、天津泰达和泓房地产开发有限公司、天津和泓房地产开发有限公司	8～9
2010-3-4	蒙苑国际商业广场租金收益权转让集合资金信托计划	0.2101	3	呼和浩特市蒙苑市场发展有限责任公司	6～8
2010-2-26	铭粤通1号不动产投资基金集合资金信托计划	1.5	3	—	10
2010-2-22	滨海开发投资集合资金信托计划Ⅰ期	1.8	1.5	天津海河沿岸地区及滨海新区地区土地开发整理及相关房地产项目	7.6～8.6
2010-2-12	聚信汇金地产基金Ⅲ号集合资金信托计划	25	5	—	7.5～12.5
2010-2-12	惠州弘富置业股权收益权投资集合资金信托计划	0.982	1.5	浙江三弘国际羽毛有限公司、惠州弘富置业有限公司	9～9.5
2010-2-12	银杏（15期）成都博瑞集合资金信托计划	2	1	成都博瑞房地产开发有限公司	6～6.5
2010-2-12	飞鹰五号房地产投资集合资金信托计划	2.115	5	—	—
2010-2-11	"嘉盛7号"天津红桥区经济适用房贷款集合资金信托计划	1.3695	1	天津市瑞泉房地产开发有限公司	6
2010-2-11	汤山鎏园集合资金信托计划	1.2194	2	句容永泰置业有限公司	8
2010-2-11	润丰宏业信托受益权投资集合资金信托计划	1.9	1.5	北京润丰宏业房地产开发有限责任公司、购买信托	8.5～9

日期	名称	规模（亿元）	期限（年）	主要交易对手	年收益率（%）
2010-2-11	鸿泰01号包头东河校园项目建设集合资金信托计划	0.45	3.08	包头市东河区城市基础设施投资开发有限公司	6～8
2010-2-10	耀江平湖城南路拓宽改造工程集合信托计划	0.936	1.25	耀江建设	8～8.5
2010-2-10	新兴地产——骏景园项目贷款集合资金信托计划	1.5	2	西安新兴房地产开发有限公司	—
2010-2-9	阳光100大湖第项目投资集合资金信托计划	1.226	1	阳光壹佰集团、成都阳光壹佰、湖北阳光壹佰	8.5～9.5
2010-2-9	华瑞生物集合资金信托计划	—	3	西安华瑞生物工程有限公司	9
2010-2-9	吉泰建设贷款项目集合资金信托计划	0.625	1	内蒙古吉泰建设有限责任公司	9
2010-2-9	宏业12期—新华城市广场商业地产项目（C级初始受益权投资）集合资金信托计划	0.5	2.5	受让新华城市广场不动产收益权信托的委托人持有的C级初始受益权	9～9.5
2010-2-9	睿石1号全功能房地产基金集合资金信托计划	—	—		—
2010-2-8	隆鑫东方城项目房地产股权投资集合资金信托计划	3.1	2	金房经贸	8～10
2010-2-8	中融五子家园（一期）房地产信托贷款集合资金信托计划	—	2	天津佳伦宏业房地产有限公司	8.5～9.5
2010-2-5	浙江安吉应收债权买入返售集合资金信托计划	1	3	浙江省安吉经济发展总公司	8.5
2010-2-5	2009年大连永欣贷款集合资金信托计划	2	2.25	大连永欣香榭里实业有限公司	8.5～10
2010-2-5	宏业11期—新华城市广场商业地产项目（B级初始受益权投资）集合资金信托计划	0.5	2	受让新华城市广场不动产收益权信托的委托人持有的B级初始受益权	8.5～9
2010-2-5	成都东山国际新城项目投资集合信托计划	—	—		—

续表

日期	名称	规模（亿元）	期限（年）	主要交易对手	年收益率（%）
2010-2-5	瑞城1002（上海绿茵置业项目）集合资金信托计划	1.8	2.5	绿茵置业	8～8.5
2010-2-5	大连永欣贷款信托计划（第二期）	2	2.25	大连永欣香榭里实业有限公司	8.5～10
2010-2-5	北京城开回龙观信托计划	9	2	北京城开	—
2010-2-4	君泰华府房地产信托贷款集合资金信托计划	2	2	鄂尔多斯市君泰房地产开发有限公司	10～10.5
2010-2-3	亚洲大厦信托贷款集合资金信托计划	0.6585	1	上海诚亚房地产发展有限公司	8.3
2010-2-3	常州东渡房地产开发有限公司股权投资集合资金信托计划	3.04	2	常州东渡房地产开发有限公司	8.5～10
2010-2-3	艺苑桐城项目贷款集合资金信托计划	1.5	2	北京艺苑房地产开发有限责任公司	7.5～10
2010-2-2	万家灯火城市广场1期项目贷款集合资金信托计划	1	1	信阳万家灯火实业有限公司	8.5～10
2010-2-2	富荣1号（阳光100东营丽城项目）集合资金信托计划	2	2	东营胜兴置业有限公司	8.3～9
2010-2-1	无锡翠竹房地产信托贷款集合资金信托计划	2.2	2	无锡翠竹房地产开发有限公司	7.8～9.5
2010-1-29	宁宜置业股权投资集合资金信托计划	—	—		—
2010-1-27	镇江金山大剧院租金收益权投资集合资金信托计划	1	2	镇江中住房地产开发有限公司	5.6～6
2010-1-27	苏州青剑湖项目集合资金信托计划	6	—	苏州圆融地产开发有限公司	—
2010-1-27	中信恒实不动产投资信托基金集合信托计划	17.828	6	山西恒实平阳房地产开发有限公司、山西润成房地产开发有限公司	
2010-1-27	宏业5期—摩登市商业地产项目集合资金信托计划	0.3	3	购买摩登市商业地产收益权信托项下初始受益人持有的全部C级初始受益权	10.2

续表

日期	名称	规模（亿元）	期限（年）	主要交易对手	年收益率（%）
2010-1-22	广生堂贷款项目集合资金信托计划	0.25	2	运城市广生堂药品零售连锁有限公司	6～7.02
2010-1-22	中昌景盛置业股权投资集合资金信托计划	1.5	2	景盛置业	9
2010-1-22	乾景·合景泰富珠江新城万晖项目股权投资集合信托计划	4.65	1.5	广州万晖房地产开发有限公司	5.8～6.5
2010-1-21	绿洲（14期）凤凰湖国际生态湿地公园二期建设项目集合资金信托计划	1	2	成都市江城投资有限公司	6.5～7.5
2010-1-19	南京湖滨金陵饭店（二期）项目股权投资集合资金信托计划	2	2	南京华中房地产开发有限责任公司	
2010-1-18	领骏世界结构化投资项目集合资金信托计划	3.9	1	凯威房产	8～8.8
2010-1-15	南岭华业并购贷款项目集合资金信托计划	0.5	2	惠州汇嘉丰房地产开发有限公司、深圳市南岭华业投资有限公司	—
2010-1-14	石景雅居项目贷款集合资金信托计划	1	1.08	北京石景新天置业有限公司	7～8.3
2010-1-14	西安惠风置业有限公司股权投资集合资金信托计划（二）	0.7	2	惠风置业的股权	8～9.5
2010-1-13	诚德地产贷款项目集合资金信托计划	0.5	1	临沂诚德房地产开发有限公司	7
2010-1-13	优质债权投资（10期）集合资金信托计划	0.8	1	蓝光和骏实业股份有限公司	6～7
2010-1-12	伯爵山庄—湖州中奥置业有限公司股权投资集合资金信托计划	1.5	2.5	湖州中奥置业有限公司	9～10
2010-1-12	团泊示范镇二期项目贷款集合资金信托计划	—	1.5	天津市团泊湖投资发展有限公司	7.6～8.4
2010-1-11	理想未来广场股权投资集合资金信托计划	1.3	1	上海理想未来房地产有限公司	8～8.8
2010-1-11	海南国宾馆经营收益权投资集合资金信托计划	2.1	1	海南国宾馆有限公司	6～7
2010-1-11	重庆国泰广场项目收益权投资集合资金信托计划	1.62	—	—	8～9.5

日期	名称	规模（亿元）	期限（年）	主要交易对手	年收益率（%）
2010-1-9	绿海甜园三期项目收益权投资单一资金信托信托计划	2.3	1.25	北京兴港房地产有限公司	—
2010-1-7	天津中新滨海房地产开发有限公司老城厢"锦佳商业中心"项目贷款集合资金信托计划	1.5	1	天津中新滨海房地产开发有限公司	6.7～7.8
2010-1-7	盛世新业通州区梨园镇砖厂村地块一级开发贷款集合资金信托计划	1.5	1	北京盛世新业房地产有限公司	7.5～8.2
2010-1-6	新地苑商铺物业收益权投资集合资金信托计划	2.1	1	上海神州投资有限公司	7.5～8
2010-1-6	房投宝1号—东渡上海浦祥股权投资集合资金信托计划	2	2	上海浦祥房地产开发公司	7.2
2010-1-1	延安惠泽房地产开发有限公司信托贷款计划	0.3	0.5	延安慧泽房地产开发有限公司	—
2009-12-31	丹尼尔商业流动资金贷款项目集合资金信托计划	0.3	1.25	陕西康复路丹尼尔商城有限公司、陕西丹尼尔市场股份有限公司	7.5
2009-12-31	杭州国信名盛置业有限公司贷款项目集合资金信托计划	2	1	杭州国信名盛置业有限公司	10
2009-12-31	中广宜景湾贷款项目集合资金信托计划	1	2	北京天正中广置业有限公司	7.5～8.5
2009-12-30	天津休波顿钢铁有限公司贷款集合资金信托计划	0.7	1	天津休波顿钢铁有限公司	6.6～6.8
2009-12-30	房信集团贷款集合资金信托计划	1	2	天津市房地产信托集团公司	7.7
2009-12-30	三亚鹿回头贷款集合资金信托计划	8	2.5	三亚鹿回头旅游区开发有限公司	10
2009-12-30	欣博房产信托贷款项目集合资金信托计划	0.9	1	欣博房产	10
2009-12-30	"裕华精品商厦"建设贷款集合资金信托计划	0.6	2	西安裕华实业股份有限公司	8
2009-12-29	百瑞宝盈43号集合信托计划（中汇广场）	0.8	3	—	8～10.8
2009-12-29	百瑞富诚34号土地收益权转让1期集合信托计划	—	3	—	6.8

日期	名称	规模 （亿元）	期限 （年）	主要交易对手	年收益率 （％）
2009-12-29	济南市房地产互助信托集合信托计划	1.07	—	—	—
2009-12-29	汇联产权交易市场投资基金集合信托计划Ⅰ期	—	1	广州市正佳企业有限公司	6.5～9
2009-12-28	江苏舜天置业股权投资集合资金信托计划	2	2.5	江苏舜天国际集团置业有限公司	4.5
2009-12-28	峰信房地产项目股权投资集合资金信托计划	1.7	2	重庆晋愉地产股份有限公司、峰信房地产	8～10
2009-12-28	风润新能源贷款集合资金信托计划	0.3	2	风润公司	8～9
2009-12-25	美达南京浅草明苑贷款集合资金信托计划	0.7	1	万均置业	8～8.5
2009-12-25	银杏13期优质物业经营收益权投资集合资金信托计划	1.4	2	卓达房地产集团有限公司	5.5～7.5
2009-12-25	金象78号新建县民生工程贷款集合资金信托计划	1	—	南昌市望城新区城市投资发展有限公司	5.8
2009-12-25	2009年江苏宇和项目集合资金信托计划	5	2.5	江苏宇和	—
2009-12-25	中坤锦绣项目集合资金信托计划	2	2	北京中坤锦绣房地产开发有限公司	—
2009-12-25	宏业10期—新华城市广场商业地产项目集合资金信托计划	0.49	3	南阳市兴达房地产开发有限公司	—
2009-12-25	广州中央海航酒店集合资金信托计划	6.966	—	广东兴华实业有限公司	—
2009-12-25	苏州环球奥食卡项目财产权信托计划	—	2	上海奥银房地产开发有限公司	8.5～10
2009-12-25	环京津投资基金项目集合资金信托计划	—	2	廊坊鼎新建设投资有限公司	7.5～8
2009-12-25	海林房产股权投资项目集合资金信托计划	0.5	2	海林房产	7
2009-12-24	洪泽县城市资产经营有限公司贷款集合资金信托计划	0.5	3	洪泽县城市资产经营有限公司	7.5
2009-12-22	园丁房地产信托贷款集合资金信托计划	2.5	1.5	四川园丁房地产开发有限公司	7～8.5
2009-12-21	渝信利安债券投资壹号集合资金信托计划	0.5	1	广州富力地产股份有限公司	5.3

续表

日期	名称	规模 （亿元）	期限 （年）	主要交易对手	年收益率 （%）
2009-12-17	金象73号乐平市安居工程贷款集合资金信托计划	0.5	3	乐平市城市建设投资开发公司	6.3～7
2009-12-17	聚信汇金地产基金Ⅱ号集合信托计划	20	10	昆明星耀房地产开发有限公司、嵩明项目公司	11.2～12.4
2009-12-16	金象55号南丰县民生工程贷款集合资金信托计划	0.3	3	南丰县城市投资发展有限公司	—
2009-12-16	宝利五号苏州惠民置业投资有限公司股权投资集合资金信托计划	2	2	苏州惠民置业投资有限公司	6.8
2009-12-14	汇金国际贷款项目资金信托计划	0.4209	0.9	长沙兆发房地产有限公司	—
2009-12-14	绿洲13期凤凰湖国际生态湿地公园基础设施建设项目集合资金信托计划	1	2	成都市兴城旅游发展投资有限公司	6.5～7
2009-12-11	京大昆仑土地一级开发贷款集合资金信托计划	4	2	北京京大昆仑房地产开发有限公司	10
2009-12-10	重庆渝西国际会展中心工程贷款集合资金信托计划	1	3	重庆大足旅游发展有限公司	8
2009-12-9	台州书香园房地产投资集合资金信托计划	0.8	2	浙江泰业房地产开发有限公司	9
2009-12-9	受让西安阎良国家航空高技术产业基地发展中心土地开发收益权（2）期集合资金信托计划	0.4	1.5	西安阎良国家航空高技术产业基地发展中心	7～7.2
2009-12-9	2009年大唐电信科技产业园项目集合资金信托计划	0.75	3	大唐电信（天津）科技产业园有限公司	—
2009-12-8	天津滨海金创实业有限公司信托股权投资集合资金信托计划	0.7	1.5	天津滨海金创实业有限公司	7.1～7.6
2009-12-7	中邦"城中城"集合资金信托计划	—	2	启东中邦房地产开发有限公司	
2009-12-7	恒地产贷款项目集合资金信托计划	—	1	枣庄天恒嘉信房地产开发有限公司	7
2009-12-4	2009年蓝海雅居海景公寓项目集合资金信托计划	2	1.75	三亚乾海实业有限公司	7.5～10

续表

日期	名称	规模（亿元）	期限（年）	主要交易对手	年收益率（％）
2009-12-4	金牡丹·融丰系列·玉泉新城土地一级整理结构化融资项目集合资金信托计划	5	1.5	北京玉泉新城房地产开发有限公司	6.5～7
2009-12-3	低碳财富—循环能源一号集合资金信托计划	2.0688	4	鄂尔多斯天可华节能发展有限公司	—
2009-12-2	2009年润通鸿业投资集合信托计划	7	2	北京润通鸿业房地产开发有限责任公司	7.5～10
2009-12-2	烟台渔人码头贷款集合资金信托计划	1.8	1	烟台渔人码头投资有限公司	5.6
2009-12-1	"中城—花桥国际"房产项目集合资金信托计划	2.5	2.5	昆山盈桥房地产开发有限公司	9～9.5
2009-11-30	合川农投公司水务资产包收益权买入返售集合资金信托计划	2	3	重庆市合川农村农业水利投资有限公司	—
2009-11-30	瘦西湖—唐郡信托贷款项目集合资金信托计划	1	2	—	8.2～9.2
2009-11-27	东来国际商务港项目集合资金信托计划	2	2	江苏东来房地产开发有限公司	7
2009-11-27	无锡银城房地产项目集合资金信托计划	10	2	无锡银城房地产开发有限公司	—
2009-11-25	江苏宏图高科源久房地产（上水园项目二期）股权投资集合资金信托计划	2.5	2.5	江苏宏图高科技股份有限公司	—
2009-11-24	百瑞宝盈41号集合信托计划	0.5	2	长沙市华联房地产开发有限公司	10～12
2009-11-23	上海曹安商贸城股权投资集合资金信托计划	3.5	2	上海悦合置业有限公司	9～11
2009-11-23	浏阳城建片区改造项目信托贷款集合资金信托计划	0.639	1	浏阳市城市建设集团有限公司	6.5
2009-11-23	吉林置业阳光购物中心建设项目集合资金信托计划	1.31	2	吉林市置业房地产开发有限公司	9.2～10
2009-11-23	嘉诚三号集合资金信托计划	—	2		7.5～10
2009-11-20	天正置业股权项目集合资金信托计划	—	1	天正集团南京置业有限公司	3.5～7

续表

日期	名称	规模（亿元）	期限（年）	主要交易对手	年收益率（％）
2009-11-18	西安外事学院Ⅰ期集合资金信托计划	0.5	1.83	西安外事学院	7～7.5
2009-11-17	天津米兰置业有限公司"米兰阳光花园"三期B组团项目贷款集合资金信托计划	0.7	2	天津米兰置业有限公司	6.8～7.8
2009-11-17	银杏12期房地产投资集合资金信托计划	1.2	2	成都金牛蓝光和骏置业有限公司	6.7～8
2009-11-17	巴彦淖尔市杭锦后旗医院医技楼项目集合资金信托计划	0.3	3	内蒙古杭锦后旗医院	7～8
2009-11-16	武警深圳支队办公区改建项目集合资金信托计划	1.73	2	深圳市亿民房地产开发（集团）有限公司	8.5
2009-11-16	武警深圳支队办公区改建项目集合资金信托计划	1.73	2	深圳市亿民房地产开发（集团）有限公司	8.5
2009-11-16	滁州经济技术开发区基础设施建设贷款项目集合资金信托计划	0.6	2、3	滁州市同创建设投资有限责任公司	6～6.6
2009-11-13	浙商银行—三和房产贷款单一资金信托计划	1	—	绍兴市三和房地产公司	—
2009-11-12	宏业6期—信息大厦项目集合资金信托计划	0.25	3	河南省索克置业有限公司	10
2009-11-11	开原市农产品交易中心建设项目集合资金信托计划	0.5	1	开原市城市建设投资有限公司	7
2009-11-10	锦绣大地信托贷款项目	0.4	2		12.5
2009-11-9	东方国贸新城信托贷款项目资金信托计划	1.7	3	上海东方国贸有限公司	7.5～11.25
2009-11-9	金诚（0905）号—湖南长沙青和城购物中心经营物业收益权项目集合资金信托计划	2.5	1.25	南京青和投资集团、湖南大韵置业投资有限公司	8.5～15
2009-11-5	幻境旅游度假酒店项目股权投资集合资金信托计划	2.4	2.5	重庆市东启房地产开发有限公司	8.5～15
2009-11-5	灾后重建—幸福镇民主小区A6地块项目集合资金信托计划	0.9	2	都江堰东润投资发展有限公司	7
2009-11-4	优质债权投资（9期）集合资金信托计划	0.7	2	彭州城市投资有限公司	5.2～7

日期	名称	规模（亿元）	期限（年）	主要交易对手	年收益率（％）
2009-11-4	2009 年汤山项目股权投资集合资金信托计划	4.3	5	江苏好景投资有限公司、南京中闻投资发展有限公司	7～10
2009-11-3	长沙橘郡信托贷款项目集合资金信托计划	—	—	—	—
2009-11-2	西安协和置业集合资金信托计划	1	1	西安协和置业有限责任公司	7.5～8
2009-10-30	明园集合资金信托计划	3.2～3.5	2	无锡明园房产开发有限公司	9
2009-10-30	中诚信托汤泉别墅贷款项目集合资金信托计划	0.46	1	德润房地产开发集团有限公司	7～8
2009-10-29	锦尚地产项目集合资金信托计划	1.65	1	北京润丰房地产开发有限公司、北京润兴伟业地产开发有限责任公司	5.75～6.4
2009-10-27	华丰食品批发市场租金收益权投资集合资金信托计划	0.4	1	成都市武侯华丰实业有限公司	5～7
2009-10-27	聚信汇金地产基金 I 号集合资金信托计划	25.24	10	—	5.7
2009-10-26	绿地集团汽车 4S 店集合资金信托计划	2.5	2.5	上海绿地（集团）有限公司	6.2～9.3
2009-10-26	浏阳城建北正南路片区改造 1 期工程信托贷款集合资金信托计划	0.663	1	—	—
2009-10-22	中房天泰"舜都市场"建设贷款项目集合资金信托计划	0.18	2	—	5.58
2009-10-22	金象 56 号石城县安居工程贷款集合资金信托计划	0.3			
2009-10-21	浦江智谷项目集合资金信托计划	1.4	5	上海鹏晨联合实业有限公司	10
2009-10-21	绿洲 12 期崇州市崇阳镇土地整理项目项目集合资金信托计划	0.5	2	崇州市土地储备中心	6.5～7
2009-10-20	绿洲 11 期成金发展基础设施建设项目集合资金信托计划	0.6	2	成都金堂发展投资有限公司	6.5～7
2009-10-20	西城水恋项目集合资金信托计划（A 类）	0.3	2.5	—	6.5～7.5

续表

日期	名称	规模（亿元）	期限（年）	主要交易对手	年收益率（%）
2009-10-19	"滨海名都"商业物业租金收益权（回购）集合资金信托计划	1.2	1.5	香港银山国际发展有限公司、天津滨海投资集团股份有限公司、天津钜康国际发展（集团）有限公司、天津华远实业发展有限公司	7.2～7.6
2009-10-16	千禧投资集团有限公司流动资金贷款集合资金信托计划	0.3	1	山西千禧投资集团	—
2009-10-16	瑞海大厦贷款项目集合资金信托计划	1.1	1	北京西友瑞海房地产开发有限公司	7～9
2009-10-15	宝利三号胥口市镇开发公司项目贷款集合资金信托计划	0.766	2	—	5.60
2009-10-14	西安临潼区旅游配套设施项目集合资金信托计划	0.8	2	西安紫薇地产开发有限公司、西安东花园投资有限责任公司	7.8～9
2009-10-13	重庆"首创立方"贷款项目集合资金信托计划	0.35	0.5	重庆海众房地产开发有限公司	6.5
2009-10-13	佳庆房地产基金集合资金信托计划	2	2	中融汇投资担保有限公司	9～11
2009-10-13	金象61号万载县民生工程贷款集合资金信托计划	0.6	—	万载县国有资产营运公司	—
2009-10-10	交通银行—廊坊中油管道房地产公司项目收益权投资单一资金信托计划	5.9	—	中油管道房地产开发有限公司	—
2009-9-30	亿洲房地产债权转让单一资金信托计划	1	1	亿洲房地产开发有限公司	—
2009-9-30	百瑞宝盈40号集合资金信托计划	1.8	3	郑州亚新房地产开发有限公司	8.5～10
2009-9-30	六安经济技术开发区建设债权转让集合资金信托计划	0.6	2	六安东城经济建设有限公司	6～6.3
2009-9-30	青枫墅园信托贷款项目集合资金信托计划	1	1	杭州青枫房地产开发有限公司	10
2009-9-30	杭州金帝信托受益权投资集合资金信托计划	1.193	1.5	杭州金帝房地产开发有限公司	8.5～9

日期	名称	规模（亿元）	期限（年）	主要交易对手	年收益率（%）
2009-9-30	中信东单项目投资集合资金信托计划	4	2	—	10
2009-9-30	北京顺景园贷款项目集合资金信托计划	—	1.75	北京顺景园房地产开发有限公司	7～9
2009-9-29	京温实业股权投资项目集合资金信托计划	2.5	2.25	中国万和控股有限公司持有的京温实业有限公司	7.2～9.5
2009-9-29	旭辉集团债权受让项目集合资金信托计划	1.5	1	旭辉集团	8.3577～9.3577
2009-9-29	绿地集团卢湾滨江 CBD 项目信托产品	2.5	2.5	上海绿地（集团）有限公司、海珀置业	6.2～9.3
2009-9-29	优质债权投资（8 期）集合资金信托计划	0.5	1	金房集团	6～7
2009-9-28	成长 12 期—企业流动资金贷款项目集合资金信托计划	0.43	2.5	许昌宏伟实业（集团）有限公司	7.5～9
2009-9-28	鑫福 1 号集合资金信托计划	1.52	0.75	德信金沙	7.5
2009-9-28	王府井丹耀大厦投资项目集合信托计划	0.27	3	北京丹耀房地产有限公司	—
2009-9-25	丰利（3 期）集合资金信托计划	0.52	0.5	云南兴龙实业有限公司	6
2009-9-25	鸿隆世纪广场项目集合资金信托计划	2	0.71	鸿隆地产集团有限公司	7
2009-9-24	绿洲（10 期）蒲江马槽滩片区旧城改造项目集合资金信托计划	0.5	2	四川省蒲江兴城投资有限公司	6.5～7
2009-9-24	"昆山—联邦国际"资产收益财产权信托计划	6.27	3	昆山纯高投资开发有限公司	9～9.5
2009-9-24	安益 8 期—郑州经开区城建项目集合资金信托计划	0.2044	—		
2009-9-22	海门中南世纪城房地产贷款项目集合资金信托计划	2	2.5	海门中南世纪城开发有限公司	7.41～7.69
2009-9-14	上海三盛宏业信托贷款集合资金信托计划	1.6974	1～2	上海三盛宏业投资（集团）有限责任公司	7.3～9
2009-9-14	汨罗新桥垃圾处理场建设项目集合资金信托计划	0.3	3	汨罗市城市建设投资开发有限公司	6.5～7.5

续表

日期	名称	规模（亿元）	期限（年）	主要交易对手	年收益率（%）
2009-9-14	银杏11期房地产投资集合资金信托计划	1	2	成都金堂和骏置业有限公司	5.5～7.2
2009-9-11	成都壹佰贷款集合资金信托计划	1.5	2	阳光壹佰置业（成都）有限公司	8.8～9.8
2009-9-10	中信天泰不动产投资信托基金集合资金信托计划	2.967	3	天泰集团	7.02～20
2009-9-9	经典黄浦1号旧城改造股权投资集合资金信托计划	9	1.83	—	8～10
2009-9-7	广微控股项目集合资金信托计划	0.4	1.5	广微控股有限责任公司	7～7.5
2009-9-5	辛特拉产权酒店（不动产）投资集合资金信托计划	0.75	3	海南致远	9.5～11.5
2009-9-4	2009年悠乐汇商业项目集合资金信托计划	1.5	1	悠乐汇商业项目	—
2009-9-2	蚌埠市经开区黄山大道基础设施工程集合资金信托计划	0.5221	2	安徽省蚌埠经济开发区投资有限公司	7～7.5
2009-9-1	公主岭市上海城棚户区改造基础设施建设项目集合资金信托计划	0.2063	1	公主岭市城市建设投资有限公司	5.5～7
2009-9-1	绿洲（5期）集合资金信托计划	0.35	2	成都市新津县城乡建设投资有限责任公司	5～6.8
2009-9-1	蚌埠经济开发区投资有限公司债权转让集合资金信托计划	0.8	2	蚌埠经济开发区投资有限公司	5.8～6.1
2009-9-1	尚湖御景贷款项目集合资金信托计划	1.2	—	—	—
2009-8-31	沿海绿色家园信托贷款项目集合资金信托计划	2	0.42	沿海绿色家园发展（武汉）有限公司	6.8～7.2
2009-8-29	松花江一号集合资金信托计划	0.5	1	城市建设投资有限公司	5.5～7
2009-8-26	百瑞宝盈39号新长城房地产基金集合资金信托计划	0.4	1	郑州新长城房地产公司	8
2009-8-26	女鞋之都后期配套（二期）集合资金信托计划	0.4	1.5	成都置信实业（集团）有限公司	5.2～7
2009-8-25	长兴城南建设公司资产收益权投资集合资金信托计划	0.8	1.5	长兴城南投资开发建设有限公司	6.5

日期	名称	规模（亿元）	期限（年）	主要交易对手	年收益率（%）
2009-8-21	绿洲（9期）崇州市灾后重建保障性安置住房项目集合资金信托计划	0.5	2	崇州市土地储备中心	5.5～7
2009-8-20	百瑞宝盈34号（五里村土地整理项目）集合资金信托计划	0.8	2	四川广居民生实业有限公司	9
2009-8-20	东原房产债权受让项目集合资金信托计划	1.7	2	东原地产	8.5～9.5
2009-8-14	开达股权融资集合资金信托计划	2.445	2	开达公司	6.2
2009-8-14	锦程3号—鄂尔多斯市东胜区城市建设开发投资集团有限责任公司应收债权买入返售集合资金信托计划	0.5	3	东胜区城市建设开发投资集团有限责任公司	7
2009-8-11	天津泰达建设集团格调中天地产开发有限公司股权增资集合资金信托计划	4.9	1.48	天津泰达建设集团有限公司、天津泰达建设集团格调中天地产开发有限公司	8
2009-8-11	金诚（09）03号—阿左旗保障性住房建设项目集合资金信托计划	0.5	3	阿拉善左旗房产管理局	7
2009-8-10	华坤房产信托受益权投资集合资金信托计划	2	2	浙江金龙房地产投资集团有限公司	8～9
2009-8-6	紫薇尚层集合资金信托计划	0.6208	2	西安紫薇地产开发有限公司	7.5～8
2009-8-6	宏业8期—新乡大商新玛特项目租金收益权投资集合资金信托计划	0.6	3.5	河南新乡置业发展有限公司	8.5～9.5
2009-8-5	上海世博土地控股有限公司资金信托计划	—	1	上海世博土地控股有限公司	
2009-7-31	金诚（0904）号—苏州东景公寓贷款项目集合资金信托计划	0.35	1	苏州大东方房地产开发有限公司	8
2009-7-31	丰利（2期）优质股权收益权投资集合资金信托计划	0.45	1.5	厦门博纳科技有限公司、创兴置业	5～6.5
2009-7-31	嘉诚二号（房地产投资信托系列）集合资金信托计划	5	2	—	7.5～9
2009-7-30	山西晋隆"泛华盛世"项目贷款集合资金信托计划	0.15	2	山西晋隆建设发展有限公司	5.58
2009-7-29	鄂尔多斯市乌审旗第一中学迁址新建项目集合资金信托计划	0.3	3	乌审旗国有资产投资经营有限责任公司	8
2009-7-29	滨江商业广场项目集合资金信托计划	0.5	2.5	—	6.5～7.5

日期	名称	规模（亿元）	期限（年）	主要交易对手	年收益率（%）
2009-7-28	银杏（10期）房地产投资集合资金信托计划	1	1	重庆隆鑫地产（集团）有限公司	5~6.8
2009-7-28	包头一机一中校园建设贷款项目集合资金信托计划	0.3	3	包头一机一中	8
2009-7-28	新天地购物公园单一资金信托计划	3.3	5	—	—
2009-7-24	团泊新城生态体育城商业广场项目工程款收益权集合资金信托计划	1	1.25	天津滨海友谊投资有限公司	7.4~7.8
2009-7-24	优利4号—中房康健广场股权信托计划	0.5	3	—	—
2009-7-24	金象76号定南县民生工程集合资金信托计划	0.5	3	定南县政府	7.8~8
2009-7-22	丰利（1期）优质股权收益权投资集合资金信托计划	0.55	1.5	厦门百汇兴投资有限公司、创兴置业	5.2~6.5
2009-7-21	中诚信托北京海港城贷款项目集合资金信托计划	2.5	2	北京金麟置业有限公司	6.5~7.5
2009-7-17	捷盛中央广场项目贷款集合资金信托计划	0.45	1.66	兰溪市山田房地产开发有限公司	8.5
2009-7-17	银杏（9期）房地产投资集合资金信托计划	0.5	1	花样年（成都）生态旅游开发有限公司	4.5~7
2009-7-17	嘉诚一号集合资金信托计划	—	2	—	8~8.2
2009-7-10	合肥经济技术开发区桃花工业园债权转让集合资金信托计划	0.761	2	合肥桃花工业园经济发展有限公司	5.7~6
2009-7-7	重庆实业股权收益权投资集合资金信托计划	0.3	1	西安紫薇地产开发有限公司	7
2009-7-7	苏州市漕湖新城建设发展有限公司股权投资项目集合资金信托计划	1.5	3	苏州相城经济开发区漕湖新城建设发展有限公司	6.2
2009-7-7	广州粤泰集团有限公司资金信托计划	0.75	1	广州粤泰集团有限公司	—
2009-7-6	红墈领世郡"普泰花园B地块"项目贷款集合资金信托计划	1	2	天津市红墈房地产开发有限公司	8.2~8.5
2009-7-6	湖边花园保障性住房项目资金信托计划	0.5	1	厦门市筼筜新市区开发建设公司	—

日期	名称	规模 （亿元）	期限 （年）	主要交易对手	年收益率 （%）
2009-7-5	东丽湖建设信托计划	3	2	天津东丽湖建设发展有限公司	8
2009-7-3	上海胜境置业有限公司股权投资集合资金信托计划	3.5	2.5	上海胜境置业有限公司	8.5～10
2009-7-3	优质债权投资（7期）集合资金信托计划	0.7	2	彭州城市投资有限公司	5～7
2009-7-2	恒威建设高桥项目股权投资集合资金信托计划	2.3	5	宁波信威投资有限公司	9～15
2009-7-1	天津经济技术开发区房地产开发公司"北斗花园二期"项目贷款集合资金信托计划	1.5	1	天津泰达建设集团有限公司、天津经济技术开发区房地产开发公司	5.1
2009-7-1	集美滨水小区社会保障性住房项目单一资金信托（一年期）	0.5	1	厦门经济特区工程建设公司	—
2009-7-1	大连圣岛房地产开发有限公司资金信托计划	0.5	1	大连圣岛房地产开发有限公司	—
2009-6-30	汇鑫置业—湖州"星汇半岛"项目贷款集合资金信托计划	1.6	2	湖州汇鑫置业有限公司	8.5～9.5
2009-6-29	东方之珠项目集合资金信托计划	0.5	1.5	中石房地产开发有限公司	5.8～6.5
2009-6-29	美达徐州檀香山别墅园项目集合资金信托计划	0.9	1.5	美达集团	8
2009-6-29	金牡丹·融丰系列·天津房信集团信托贷款集合资金信托计划	1.5	2	天津市房地产信托集团公司	8.3
2009-6-29	凯宇置业贷款项目集合资金信托计划	1	1	山东凯宇置业有限公司	7
2009-6-26	中昌国际大厦项目集合资金信托计划	1.5	2	舟山中昌房地产有限公司	8～9.5
2009-6-25	百瑞宝盈27号集合资金信托计划（黄河大观三期）	3.1	4	黄河大观	7～12.5
2009-6-23	百瑞宝盈26号集合资金信托计划（中联创橄榄城一期）	1	2	中联创地产	8.5～9.5
2009-6-22	阳光100—湖南湘诚壹佰置地有限公司股权投资集合资金信托计划	4.2554	2.5	湖南湘诚壹佰置地有限公司	9

日期	名称	规模（亿元）	期限（年）	主要交易对手	年收益率（%）
2009-6-19	金牡丹·融丰系列·江苏省扬中市城市建设投资发展总公司特定房产收益权集合信托计划	1	2	扬中市城市建设投资发展总公司	—
2009-6-19	利鑫2号1期集合资金信托计划	1.912	1	深圳市平安置业投资有限公司	2.88
2009-6-19	扬中城投特定房产收益权项目集合资金信托计划	1	2	扬中市城市建设投资发展总公司	—
2009-6-18	重庆市九龙坡区黄家码头旧城改造及基础设施建设项目集合资金信托计划	2.5	3	—	5.3
2009-6-17	鸿福2号蔚蓝时代项目建设贷款集合资金信托计划	0.5028	1	西安天朗地产集团有限公司	—
2009-6-16	山东信托天业股份信托贷款集合资金信托计划	0.5	1	山东天业恒基股份有限公司、山东天业房地产开发集团有限公司	6.5
2009-6-16	绿洲（6期）集合资金信托计划	0.65	2	成都市新津县城乡建设投资有限责任公司	4.8～6.2
2009-6-12	奉城工业园区一期建设贷款项目集合资金信托计划	0.75	1	—	—
2009-6-11	四川家益信托贷款单一资金信托计划	6	—	四川家益石油房地产开发公司	—
2009-6-11	上海滨海皇家金煦大酒店集合资金信托计划	2	2.5	汇浩实业、上海滨海皇家金煦大酒店	8～8.5
2009-6-9	厦门新站片区营运中心（A区）项目单一资金信托计划	0.5	2	厦门经济特区房地产开发集团有限公司	—
2009-6-9	亚东镇江朴园房地产项目股权投资集合资金信托计划	2.15	2.5	江苏亚东建设发展集团有限公司、江苏镇江亚东置业有限公司	7
2009-6-9	镇江亚东置业有限公司股权投资集合资金信托计划	2.15	2.5	镇江亚东置业有限公司	—
2009-6-9	重庆市铜梁工业园区征地拆迁补偿项目贷款集合资金信托计划	1.2	3	铜梁县金龙城市建设投资（集团）有限公司	—
2009-6-8	绿洲（8期）物流园区基础设施建设项目集合资金信托计划	0.6	2	成都市新津县工业投资经营有限责任公司	5

日期	名称	规模（亿元）	期限（年）	主要交易对手	年收益率（%）
2009-6-1	天津市房地产信托集团公司集合资金信托贷款项目	1.5	2	天津市房地产信托集团公司	—
2009-5-26	天津团泊联合置业有限公司信托股权投资（定向购买）集合资金信托计划	5	2.91	天津市仁爱房地产集团有限公司、天津团泊联合置业有限公司	8.6~9.5
2009-5-26	蔚蓝花城商业房产集合资金信托计划	0.6	1	陕西天朗实业有限公司、西安天信嘉业商业管理有限公司、西安天朗地产集团有限公司	8~8.5
2009-5-26	融富稳健十二号集合资金信托计划	—	1	上海融晟投资有限公司、济南发祥置业有限公司	7~8
2009-5-22	宁河县医院外科系统住院楼建设项目收益权买断集合资金信托计划	0.01	2	天津市宁河县医院	7.7~8.4
2009-5-18	鄞州银行—江东现代商城单一资金信托计划	0.3	—	宁波江东现代商城发展有限公司	—
2009-5-18	宏业3期—摩登市商业地产项目集合资金信托计划	0.29	2	河南中海房地产开发有限公司	9
2009-5-18	稳健系列房地产集合资金信托计划Ⅰ期	9.5794	3	天津东方鸿铭旅游地产开发有限公司、北京和宸房地产开发公司、北京栢裕投资有限公司、重庆好利来物业发展有限公司	6.7~8
2009-5-15	鄂尔多斯铁西地下商场项目集合资金信托计划	1.5	1.5	鄂尔多斯市购物中心有限责任公司	5
2009-5-15	二十一世纪大厦项目集合资金信托计划	4	2	北京中天世纪房地产开发有限公司	5
2009-5-15	广业轩园信托贷款集合资金信托计划	—	—		
2009-5-14	内蒙古准格尔经济开发区污水处理项目集合资金信托计划	0.3	3	内蒙古准格尔开发区通特曼城市基础设施建设投资有限责任公司	8

续表

日期	名称	规模（亿元）	期限（年）	主要交易对手	年收益率（%）
2009-5-14	金牡丹·融升系列·新疆呈信房地产开发有限公司信托贷款集合资金信托计划	0.4	1.5	新疆呈信房地产开发有限公司	7.5～8.5
2009-5-14	银杏（8期）房地产投资集合资金信托计划	0.2	1.5	成都市武侯区桂溪房地产开发公司	5
2009-5-14	北京"公园星期八"项目集合资金信托计划	2	1.5	—	5
2009-5-14	杭州东田项目并购集合资金信托计划	6	2	杭州东田巨城置业有限公司	10～11
2009-5-12	耀江国际广场商务楼信托贷款项目集合资金信托计划	0.6	2	上海耀兴房地产开发有限公司	—
2009-5-9	中邦集团—无锡项目贷款集合资金信托计划	1.5	2	无锡中邦房地产开发有限公司	8～9.2
2009-5-8	阎良航空基地贷款集合资金信托计划	2	1	阎良航空基地	7
2009-5-8	绿洲（7期）集合资金信托计划	0.36	1	西部水务集团	4.7
2009-5-7	成都海峡两岸科技产业开发园基础设施项目集合资金信托计划	0.35	2	成都海科投资有限责任公司	4.5～6.2
2009-5-6	恒利2号商业地产项目-普陀山祥生大酒店项目投资集合资金信托计划	2	1.5	舟山市普陀山祥生大酒店有限公司	8.5～10.2
2009-5-5	金象40号渝水区民生工程贷款集合资金信托计划	0.5	3	渝水区城区建设投资开发公司	6.3～7
2009-4-30	德润房地产公司贷款项目集合资金信托计划	3	1.25	德润房地产开发集团有限公司	6.5～10
2009-4-27	"武进高新区南河花园二期安置房建设项目（二—四标段）应收账款流动化一期"信托计划	0.325	1.5	常州森联城建投资有限公司	6
2009-4-24	奉贤区土地储备中心集合资金信托计划	0.4	0.7	奉贤区土地储备中心	—
2009-4-23	天津松江集团有限公司贷款集合资金信托计划	2	2	松江集团	7.4～8
2009-4-20	银杏（5期）房地产投资集合资金信托计划	1.2	2	成都双流和骏置业有限公司	7～10

日期	名称	规模（亿元）	期限（年）	主要交易对手	年收益率（%）
2009-4-20	银杏（6 期）房地产投资集合资金信托理财计划	0.4468	2	—	7～10
2009-4-17	百瑞宝盈 22 号建业定向集合资金信托计划	—	—		11～13
2009-4-14	宜华集团信托贷款集合资金信托计划	1.4	2.5	宜华企业（集团）有限公司	8
2009-4-13	安吉县城中心商业区土地收益权投资集合资金信托计划	0.8	1.5	—	7
2009-4-10	法门寺文化景区一期建设项目集合资金信托计划	0.5	1	陕西法门寺文化景区建设有限公司	6.8
2009-4-10	银杏（7 期）金华世家房地产投资集合资金信托计划	0.4	2	金华世家	5.5～6.5
2009-4-9	百瑞宝盈 20 号集合资金信托计划	0.4	3	新长城	9～10.8
2009-4-9	锦程 2 号—鄂尔多斯市康巴什新区土地收益权转让集合资金信托计划	1.9997	2	鄂尔多斯市城市基础设施建设投资有限公司	7
2009-4-7	绿洲（3 期）集合资金信托计划	0.6	2		5.5～7
2009-4-2	受让杭州公元大厦特定物业收益权集合资金信托计划	0.4	1.5	郡原地产	9
2009-3-31	铁岭市沈铁工业走廊先导区基础设施建设工程项目集合资金信托计划	—	1	铁岭财政资产经营有限公司	4.8
2009-3-31	金诚（0902）号上锦颐园房产预购项目集合资金信托计划	0.4			
2009-3-26	荣华集团明珠新家园住宅小区集合资金信托计划	0.4	2	荣华集团	7.5～8.8
2009-3-25	中万置业尚东国际名园项目集合资金信托计划	1	1	中万置业	
2009-3-23	龙锡置业信托贷款集合资金信托计划	0.3	—	龙锡置业	
2009-3-20	扬州—欧美中心房地产信托贷款集合信托计划	0.6	2	扬州东瓯房地产开发有限公司	7.5～8.5
2009-3-20	珠江新界国际贷款项目集合资金信托计划	2.08	1.75	北京珠江投资开发有限公司	8～11

续表

日期	名称	规模 （亿元）	期限 （年）	主要交易对手	年收益率 （％）
2009-3-20	飞鹰三号房地产投资集合资金信托计划	1.668	2	—	10.5～11.5
2009-3-18	北京鑫丰物业发展有限公司贷款集合资金信托计划	1.5	1.5	北京鑫丰物业发展有限公司	8.25～9
2009-3-17	玉山置业贷款项目集合资金信托计划	0.6	1	临沂玉山置业集团有限公司	7
2009-3-16	伯明翰风情商住小区项目集合资金信托计划	1.5	2	联华信托、力天投资	9～15
2009-3-16	盛泽仓储物流项目集合资金信托计划	0.2	4	江苏顺利投资有限公司	6～10
2009-3-13	西安市莲湖区基础设施建设投资集合资金信托计划	0.4	1	西安莲湖基础设施建设投资有限公司	6.8
2009-3-10	广丰县民生工程贷款集合资金信托计划	0.5	3	给广丰县广发投资开发有限公司	7.2
2009-3-6	利鑫1号集合资金信托计划	1.6	1	深圳市平安置业投资有限公司	—
2009-3-4	泰州市鑫海投资有限公司应收债权买入返售项目集合资金信托计划	1	2.5	泰州市鑫海投资有限公司	8
2009-2-27	和平区政府定向安置房BT方式建设贷款集合资金信托计划	1.8	1.83	天津市房地产信托集团	7.5～8.4
2009-2-27	运河明珠物业买入返售集合资金信托计划	0.7	1.5	淮安利佳房地产开发有限公司	10
2009-2-27	安徽亚夏实业股份有限公司贷款项目集合资金信托计划	0.3523	2	安徽亚夏实业股份有限公司	6.5
2009-2-25	宏业2期—名门盛世不动产投资集合资金信托计划	0.35	2.5	郑州发展置业有限公司	10～12
2009-2-25	鸿福一号北京鑫丰商业大厦开发贷款集合资金信托计划	0.5	1	北京鑫丰信德房地产开发公司	8～8.5
2009-2-23	金象38号泰和县民生工程贷款集合资金信托计划	0.5	3	泰和城投	7.2
2009-2-17	胜安3号集合资金信托计划	1.05	1	深圳市平安置业投资有限公司	—
2009-2-17	华鼎股权投资集合资金信托计划	0.8	1	靖江市华鼎投资有限公司	8
2009-2-11	无锡市山水房地产开发有限公司股权投资集合资金信托计划	2.0168	—	无锡市山水房地产开发有限公司	6

日期	名称	规模（亿元）	期限（年）	主要交易对手	年收益率（%）
2009-2-6	佳园 12 号宋都采荷集合资金信托计划	1.8	—	浙江东霖房地产开发公司	—
2009-1-23	沈铁工业走廊开原市 10 平方公里高标准工业区基础设施建设工程项目集合资金信托计划	—	2	开原市财政资产经营有限公司	8
2009-1-21	中万置业信托贷款集合资金信托计划	—	—	中万置业	3.8～4
2009-1-20	宏业 1 期—名门盛世不动产投资集合资金信托计划	0.45	2.5	郑州发展置业有限公司	10.5～12
2009-1-20	世豪租赁收益投资集合资金信托计划	1.941	2	苏州世豪国际酒店	9.5～12.5
2009-1-19	市政建设类集合资金信托产品系列之永州市长丰工业园路网工程项目（一期）集合资金信托计划	0.551	3	永州市湘永行政资产经营有限责任公司	5.5～7.5
2009-1-19	天津市团泊湖投资发展有限公司信托股权投资（定向购买）集合资金信托计划	1.5	2	天津市团泊湖投资发展有限公司	8.7
2009-1-19	金诚（0901）号房地产投资项目集合资金信托计划	0.15	2.5	龙海房地产公司	8
2009-1-13	苏州沿海国际中心项目集合资金信托计划	1.2542	2	苏州高通持有的新发展公司	12
2009-1-13	金象 31 号赣州市香港工业园民生工程集合资金信托计划	2	3	赣州市锦城建设开发有限公司	8
2009-1-12	鄱阳县安居工程集合资金信托计划	0.5	3	鄱阳县国有资产投资经营有限责任公司	8
2009-1-8	百瑞宝盈 18 号集合资金信托计划	0.4077	1.5	开封市大宏房地产开发有限公司、开封市九鼎房地产开发有限公司	10.8～12.8
2008-12-30	金诚（0805）号房地产融资项目集合资金信托计划	0.65	1	北京久长房地产开发有限公司	
2008-12-29	滨海新区国际贸易与航运服务区基础设施配套建设集合资金信托计划	0.85	1		9～10.8
2008-12-26	阳光新城财产权信托受益权投资集合资金信托计划	0.3	1.5	阳光新城	10～12

续表

日期	名称	规模（亿元）	期限（年）	主要交易对手	年收益率（%）
2008-12-26	壹千栋贷款项目集合资金信托计划	1	1.5	北京原创住业房地产开发有限公司	8.5～10.5
2008-12-25	重庆国宾医院租金收益权投资集合资金信托计划	0.63	1.5	重庆国宾医院	5.5～8.5
2008-12-25	房地产类项目信托产品系列之三辉锦绣花园二期项目集合资金信托计划	0.2	2	湖南白杨投资（集团）有限公司	7
2008-12-23	盛业国际广场投资项目集合资金信托计划	0.35	1	盛业房产	10
2008-12-19	苏州大学新校区学生公寓收费收益权投资项目集合资金信托计划	0.7132	2	苏州大学	5.6
2008-12-19	上海假日百货财产权信托（三期）信托计划	1.5	—	—	8～8.5
2008-12-18	优利三号—中房金谊广场股权受益权投资信托计划	2	2	中房置业	8～10
2008-12-18	黄浦投资集团信托贷款项目资金信托计划	0.56	1	上海黄浦投资集团	7
2008-12-18	市政建设类集合资金信托产品系列之湖南怀化工业园汇源路项目集合资金信托计划	0.3562	2	怀化市工业园投资开发有限公司	3.52
2008-12-18	安庆长江大桥开发区基础设施建设贷款项目集合资金信托计划	0.8	2	安庆长江大桥综合经济开发区投资有限责任公司	6.8～7.3
2008-12-17	（绿地集团Ⅱ）上海农商行股权受益权投资集合资金信托计划	1.95	1.5	绿地集团、上海农村商业银行股份有限公司	8～10
2008-12-15	天津星鸿吉利名致酒店公寓贷款项目集合资金信托计划	0.7	2	天津星鸿酒店管理有限公司	8～10
2008-12-12	（绿地集团Ⅰ）上海农商行股权受益权投资集合资金信托计划	1.95	1.5	绿地集团、上海农村商业银行股份有限公司	8～10
2008-12-10	"江苏省淮安经济开发区基础设施建设贷款项目2期"集合资金信托计划	1.2	1.5	淮安开发控股有限公司	9

日期	名称	规模（亿元）	期限（年）	主要交易对手	年收益率（%）
2008-12-10	锦程 1 号—永盛成经营收益权转让集合资金信托计划	0.22	1	包头市永盛成百贸有限责任公司	8
2008-12-9	宁河县芦台镇桥北新区农民安置房建设项目收益权买断集合资金信托计划	2	1.58	河县兴宁建设投资有限公司	9.6
2008-12-9	百瑞宝盈 16 号集合资金信托计划	0.6397	—	—	—
2008-12-8	上海绿地（集团）有限公司之东方证券股权收益权投资集合资金信托计划	—	1	上海绿地（集团）有限公司	—
2008-12-8	房地产类项目信托产品系列之新时代广场项目集合资金信托计划	0.8611	3	湖南四达建设开发有限公司	9.2
2008-12-8	股权投资 8 期集合资金信托计划	0.2	2.5	—	3.6
2008-12-8	沿海 1 号集合资金信托计划	1.1267	1	上海新弘大置业有限公司	9
2008-12-5	西安思源学院 I 期集合资金信托计划	0.36	2.75	西安思源学院	8～9
2008-11-28	峨嵋集合资金信托计划	0.7	2		10
2008-11-24	昆山工业地产项目贷款集合资金信托计划	0.3	1.5	中邦投资开发（昆山）有限公司	9.7～10.5
2008-11-24	长春凯达发展有限公司应收债权买入返售集合资金信托计划	1.83	3	长春凯达发展有限公司	8.5
2008-11-21	苏州阳山科技工业园有限公司债权转让项目（二期）集合资金信托计划	0.6	3	—	7.5
2008-11-20	苏州高新区城市建设投资有限公司股权投资集合资金信托计划项目集合资金信托计划	2	3	苏州高新区城市建设投资有限公司	7.5
2008-11-19	西安阎良国家航空高技术产业基地发展中心土地开发收益权投资集合资金信托计划	0.3	2	西安阎良区国家航空高技术产业基地	7.8～8.3
2008-11-17	百瑞宝盈 15 号（美景鸿城）集合资金信托计划	0.898	1.5	河南美景置业有限公司	12～15

续表

日期	名称	规模（亿元）	期限（年）	主要交易对手	年收益率（％）
2008-11-17	北京海淀区厢白旗甲8号贷款项目集合资金信托计划	1.5	2	北京东方晟威房地产开发有限公司	9～11
2008-11-14	"九华山旅游配套基础建设"集合资金信托计划	0.8	2	池州城市投资经营有限公司	7～7.5
2008-11-11	芙蓉（1期）集合资金信托计划	0.4	2	新设项目公司	7～10
2008-11-10	汉镒房地产股权投资（一期）集合资金信托计划	0.2	1	汉镒资产管理股份有限公司	—
2008-10-31	沙坪坝区危旧房改造贷款集合资金信托计划	1	3	重庆共享工业投资有限公司	8.88
2008-10-31	锦绣乐购财产权投资集合资金信托计划（三）	2.8	2	锦绣房产	8～10
2008-10-30	杭州银行天联置业贷款单一资金信托计划	1.438	—	向天联置业公司	—
2008-10-30	骡马市商业步行街资金信托计划	0.4448	—	西安兴正元实业投资集团有限公司	—
2008-10-30	优质债权投资（1期）集合资金信托计划	0.6	2	成都中铁正和置业有限公司	—
2008-10-29	八里台示范小城镇基础设施建设项目贷款集合资金信托计划	2	1.5	天津星城投资发展有限公司	9.6
2008-10-28	百瑞宝盈13号（豫中实业股权投资）集合资金信托计划	0.8	1.5	豫中实业	13～15
2008-10-27	信息大厦项目不动产信托信托受益权投资集合资金信托计划	0.25	1	河南省索克置业有限公司和河南楷林置业有限公司	9.5
2008-10-27	0803集合资金信托计划	0.5454	3	—	11
2008-10-20	房地产类项目信托产品系列之众一国际项目集合资金信托计划	0.5	3	湖南众一投资集团、湖南众一房地产	7～9
2008-10-17	中信鸿图1号投资集合资金信托计划	1	5		10～24
2008-10-17	建元2007-1个人住房抵押支持证券C级证券收益转让项目集合资金信托计划	0.8238	31.25	—	6.5
2008-10-16	南京新城发展股份有限公司股权投资集合资金信托计划	1	2	江苏一德集团有限公司	8.7～10

日期	名称	规模 （亿元）	期限 （年）	主要交易对手	年收益率 （％）
2008-10-14	百瑞富诚 12 号信托计划	—	—	—	—
2008-10-13	衡平绿洲（2 期）城建投资集合资金信托计划	0.35	1.5	都市新津县国有资产投资经营有限责任公司	6.5～8
2008-10-13	银杏（3 期）房地产投资集合资金信托计划	2	1.5	—	10～11
2008-10-13	星海 5 号集合资金信托计划	0.6179	1	—	7.5～7.8
2008-10-10	北京沿海青年公寓贷款项目集合资金信托计划	0.8	2	北京沿海绿色家园世纪房地产开发有限公司	9.5～11.5
2008-10-10	三亚中央海岸集合资金信托计划	1.5	2	—	11.5
2008-9-28	扬州京华城中城一期房产预购项目集合资金信托计划	0.3	1.5	扬州京华城中城生活置业有限公司	10
2008-9-28	银杏（2 期）房地产投资集合资金信计划托	0.18	2	—	7～8
2008-9-27	"阜阳经济技术开发区建设项目债权转让"集合资金信托计划	0.5785	2	阜阳经济技术开发有限责任公司	7
2008-9-26	西安市未央区土地收益权投资集合资金信托计划	0.3	1	未央区投资有限公司	8.2
2008-9-26	银杏（1 期）房地产投资集合资金信托计划	1.5	2	成都国创置业有限公司	6.5～9
2008-9-25	中信盛景星耀地产基金集合信托计划	10	1.25	天津星耀五洲项目公司	14
2008-9-25	衡平绿洲（1 期）城建投资集合资金信托计划	0.4454	2	蜀州城投	7～8
2008-9-25	星海 4 号集合资金信托计划	0.6	2	—	8.5～8.8
2008-9-25	常州府翰苑南商项目可转换贷款集合资金信托计划	0.5	1	常州富域发展有限公司	8.5～10
2008-9-23	江苏明城房地产御湖国际 B 幢预售收入收益权集合资金信托计划	1.5	1.5	江苏明城房地产开发有限公司	9
2008-9-16	红芙蓉集合资金信托计划	0.3	1.5	万贯房产公司	6.5～7

续表

日期	名称	规模（亿元）	期限（年）	主要交易对手	年收益率（%）
2008-9-16	金百合集合资金信托计划	0.3	1.5	万贯房产公司	7～7.8
2008-9-12	苏州新城万博置业股权投资集合资金信托计划	3	2.5	新城万博	10
2008-9-8	华立·爵士风情贷款项目集合资金信托计划	0.6	1	——	12.64
2008-9-4	泰达置业股权增资信托计划	1.5	2	天津泰达	9.6～8.6
2008-9-2	重庆市渝中区五一路片区改造项目应收债权买入返售集合资金信托计划	2.9982	3	重庆渝中国有资产经营管理有限公司、重庆市渝中区土地整治储备中心	8.8
2008-9-2	富诚十六号集合资金信托计划	0.52	2	郑州市土地储备中心	——
2008-9-2	宜景湾贷款项目集合资金信托计划	1	2	北京天正中广置业有限公司	9.5～10.5
2008-8-28	苏州相城发展应收债权买入返售集合资金信托计划	1.5	2	相城发展	——
2008-8-20	融信1号集合资金信托计划	1	1	——	10
2008-8-20	高校建设BOT补偿款（收益权）信托计划	0.45	2.5	天津市房地产信托集团公司	5.8～8.5
2008-8-19	天明森林公寓项目收益权投资集合资金信托计划	0.248	2	天明地产有限公司	10～11
2008-8-18	上海金山第二工业区基础设施配套工程套建设—转让（BT）项目信托计划	0.5	——		8.2～9
2008-8-18	瑞城0802集合资金信托计划	1.5	8	昆山森隆置业有限公司	10.5～15
2008-8-18	北京"海上海花园"项目集合资金信托计划	2.5	2	北京匠心置业有限公司	9.5～12.5
2008-8-15	中国女鞋之都后期配套集合资金信托计划	0.4	1	成都置信实业	7～8.2
2008-8-13	天津新天投资有限公司股权投资集合资金信托计划	1.5	2.5	天津新天投资有限公司	8.5～11
2008-8-11	天津泰鹏红湾置业有限公司股权投资集合资金信托计划	——	1.5	天津钧鹏房地产开发有限公司、天津泰鹏红湾置业有限公司	9

日期	名称	规模（亿元）	期限（年）	主要交易对手	年收益率（％）
2008-8-8	山水一方项目贷款集合资金信托计划	0.6	2	舟山大地房地产开发有限责任公司	9.5～11
2008-8-8	长江国际二期信托贷款集合资金信托计划	—	2	无锡民申房地产开发有限公司	8～8.5
2008-8-7	碧溪丽城贷款项目集合资金信托计划	1.89	2	珠海市同裕房地产开发有限公司	9.5～12.5
2008-8-6	"合肥城创建设"债权转让项目集合资金信托计划	0.8	2	合肥城创	7
2008-8-4	余山银湖别墅集合资金信托计划	1.4	2	广东黄河实业集团上海房地产有限公司	10
2008-8-1	绿地梅陇镇—新都会资产受益权投资集合资金信托计划	1.6	1	上海金友投资发展有限公司、绿地集团	8～10
2008-7-29	正佳公司贷款集合资金信托计划	2.8	1	正佳公司	8
2008-7-25	大陆房产股权投资集合资金信托计划	0.5	1.5	四川大陆房地产开发有限公司	7～8
2008-7-25	港泰物流园区项目贷款集合资金信托计划	1.318	2	—	9
2008-7-25	金地荔湖城二期项目集合资金信托计划	4.704	1	—	—
2008-7-24	星海 3 号房地产投资集合资金信托计划	1.236	2	—	8.6～8.8
2008-7-23	创赢二号集合资金信托计划	0.4	2		10
2008-7-21	格调房地产开发有限公司股权投资集合资金信托计划	1.5	1.5	格调房地产开发有限公司	8.5～9.6
2008-7-21	融科卓越集合资金信托计划	2.0005	1.5	北京融科卓越房地产开发有限公司	—
2008-7-16	飞鹰一号房地产投资集合资金信托计划	4.0058	5	—	20
2008-7-7	金诚（08）02 号—经营收益权转让项目集合资金信托计划	0.262	2	维多利商业集团有限责任公司	8
2008-7-7	北京澳景园贷款项目集合资金信托计划	1.5	2	北京澳金园置业发展有限公司	9～9.5
2008-7-4	重庆隆鑫集合资金信托计划	1	1	重庆隆鑫地产（集团）	7～9

续表

日期	名称	规模（亿元）	期限（年）	主要交易对手	年收益率（％）
2008-7-4	中兴林产信托贷款项目信托计划	0.3	1	中兴林产公司	10
2008-7-4	南李村城中村改造集合资金信托计划	0.27	1	西安雅荷房地产开发有限公司	8～8.3
2008-7-4	股权投资六期集合资金信托计划	0.2	3	—	—
2008-7-3	江苏天士力药业集合信托计划	0.5	2	江苏天士力帝益药业有限公司	7.8
2008-7-1	房地产类信托产品系列之现代华都项目集合资金信托计划	0.6	2	—	4～8.68
2008-6-30	财富5号房地产集合资金信托计划	2.65	2	北京润丰房地产开发有限公司	10～15
2008-6-25	天津市土地收购整理项目信托贷款资金信托	10	—	天津市土地整理中心	—
2008-6-25	金华沃尔玛购物广场财产收益权受让项目集合资金信托计划	0.5	2	—	13
2008-6-23	天宇阳光股权投资集合资金信托计划-2	0.4	0.83	天津天宇阳光温泉会馆有限公司	8～8.5
2008-6-23	天宇阳光股权投资集合资金信托计划-1	0.55	1.1	天津天宇阳光温泉会馆有限公司	8.3～8.8
2008-6-20	哈尔滨棚户区改造项目资金信托计划	6	1	民生公司	—
2008-6-19	重庆福茄路建设项目贷款集合资金信托计划	1.35	3	重庆大晟资产经营（集团）有限公司、重庆飞腾城市建设发展有限公司	8.8
2008-6-18	苏州阳山科技工业园有限公司债权转让项目（一期）集合资金信托计划	0.5	3	苏州阳山科技工业园有限公司	8
2008-6-18	四川新津工业园区拓展区基础设施建设项目信托计划	0.8	2.5	—	7～9.5
2008-6-17	星海2号房地产投资集合资金信托（二年期）	3	2	—	8.75
2008-6-16	武清区南北辛庄新农村建设项目信托贷款资金信托计划	1.1	1	天津市武清区国有资产经营投资公司	—

日期	名称	规模 （亿元）	期限 （年）	主要交易对手	年收益率 （%）
2008-6-16	财富1号房地产投资集合资金信托计划	5.5	2	北京龙洋房地产开发有限责任公司	13～15
2008-6-16	星海1号房地产投资集合资金信托计划	2.0075	2	—	8.75
2008-6-13	天津市团泊湖投资公司贷款集合信托计划	1.5	1.5	天津市团泊湖投资发展有限公司	8.5
2008-6-13	天津滨海新区土地整理产业投资集合资金信托计划	—	2		9.5～10.5
2008-6-13	天津市团泊湖投资发展有限公司贷款集合资金信托计划	1.5	—	天津市团泊湖投资发展有限公司	
2008-6-6	金科香水湾项目联合贷款集合资金信托计划	0.5	1	绍兴金科房地产有限公司	8
2008-6-6	凯德1号科技园区股权投资集合资金信托计划	2.5	4	—	10
2008-6-3	德信华颐红利股权投资集合资金信托计划	1.4	1		12
2008-6-3	江苏吴江汾湖经济开发区启动区基础设施二期工程建设项目集合资金信托计划	0.41	4	江苏吴江汾湖经济开发区	14.19
2008-5-28	慈溪市旧城改造项目信托贷款资金信托计划	5	1	慈溪市建设投资集团有限公司	—
2008-5-28	晋隆永济路危旧房改造项目二期流动资金贷款集合资金信托计划	0.15	1		
2008-5-23	中储股份股权收益权受让项目集合资金信托计划	0.2	1	成都天祥房地产集团有限公司	7
2008-5-23	创赢一号工业地产收益权集合资金信托计划	2	1	北京艺苑房地产开发有限责任公司	12～15
2008-5-21	天津富仁板带公司设备售后回租项目集合资金信托计划	0.7512	2	天津市富仁板带有限公司	7.3～8
2008-5-21	当代大厦贷款项目集合资金信托计划	2	2	北京万国城酒店运营管理有限公司	—
2008-5-19	中信翔达房地产开发有限公司可转换公司股权信托投资集合资金信托计划	6.7847	1.5	天津中信翔达房地产开发有限公司	10

日期	名称	规模（亿元）	期限（年）	主要交易对手	年收益率（%）
2008-5-19	成都太禾贷款项目集合资金信托计划	0.35	1	成都太禾房地产开发有限责任公司	7.5~8.5
2008-5-15	龙信融资通65号·福州泰禾房地产公司红峪项目集合资金信托计划	1	1	福州泰禾房地产开发有限公司	6.2
2008-5-13	绿城东部建设蔚蓝公寓项目集合资金信托计划	1.5	—	杭州绿城东部建设有限公司	6.2
2008-5-13	金诚（08）01号—福格家居股权投资项目集合资金信托计划	0.24	3	鄂尔多斯福格家居建材销售有限责任公司	9
2008-5-12	扬州信息服务产业基地项目股权投资集合资金信托计划	1	2	扬州泰达发展有限公司	8.5~9.8
2008-5-12	连云港德兰置业股权投资集合资金信托计划	0.42	1	连云港德兰置业有限公司	9.2
2008-5-12	淮安市润泰商品房销售收入支持集合资金信托计划	0.6	1	淮安润泰置业投资有限公司	9
2008-5-9	成都万盛康郡城贷款项目集合资金信托计划	0.6	2	成都万盛基业房地产有限公司	8.5~9.5
2008-5-9	股权投资5期集合资金信托计划	1.4999	3	—	5.6~6.6
2008-5-8	成都高新区大源组团园区基建项目信托贷款Ⅱ资金信托计划	2	—	成都高新投资公司	—
2008-5-5	成都高新区大源组团园区基建项目信托贷款Ⅰ资金信托计划	2	—	成都高新投资公司	
2008-4-30	瑞城0801集合资金信托计划	0.591	15	苏州天翔房地产开发有限公司	7
2008-4-30	同盈4号集合资金信托计划	5	2	广州市环博展览有限公司	7
2008-4-29	财富4号"华信"房地产投资集合资金信托计划	5.2	2	天津弘泽华信房地产开发有限公司	8
2008-4-28	远洋大厦财产信托2008年度优先顺位受益权转让计划	0.3868	0.66	北京远洋大厦有限公司	6.07
2008-4-9	瑞城2007集合资金信托计划	0.8	10	苏州工业园区时尚舞台国际名品经营有限公司	—
2008-4-3	财富3号瑞信房地产投资集合资金信托计划	5	2	天津弘泽建设集团	8~15

日期	名称	规模（亿元）	期限（年）	主要交易对手	年收益率（%）
2008-3-31	天鸿一号地产集合资金信托计划	2	5	上海天鸿投资控股有限公司	12～15
2008-3-25	天港建设开发有限公司信托股权投资（回购）集合资金信托计划	1.5	3	天津市天港建设开发有限公司	7.2～9.1
2008-3-24	都心公馆项目集合资金信托计划	1.1	1	北京融金智强投资管理有限公司	9.27
2008-3-21	房地产类信托产品系列之华瑞丹枫假日酒店项目集合资金信托计划	0.2	2	岳阳市华厦苑置业投资有限公司	4～8.68
2008-3-18	力天集团股票质押贷款集合资金信托计划	1	1	力天集团	9.5～10
2008-3-10	南京金东房地产股权投资集合资金信托计划	2	2	南京金浦房地产有限公司	10
2008-2-28	爱丽山庄贷款项目集合资金信托计划	2	1	四川央扩置业有限责任公司	15
2008-2-28	房地产类信托产品系列之芙蓉银座项目集合资金信托计划	0.15	1.5	湖南豪禹房地产开发有限公司	8.14
2008-2-27	公有住房房租收入收益权购买业务集合资金信托计划	0.54	3	天津市房地产信托集团	5.5～9
2008-2-14	珠海格力房产有限公司贷款资金信托计划	2.75	1	珠海格力房产有限公司	6.1
2008-2-1	江苏吴江汾湖经济开发区启动区基础设施一期工程建设项目集合资金信托计划	0.7213	4	—	9
2008-1-30	重庆市梨树湾片区旧城改造项目集合资金信托计划	2	3	重庆市迈瑞资产经营有限责任公司	8
2008-1-30	丰镇市集中供热一期项目建设集合资金信托计划	0.35	3	丰镇市富丰热力有限责任公司	8
2008-1-29	康居工程三期—政华住宅合作社"贾家花园"贷款项目集合资金信托计划	1.0695	1.5	北京政华合作社	8.6
2008-1-28	北京火神庙国际商业中心项目集合资金信托计划	2.2	2	北京金色时枫房地产开发有限公司	11～18
2008-1-28	市政基础设施类信托产品系列之浏阳河中路建设项目集合资金信托计划	0.5	2	—	8

日期	名称	规模（亿元）	期限（年）	主要交易对手	年收益率（%）
2008-1-11	弘泽国际项目租金收益权集合资金信托计划	1.5	2	弘泽建设集团有限公司	7.6～9
2008-1-2	北京锦秋园贷款项目集合资金信托计划	2	2	北京明力华房地产开发有限公司	8.7
2007-12-27	江山商界收益权投资集合资金信托计划	0.3475	2	河南省郑州市江山房地产开发有限公司	8
2007-12-25	昆明星耀特定资产收益权投资项目集合资金信托计划	30	1	昆明星耀体育运动城有限公司、天津星耀投资有限公司	25
2007-12-24	镇江市金山湖土地上市收入资产支持集合资金信托计划	1.8	2	镇江市水利投资公司	16.28
2007-12-21	李渡工业园区开发有限公司应收债权买入返售集合资金信托计划	1.4943	3	重庆市李渡工业园区开发有限公司	7.5
2007-12-20	邦泰城优质人民币理财产品信托计划	0.4	1.5	邦泰置业	12
2007-12-19	鄂尔多斯饭店股权投资项目集合资金信托计划	0.209	2	鄂尔多斯饭店有限责任公司	8
2007-12-15	东逸大厦项目集合资金信托计划	0.52	2	天津市瑞嘉置业有限公司	7.4
2007-11-27	泛洋大厦财产权及收益权收购、回购集合资金信托计划	0.6995	2	天津经济技术开发区房地产开发公司	7.4
2007-11-21	重庆市双桥工业园区土地整治集合资金信托计划	0.3001	5	重庆市双桥区桥北机械工业有限责任公司	7.3～8
2007-11-13	龙洲花园房地产开发项目集合资金信托计划	0.3	1	四川世纪浪潮房地产开发有限公司	10
2007-11-5	北京怡景城花园贷款项目集合资金信托计划	0.5	1.5	北京怡景城房地产开发有限公司	8.7
2007-10-30	阳光壹佰集团无锡项目结构化股权投资集合资金信托计划	2.5013	3	阳光壹佰置业集团	20.5042
2007-10-15	金象50号新余市安居工程集合资金信托计划	1	3	余市城东建设投资总公司	7
2007-10-8	大万商厦物业收购集合资金信托计划	0.91	8	北京大万房地产开发有限责任公司	8.2
2007-9-26	皖南医学院新校区二期学生公寓项目集合资金信托计划	0.18	3	安徽银嘉投资有限责任公司	5.6～7

日期	名称	规模 （亿元）	期限 （年）	主要交易对手	年收益率 （％）
2007-9-20	中信锦绣二号股权投资基金信托计划	20.47	7	—	5～30
2007-9-19	阳澄湖投资有限公司增资扩股项目集合资金信托计划	0.4	5	向阳澄湖投资有限公司	7.5
2007-9-17	北京华美橡树岭贷款项目集合资金信托计划	0.6	2	北京雅居乐房地产开发有限公司	8.3
2007-9-13	润枫朝阳北路项目集合资金信托计划	1.2174	2	北京润枫宏业房地产开发有限公司	8.5～9.5
2007-9-5	金诚（07）03 号—首府广场写字楼租金收益权直接融资项目集合资金信托计划	0.1091	3	力天置业	6.27～6.77
2007-8-31	鸿琛—尚华名城房地产开发项目集合资金信托计划	0.25	1	四川鸿琛房地产开发有限责任公司	10
2007-8-10	江苏嘉源东城绿洲二期房地产贷款项目集合资金信托计划	0.5126	2	江苏嘉源房地产开发有限公司	6.5～7.2
2007-7-28	上海中瀚置业有限公司股权投资项目集合资金信托计划	1.51	3.5	上海中瀚置业有限公司	10
2007-7-20	绿野星城优质人民币理财产品信托计划	—	2.5	—	8
2007-7-16	市政建设类集合资金信托产品系列之浏阳市现代农业园项目集合资金信托计划	0.1282	3	浏阳市广宇高科技农业有限公司	5.3～5.9
2007-7-12	红勘领世郡"领世18"项目贷款集合资金信托计划2	0.7	1.5	天津市红磡房地产开发有限公司	6.3
2007-7-12	江苏吴江汾湖经济开发区基础设施工程建设项目集合资金信托计划	0.5549	4		6.8
2007-7-8	金诚（07）02 号—首府广场维多利购物中心租金收益权直接融资项目集合资金信托计划	0.2129	3	力天置业	6～6.5
2007-7-5	宜春市城市建设民生工程贷款集合资金信托计划	1	3	宜春市城市建设投资开发总公司	5.58
2007-6-30	宏图高科源久房地产公司股权投资集合资金信托计划	2.04	2	宏图高科股份有限公司	7.2
2007-6-1	苏州相城区湘城中心小学及幼儿园工程建设项目集合资金信托计划	0.1556	5	—	6

续表

日期	名称	规模（亿元）	期限（年）	主要交易对手	年收益率（%）
2007-5-25	华翔流动资金贷款集合资金信托计划	0.3	2	侯马市华翔（集团）有限公司	7.5～10
2007-5-16	"铜陵市循环园贷款项目"集合资金信托计划	0.5698	3	铜陵循环园投资公司	6
2007-4-20	南京新城创置房地产股权投资集合资金信托计划	2	2	南京新城创置有限公司	6.9
2007-4-16	三辉锦绣花园集合资金信托计划	0.2	—	—	5.2
2007-4-6	苏州相城区渭塘镇珍珠湖小学及幼儿园工程建设项目集合资金信托计划	0.34	5	苏州市相城区渭塘镇珍珠湖小学及幼儿园工程	6～7
2007-4-6	中铁二局基础设施建设项目信托计划	1	2.5	滨海新区投资公司	6
2007-4-2	万象新天项目集合资金信托计划	1.0422	1	万象新天	6～6.5
2007-4-2	回龙观文化居住区贷款项目集合资金信托计划	1.4221	1	北京天鸿宝业房地产股份有限公司	4.2
2007-3-30	北京太平洋国际大厦投资项目集合资金信托计划	4.45	3	北京高鹏天成投资管理有限公司	7～11
2007-3-27	"泰达北斗星城"项目贷款集合资金信托计划	0.6	1	天津经济技术开发区房地产开发公司	4.4
2007-3-26	国家石化新城建设信托计划	1	2.5	彭州城市投资有限公司	6
2007-3-25	乌兰蒙东水泥熟料及余热发电建设项目集合资金信托计划	1.9748	5	内蒙古电力集团	9.04～9.74
2007-3-19	伯明翰优质人民币理财产品信托计划	1.12	1.75		6.8～8
2007-3-16	"阳光星期八"贷款项目集合资金信托计划	1.918	2	津阳光鑫地投资有限公司	7.5
2007-3-15	金桥国际广场二期C座项目集合资金信托（第三期）计划	0.7	2.5	陕西省鸿业房地产开发公司	4.5
2007-3-15	金诚（07）01号—长安金座项目集合资金信托计划	0.318	2	内蒙古和海房地产开发有限责任公司	5.8
2007-3-13	"铸信—境界"优质房产项目信托计划	1	1.5	成都铸信地产开发有限公司	5.5

续表

日期	名称	规模（亿元）	期限（年）	主要交易对手	年收益率（%）
2007-3-12	北京五栋大楼贷款项目集合资金信托计划	1.3907	2	北京隆盛房地产开发有限公司	7.5
2007-2-28	恒利1号商业地产项目—中邦置业集团有限公司贷款项目集合资金信托计划	0.8	2	中邦置业	6.7739
2007-2-25	金桥国际广场二期C座项目集合资金信托（第二期）计划	0.2	2.5	陕西省鸿业房地产开发公司	4.5
2007-2-25	金桥国际广场二期C座项目集合资金信托计划	0.7	2.5	陕西省鸿业房地产开发公司	4.5
2007-2-16	申新虎城物业财产权信托项目计划	2	2	上海申新集团有限公司	5.5
2007-2-16	土地储备项目信托计划	1.5	2	郫县土地储备中心	5.2
2007-2-14	国家开发银行担保郑州高新区城中村改造工程集合资金信托计划	2.5	2.83	郑州高新国有资产经营有限公司	4.5
2007-2-14	"合肥文化艺术中心大剧院"项目流动资金贷款集合资金信托计划	0.5	1	合肥政务文化新区开发投资有限公司	4.2
2007-2-13	重庆市西彭工业园基础设施项目建设集合资金信托计划	1.4095	4	重庆渝隆资产经营（集团）有限公司	6
2007-2-12	上海假日百货商厦（二期）财产权信托优先受益权	—	2	上海国之杰投资发展有限公司	6.3～6.8
2007-2-12	明德九华—凤中花园资金信托计划	2.2305	3	明德九华	6
2007-2-9	天下城三期房地产贷款集合资金信托计划	0.6	2	河南开祥置业股份有限公司	5.3
2007-2-6	都江堰环保建设项目集合资金信托计划	1	2.5	都江堰市环保产业服务中心	5.7
2007-2-5	呼和浩特市实验中学校园建设集合资金信托计划	0.1	3	—	6.02～6.91
2007-2-3	山西晋陵房地产开发有限公司贷款集合资金信托计划	0.3	2	山西晋陵房地产开发有限公司	5
2007-2-1	通辽市科尔沁工业园区供水项目集合资金信托计划	0.42	3	通辽天诚城市建设投资有限公司	5.4
2007-2-1	荣盛大厦抵押贷款项目集合资金信托计划	1.5	1	北京荣盛达置业有限公司	5

续表

日期	名称	规模（亿元）	期限（年）	主要交易对手	年收益率（％）
2007-1-30	东方置业财产权信托受益权受让集合资金信托计划	0.8999	2	河南东方置业有限公司	5.5
2007-1-29	西安国际港务区项目集合资金信托计划	0.65	5	西安河经济开发区管委会	4.6～5.5
2007-1-26	建业新天地商业租金收益权及出租权投资集合资金信托计划	0.4	3	三门峡建业住宅建设有限公司	5.2～5.7
2007-1-21	大连陆港物流基地基础设施建设贷款集合资金信托计划	1	2	大连陆港物流基地有限公司	5.2
2007-1-16	百瑞富诚10号（郑州市中心区铁路跨线桥工程）信托计划	1.5006	4.5	郑州市建设投资总公司	4.3～5.5
2007-1-11	金泰项目特定投资者指定信托贷款资金信托计划	0.2415	1	无锡金泰置业投资集团有限公司	5.2
2006-12-31	北京万通龙山贷款项目集合资金信托计划	1	1.5	北京万通龙山置业有限公司	6.2
2006-12-31	陕西神木甲醇（一期）信托计划	0.8	1.25	陕西神木化学工业有限公司	—
2006-12-30	天津米兰阳光贷款项目集合资金信托计划	2	2	天津市津东房地产开发集团有限公司	6.5
2006-12-29	元正集合资金信托计划	0.2	5	恒通投资开发有限公司	5.8
2006-12-29	杨浦区旧住房成套改造贷款集合资金信托计划	2.6	1	—	4
2006-12-28	天津金耀氨基酸有限公司人民药厂扩建项目集合资金信托计划	0.45	2	天津药业集团有限公司	4.5
2006-12-28	通辽经济技术开发区二期集中供热工程集合资金信托计划	0.2429	3	—	4.92～5.4
2006-12-27	准格尔旗经济开发区道路建设集合资金信托计划	0.1707	3	—	5.4
2006-12-26	远洋大厦财产信托优先顺位受益权转让计划	2.5279	3	北京远洋大厦有限公司	4.5～5.2
2006-12-25	苏州乐园经营收益权财产信托优先级受益权转让项目	1.2	2	苏乐发展	5.1～6
2006-12-25	怀化工业园2期项目集合资金信托计划	0.3	3	—	5.5
2006-12-19	天宝华庭商务楼租赁优先受益权转让信托计划	0.65	2	上海金智富房地产开发有限公司	4.2～5

续表

日期	名称	规模（亿元）	期限（年）	主要交易对手	年收益率（%）
2006-12-19	国开行担保—国家重点水电站建设项目集合资金信托计划	2	1	贵州光照水电站	4.2
2006-12-1	百瑞宝盈5号（焦作昊华化工项目）信托计划	1.5	4	焦作昊华化工有限责任公司	5.1
2006-11-27	"亿利傲东国际"房地产开发项目（一期）集合资金信托计划	0.3	2.5	—	6
2006-11-23	百瑞富诚8号（登封教育发展）信托计划	0.8	4	登封市建设投资总公司	4.6～5.2
2006-11-22	解放碑CBD基础设施建设集合资金信托计划	3	3	重庆渝中国有资产经营管理有限公司	5.55
2006-11-20	常熟市高新产业经营投资有限公司增资扩股项目集合资金信托计划	0.5	3	常熟市高新产业经营投资有限公司	5.5
2006-11-17	苏州市职业大学（苏州学院筹）图书馆建设项目集合资金信托计划	1	6	苏州市职业大学	5.8
2006-11-16	大渡口区基础设施建设项目集合资金信托计划	2.6932	3	重庆市建桥工业园区建设开发有限公司	5.52
2006-11-16	宣城经济技术开发区基础设施建设贷款集合资金信托计划	0.8	3	希达投资公司	5～5.5
2006-11-16	苏信理财融正集合资金信托计划	0.618	5	苏州工业园区职业技术学院	5.7
2006-11-15	奉新县城市建设贷款集合资金信托计划	0.2	3	奉新城投	5.2
2006-11-9	雅安水电开发信托计划	0.4	3	四川天全脚基坪水力发电有限公司	5.3～6.8
2006-11-1	成都市土地储备信托计划	2.1615	2.3	成都市土地储备中心	4.39
2006-10-31	波士名人国际项目集合资金信托计划	0.6	3	波士名人国际项目	5.8～6.6
2006-10-31	上河城优质人民币理财产品信托计划	0.7	3	苏州工业园区职业技术学院	5.8～7
2006-10-30	房地产信托产品系列之金城公寓项目集合资金信托计划	0.2	1	—	4.5
2006-10-23	蒙信城建（06）7号—赤峰市垃圾处理建设集合资金信托计划	—	3		4.92～5.4
2006-10-17	家乐福商业物业投资（TODAY新都汇项目）集合资金信托计划	0.469	2.5	洛阳龙羽房地产开发有限公司	5.5～11

续表

日期	名称	规模（亿元）	期限（年）	主要交易对手	年收益率（％）
2006-10-13	成都市统建办旧城改造信托计划	0.5	1.5	成都市民用建筑统一建设办公室	4.953
2006-10-10	铅山县土地储备中心贷款集合资金信托计划	0.2	—	铅山县土地储备中心	—
2006-9-29	江苏省淮安经济开发区基础设施建设贷款项目集合资金信托计划	1.8	2	淮安开发控股有限公司	6
2006-9-28	河南师范大学定向贷款集合资金信托计划	0.5706	5.33	河南师范大学	—
2006-9-27	九华山旅游配套基础设施建设集合资金信托计划	0.689	2	池州城投	5
2006-9-23	百瑞宝盈4号（龙羽宜电环保项目）信托计划	0.4272	3	洛阳龙羽宜电有限公司、洛阳龙羽虹光电力有限公司	4～5.4
2006-9-20	浦发国际金融中心B座不动产收益权信托受益权受让集合资金信托计划	0.5	2	河南泰辰置业有限公司	5.5
2006-9-19	中铁二局达州城市建设信托理财产品	2.5298	3	达县翠屏山房地产综合开发有限责任公司	5.5
2006-9-14	锦绣乐购大卖场财产权信托优先受益权投资先受益权投资计划	1.5	2	上海锦绣华城房地产开发有限公司	4.8
2006-9-14	平顶山市新城区土地储备项目集合资金信托计划	2.5	5	平顶山市新城区土地收购储备中心	4.2～5.4
2006-9-8	南浔狄塘两岸旧城改造计划集合资金信托计划	0.4006	3	—	5.68
2006-9-5	百瑞宝盈3号（方圆创世）信托计划	0.8	3	郑州中方园建设发展股份有限公司、河南中信中原置业	5.2～6.3
2006-9-2	包钢热电厂燃气循环技改项目集合资金信托计划	4.1474	5	—	9
2006-9-1	重庆市两路工业园基础设施建设资金信托计划	1.2	3	重庆两路信用担保有限责任公司	5.4
2006-9-1	阳泉市恒大房地产开发项目投资集合资金信托计划	0.3	1	阳泉市恒大房地产开发有限公司	4.5
2006-8-31	南方职院项目	0.166	2	南方职院	5.5
2006-8-28	时代凯悦项目集合资金信托计划	1.2	1.5	成都东渡房地产开发有限公司	5.034

日期	名称	规模（亿元）	期限（年）	主要交易对手	年收益率（%）
2006-8-25	玉溪沃尔玛广场抵押贷款集合资金信托计划	1.55	2	玉溪平安置业有限公司	5.3～5.7
2006-8-25	"香樟雅苑二期"项目集合资金信托计划	0.4357	2	合肥兴泰置业发展有限公司	4
2006-8-25	青年汇项目集合资金信托计划	2.5	2	北京新松房地产开发有限公司	6.2
2006-8-17	宝利九号优质人民币理财产品信托计划	1.5	1.5	—	5.3
2006-8-11	宁海土地储备中心资金信托计划	1	2	宁海土地储备中心	5
2006-8-7	理财元弘2号集合资金信托计划	0.3	3	苏州市沧浪新城实验小学	5
2006-8-1	大唐韩二电（一期）资金信托计划	1	1		3.5
2006-7-26	"华仁·逸景国际"经营收益权投资集合资金信托计划	0.9	2	华仁集团江苏房地产开发有限公司	4～4.5
2006-7-21	理财元利5号（望亭中心小学新建贷款项目）集合资金信托计划	0.4	5	苏州相城区望亭中心小学	5.5
2006-7-21	龙华水榭花都集合资金信托计划	2	2	深圳市华龙房地产开发有限公司	4.5～5.5
2006-7-20	家世界商业物业投资（洛阳世大项目）集合资金信托计划	—	3	洛阳世大房地产有限公司	4.3～5.2
2006-7-19	北京华瀛慧谷贷款项目集合资金信托计划	2.5	1.5	北京华瀛置业房地产开发有限公司	5.8
2006-7-19	呼伦贝尔学院现代教育技术设备设施及图书馆建设项目集合资金信托计划	0.303	5	—	6.04～8.02
2006-7-18	南通中南世纪城房地产贷款项目集合资金信托计划	2.0088	3	南通中南新世界中心开发有限公司	—
2006-7-17	大唐韩二电（一期）资金信托计划	1	1	韩二电	3.5
2006-7-13	上饶市土地储备中心贷款集合资金信托计划	1	3	上饶市土地储备中心	5.4
2006-7-9	包头稀土高新区区间道路建设集合资金信托计划	0.6	3	—	5.5
2006-7-7	丽江新城（北区地块）建设项目集合资金信托计划	3	2.25	北京高盛房地产开发有限公司	6.935

续表

日期	名称	规模（亿元）	期限（年）	主要交易对手	年收益率（%）
2006-7-6	重庆市九龙坡区黄家码头旧城改造及基础设施建设项目集合资金信托计划	2.5	3	重庆市九龙坡区国有资产经营中心	5.3
2006-7-5	呼和浩特市野生动物园建设集合资金信托计划	0.81	3	呼和浩特市华春园林工程有限责任公司	4.6～5
2006-7-5	"蚌埠高新区基础设施建设"项目集合资金信托计划	0.7	3	—	4.88～5.5
2006-6-30	重庆西永微电子工业园道路建设资金信托计划	1	4	重庆西永微电子产业园区开发有限公司	5.2～5.4
2006-6-29	重庆高新技术开发区九龙园区 B2 区土地一级开发项目信托计划	2	3	—	6
2006-6-28	上海假日百货商厦财产权信托计划	1.1979	2	上海国之杰投资发展有限公司	6
2006-6-27	泰府名邸项目集合资金信托计划	2	2	上海上投置业发展有限公司	4.8
2006-6-27	广州国光股份质押贷款项目产品信托计划	1	1.5	广东国光投资有限公司	5.2
2006-6-27	北京沿海赛洛城贷款项目集合资金信托计划	3	2	北京高盛房地产开发有限公司	—
2006-6-26	樟树市土地储备贷款集合资金信托计划	0.3	—		
2006-6-22	房地产信托产品系列之回维房产股权信托受益权转让	0.3	2	回维房产	5.2
2006-6-20	06 东方京津宁三地资产处置财产信托项目	30	5		4.2～4.4
2006-6-14	成都青羊工业园集中发展区（东区）基础设施及配套建设项目集合资金信托计划	1	3		4.8
2006-6-13	宁波国际汽车城贷款项目集合资金信托计划	0.7	2	宁波国际汽车城开发有限公司	4.47
2006-6-12	卓越长沙蔚蓝海岸集合资金信托计划	1.6	2	卓越置业集团有限公司	4.2
2006-6-12	陕西天然气资金信托计划	1.7	1	—	—

日期	名称	规模（亿元）	期限（年）	主要交易对手	年收益率（%）
2006-6-8	上投豪都房产投资信托计划	0.45	1.25	上海豪都房地产开发经营有限公司	5
2006-6-2	内蒙古科技大学学生公寓建设项目单一资金信托计划	0.3	3	—	7
2006-5-31	财信房产项目	0.5	2	—	5.2
2006-5-29	成都盐市口广场租金收益权投资信托计划	3	3	成都川宏实业有限公司	5.1
2006-5-22	广粤房产项目资金信托计划	1.5	1	广粤房产	4.5～5
2006-5-17	象山产业区"盐田废转"项目开发资金信托计划	0.6	2	象山产业区投资建设有限公司	4.8
2006-5-8	镇海新城南区开发项目资金信托计划	0.5	2	宁波市镇海新城南区开发建设投资有限公司	4.8
2006-4-30	京华城中城优质人民币理财产品信托计划	1.2	1	扬州京华城中城生活置业有限公司	5.3
2006-4-29	理财元利4号集合资金信托计划	1	5	苏州浒墅关经济开发区资产经营总公司	—
2006-4-29	铜锣湾优质人民币理财产品信托计划	1	1.5	山西宝地房地产开发有限公司	5.5
2006-4-28	棠湖—帝景房地产开发项目股权投资集合资金信托计划	0.5	1.5	鑫龙实业发展有限公司	4.8
2006-4-28	凉城县城市道路建设集合资金信托计划	0.35	3	—	4.6～5
2006-4-27	国家级成都经济技术开发区汽车工业园基础设施建设项目集合资金信托计划	1	2	成都经济技术开发区建设发展有限公司	4.7338
2006-4-26	铜陵市土地储备发展中心信托贷款集合资金信托计划	1.2	2	铜陵市土地储备发展中心	4.88
2006-4-19	滨江花苑项目股权投资资金信托计划	6	6.33	上海中房滨江房产有限公司	—
2006-4-11	江北城市工业园区建设项目	0.73	2	—	4.8
2006-4-9	城坊街房地产开发项目集合资金信托计划	0.8	2.5	山西鸿升房地产开发集团有限公司	5

日期	名称	规模（亿元）	期限（年）	主要交易对手	年收益率（%）
2006-4-6	华远太阳宫新城集合资金信托计划	0.9	—	北京新威房地产开发有限责任公司	—
2006-4-5	阜阳经济技术开发区土地储备贷款项目集合资金信托计划	0.3	2	阜阳经开	5
2006-4-3	大连金石滩乐园项目集合资金信托计划	1.5	3	大连金石滩乐园有限公司	5.3
2006-3-31	重庆市土地储备项目贷款集合资金信托计划	2	1	重庆市城市建设投资公司	4
2006-3-31	西安浐河经济开发区项目集合资金信托计划	0.457	3	—	4.2～4.8
2006-3-30	海沧港区码头建设项目资金信托计划	1	3	—	4.5
2006-3-28	长春花园项目资金信托计划	0.2	2	山东鲁信置业有限公司	5
2006-3-27	郑州市土地储备项目集合资金信托计划	2	2	郑州市土地储备中心	5
2006-3-27	天津领世郡贷款项目集合资金信托计划	0.9	2	天津开发区永泰房地产开发有限公司	5.8
2006-3-23	建业住宅集团洛阳置业有限公司定向股权投资资金信托计划	0.8413	3	建业住宅集团洛阳置业有限公司	12～15
2006-3-23	市政建设类集合资金信托产品系列之怀化工业园区项目集合资金信托计划	0.2	3	怀化工业园投资开发有限公司	5.5
2006-3-17	万佳商业广场项目资金信托计划	0.4	1.5	上海辰创置业有限公司、上海万佳投资发展有限公司	5
2006-3-16	焦作市土地收购储备项目贷款资金信托计划	1.5	3	焦作市土地收购储备中心	4～4.3
2006-3-16	高新区热电联产基础工程集合资金信托计划	0.6	3	合肥天源热电有限责任公司	5.4095
2006-3-15	金泰—电子工业园住宅项目集合资金信托计划	0.15	2	陕西金泰恒业房地产有限公司	4
2006-3-13	奉化城投集合资金信托计划	0.8	2	奉化市城市建设投资有限公司	5.701～6.9021

日期	名称	规模（亿元）	期限（年）	主要交易对手	年收益率（%）
2006-3-9	丽水馨庭房产投资信托计划	5.2	2.3	上海阳龙投资咨询有限公司	5.5
2006-2-21	建鸿达现代公寓集合资金信托计划	0.3	1.5	—	4.8
2006-2-18	宝利八号优质人民币理财产品信托计划	0.75	1.5	—	5.3
2006-2-16	青岛市城阳人民医院二期工程项目集合资金信托计划	1	3	青岛城阳开发投资有限公司	5
2006-2-10	市政建设类集合资金信托产品系列之浏阳现代制造产业园项目集合资金信托计划	0.2215	3	浏阳现代制造产业建设投资开发有限公司	5.2～5.5
2006-1-26	百瑞富诚1号集合资金信托计划	3.5	3	郑州市地产集团	5.131
2006-1-24	北京双柳树危改小区一期贷款项目集合资金信托计划	1.5	2	壹瓶房地产开发（北京）有限公司	6
2006-1-23	高新区综合物流园项目集合资金信托计划	1	—	—	—
2006-1-20	铜陵土地储备项目集合资金信托计划	0.9887	3	铜陵土地储备发展中心	4.7～5.2
2006-1-20	百瑞富诚2号集合资金信托计划	0.8	3		4.8～5.2664
2006-1-16	果岭假日项目资金信托计划	1.5	2	中信深圳集团房地产开发有限公司	6
2006-1-16	北京博雅国际中心贷款项目集合资金信托计划	1.7	2	北京世纪恒成建设开发有限公司	6
2006-1-15	润枫国际公寓项目集合资金信托计划	2	2	北京润丰房地产开发有限公司	6.5
2006-1-10	无锡机场扩建项目集合资金信托计划	1.5	2	无锡机场有限责任公司	4～4.5
2006-1-5	房地产投资信托产品系列之沁园春—御院项目集合资金信托计划	0.3	1.5		4.8
2006-1-4	慈溪自来水建设项目	1.05	2	慈溪自来水公司	5
2006-1-2	北京天鸿永业房地产开发有限责任公司权益投资集合资金信托计划	1	2	北京天鸿永业房地产开发有限责任公司	6

续表

日期	名称	规模（亿元）	期限（年）	主要交易对手	年收益率（%）
2005-12-31	金闾新城建设集合资金信托计划	1.5	3	苏州综合物流园开发建设投资有限公司	5.3
2005-12-30	福泰三期集合资金信托计划	1	1.5	深圳市华龙房地产开发有限公司	4.6~6.9
2005-12-30	上海城开万源城项目集合资金信托计划	10	2	上海万源房地产开发有限公司	5.5
2005-12-30	包头稀土高新技术产业开发区基础设施建设项目集合资金信托计划	0.5	3	内蒙古高新控股有限公司	6
2005-12-28	泰安高新技术产业开发区基础建设项目集合资金信托计划	2.3917	3	泰山创业投资有限公司	6
2005-12-27	重庆地产集团贷款信托项目集合资金信托计划	15	2	重庆地产集团	3.6~4.6
2005-12-27	豪禹大厦项目集合资金信托计划	0.12	2	湖南豪禹房地产开发有限公司	5.2
2005-12-26	宝利七号（大连琥珀湾）优质人民币理财产品信托计划	1.5368	3	大连琥珀湾开发有限公司	5.3~7.39
2005-12-25	上海市配套商品房项目集合资金信托计划（一）	1	1.5	上海佳信房地产开发公司	4
2005-12-22	合肥中央商务区（CBD）信托贷款项目集合资金信托计划	0.3	2	安徽安兴发展股份有限公司	5
2005-12-18	河南中医学院定向贷款集合资金信托计划	0.6037	8	河南中医学院	6~10
2005-12-16	华侨城波托菲诺天鹅堡二期3♯地块项目集合资金信托计划	2	1.5	深圳华侨城房地产有限公司	3.8
2005-12-16	宜家公寓资金信托计划	0.3005	2	金鑫房地产开发有限公司	5.2
2005-12-15	重庆市长江工业园基础设施建设资金信托计划	1	3	重庆长江工业园建设开发有限公司	5
2005-12-15	郑州市土地储备项目贷款资金信托计划	1.6	2	郑州市土地储备中心	4
2005-12-13	内蒙古建筑职业技术学院校园网络建设集合资金信托计划	0.09	3	内蒙古建筑职业技术学院	3.57~5.2
2005-12-13	南昌大学（新校区）商业经营权转让集合资金信托计划	0.2	3.16	江西多伦多教育产业发展有限公司	4.2~6

日期	名称	规模（亿元）	期限（年）	主要交易对手	年收益率（%）
2005-12-9	海星城市广场项目集合资金信托计划	1	2	西安海星房地产综合开发有限公司	4.5
2005-12-9	北京太阳星城贷款项目集合资金信托计划	4	2	北京太阳宫房地产开发有限公司	4.5
2005-12-2	国开行城建改造项目集合资金信托计划	3	1	重庆迈瑞资产经营有限责任公司	3.5
2005-11-30	无锡红豆置业有限公司香江花城等房地产贷款项目集合资金信托计划	1.4448	2	无锡红豆置业有限公司镇江分公司	—
2005-11-29	国家开发银行担保项目—重庆工学院巴南区花溪校区建设集合资金信托计划	1	1	重庆工学院	4
2005-11-28	房地产投资信托产品系列之广财信达人项目集合资金信托计划	—	2	湖南财达人投资实业有限责任公司	5.2
2005-11-28	"泰达时代花园"项目贷款集合资金信托计划（一年）	0.4	1	天津经济技术开发区房地产开发公司	4.2
2005-11-28	北京国兴嘉业房地产开发有限责任公司贷款项目集合资金信托计划	1.75	1	北京国兴嘉业房地产开发有限责任公司	5.5
2005-11-26	富地集合资金信托计划	0.12	2	陕西龙扬经济发展有限公司、陕西九州映红实业有限公司与陕西融信房地产开发有限公司的股权投资以及陕西中诚文化娱乐有限公司	4.2
2005-11-25	天津德力禧工业园建设项目贷款集合资金信托计划	0.5	2	天津德力禧有限公司	5
2005-11-25	房地产投资信托产品系列之嘉银大厦项目集合资金信托计划	0.2	1.5	—	4.8
2005-11-24	天津北信房地产产业投资（05-5）集合资金信托计划	1	2.5		5.8
2005-11-24	纳帕溪谷住宅项目集合资金信托计划	1.5	2	北京翰宏基业房地产开发有限公司	6.5
2005-11-23	郑州市郑东新区热电厂贷款集合资金信托计划	6	2	郑州市郑东新区热电厂	4
2005-11-23	许昌市城建项目贷款集合资金信托计划	2.1	5	—	4～5.1514

续表

日期	名称	规模（亿元）	期限（年）	主要交易对手	年收益率（%）
2005-11-20	宝利六号（顺驰林溪）优质人民币理财产品信托计划	2.125	1.5	顺驰置地（北京）房地产开发有限公司	5.3～6.2
2005-11-18	易初莲花（二期）集合资金信托计划	1.6	2	易初莲花	5.1
2005-11-14	慈溪城投资金信托计划	1.01	2	慈溪市城市建设投资发展有限公司	5
2005-11-11	商业中心暨沃尔玛购物广场漳州项目受益权转让集合资金信托计划	1.26	2	深国投商业投资有限公司	4.2～6
2005-11-10	苏州东山宾馆扩建项目集合资金信托计划	1	3	苏州市吴中国裕资产经营有限公司	3.9～5.8
2005-11-9	郑州北大学城生活园区信托财产优先受益权受让集合资金信托计划	0.6	3	—	5～5.5
2005-11-3	贵溪市土地储备中心贷款集合资金信托计划	0.3	—	贵溪市土地储备中心	—
2005-11-1	包头师范学院教学楼建设集合资金信托计划	0.1609	3	—	7～8
2005-10-25	合肥教育信息服务中心建设项目集合资金信托计划	0.11	3	合肥教育培训中心	6.6
2005-10-24	平顶山市新城区土地储备项目贷款资金信托计划	1.5	5	平顶山市新城区土地收购储备中心	4.5
2005-10-14	赤峰市元宝山区高中学校移址建设集合资金信托计划	0.4	3	赤峰市元宝山区高中学校	4.5～5.4
2005-10-11	华艺置地项目信托计划	0.9321	2	山东鲁信华艺置地有限公司	5.1
2005-10-11	株洲现代城项目集合资金信托计划	0.2	2	—	5.2
2005-10-10	融汇理财通集合资金信托计划	1.1	1	苏州市土地储备中心	4
2005-9-30	黄山城投集合资金信托计划	0.7	2	黄山市城市建设投资（集团）有限公司	5
2005-9-22	融益理财通第四期集合资金信托计划	0.8	1	苏州市土地储备中心	4
2005-9-22	"国宾世贸中心（B座）房地产开发贷款项目"集合资金信托计划	2.17	2	北京中实恒业房地产开发有限公司	6
2005-9-22	北京西单佳慧房地产贷款项目集合资金信托计划	2	2	北京西单佳慧房地产开发有限公司	6.5

日期	名称	规模（亿元）	期限（年）	主要交易对手	年收益率（%）
2005-9-21	河南省洛阳正骨医院定向贷款集合资金信托计划	0.2354	5	河南省洛阳正骨医院	7
2005-9-21	余姚自来水公司资金信托计划	0.6	2	—	4.8
2005-9-20	龙钢环保自备电厂项目集合资金信托计划	0.7	3	陕西兴龙热电有限公司	4.5～4.8
2005-9-15	宝利五号优质人民币理财产品信托计划	1.5	1.5	—	5.3
2005-9-15	泰达城"万通上游国际"项目前期建设开发集合资金信托计划	0.83	0.92	天津泰达万通房地产开发有限公司	4.5
2005-9-13	托县高级职业中学新校区建设项目集合资金信托计划	0.2	2	—	4.68
2005-9-1	商业中心暨沃尔玛购物广场芜湖项目受益权转让集合资金信托计划	1.41	2	深圳市深国投商业投资有限公司	4.2～6
2005-8-29	北信房产产业投资（05-4）2年	1	2	天津市津东房地产开发集团有限公司	5.4
2005-8-29	天津北信房地产产业投资（05-3）集合资金信托计划	1	2.5	天津开发区永泰房地产开发有限公司	5.8
2005-8-29	北信房产产业投资（05-3）2.5年	2	2.5	—	5.8
2005-8-28	"国有土地使用权抵押贷款项"集合资金信托计划	0.7	2	陕西长建房地产开发集团公司	4.5
2005-8-26	北京清河新城一期住宅贷款项目集合资金信托计划	1.5	2	北京强佑房地产开发公司	6.2
2005-8-24	贷款类集合资金信托产品系列之新芙蓉家居广场项目集合资金信托计划	0.15	2.3	—	4.8～5.4
2005-8-16	天泰—太阳树项目资金信托受益权转让项目信托计划	—	1	青岛天泰集团公司	5.5
2005-8-15	洋山深水港商务配套社区项目集合资金信托计划	1.05	2	嵊泗县洋城锦都置业有限公司	6～6.5
2005-8-10	江西科大实业发展有限公司股权投资集合资金信托计划	0.0797	—	江西科大实业发展有限责任公司	—

续表

日期	名称	规模（亿元）	期限（年）	主要交易对手	年收益率（%）
2005-8-5	苏州市苏锦实验小学改扩建项目集合资金信托计划	0.4	3	苏州市苏锦实验小学	5.2
2005-7-31	教育基础设施建设集合资金信托计划	—	1.5	—	5.3
2005-7-30	"英才国际村"住宅贷款项目集合资金信托计划	1	1.5	北京英才房地产开发有限公司	5.5
2005-7-29	商业投资公司重庆沃尔玛项目受益权转让集合资金信托计划	0.6～1.38	2	深圳市深国投商业投资有限公司	6
2005-7-29	上海月星家居广场租赁收益权信托转让投资计划	2.2	6	上海月星家居广场有限公司	4～9
2005-7-26	宝利三号优质人民币理财产品信托计划	0.875	1.5	—	5.3
2005-7-21	渭化集团双甲项目贷款集合资金信托计划	1.6	3	渭化集团	4.5
2005-7-15	上海裕安·鑫达大厦租赁权益财产信托优先受益权投资计划	0.9	2	安徽国元信托投资有限责任公司	5.7
2005-7-8	融益理财通（第三期）集合资金信托计划	0.6	1	—	3
2005-7-6	国联信托投资有限责任公司组合投资（三期）资金信托计划	1	3	—	4.5～5.5
2005-7-5	镇海水利工程资金信托计划	0.55	2	镇海区农业国有资产投资有限公司、镇海区财政局	4.8
2005-7-1	商业投资公司长沙项目受益权转让集合资金信托计划	—	2	深圳市深国投商业投资有限公司、深圳国际信托投资有限责任公司	6
2005-7-1	巴彦淖尔市临河区城市基础设施建设集合资金信托计划	0.237	3	巴彦淖尔市临河区东区经济技术开发区	—
2005-7-1	巴彦淖尔市临河经济技术开发区城市道路建设集合资金信托计划	0.237	3	—	5.4
2005-6-30	许昌市城市基础设施建设贷款资金信托计划	1.6	5	许昌市预算外资金管理处	4～5

日期	名称	规模（亿元）	期限（年）	主要交易对手	年收益率（%）
2005-6-30	上海嘉定清水颐园房地产贷款集合资金信托计划	—	1.5	上海清水颐园房地产有限公司	5.8
2005-6-29	河南省经济贸易学校信托计划	0.1	3	河南省经济贸易学校	4～5
2005-6-28	江北投资创业资金信托计划	0.56	2	宁波市江北投资创业开发有限公司、宁波市江北区财政局	4.8
2005-6-27	临河经济技术开发区基础设施建设集合资金信托计划	0.237	3	巴彦淖尔市临河区资产经营有限责任公司	5.4
2005-6-23	佛山东方广场贷款项目集合资金信托计划	0.5	2	广东佛山东建集团有限公司	5.3
2005-6-16	洛阳大学定向贷款资金信托计划	0.2	3.5	洛阳大学	8
2005-6-16	北京道乐蒙恩商务街贷款项目集合资金信托计划	0.5	2	北京润佳房地产开发有限公司	6
2005-6-13	美欣达仁皇山地块房地产开发项目资金信托计划	0.95	2	湖州美欣达房地产开发有限责任公司	5.6
2005-6-9	凯晨广场贷款项目集合资金信托计划	6.9	3	北京凯晨置业有限公司	4.2～4.8
2005-6-3	万博科技职业学院贷款项目集合资金信托计划	0.25	3	万博科技职业学院	5.5
2005-6-1	上海市政颛桥配套商品房投资资金信托计划	2.5	2	—	5.8
2005-5-25	房地产投资信托产品系列之广阔大厦项目集合资金信托计划	0.2	1.5	长沙广阔置业发展有限公司	4.8
2005-5-20	北信房产产业投资（05-1）1.5年	1	1.5	—	5
2005-5-20	北信房产产业投资（05-2）3年	1	3		6.2
2005-5-19	中信信托"山水庭苑"项目集合资金信托计划	0.5533	2	广州伟成房地产开发有限公司	4.2
2005-4-30	联信宝利二号中国优质房地产投资集合信托计划	1.5	1.5	—	5.3
2005-4-29	红磡房地产开发有限公司贷款项目集合资金信托计划（一年期）	0.6	1	天津市红磡房地产开发有限公司	4.5

续表

日期	名称	规模（亿元）	期限（年）	主要交易对手	年收益率（%）
2005-4-13	江苏嘉源东城绿洲房地产贷款项目集合资金信托计划	1	2	江苏嘉源房地产开发有限公司	6.68
2005-3-29	易初莲花·物业投资集合资金信托计划	2.66	2	易初莲花	5.1
2005-3-25	华瑞大厦酒店式公寓项目资金信托计划	0.2	1	上海华龙大酒店有限公司	—
2005-3-25	杭州凯悦财产信托优先受益权投资计划	3.5	2	杭州利星凯悦大酒店有限公司	4.8~5
2005-3-24	蚌埠医学院新校区建设项目集合资金信托计划	0.2701	3.5	蚌埠医学院	4.2
2005-3-21	山水芳邻项目资金信托计划	0.8	2	厦门建发集团有限公司	4.5
2005-3-18	陕西能源化工资金信托计划	2.5	3	陕西神木化学工业有限公司	3.5~4.5
2005-3-17	郑州市城区土地储备贷款资金信托计划	4.6733	4	郑州市土地储备中心	4~4.6
2005-3-15	"千禧房地产"项目资金信托计划	0.15	1	山西千禧投资有限公司	5
2005-3-10	受让朝阳公司股权项目信托计划	0.21	1	厦门市昭阳弘置业有限公司、山东朝阳房地产开发有限公司	—
2005-3-4	华翔大酒店项目资金信托计划	0.2	2	—	5
2005-2-25	罗店颐景园房地产投资资金信托计划	2	2	上海铭瑞房地产有限公司	—
2005-2-5	新家园项目集合资金信托计划	0.1	2	长沙市兴佳房地产开发有限公司	5
2005-2-4	怀化体育中心项目集合资金信托计划	2.465	3	—	5.2
2005-2-3	上海临港新城项目资金信托计划（二）	2	2	—	4.84
2005-2-2	九龙园B区次干道基础设施资金信托计划	0.4815	3	重庆九龙园高新产业有限公司	—
2005-1-31	绵阳科教创业园基础设施建设融资项目资金信托计划	0.2	2	绵阳科教创新投资有限责任公司	—

日期	名称	规模（亿元）	期限（年）	主要交易对手	年收益率（%）
2005-1-27	建桥工业园区基础设施建设资金信托计划	0.8343	3	重庆市建桥工业园区建设开发有限公司	5.5
2005-1-26	河南工业大学定向贷款资金信托计划	0.4827	5	河南工业大学	—
2005-1-22	友谊晶珠商业广场经营权信托受益权转让产品	—	3	衡阳晶珠置业有限公司	5.2
2005-1-19	北京市国土资源和房屋管理局住宅合作社贷款项目集合资金信托计划二期	0.692	2	北京市国土局住宅合作社	5
2005-1-15	天江—鼎城房地产集合资金信托计划	—	2	重庆天江置业有限公司	5.58
2005-1-7	福建金帝·蝶翠华苑开发贷款项目集合资金信托计划	0.22	1.5	福建金帝房地产开发有限公司	5.8
2005-1-6	北京佳汇中心二期项目集合资金信托计划	0.1348	1	北京佳汇房地产有限公司	—
2005-1-5	"天江·龙城"房地产集合资金信托计划	—	2	重庆天江置业有限公司	5.31
2005-1-2	新成大厦项目集合资金信托计划	0.2999	1.5	湖南大成国际大酒店有限公司	4.8
2005-1-1	集宁师专教学楼集合资金信托计划	0.1	1.5	集宁师范高等专科学校	4～4.8
2004-12-29	井口工业园区基础设施建设资金信托计划	1	3	重庆市井口工业园区龙润科技有限公司	5.5
2004-12-29	北京丽江新城贷款项目集合资金信托计划	3.3	2	北京高盛房地产开发有限公司	6.3
2004-12-28	青岛商业网点集团有限公司住宅地产项目集合资金信托计划	0.6	2	青岛商业网点集团有限公司	5
2004-12-23	"米兰阳光"商品房开发（二年）	0.6	2	天津米兰置业有限公司	4.6
2004-12-23	天天朝阳宣武门大厦贷款项目集合资金信托计划	1.2	2	北京三合兴房地产有限公司和北京银工房地产开发有限公司	6
2004-12-21	万年花城集合资金信托计划	0.6	2.5	首钢总公司	5.2
2004-12-21	福泰二期集合资金信托计划	0.9538	1	深圳市信托房地产开发有限公司	4.15

日期	名称	规模（亿元）	期限（年）	主要交易对手	年收益率（%）
2004-12-20	安徽医学高等专科学校教育贷款集合资金信托计划	0.101	3	安徽医学高等专科学校	5
2004-12-20	世纪星城住宅项目股权投资信托计划	—	2	北京顺华房地产开发有限公司	6.7
2004-12-17	珠海太和商业广场开发贷款项目集合资金信托计划	—	1.5	珠海市兆和投资有限公司	6
2004-12-16	北京朝阳公园蓝色港湾商业项目资金信托计划	2	1	华北电力财务有限责任公司	4.6
2004-12-15	苏大新校区学生公寓（一期）收费收益权集合资金信托计划	0.8	3	苏州大学	5.1
2004-12-10	大华灿坤家电城财产权信托优先受益权转让投资计划	0.72	2.5	上海华翔房地产开发有限公司	5.4
2004-12-8	商业中心（长沙）集合资金信托计划	1.5	2	深圳国投用置业湖南发展有限公司	4.5
2004-12-6	广控大厦休闲服装城（第五至第十五层）房产租赁收益权财产信托受益权	1.2002	2	广州保税区港将发展有限公司	4
2004-12-6	金桥太阳岛一期项目信托计划	1	2	陕西省鸿业房地产开发公司	4.3
2004-12-3	西北大学学生公寓贷款信托计划	0.4666	3	陕西国信教育投资有限公司	6
2004-11-29	中国（苏州）国际服装城贷款资金信托计划	—	1	苏州市相城区国际服装城开发有限公司	5.5
2004-11-26	海盐县南塘街旧城改造项目资金信托计划	1.5	1	海盐县土地储备中心有限公司	5.5
2004-11-25	北京顺驰林溪集合资金信托计划	—	1	顺驰置地（北京）房地产开发有限公司	6
2004-11-23	银东大厦项目资金信托计划	1.935	0.5	上海元旦企业发展有限公司	—
2004-11-21	碑林区机关办公综合楼资金信托计划	0.4	3	西安市煜源实业发展有限责任公司	—
2004-11-19	鲁能仲盛麦岛片改造项目集合资金信托计划	1.649	2	鲁能仲盛置业（青岛）有限公司	—
2004-11-16	江苏新海发电有限公司资金信托计划	1.0614	2	新海发电公司	—

日期	名称	规模（亿元）	期限（年）	主要交易对手	年收益率（%）
2004-11-12	成都高新科技商务广场 C 座大楼融资项目资金信托计划	0.7	2	成都高新投资集团有限公司	5
2004-11-9	金土地资金信托计划	3	5	金华市城市建设投资有限公司	7.7～8.02
2004-11-9	长沙经济技术开发区项目集合资金信托计划	0.5675	3	长沙市经济技术开发区有限公司	5.01
2004-11-4	苏州高新区出口加工区配套设施项目贷款集合资金信托计划	2	3	苏高新集团	5.5
2004-11-2	北京"美华世纪大厦"房地产项目财产信托计划	—	1.5	—	5.58
2004-11-1	新梁溪人家（一期）项目贷款资金信托计划	1.4	2	无锡市房地产开发公司	4
2004-10-29	兵马俑国际旅游广场集合资金信托计划	0.3	3	陕西九州映红实业有限公司	3.5
2004-10-29	象山供水工程项目资金信托计划	0.5101	2	—	4.5
2004-10-20	金桥国际广场 A 座项目信托计划	0.8	1.5	陕西省鸿业房地产开发公司	4.05
2004-10-18	城市公共卫生间信托项目	0.3	3	北京中协金陶投资管理有限公司	6
2004-10-14	天津市塘沽区城市改造集合资金信托计划	0.6	2	天津市塘沽区土地储备开发中心	4.3
2004-10-8	洛阳工业高等专科学校定向贷款资金信托计划	0.1424	5.18	洛阳工业高等专科学校	—
2004-9-30	武汉市土地整理储备供应中心信托融资项目集合资金信托计划	—	2	武汉市土地整理储备供应中心	4.4
2004-9-29	北京柏阳景园贷款项目集合资金信托计划	0.9683	1.5	北京柏基置业有限公司	5.5
2004-9-28	辽源市金刚水泥厂日产 5000 吨水泥熟料生产线项目资金信托计划	1.0873	2	辽源市财政局	4～4.5
2004-9-24	名人·数码港小户型商住楼项目资金信托计划	0.08	1	名人房地产开发有限公司	4.8
2004-9-22	新中苑房产信托优先受益权转让投资计划	0.8	1.5	上海新中南开地产有限公司	4.8
2004-9-17	开行国际广场融资项目资金信托计划	0.5	2	四川央扩置业有限责任公司	5.1

续表

日期	名称	规模 (亿元)	期限 (年)	主要交易对手	年收益率 (%)
2004-9-13	工投公司退城进区搬迁项目集合资金信托计划	2	3	苏州市工投公司	5.5
2004-8-17	2004年西安交大科技园配套住宅建设项目资金信托（2年期）	0.2574	2	陕西融信房地产开发有限公司	—
2004-8-12	北京庄胜住宅项目集合资金信托计划	0.8	1	北京庄胜房地产开发有限公司	6
2004-8-7	顺驰领海项目集合资金信托计划	1	1	北京顺驰置地达兴房地产开发有限公司	—
2004-8-4	沈阳安泰西海岸国际花园项目资金信托计划	0.7307	2	沈阳安泰房地产开发有限公司	4.5～5
2004-7-28	芜湖"南瑞综超"贷款项目集合资金信托计划	0.3	2	芜湖万达房地产开发有限公司	4.1
2004-7-21	佳园集合资金信托计划	0.4	1	—	5
2004-7-19	"安徽师范大学新校区建设项目"资金信托计划	0.3379	3.33	安徽师范大学	4.2
2004-7-16	"皖南医学院学生公寓项目"集合资金信托计划	0.26	3	安徽银嘉投资有限责任公司	4.2
2004-7-7	洛阳市城市基础设施建设项目贷款资金信托计划	1.102	3	洛阳市预算外资金管理局	3.9～4.1
2004-7-5	北京安福大厦贷款项目集合资金信托计划	2.19	2	北京安福房地产开发有限公司	5
2004-7-2	渝中区化龙桥片区旧城改造资金信托计划	1.9935	3	重庆渝中国有资产经营管理有限公	—
2004-6-30	中联房产"浅水湾城市花园"贷款项目集合资金信托计划	1.8	2	中联房产	4.6
2004-6-28	"香樟雅苑"项目集合资金信托计划	0.4332	2	合肥兴泰置业发展有限公司	3.8
2004-6-22	锦绣华城乐购大卖场财产权信托受益权转让投资计划	1.2	2	上海锦绣华城房地产开发有限公司	4.5～5.1
2004-6-22	锦绣乐购财产权投资集合资金信托计划（一）	1.2	2	锦绣华城	4.5
2004-6-15	河南科技大学定向贷款资金信托计划	0.3414	5.42	河南科技大学	—
2004-5-31	华阳"阳光海韵"城市商业广场项目资金信托计划	0.3	2	四川飞森房地产开发有限公司	4.8

续表

日期	名称	规模（亿元）	期限（年）	主要交易对手	年收益率（%）
2004-5-1	国有土地储备资金信托计划	2	3	西部信托投资有限公司	3.5～4.5
2004-4-29	杭州中纬实业有限公司"房屋租赁权信托"信托受益权受让项目集合资金信托计划	0.14	1.5	杭州中纬实业有限公司	5.5
2004-4-28	北京万年花城贷款项目集合资金信托计划	1	2	北京万年花城房地产开发有限责任公司	4.9
2004-4-20	北京玉泉新城房地产贷款项目	1.5179	1	北京玉泉新城房地产开发有限公司	5
2004-4-19	佘山国际高尔夫球场别墅项目资金信托计划	1	2	上海佘山国际高尔夫俱乐部有限公司	4.8
2004-4-18	经发国际大厦集合资金信托计划	0.5907	2.5	西安经发集团有限责任公司	3.8～4.5
2004-4-16	鲁信花园贷款系列信托计划	0.5745	1	山东鲁信城市开发有限公司	4.2
2004-4-16	鲁信花园贷款系列信托计划（2）	0.4533	2	山东鲁信城市开发有限公司	4.8
2004-4-16	鲁信花园贷款系列信托计划（3）	0.4533	3	鲁信房地产投资开发有限公司	5.5
2004-4-12	北京通程国际大酒店贷款项目信托计划	1.44	1.5	北京通程金海置业发展有限公司	4.8
2004-4-12	北京大都市街房产租赁收益财产信托优先信托权益投资计划	4.5	3	北京广安世纪物业管理有限公司	5.1
2004-4-10	南京顺驰房地产贷款项目集合资金信托计划	0.9	1	南京顺驰地产有限公司	5.8
2004-4-8	"金泰广场"股权投资项目集合资金信托计划	0.5	1	浙江金泰广场有限公司	5.5
2004-3-30	金纬房产"海月金棕榈"贷款项目集合资金信托计划	0.8	1.25	金纬房产	4.5
2004-3-29	兴昌房产贷款项目信托计划	1.3392	1	浙江兴昌房地产开发有限公司	6
2004-3-28	包头稀土高新区供水管网项目集合资金信托计划	0.8264	3	内蒙古高新控股有限公司	4.92～5.64

续表

日期	名称	规模（亿元）	期限（年）	主要交易对手	年收益率（%）
2004-3-23	2004年流动资金贷款系列（3）	0.1217	1	山东鲁信城市开发有限公司	3.5
2004-3-22	合肥"世纪家园"贷款项目集合资金信托计划	0.2	2	国元房产	4.2
2004-3-18	衡平收益型优质商住地产投资项目资金信托计划	1.5341	2	——	5.3
2004-3-18	东海商都转让项目集合资金信托计划	0.7	2		5.5
2004-3-15	"金海湾"花园房地产开发项目资金信托计划	0.6	2	广州新宝房地产开发有限公司	
2004-3-3	同盛大厦项目资金信托计划	1.2	1	上海同盛大厦房地产有限公司	3.6
2004-3-3	2004年流动资金贷款系列（1）	0.2262	1	山东鲁信城市开发有限公司	3.5
2004-3-1	贷款一年（04-2）	0.2	1	天津北信物业管理有限公司	3.5
2004-2-16	南岸区茶园基础设施建设资金信托计划	1.2793	3	重庆茶园工业园区建设开发有限公司	5.8
2004-2-16	海投物流园资金信托计划	0.73	3	海沧投资总公司	4
2004-2-13	即墨市基础设施建设集合资金信托计划	1.1328	3	即墨市城市开发投资有限公司	4.5
2004-2-11	交大房产怡家小区开发融资项目资金信托计划	0.2	1.5	成都交大房产开发有限责任公司	4.5
2004-2-1	重庆市茶园工业园区基础设施建设资金信托计划	——	3	重庆市茶园工业园区建设开发有限公司	5.8
2004-1-19	无锡国家高新技术产业开发区滨湖分区基础设施项目资金信托计划	1	3	无锡滨湖经济技术开发区有限公司	4.5
2004-1-19	中房置业国资退出股权转让信托计划	5.97	3	——	5～8
2004-1-18	富达地产投资资金信托计划	5	2	富达地产	4
2004-1-17	永泰花苑信托融资项目	1	1.83	上海中房三林城房产有限公司	4.2

日期	名称	规模（亿元）	期限（年）	主要交易对手	年收益率（%）
2004-1-15	上海嘉定颐景园房产投资资金信托计划	1.2	2	上海兴铭房地产有限公司	5.5
2004-1-12	宁波维科置业资金信托计划	0.5	1.5	宁波维科置业有限公司	—
2004-1-10	上海浦东联洋社区商铺投资-大拇指广场资金信托计划	1	1	上海证大房地产有限公司	6
2003-12-29	上海泓邦国际大厦项目信托融资产品	1	1	上海泓邦置业有限公司	5.34
2003-12-26	宜兴市"兴业花园"拆迁安置房贷款项目资金信托计划	0.3	1	宜兴纵横房地产开发有限公司	4
2003-12-19	"上港集箱"港口物流建设短期贷款集合资金信托计划	10	1	—	3.5
2003-12-16	永泰花苑重大工程配套商品房项目资金信托计划	1.5	2	海中房三林城房产有限公司	4.2
2003-12-15	北京金融街写字楼项目贷款资金信托计划	0.8	1	北京市恒奥房地产开发有限公司	4.6
2003-12-12	成都市统建办旧城改造安置房项目资金信托计划	2	2	成都市统建办	4.1
2003-12-11	爱建新城地下商埠铺位租赁权信托计划	1.85	2	上海市第一百货商店股份有限公司	5
2003-12-11	金港花园集合资金信托计划	1.173	2	上海金厦房地产有限公司	4
2003-12-10	宁波银亿房产资金信托计划	18	1.5	宁波银亿集团	4.5
2003-12-10	北京国投法国欧尚天津第一店资金信托计划	—	3	法国欧尚超市集团	6
2003-12-3	军粮城小城镇集合建设资金信托计划	0.5	1	天津北信建设开发有限公司	4.0186
2003-11-29	盛鸿大厦财产信托优先受益权转让项目	2.5	3	北京元鸿房地产开发有限公司	6
2003-11-27	远东·新月公寓集合资金信托计划	0.31	0.5	杭州远东房地产开发有限公司	7.588

日期	名称	规模（亿元）	期限（年）	主要交易对手	年收益率（%）
2003-11-24	森隆置地组合投资集合资金信托计划	0.5	1.25	昆山市森隆置地有限公司	4.5
2003-11-13	华鸿—怡景花城项目集合资金信托计划	0.3	1	杭州华鸿房地产开发有限公司	5.3
2003-11-10	宜兴市土地交易服务中心贷款资金信托计划	1	1	宜兴市交易服务中心	3.5
2003-11-3	中国青城旅游休闲房产项目资金信托计划	0.1044	1	成都大城房地产开发有限公司	4.2
2003-10-31	荣丰2008项目财产信托优先受益权	1.2538	2	荣丰公司	4.8
2003-10-27	殡仪馆新馆投资建设项目集合资金信托计划	0.5	3	苏州市殡仪馆	4.2
2003-10-24	长发虹桥公寓项目资金信托计划	0.4	1	海京虹房地产开发经营有限公司	3.8
2003-10-16	新青年广场项目集合资金信托计划	0.6956	2	杭州盛德房地产开发有限公司	5.3
2003-9-30	太阳星城贷款项目集合资金信托计划	5	2	北京太阳宫房地产开发有限公司	4.2
2003-9-30	贷款一年（03-9）	—	1	天津泰达集团有限公司、天津津东房地产开发集团有限公司	3.5328
2003-9-28	白塔供水项目贷款资金信托计划	—	3	呼和浩特市春华水务白塔供水有限公司	4.2
2003-9-16	秦淮绿洲（南地块）房地产信托计划	0.5747	2	南京国信地产开发有限公司	4.05
2003-9-15	陕西氯碱化工资金信托计划		3	陕北米脂县的陕西金泰氯碱化学工业有限公司	—
2003-9-12	崇州市储备土地开发经营项目资金信托计划	0.2	2	—	4.2
2003-9-11	西湖·阳明谷度假村项目集合资金信托计划	0.7375	2	杭州国信名盛置业有限公司	5.2
2003-9-8	秦山三期项目外汇资金信托计划	0.1亿美元	1	秦山第三核电有限公司	1.5

续表

日期	名称	规模（亿元）	期限（年）	主要交易对手	年收益率（%）
2003-9-7	西山古樟苑土地贷款集合资金信托计划	0.2	1	天能房产	4
2003-9-1	江阴市黄山湖别墅区项目贷款资金信托计划	0.3	1	江阴城市房地产有限公司	3.5
2003-8-11	宜兴市土地收购储备中心贷款资金信托计划	1	1	宜兴市土地收购储备中心	3.5
2003-8-1	上海磁悬浮交通项目受益权投资资金信托计划	2	2	—	4
2003-7-30	上海五洲国际大厦房产投资资金信托计划	0.22	10.16	上海京安房地产开发公司	
2003-7-30	福信集团流动资金贷款资金信托计划	0.22	1	福信集团	4
2003-7-22	成都经济技术开发区电子机械工业园基础设施建设项目资金信托计划	0.4009	2	—	4
2003-6-21	成都市晋竹园安居房开发配套融资项目资金信托计划	0.28	1	—	4.2
2003-6-13	建德·洋溪土地开发贷款集合资金信托计划	0.3	1	建德市科技工业园区开发有限公司	4.5
2003-6-9	西湖·阳明谷绿化工程资金信托计划	0.5	2	浙江国都房产集团有限公司	5.37
2003-5-22	上海海港新城项目资金信托计划	1.5	1		3.5
2003-5-21	"三环新城"经济适用房开发建设信托计划	1.6	1.5	北京懋源苑房地产开发有限公司	4.5
2003-5-16	联发集团流动资金贷款资金信托计划	0.7	1	厦门联合发展（集团）有限公司	4
2003-5-1	万丰西苑房地产贷款信托计划	—	—		
2003-4-23	车公庄危改小区贷款项目集合资金信托计划	1	2	北京隆盛房地产开发有限公司	4.6
2003-3-9	银泰百货柜台经营收益权转让集合资金信托计划	2	3.08	浙江银泰百货有限公司	6.1
2003-2-20	贷款一年（03-2）	—	1	天津市津东房地产开发集团有限公司	3.3241
2003-2-20	稳健型法人股股权信托优先受益权投资计划	0.36	1	上海市上投实业投资有限公司	3.5

续表

日期	名称	规模（亿元）	期限（年）	主要交易对手	年收益率（%）
2003-1-31	贷款资金信托计划（三年期）	—	—	天津北信资产管理有限公司	4.3
2003-1-3	平顶山市西部新城区土地开发项目贷款资金信托计划	0.6	—	平顶山市西部投资建设开发公司	4.352
2002-12-30	贷款资金信托计划（两年期）	—	2	天津北信资产管理有限公司、天津北信房地产代理有限公司	3.8
2002-12-30	贷款资金信托计划	—	2	天津北信物业管理有限公司	3.75
2002-12-25	中远房地产贷款系列信托计划	2	1	中远房地产公司控股的二级子公司	3.376~4.22
2002-12-16	上投置业房产项目资金信托计划	—	1	上海上投置业发展有限公司	—
2002-12-9	信远大厦项目信托计划	0.7159	3	北京信远房地产开发有限公司	5
2002-12-1	青岛房地产集合资金信托计划	1.4691	3	鲁信置业	4.5
2002-10-26	滨海新区基础设施建设（管网）资金信托计划	—	3	天津开发区北信市政管网发展有限公司	4.2503
2002-10-16	CBD土地开发项目资金信托计划	5.9594	—	—	4.8~7.04
2002-8-28	新上海国际大厦项目资金信托计划	2.297	3	上海国际大厦有限公司	—
—	彭和大厦贷款项目集合资金信托计划	—	—	青岛中核元诚置业有限公司	—
—	嘉定区土地储备开发中心信托贷款集合资金信托计划	—	—	嘉定区土地储备开发中心	—
—	北都商业股权投资集合资金信托计划	1.98	2	北都商业	8
—	烟台开发区基础设施建设集合资金信托项目	6.6792	5	宣城市希达建设投资有限公司	6.6
—	长春玉米工业园基础设施建设资金信托项目	2	—	—	—

注：以上内容是由信泽金信托研发中心根据公开信息整理而成。

附录 10.2

上市房地产企业信托融资一览表

日期	名称	规模（亿元）	期限（年）	主要交易对手	年收益率（%）
2011-7-11	中华企业优债投资二号集合资金信托计划	3.5	1.5	中华企业股份有限公司	8.6～10
2011-7-8	保障房系列集合资金信托计划之保利南沙河项目	3	1	保利房地产（集团）股份有限公司	7.2
2011-7-6	财富精品号荣安地产5000万股股票受益权集合资金信托计划	2	3.5	荣安地产股份有限公司	9.5
2011-6-1	金融街重庆融拓置业资产收益权投资集合资金信托计划（第1期）	2.5313	3	金融街重庆融拓置业有限公司（金融街）	9.4
2011-5-13	稳盛Ⅲ号股权投资集合资金信托计划	—	2	稳盛投资（金地集团）、天津稳盈股权投资基金合伙企业（有限合伙）、湖南福晟房地产开发有限公司	10～12
2011-5-6	百瑞宝盈113号集合资金信托计划（建业地产信托基金2号）	10.776	5	建业集团	8.5～23.6
2011-4-28	中华企业优债投资壹号集合资金信托计划	3.958	1.5	上海顺驰置业（中华企业）	8.6～10
2011-4-20	丰利38期（中南建设）集合资金信托计划	1.5	1.5	中南建设	7.3～7.8
2011-4-11	世茂股份股权收益权集合资金信托计划	3.5	1.5	上海世茂企业发展有限公司	8～12
2011-4-2	常州新城股权收益权投资集合资金信托计划	5	2	常州新城房产开发有限公司（新城地产）	8～10
2011-3-29	浙江广厦股权收益权投资集合资金信托计划	1.038	1	浙江广厦	
2011-3-25	荣盛龙湖半岛观湖郡项目集合资金信托计划	3	—	南京华欧舜都置业有限公司	
2011-3-23	新湖股票收益权集合资金信托计划	5.389	1.5	浙江新湖集团股份有限公司	

续表

日期	名称	规模 （亿元）	期限 （年）	主要交易对手	年收益率 （%）
2011-3-21	长春恒大绿洲房地产项目投资集合资金信托计划	2.45	2	长春隆基房地产开发有限公司（恒大地产）	10～12
2011-3-18	新湖中宝股票收益权集合资金信托计划	4.795	1.5	新湖中宝	—
2011-3-18	财富精品［8］号东华实业股权受益权集合资金信托计划（二期）	0.275	1	东华实业	—
2011-3-17	世茂股份贷款集合资金信托计划	5	2	世茂股份	9.4
2011-3-16	丰利37期（中南建设）集合资金信托计划	1.5	1.5	中南房地产业有限公司	7.2～8.3
2011-3-15	中凯东方红街项目贷款集合资金信托计划	2	1	杭州中江置业有限公司（嘉凯城）	8.6～9
2011-3-11	惠州保利山水城贷款项目集合资金信托计划	1.5	1.25	惠州保利龙胜房地产开发有限公司	8.5
2011-3-11	成长59期—华丽家族股权质押贷款集合资金信托计划	2	1.5	华丽家族	8.2～8.6
2011-3-7	荣安地产股权收益权投资集合资金信托计划1期	0.5	2	荣安地产	8.5
2011-3-4	荣安地产股权收益权投资集合资金信托计划3期	0.8	—	荣安地产	—
2011-3-3	优债42期（中南建设）集合资金信托计划	1.5	1	海门中南世纪城开发有限公司（中南建设）	6～8.5
2011-3-3	荣安地产股权收益权投资集合资金信托计划2期	0.7	—	荣安地产	—
2011-3-2	财富精品［8］号东华实业股权受益权集合资金信托计划（一期）	0.402	1	东华实业	—
2011-2-24	优债41期（中南建设）集合资金信托计划	1.5	1	海门中南世纪城开发有限公司（中南建设）	7.3～8.5
2011-2-18	"津滨发展"股权集合资金信托计划	3.5	2	天津津滨时代置业投资有限公司（天津津滨发展股份有限公司子公司）	8～10
2011-1-30	金丰1号房地产流通服务基金投资集合资金信托计划	3.0583	3	金丰投资	9.5

续表

日期	名称	规模（亿元）	期限（年）	主要交易对手	年收益率（%）
2011-1-28	成长45期—苏宁环球股权质押贷款集合资金信托计划	2	1.5	苏宁环球	7.1
2011-1-28	中华企业—南郊中华园股权分红权投资集合资金信托计划	4	1.5	上海南郊中华园房地产开发有限公司（中华企业）	—
2011-1-17	渝信价值投资十二号集合资金信托计划	4.1	—	新城地产、新城控股集团有限公司	—
2010-12-31	山东中润股权收益权集合资金信托计划	1.01	2.5	中润投资	—
2010-12-21	金融街重庆置业项目收益权集合资金信托计划	13	2	金融街重庆置业有限公司（金融街）	8～8.5
2010-12-15	新湖武林国际项目收益权投资集合资金信托计划	30	—	杭州新湖明珠置业有限公司	—
2010-12-14	新城房地产投资基金（1期）信托基金计划	5	5	常州新龙创置房地产开发有限公司、南京新城万嘉房地产开发有限公司	—
2010-12-10	北京万通新世界商城项目集合资金信托计划	—	5	万通地产	7.8～8.5
2010-12-9	天地源苏州项目投资集合资金信托计划	1.5	2.25	天地源	—
2010-11-30	富荣9号（成都万通红墙巷项目）集合资金信托计划	—		万通地产	—
2010-11-30	广厦天都城集合资金信托计划	2	2	广厦建设集团有限责任公司	8.5～9.5
2010-11-25	金鹤16号应收账款转让集合资金信托计划	1.5494	—	南国置业	—
2010-11-19	山东保利嘉园置业有限公司信托贷款集合资金信托计划	8	2	山东保利嘉园置业有限公司（保利地产）	8～8.5
2010-11-18	长信3号集合资金信托计划	17.46	1～2	浙江广厦股份有限公司	6.5～13
2010-11-12	荣安地产股权质押贷款集合资金信托计划	—	—	荣安地产	—

续表

日期	名称	规模（亿元）	期限（年）	主要交易对手	年收益率（%）
2010-11-10	长春万科蓝山项目股权投资集合信托计划	12	5	长春万科房地产有限公司（万科）	7.2～8.1
2010-11-10	绿城地产贷款项目集合资金信托计划	5	1	青岛绿城胶州湾房地产开发有限公司	—
2010-11-3	天房集团保障性住房信托基金第III期	1	—	天房发展	
2010-10-29	绿城明月江南项目投资集合信托计划	10	1	绿城集团	—
2010-10-22	成长40期—浙江广厦股权收益权投资集合资金信托计划	0.33	1.5	浙江广厦	7.3～7.6
2010-10-21	股票联动债权投资集合资金信托计划	4.5	2.5	苏宁环球股份有限公司	
2010-10-19	天津滨海发展投资控股有限公司贷款集合资金信托计划（宝坻）	2	1	天津滨海发展投资控股有限公司	5.8
2010-10-15	天地源枫林意树集合资金信托计划	—	—	西安天地源房地产开发有限公司	
2010-10-15	2010年中诚信托大连海孚解放广场项目集合信托计划	4.5	2.25	大连海孚房地产开发有限公司（华业地产）	8.5～10.5
2010-9-30	荣盛发展债权投资集合资金信托计划	6.621	2	荣盛房地产发展股份有限公司、唐山荣盛房地产开发有限公司	8.5～9.5
2010-9-30	名流武汉股权投资集合资金信托计划	4.05	2	名流置业	—
2010-9-28	成长37期—华丽家族股权质押贷款集合资金信托计划	1	1	华丽家族股份有限公司	7.5～8
2010-9-15	富祥4号（杭州万通地产基金）集合资金信托计划	—	—	万通地产	
2010-9-13	佳园18号集合资金信托计划	2～9	1.25	无锡绿城湖滨置业有限公司	
2010-9-6	中华企业国泰君安、申银万国股权收益权买入返售集合资金信托计划	1.735	1.67	中华企业股份有限公司	—
2010-8-27	华业地产股票收益权集合资金信托计划	4	1	华业地产	7～8

续表

日期	名称	规模（亿元）	期限（年）	主要交易对手	年收益率（%）
2010-8-20	苏宁环球股权收益权投资集合资金信托计划	3	2	江苏苏宁环球集团有限公司	7
2010-8-18	恒大地产恒鑫1号优质资产投资集合资金信托计划	0.6558	1.5	恒大地产集团西安有限公司、陕西金泓投资有限公司	8
2010-8-13	新湖中宝股权质押贷款集合资金信托计划（二期）	—	—	新湖中宝	—
2010-8-13	首创—奥特莱斯股权收益权受让集合资金信托计划	11	2	北京创新建业地产投资有限公司、北京首创奥特莱斯房山置业有限公司	—
2010-8-11	鼎新6号集合资金信托计划	2	1	贵阳保利海明房地产开发有限公司	6
2010-8-10	天房保障性住房股权投资集合资金信托计划	6.7	1.5	天房发展	—
2010-8-6	中华企业古北集团股权受益权投资集合资金信托计划（Ⅱ）	4.2	1.5	上海古北（集团）有限公司（中华企业）	—
2010-8-5	阳光—滨江股权投资集合资金信托计划	3.5	3	福州滨江房地产开发有限公司、阳光城集团股份有限公司	8.5～9
2010-8-4	内蒙古长泰煤炭采购流动资金贷款集合资金信托计划	0.4	1.5	内蒙古长泰煤炭有限公司	8
2010-7-29	复地集团债权投资集合资金信托计划	4.299	1.5	上海复地投资管理有限公司、武汉中北房地产开发有限公司	8.1
2010-7-27	重庆复地上城五期项目贷款集合资金信托计划	0.5	1	重庆复地	8～8.5
2010-7-19	天元一期苏州天地源信托贷款集合资金信托计划	3	2	苏州天地源有限公司	—
2010-7-16	无锡栖霞建设融资项目集合资金信托计划	2	1	无锡栖霞建设有限公司	6
2010-7-14	百瑞宝盈68号集合资金信托计划	1.535	1	浙江天都实业有限公司	8～9
2010-7-12	荣安地产股权收益权投资集合资金信托计划	—	1	深圳市胜启投资有限公司、荣安地产	8～8.2

续表

日期	名称	规模 （亿元）	期限 （年）	主要交易对手	年收益率 （%）
2010-6-24	保利山东花园有限公司信托贷款集合资金信托	4.2	2	保利山东花园房地产有限公司（保利地产）	8.2～8.8
2010-6-18	西安天地源股权收益权投资（一期）集合资金信托计划	1.5	1.5	西安天地源房地产开发有限公司（天地源）	8～8.7
2010-6-18	西安天地源股权收益权投资（二期）集合资金信托计划	1.5	1.75	西安天地源房地产开发有限公司（天地源）	—
2010-6-11	明珠十一号浙江广厦全流通股股权收益权投资集合资金信托计划	1.04	1.5	浙江广厦股份有限公司	8.2～9.5
2010-6-3	宜华地产股票质押贷款集合资金信托计划	0.6	1.5	宜华地产	—
2010-6-1	中华企业古北集团股权受益权投资集合资金信托计划	3.5	2	中华企业股份有限公司、上海古北（集团）有限公司	—
2010-5-24	恒大华府房地产项目投资集合资金信托计划	1.8	2	湖南雄震投资有限公司（恒大地产）	8.5～9.5
2010-5-20	世荣兆业股票受益权转让及回购集合资金信托计划	2.442	1.5	广东世荣兆业股份有限公司	—
2010-5-14	宏业集合资金信托计划	—	1	武汉南国置业股份有限公司	7
2010-5-13	天业股份贷款项目集合资金信托计划	1.2	1.5	天业恒基股份有限公司	7～7.2
2010-4-30	泛海建设股权收益权投资集合资金信托计划（十期）	—	—	泛海建设	
2010-4-30	泛海建设股权收益权投资集合资金信托计划（十一期）	—	—	泛海建设	
2010-4-30	泛海建设股权收益权投资集合资金信托计划（十二期）	—	—	泛海建设	
2010-4-30	世纪星源股权质押贷款项目集合资金信托计划	2.42	1	深圳东海岸	7.2～8
2010-4-30	新湖中宝股票收益权集合资金信托计划	2.045	2	浙江新湖集团股份有限公司	—
2010-4-29	2010年天津亿城红桥广场项目集合信托计划	12.507	2.25	天津亿城山水、亿城集团	8.5～10

日期	名称	规模（亿元）	期限（年）	主要交易对手	年收益率（%）
2010-4-29	鼎立股份收益权投资1号集合资金信托	0.7	2	鼎立股份	8～8.5
2010-4-27	武汉卧龙墨水湖置业有限公司股权投资集合资金信托计划	2.5	2	武汉卧龙墨水湖置业有限公司	9.3～11.2
2010-4-26	天津滨海房地产经营有限公司信托股权投资集合资金信托计划	1.5	1.5	天津滨海房地产经营有限公司、天津华远实业发展有限公司	7.2～8.5
2010-4-23	苏州保利开发股权收益权投资集合资金信托计划	8	1	苏州保利房地产开发有限公司（保利地产）	6.5～6.8
2010-4-16	嘉凯城集团股份有限公司限售流通股股票质押融资集合资金信托	1	1	鑫世龙腾	7.6
2010-4-15	刚泰集团流动资金贷款集合资金信托计划	5.052	1.5	刚泰集团有限公司	6～8
2010-4-14	华发股份股票收益权集合资金信托计划	2.6	2	珠海华发实业股份有限公司	6～6.35
2010-4-9	丰利（5期）优质股权质押融资集合资金信托计划	2	1.5	上海南江集团、华丽家族	6.5～7.5
2010-4-8	金融街控股公司贷款项目单一资金信托计划	10	1	金融街	
2010-4-8	九江新湖中宝置业有限公司股权投资集合资金信托计划	4	5	九江新湖中宝置业有限公司	8.5～10.2
2010-3-31	广东保利置业有限公司应收账款转让项目集合资金信托计划（第1期）	5	—	保利（广东）置业有限公司（保利地产）	—
2010-3-25	广西恒大特定资产收益权流动化信托	2	1.5	广西恒大	8
2010-3-17	绿城贷款项目二期	3	2	绿城	—
2010-3-10	绿城贷款项目一期	5	2	绿城	—
2010-3-1	华丽家族股份有限公司股票收益权转让项目	1.5	1.5	华丽家族	—
2010-2-12	首创担保—中弘集团股权收益权投资集合资金信托计划	10	2	中弘卓业集团有限公司	7.5

日期	名称	规模（亿元）	期限（年）	主要交易对手	年收益率（%）
2010-2-11	绿城玫瑰园集合资金信托计划	13.5872	—	绿城集团、森林高尔夫	—
2010-1-13	天津津滨创辉发展有限公司股权增资集合资金信托计划	1.2	2	天津津滨创辉发展有限公司（津滨发展）	7.5～8.3
2010-1-8	运盛实业股权质押信托贷款集合资金信托计划（二期）	0.807	2	运盛实业	8.5～9.5
2010-1-6	信达地产股票收益权投资及回购集合资金信托计划	3.6	2.5	信达地产股份公司	8～8.6
2010-1-5	五洲建设—清远项目股权受益权集合资金信托计划	—	2	清远五洲实业投资有限公司、浙江五洲建设投资集团有限公司	8.5～9.5
2009-12-30	金牡丹·融丰系列·绿城家景应收账款转让项目集合资金信托计划	5	1	温州绿城家景房地产开发有限公司	6～6.6
2009-12-30	天津信托—南京新城发展股份有限公司股权转让集合资金信托计划	1.78	2	南京新城发展股份有限公司	7.5～8.3
2009-12-29	鼎立股份股票受益权转让及回购集合资金信托计划	1.2	1	上海隆昊源投资管理有限公司、鼎立股份	—
2009-12-28	稳健收益19号集合资金信托计划	1.158	1.5	鼎立建设集团股份有限公司	7～10
2009-12-25	泛海建设股权收益权集合资金信托计划（九期）	1.501	1	泛海建设股份有限公司、泛海建设控股有限公司	6
2009-12-25	泛海建设股权收益权集合资金信托计划（五期）	0.546	1	泛海建设股份有限公司、泛海建设控股有限公司	6
2009-12-21	保利地产贷款项目集合资金信托计划	2.925	—	山东保利花园房地产开发有限公司发（保利地产）	
2009-12-21	安鑫1号房地产投资基金信托计划	16.17	3	金地集团、金地建材、上海金珩	7～17.5
2009-12-21	2009年中诚信托龙元建设股票收益权集合资金信托计划	0.7	1	龙元建设集团股份有限公司	—
2009-12-18	广厦控股信托贷款项目集合资金信托计划	—	1	广厦控股创业投资有限公司	7.5～8

日期	名称	规模 （亿元）	期限 （年）	主要交易对手	年收益率 （%）
2009-12-17	泛海建设股权收益权集合资金信托计划（六期）	2	1	泛海建设股份有限公司、泛海建设控股有限公司	—
2009-12-16	运盛实业股权质押信托贷款集合资金信托计划（三期）	0.501	2	运盛实业	
2009-12-8	广西正和特定资产收益权流动化信托项目	2	2.25	广西正和实业集团有限公司	8
2009-12-1	天房集团保障性住房股权信托基金第Ⅰ期	0.332	1	天房集团	6.4～7.3
2009-11-12	新湖中宝—上海青蓝国际项目债权受让集合资金信托计划	3	1.5	新湖中宝	8.2～10
2009-11-5	泛海建设股权收益权集合资金信托计划（一期）	1.313	1	泛海建设股份有限公司、泛海建设控股有限公司	6
2009-11-4	泛海建设股权收益权集合资金信托计划（二期）	1.671	1	泛海建设股份有限公司、泛海建设控股有限公司	6
2009-10-19	财富精品13号天业股份股票受益权集合资金信托计划	1.1767	1.5	新疆天业集团有限公司	—
2009-9-16	荣盛建设贷款项目集合资金信托计划	2.5	2	荣盛发展	—
2009-9-10	新湖中宝信托贷款受益权投资集合资金信托计划	1	1	新湖中宝股份有限公司	8～8.5
2009-9-9	经典黄浦1号旧城改造股权投资集合资金信托计划	9	—	新黄埔	
2009-9-7	明珠八号新湖中宝股权收益权投资集合资金信托计划	—	—	新湖中宝	
2009-8-27	华业地产股票收益权转让及回购集合资金信托计划	8	1	华业地产股份有限公司	8～10
2009-8-26	首开股份股票收益权集合资金信托计划	2.5	1.5	北京首都开发股份有限公司	6.8～7.8
2009-8-18	张江置业股权受益权投资集合资金信托计划	0.3438	1	张江高科	—

续表

日期	名称	规模 (亿元)	期限 (年)	主要交易对手	年收益率 (%)
2009-8-5	恒利3号商业地产项目—绿城杭州金沙港酒店贷款项目集合资金信托计划	1	1	绿城地产	8.5~9.5
2009-7-30	渝开发A股股票收益权投资集合资金信托计划	0.965	0.5	重庆渝开发股份有限公司	46.29
2009-7-16	宏业7期—建业不动产投资信托基金信托计划	0.8	3	建业住宅集团洛阳置业有限公司、三门峡建业住宅建设有限公司	8~9.5
2009-7-13	苏州—新湖明珠城抵押贷款集合资金信托计划	1.1	2	苏州新湖置业有限公司	8~9.5
2009-6-30	卧龙地产金湖湾贷款项目集合资金信托计划	0.5	2	卧龙地产	8.2
2009-6-30	中华企业美兰湖中华园项目集合资金信托计划	2.859	1	上海顺驰置业有限公司（中华企业）	4.2~4.4
2009-6-26	天津津滨生态城基础设施建设项目贷款集合资金信托计划	2	2	天津天房津滨新城投资有限公司（天房发展）	8
2009-6-5	金牡丹—融丰系列—新湖中宝股票收益权投资集合资金信托计划	2.01	1.5	新湖中宝（浙江新湖集团股份有限公司）	4.86
2009-5-31	百瑞宝盈23号建业地产基金集合资金信托计划	2.28	4	建业集团、河南建业住宅建设有限公司和郑州联盟新城置业有限公司	7.5~10
2009-5-20	中华企业南郊中华园项目集合资金信托计划	2	1.5	上海南郊中华园开发有限公司（中华企业）	6
2009-4-28	兴业银行杭州中天建设信托贷款单一资金信托计划	0.5	—	中天建设集团有限公司	—
2009-4-23	稳健收益12号（华发股份股权受益权投资）集合资金信托计划	1.625	2	珠海华发实业股份有限公司	7
2009-4-20	中海绿城1号房地产投资基金信托计划	19.83	3	绿城房地产集团有限公司	8.5
2009-3-27	中华企业债权投资集合资金信托计划	—	1	中华企业	5.2~5.5

日期	名称	规模（亿元）	期限（年）	主要交易对手	年收益率（%）
2008-12-31	天地源曲江华府信托贷款项目集合资金信托计划	0.4	1	天地源股份有限公司	8.5～9.5
2008-12-10	苏州新湖置业信贷资产受让项目集合资金信托计划	2.2383	3	苏州新湖	12
2008-11-27	鼎立建设集团融资（股票质押）集合资金信托计划	0.86	1.5	鼎立建设集团股份有限公司	9.5
2008-11-21	中天大厦项目贷款集合资金信托计划	0.644	1.5	浙江中天房地产集团有限公司	11
2008-11-17	瑞城0806集合资金信托计划（新湖明珠城贷款项目）	0.9425	2.5	苏州新湖置业有限公司	10.5
2008-9-1	中华企业股份有限公司之国泰君安、申银万国股权收益权投资集合资金信托计划	—	—	中华企业	—
2008-8-22	新湖—香格里拉项目贷款集合资金信托计划	0.6	1	杭州新湖美丽洲置业有限公司（新湖中宝）	10
2008-8-15	天业股份股权收益权投资项目集合资金信托计划	0.3	1.5	山东天业恒基股份有限公司、山东天业房地产开发集团有限公司	9
2008-8-14	团泊快速贷款集合资金信托计划	1.6	1	天津滨海发展投资控股有限公司	9.664
2008-8-8	稳健收益9号股权受益权集合资金信托计划	1.32	1	新城集团	10
2008-7-30	天津滨海投资集团股份有限公司贷款集合资金信托计划	0.8	1	天津滨海投资集团股份有限公司	8.3
2008-7-16	莱茵置业A股限售流通股部分股权投资集合资金信托计划	1.2	—	莱茵置业	10
2008-7-16	亿城股份股权部分收益权投资集合资金信托计划（二期）	0.71	1	亿城集团股份有限公司	10
2008-6-27	南方香江集团城乡商贸流通项目集合资金信托计划	1	1	南方香江集团	6.2
2008-5-30	绿城东部建设玉兰公寓项目集合资金信托计划	1.5	1	杭州绿城	6.2
2008-4-16	天津滨海投资集团股份有限公司贷款项目集合资金信托计划	1	1.5	天津滨海投资集团股份有限公司	7.6

续表

日期	名称	规模（亿元）	期限（年）	主要交易对手	年收益率（%）
2008-2-26	华业地产股票收益权投资集合资金信托计划	0.5	0.87	北京华业地产股份有限公司	9.5
2008-2-4	泰达城（思源广场及近代工业历史博物馆）权益收购集合资金信托计划	1	2	天津泰达城市开发有限公司	8
2008-1-25	国联汇富8号集合资金信托计划	5.07	3	浙江广厦股份有限公司	11.5
2007-9-29	艺泰安邦商业街租赁收益权信托优先受益权转让计划	0.5004	2	海刚泰置业有限公司	6.5～9
2007-9-4	天津泰达建设集团有限公司贷款集合资金信托计划	1.5	2	天津泰达建设集团有限公司	7.4219
2007-4-2	回龙观文化居住区贷款项目集合资金信托计划	1.4221	1	北京天鸿宝业房地产股份有限公司	4.2
2007-2-16	中华企业债权信托优先受益权转让及回购信托计划	—	2	中华企业股份有限公司	5
2007-1-24	中房集团文殊坊项目信托理财产品	0.6	1	中房集团成都房地产开发总公司	4.7
2007-1-12	华联回龙观物业投资抵押贷款集合资金信托	1.55	2	北京华联综合超市股份有限公司	5.3～5.7
2006-9-6	深长城成都天府长城项目集合资金信托计划	1.8	2	成都深长城地产有限公司	4.5
2006-8-28	北京盛今佳园贷款项目集合资金信托计划	2	2	北京盛荣房地产开发有限公司	6.5
2006-8-10	天津远驰股权投资项目集合资金信托计划	1.96	5	远洋地产（天津）有限公司，天津市远驰房地产开发有限公司	4.5～5.2
2006-6-27	保利国际广场项目集合资金信托计划	2	2	保利房地产（集团）股份有限公司	—
2006-4-12	长城地产大连都市阳光项目集合资金信托计划	1.6	2	大连长城地产有限公司（深长城）	4.25
2006-4-3	万科朗润园集合资金信托计划	—	2	上海万科房地产集团有限公司	4
2006-1-20	苏宁威尼斯水城一期房地产贷款项目集合资金信托计划	2	1.5	浦东建设	6.36
2005-12-26	龙湖·西城天街集合资金信托计划	3.0576	3	重庆龙湖西街置业有限公司	5.5

续表

日期	名称	规模（亿元）	期限（年）	主要交易对手	年收益率（%）
2005-11-24	渝开发凤天锦园房地产集合资金信托计划	0.5	1.17	重庆渝开发股份有限公司	5.3
2005-8-10	武汉金地—格林小城项目贷款集合资金信托计划	2	2	金地集团武汉房地产开发有限公司（金地集团）	4.75
2005-8-9	常州金色新城西城区房地产贷款项目集合资金信托计划	2	2	常州新城房产开发有限公司	6.785
2005-7-11	天津亿城房产投资集合资金信托计划	1.4	1	天津亿城地产有限公司	5.8
2005-4-28	广州万科城市花园项目贷款集合资金信托计划	2	2	广州市万科置业有限公司（万科）	4.5
2005-4-28	广州万科南湖项目贷款集合资金信托计划	2	2	广州市万科房地产有限公司（万科）	4.5
2005-1-25	苏州栖霞建设房地产贷款集合资金信托计划	2.1052	2	苏州栖霞建设有限责任公司	6.3
2004-12-22	万科云顶项目集合资金信托计划	1.5	2	深圳市万科东海岸房地产开发有限公司	4.5
2004-11-30	建业阳光（中学）教育投资资金信托计划	0.22	—	新乡建业住宅建设有限公司	—
2004-10-18	合肥望湖城土地财产信托优先受益权转让项目	0.9399	3	合肥城建投资控股有限公司	4.5
2004-9-4	建业阳光（小学）教育投资资金信托计划	0.1804	6	驻马店建业住宅建设有限公司	—
2004-7-31	河南建业住宅建设有限公司定向股权投资资金信托计划	0.2	3	河南建业住宅建设有限公司	4.5
2004-6-1	万科17英里项目集合资金信托计划	1.9995	2	深圳市万科房地产有限公司	—
2004-5-13	天津泰达体育场优先收益权（1.5年）集合资金信托计划	0.6	1.5	天津泰达集团	4
2003-12-31	万科东海岸项目集合资金信托计划	2.602	2	深圳市万科房地产有限公司	4.5
2003-12-15	中国武夷贷款项目集合资金信托计划	—	3	中国武夷实业股份有限公司	4~4.4
2003-9-20	上海陆家嘴地产组合投资信托计划	1	1	陆家嘴	3.8

续表

日期	名称	规模 （亿元）	期限 （年）	主要交易对手	年收益率 （%）
2003-7-21	滨江金耀广场 D（03-1）集合资金信托计划	0.6	3	天津滨江金耀广场有限公司	4.3～4.47
2003-7-21	滨江金耀广场 C（03-1）集合资金信托计划	0.6	3	天津滨江金耀广场有限公司	4.3～4.47
2003-7-21	滨江金耀广场 B（03-1）集合资金信托计划	0.6	3	天津滨江金耀广场有限公司	4.3～4.47
2003-7-21	滨江金耀广场 A（03-1）集合资金信托计划	0.6	3	天津滨江金耀广场有限公司	4.3～4.47

注：1. 以上内容是由信泽金信托培训中心根据公开信息整理而成。

2. 括号内所注上市公司意指信托计划主要交易对手是该上市公司的控股或持股公司。

附录 11　房地产基金（有限合伙）相关文本（参考）

附录 11.1

入 伙 协 议

本协议由以下双方于 ＿＿年＿＿月＿＿日签署：

甲方：＿＿＿＿＿＿＿＿＿＿＿＿＿＿＿＿＿＿＿＿

注册地址：＿＿＿＿＿＿＿＿＿＿＿＿＿＿＿＿＿＿

乙方：＿＿＿＿＿＿＿＿＿＿＿＿＿＿＿＿＿＿＿＿

营业执照号或身份证号：＿＿＿＿＿＿＿＿＿＿＿＿

鉴于：

1. ＿＿＿（有限合伙）（以下称"基金"）系于＿＿年＿＿月＿＿日在＿＿注册成立的合伙制企业，甲方为基金的普通合伙人。该基金的首批合伙人已于＿＿年＿＿月＿＿日签订了《＿＿＿＿＿＿＿（有限合伙）合伙协议》（以下称"合伙协议"）。

2. 乙方自愿申请作为后续募集中的有限合伙人加入基金，甲方同意接纳乙方入伙。

双方经协商一致，达成如下协议：

一、乙方承诺认缴出资为人民币＿＿＿元，作为有限合伙人加入基金；基于本协议项下乙方的认购承诺，甲方同意接受并接纳乙方成为基金的有限合伙人。

二、乙方同意受《合伙协议》（及其后经适当程序修订后的版本，下同）的约束并按《合伙协议》约定履行有限合伙人的各项义务，包括但不限于及时、足额履行出资承诺、以其出资为限承担合伙企业债务等。

三、乙方在此承诺和保证：

1. 已经仔细阅读本协议及修订后的《合伙协议》，理解其内容之确切含义。

2. 缴付至基金中的出资来源合法。

3. 若乙方为企业投资者，签订本协议已按内部程序做出有效决议并获得充分授权，代表乙方在本协议上签字的人为其合法有效的代表；签订本协议不会导致乙方违反其章程、对其具有法律约束效力的任何规定或乙方在其他协议项下的义务；若乙方为自然人，确定乙方为具备完全民事行为能力人，且该签字为乙方真实意思表示。

4. 除已明确披露并经甲方接受的情况外，系为自己的利益持有基金权益，该等权益之上不存在委托、信托或代持关系；乙方已明确披露并经甲方接受的该等情况发生变化之前相关出资人须征得甲方同意。

5. 对潜在的风险已经有充分的认识并自愿承担风险，投资决策是自行独立做出判断。

四、本协议生效并且乙方签署合伙协议后，即享有《合伙协议》项下有限合伙人的全部权利、承担有限合伙人的全部义务；甲方应将乙方作为有限合伙人在基金的合伙人登记册上登记，并依法办理相应的企业变更登记手续。

五、本协议经双方签署后生效，一式四份，双方各执一份，基金备案一份，交工商机关存档一份。

双方于本文开头所列日期签署本协议：

甲方签章：　　　　　　　　　　　乙方签章：

　　　　　　　　　　　　　　　　　× 年 × 月 × 日

附录 11.2

认购协议书

声明：

以下投资者的认购签名为不可撤销的，同意认购＿＿＿（有限合伙）之部分合伙权益的声明。该项认购必须是不可撤销并获得执行事务合伙人的书面同意

为生效前提，该认购全部或部分之被接受或被拒绝以执行事务合伙人的独立判断为准，如该认购在 30 日内未获执行事务合伙人通过则自动失效。如获通过，投资者自愿同意签订《合伙协议》，并接受所有《合伙协议》中对于有限合伙人的条款限制。

本人认购＿＿＿＿（有限合伙）的权益，金额为人民币：

（大写）：＿＿＿＿＿＿＿＿＿＿＿＿万元整

（小写）：￥＿＿＿＿＿＿＿＿＿＿元整

本人同意，以上述资金为限全部认购＿＿＿＿＿＿＿＿（有限合伙）的权益，成为有限合伙人。

投资者或其经办人签字：＿＿＿＿＿＿＿   机构印章：

日　期：×年×月×日

本人承诺并做出如下保证：

1. 本人承诺本次认购之资金为本人合法拥有的自有资金，并享有完全的支配权。承诺该资金确属中长期闲置资金。

2. 被认购之权益以企业账号认购，并且不以出售或转让为意图。

3. 本人作为投资者，已充分了解及被告知《合伙协议》全部条款，本人作为投资者具备相关财务、商业经验及能力以判断该投资之收益与风险，能够承受作为有限合伙人的风险，并能理解购买该权益的其他风险。如果产生企业更名，本认购协议仍然不可撤销，本次认购权益自动转为新名称企业名下权益，补办相关手续。

4. 本人作为投资者，已阅读并充分理解所提供的与本合伙企业及相关权益的任何材料；且已向合伙企业执行事务合伙人或其他参与方了解了关于协议中相关条款及条件。

5. 本人作为投资者，确认除了以《认购协议》、《合伙协议》及所有与认购相关的协议中所披露的信息外，不以合伙企业执行事务合伙人或其代理出具的其他信息来决定该认购；并已向其相关机构咨询了关于认购之财务、税务、法律及相关信息，并在此基础上相信该认购是适合的。

6. 本人拥有所有权限，用于获得有限合伙人身份，签署《认购协议》和《合伙协议》，递送所有与认购相关的文件，并提供符合工商登记需要的所有资料和文件。

7. 本人承诺除依法需要的事项外，对投资事项及其涉及的所有资料负保密义务。

8. 本人保证所提供的所有资料均真实、正确、有效。

投资者资料：

机构投资者名称：_____

证件名称：企业法人营业执照

证件号码：_____

机构投资者地址及邮编：_____

经办人及联络方式：_____

固定电话：_____

移动电话：_____

传　　真：_____

电子邮箱：_____

投资者利益分配账户（本账户在合伙企业利益分配完成前不得取消）：

户　　名：_____

开户银行：_____

账　　号：_____

个人投资者姓名：_____

身份证件号码：_____

个人投资者地址及邮编：_____

联系方式：_____

固定电话：_____

移动电话：_____

传　　真：_____

电子邮箱：_____

投资者利益分配账户（本账户在合伙企业利益分配完成前不得取消）：

户　　名：_____

开户银行：_____

账　　号：_____

认购说明：

1. 请投资者将以上未填写的资料信息填写完整。

2. 投资者同意以以上地址作为接收本《认购协议书》及其他法律文件之地址。

3. 如地址、联系方式有变更，请立即通知普通合伙人。

普通合伙人：＿＿＿＿

×年×月×日

附录 11.3

合伙权益确认书

尊敬的投资人：

我司作为普通合伙人发起设立"＿＿＿＿＿（有限合伙）"（以下简称"合伙企业"），现收到您缴来的合伙权益认购款人民币＿＿＿＿＿万元整，小写：￥＿＿＿＿＿元整。

根据贵司签署的《认购协议书》和合伙企业的募集情况，您将获得合伙企业之合伙份额的金额为：人民币＿＿＿＿＿万元整，小写：￥＿＿＿＿＿元整。

根据您签署的《认购协议书》的约定，贵司将在签署《合伙协议》后，正式成为合伙企业的有限合伙人，在合伙企业有效存续的期限内，享有合伙协议约定的权益。

特此确认。

＿＿＿＿＿公司

×年×月×日

附录 12　房地产信托融资实务培训提纲（参考）

附录 12.1

保障性住房信托融资强化培训（精品公开课第 2 期）参考提纲
（信泽金—信托培训 TFTT-F-F2）

1. 保障性住房融资政策的最新变化及其解读
2. 保障性住房信托产品的最新动向及其启示
3. 应收账款在保障房信托融资中的灵活运用
4. 股权投资在保障房信托融资中的灵活运用
5. 保障性住房信托融资的业务种类及其介入时点
6. 公租房和廉租房信托融资的实务探讨及交流
7. 安置房信托融资的实务探讨及案例交流
8. 两限房信托融资的实务探讨及案例交流
9. 棚户区改造信托融资的实务探讨及案例交流

10. 城中村改造信托融资的实务探讨及案例交流

11. 经济适用房信托融资的实务探讨及案例交流

12. 保障性住房信托融资的交易条件与风险控制要点

13. 保障性住房信托融资的发展趋势及其展业建议

附录 12.2

房地产基金和 PE 基金实务培训参考提纲

（信泽金—信托培训 TFTT-F-H）

1. 房地产基金的信托杠杆及案例分析

（1）房地产私募股权投资基金的金融杠杆与信用提升

（2）单一项目型与复合项目型房地产信托基金之解析

（3）自主开发型与外向并购型房地产信托基金之解析

（4）合伙对接型与公司对接型房地产信托基金之解析

（5）开发运营型与流通服务型房地产信托基金之解析

（6）开发商自建私募基金与信托公司合作的案例分析

（7）房地产私募顾问团队与信托公司合作的案例分析

（8）房地产有限合伙基金与信托公司对接的操作要点

2. 有限合伙 PE 基金的法律问题及信托启示

（1）有限合伙基金的组织形式与投资主体

（2）有限合伙的执行机构与投资者责任承担问题

（3）有限合伙基金的对外投资与监管要求

（4）有限合伙基金的收益分配与管理费提取方式

（5）有限合伙基金的入伙、退伙、解散、清算

（6）"信托＋有限合伙" PE 基金的法律实务心得

（7）有限合伙的财务处理与会计核算

（8）有限合伙的税收征管以及 GP、LP 的纳税问题

附录 12.3

房地产企业信托融资实务专题培训参考提纲

（信泽金—信托培训 TFTT-F-G）

1. "土地开发建设"信托融资及案例解析

2. "补缴土地出让金"信托融资及案例解析

3. "房地产开发贷"信托融资及案例解析

4. "滚动开发项目"信托融资及案例解析

5. "商业物业租金收益权"信托融资及案例解析

6. "房地产企业股权收益权"信托融资及案例解析

7. "城中村（棚户区）改造"信托融资及案例解析

8. "房地产物业（项目）并购"信托融资及案例解析

9. "信托与银行合作贷款"融资模式及案例解析

10. "房地产 PE 基金"信托融资及案例解析

附录 12.4
保障性住房和商业地产信托融资专题培训参考提纲
（信泽金—信托培训 TFTT-F-F）

1. 保障性住房信托融资的市场机会与金融实践

（1）保障性住房的类别及特点

（2）保障性住房的政策关键点

（3）各地方政府保障性住房管理的典型模式及融资特点

（4）保障性住房的信托市场机会及对信托公司的意义

（5）保障性住房信托融资业务的开展现状

（6）保障性住房信托融资的业务模式及资金运用策略

（7）保障性住房信托的目标市场和交易对手分类分析

（8）保障性住房信托与"政信合作"、"银信合作"

2. 保障性住房信托融资的实务操作与风险控制

（1）保障性住房的建设过程与成本管理

（2）保障性住房信托融资的准入条件和主体选择

（3）保障性住房信托的"三角关系"以及现金流控制

（4）保障性住房的信托资金退出方式

（5）保障性住房信托的风险控制要点

（6）安置房、两限房、棚户区改造的信托融资案例分析

（7）廉租房、公租房、经济适用房的信托融资案例分析

（8）保障性住房信托与房地产基金创新模式

3. 商业地产信托融资实务操作

（1）商业地产的发展现状和主要分类

（2）不同类型商业地产运营管理的关键要点

（3）商业地产信托融资的现实需求以及主要切入点

（4）商业地产信托融资的典型操作模式

（5）商业地产的信托资金退出策略与风险控制

（6）持有型商业物业的信托融资方案设计

（7）商业地产信托与物业收购：操作要点以及案例分析

（8）商业地产信托与 REITs（房地产投资信托基金）

4. 商业地产开发信托的要点分析

（1）商业地产开发项目的建设过程与成本管理

（2）商业地产开发的主要类型以及融资需求

（3）商业地产开发过程中的财务杠杆设计

（4）商业地产开发信托融资的典型操作模式

（5）商业地产开发项目的信托融资整体方案设计

（6）商业地产开发信托的风险控制以及现金流管理

（7）商业地产开发信托的典型案例分析

（8）综合体开发项目的信托融资方案设计

附录 12.5
房地产投资信托基金实务专题培训参考提纲
（信泽金—信托培训 TFTT-F-E）

1. 不动产证券化在中国的本土实践

（1）房地产投资信托基金的基础制度：资产证券化

a. 资产证券化的基本架构和关键要点

b. 资产证券化的国内实践及最新动态

c. 不动产证券化：一种特殊的资产证券化模式

（2）银行间债券市场的资产证券化实践：信贷资产证券化

a. 国内立法要点

b. 基本操作流程

c. 典型案例分析：个人住房抵押贷款证券化信托

d. 与不动产相关的产品样本：商业房地产抵押贷款证券化

（3）证券交易所市场的资产证券化实践：企业资产证券化

a. 国内立法要点

b. 基本操作流程

c. 典型案例分析：城建 BT 项目回购款专项资产管理计划

d. 与不动产相关的产品样本：租金收益专项资产管理计划

（4）房地产投资信托基金的实用价值

a. 对地方政府的实用价值

b. 对房地产企业的实用价值

c. 对信托公司的实用价值

d. 对相关专业服务机构的实用价值

a）商业银行、证券公司和保险公司等

b）房地产评估机构、律师事务所、资信评级机构、会计师事务所等

e. 房地产投资信托基金的物业选择及其资产组合

（5）国内的不动产"准资产证券化"实践

（6）房地产投资信托基金的试验：基金化信托与财产权信托

a. 房地产投资信托基金的"非标准化"业务试验

a）对原有房地产信托业务体系的改良和优化

b）对未来房地产投资信托基金的积累和储备

b. 房地产的基金化信托

a）信托型房地产基金

b）有限合伙型房地产基金与信托的组合模式

c）公司型房地产基金与信托的组合模式

d）TOT（信托＋信托）房地产基金

e）"母子信托"的房地产基金

c. 房地产的财产权信托

a）房地产的哪些财产权可以信托

b）房地产财产权信托的受益权转让

c）房地产财产权信托的事务管理模式

2. 银行间债券市场的"REITs"机会

（1）央行版 REITs：信托公司进入银行间债券市场的重大机遇

a. 信托公司介入银行间债券市场的战略意义

b. 银行间债券市场的潜在商机和巨大潜力：资产证券化、私募债、并购债、其他

c. 信托公司与机构投资者"对接"的良好途径

（2）央行版 REITs 的发行和交易市场：银行间债券市场

a. 银行间市场介绍

b. 银行间市场交易商协会介绍

c. 银行间债券市场介绍

d. 银行间债券市场要点总结

（3）非金融企业债务融资工具

a. 非金融企业债务融资工具的政策背景和基础制度

b. 非金融企业债务融资工具发行和管理的主要依据

c. 非金融企业债务融资工具的发行组织架构

d. 非金融企业债务融资工具的参与主体

4. REITs 的前战：房地产（物业）并购信托

（1）房地产（物业）并购的市场需求

（2）房地产（物业）并购的资金需求

a. 银行并购贷款的相关规定

b. 其他潜在的并购资金渠道：并购债、私募基金

c. 信托公司在房地产并购中的优势

（3）房地产（物业）并购信托的发展趋势

（4）现有主体型与新设主体型

a. 现有主体型的房地产（物业）并购信托

b. 新设主体型的房地产（物业）并购信托

c. 现有主体型与新设主体型之比较分析

（5）协议转让型与挂牌交易型

a. 协议转让型的房地产（物业）并购信托

b. 挂牌交易型的房地产（物业）并购信托

c. 协议转让型与挂牌交易型之比较分析

（6）单一物业型与混合物业型

a. 单一物业型的房地产（物业）并购信托

b. 混合物业型的房地产（物业）并购信托

c. 单一物业型与混合物业型之比较分析

（7）房地产（物业）并购信托的后期管理模式

a. 改造销售型

b. 持有型

c. 转让型

d. 各类操作要点的对比分析

附录 12.6

房地产项目信托融资及 PE 基金专题培训参考提纲

（信泽金—信托培训 TFTT-F-D)

1. 创新型房地产金融——房地产项目与信托融资的结合

（1）信托融资与房地产企业的结合

a. 信托融资与房地产企业多种融资需求的结合

a）房地产项目融资——借助信托解决单体项目的融资需求

b）房地产企业金融化——利用信托促进房地产企业持续快速发展

c）房地产资本运作——运用信托推动房地产企业集团做大做强

b. 房地产项目与信托资金多个层面的结合：基于项目层面的结合、基于公司层面的结合、基于管理能力层面的结合

（2）房地产信托的主要优势

a. 改善项目的组织运营和资金管理

b. 优化产融结合的合作模式

c. 信托帮助房地产企业"扬长避短"和"借力打力"

d. 房地产企业从"被动的融资者"转变为"主动的参与者"

（3）房地产信托产品的基本架构：三角架构、四角架构、其他改良架构

（4）房地产信托融资的基本类型及关键要素

a. "信托贷款型"房地产信托融资模式及其关键点

b. "权益投资型"房地产信托融资模式及其关键点

c. "股权投资型"房地产信托融资模式及其关键点

d. "财产信托型"房地产信托融资模式及其关键点

（5）房地产企业信托融资的监管规定

a. 房地产信托融资的法律法规和监管政策

b. 房地产信托监管规则分类分析：信托贷款、股权投资、权益转让、结构化信托、其他监管规则

c. 房地产信托融资的监管环境和政策尺度

（6）房地产信托融资的风险控制

a. 房地产信托融资的风险控制手段：股权控制、管理权控制、特定资产及权益控制、其他风险控制手段

b. 房地产信托融资风险控制的关键节点：融资规模、信托期限、现金流的匹配、资金退出机制

（7）房地产信托的利益分配方式：固定收益型、浮动收益型、可转换债权型、其他利益分配方式

（8）房地产企业信托融资的市场选择

a. 房地产信托领域最具市场影响力的 10 家信托公司之评析

b. 房地产企业在信托融资中选择合作对象的技巧：选择信托业务团队的技巧

2. 房地产企业申请信托融资的操作流程及实务技巧

（1）房地产企业申请信托融资的基本要点：基本条件、必要准备、基本流程、资料清单

（2）房地产信托融资申请书的编写技能

a. 融资申请书的作用及重要价值

b. 编写融资申请书的前期准备

    c. 融资申请书的编写要点详解：企业概况、项目基本情况及特点、区域发展态势、开发商管理能力分析、项目开发模式及整体安排、项目主要优势分析、项目主要风险及风险控制措施、项目收益预测、资金总体安排、还款来源及资金偿还计划、融资申请书其他内容

    d. 编写融资申请书的注意事项

    e. 编写融资申请书的常见错误及防范措施

    （3）信托公司在项目审查各阶段的审查要点

    a. 初步审查阶段的审查要点

    b. 详细审查阶段的审查要点

    c. 资料补充完善的要点

    d. 信托公司进行项目审查的关键要点详解：申请融资企业的管理能力及综合实力、项目基本情况及特点、区域发展态势、项目开发模式及整体安排、项目主要优势分析、项目主要风险以及风险控制措施、项目收益预测、资金总体安排、还款来源及资金偿还计划、其他审查要点

    e. 信托公司否决项目的主要情形：项目开发模式、项目管理及整体安排、项目整体资金安排、还款来源及资金偿还计划、项目风险及风险控制措施、项目公司法人治理结构等背景情况、其他情形

    （4）房地产企业与信托公司的沟通协调技巧

    a. 申请融资过程中的沟通技巧：自身资源的充分利用、项目风险的有效防控、利益诉求的适当满足

    b. 申请融资过程中降低成本和提高效率的技巧

    c. 信托融资后期管理中的沟通协调技巧

    a）信托融资后期管理的主要监管措施：股权控制、委派人员、资金监管、参与经营、其他监管措施

    b）信托融资后期管理中的沟通技巧：企业经营管理与信托公司监管、项目进度与双方信息沟通交流

    d. 项目运行不善时的"危机处理"：项目运行不善的主要情形、项目运行不善的主要原因、项目运行不善时的"危机处理"技巧、项目运行不善时的应对措施

    （5）房地产信托融资与银行融资

    a. 信托融资与银行融资的主要差异：业务模式和利益诉求的差异、机构设置和决策程序的差异、风险控制和监督管理的差异

    b. 房地产信托融资与银行融资的结合

    a）房地产信托融资与银行融资结合的主要方式：股权信托与项目开发贷款、信托融资与银行资金退出、信托融资与银行资金的其他结合方式

b）房地产信托融资与银行融资相互结合的关键节点控制

c）房地产信托融资与银行融资结合案例分析

（6）信托融资与房地产企业多种融资模式的结合

a. 信托融资与房地产企业多种融资模式的结合路径：信托融资对股权联营模式的战略性提升、信托融资对房地产 PE 的增强和优化功能、信托融资对其他融资模式的替代或放大效应

b. 信托融资与房地产企业多种融资模式结合的案例分析

3. 各类型房地产项目的信托融资实战分析

（1）房地产项目"招拍挂"之前的信托融资

a. 房地产项目"招拍挂"之前的信托融资模式

b. 房地产项目"招拍挂"之前的信托融资案例分析

（2）房地产项目"土地出让金"足额缴付之前的信托融资

a. 房地产项目"土地出让金"足额缴付之前的信托融资模式：股权转让型、增资型、股东借款型、应收账款型、股债结合型

b. 房地产项目"土地出让金"足额缴付之前的信托融资案例分析

（3）"银行开发贷"无法到位时的信托融资

a. "银行开发贷"无法到位时的信托融资模式：扩募型、置换型、其他类型

b. "银行开发贷"无法到位时的信托融资案例分析

（4）房地产企业信托融资中自身资源的充分利用

a. 房地产企业利用自身资源进行信托融资的主要模式：自有物业、土地或在建工程、应收账款、委托贷款、股权、特定资产权益、其他资源

b. 房地产企业运用自身资源进行信托融资的案例分析

（5）房地产项目收购中的信托融资

a. 房地产项目收购的主要特点及类型

b. 信托融资在项目收购中的独特价值

c. 房地产项目收购信托融资案例分析：融资收购型、信托主体型、组合型

4. 房地产信托基金对开发商的战略意义和实用价值

（1）房地产信托基金的主要类型：项目型、合作型、全能型、准 REITs 以及 REITs

（2）房地产信托基金的战略意义：对项目融资的重要意义、对战略布局的重要意义、对资本运作的重要意义

（3）房地产信托基金要点及案例分析：产品结构、投资方向、投资方式、赎回机制、扩募机制、增信方式

（4）房地产 PE 基金分类分析

a. 信托型房地产 PE 基金：操作模式、优缺点分析

b. 有限合伙型房地产 PE 基金：操作模式、优缺点分析

c. 公司型房地产 PE 基金：操作模式、优缺点分析

d. 组合型 PE 基金：操作模式、优缺点分析

（5）信托模式与房地产 PE 基金

a. 信托模式在房地产 PE 基金中的独特价值

b. 房地产企业设立信托类 PE 基金案例分析：房地产企业设立纯信托型 PE 基金、房地产企业设立"有限合伙型＋信托型"PE 基金、房地产企业设立"公司型＋信托型"PE 基金、房地产企业设立"公司型＋信托型＋有限合伙型"PE 基金、案例对比分析及要点解读

附录 12.7
股权信托在房地产融资中的创新运用投融资实务
高端培训参考提纲
（信泽金—信托培训 TFTT-F-C）

1. 股权信托为优质项目融资提供金融产品供给

（1）股权信托在解决融资需求方面具有明显优势和持久魅力

a. 为什么 A 公司持有优质股权而采用了股权收益权信托融资模式？

b. 为什么 B 公司在土地摘牌前引入了信托资金且高比例让渡股权？

c. 为什么 C 公司欲设立有限合伙型 PE 基金而采用了股权信托模式？

d. 为什么 D 公司在土地出让金尚未足额缴付的情况下引入信托股东？

e. 为什么 E 公司为了解决过桥融资难题而引入股权投资信托模式？

f. 为什么 F 公司为了满足资本金比例要求而以股权向信托公司融资？

g. 为什么 G 公司在物业收购的关键时期采用股权收益权信托融资方式？

h. 为什么 H 公司在定向增发的关键阶段与信托公司合作开展股权融资？

i. 为什么 I 公司在拓展商业连锁经营的过程中引入股权投资信托资金？

j. 为什么 J 公司在收购上下游企业时设立股权投资单一资金信托计划？

（2）股权信托在满足各方需求方面具有特殊价值和巨大潜力

a. 作为受托人的信托公司：项目价值的深度挖掘

b. 作为委托人的合格投资者：与价值投资伴生的高收益

c. 商业银行私人银行部和第三方理财机构：沟通创造价值

d. 案例Ⅰ：新农村产业投资集合资金信托计划

（3）股权信托——各种投融资模式的集大成者

a. 股权信托与各种债权融资模式之比较

b. 股权信托与各种权益融资模式之比较

c. 股权信托在投融资市场中的核心地位和竞争优势

d. 股权信托的相对劣势及其辩证分析

e. 股权信托在资本运作和房地产融资关键控制环节的巧妙应用

f. 案例Ⅱ：锦绣天城股权投资集合信托计划

g. 交易对手在股权信托模式中的利益诉求及典型博弈模型

a）融资方（项目方）的典型利益诉求

b）投资方（信托公司）的典型利益诉求

c）融资方如何配合信托公司做好尽职调查以及实现全方位的风险控制？

d）信托公司如何识别和有效防控风险并通过后期管理实现动态风险控制？

e）项目成功的关键——各方利益诉求的充分挖掘和博弈

案例Ⅲ：鸿源商贸城建设项目投资集合资金信托计划

2. 房地产融资的股权信托模式

（1）股权投资类房地产信托产品的市场需求与金融供给

a. 信托在房地产企业（或项目）发展各阶段的重要价值

b. 信托公司如何以股权方式实现资金与项目的巧妙结合

c. 股权投资类房地产信托产品的结构化设计安排

d. 各方关注的敏感话题：房地产股权投资信托的退出机制

（2）房地产股权投资信托"受让退出型"及案例分析

a. 房地产股权投资信托"股权受让型"及案例分析

b. 房地产股权投资信托"股权收购权利型"及案例分析

c. 房地产股权投资信托"股权收益权受让型"及案例分析

（3）房地产股权投资信托"缩减资本型"及案例分析

（4）房地产股权投资信托"股权收益型"及案例分析

（5）复合型股权投资类房地产信托及案例分析

（6）股债结合型房地产投资信托及案例分析

（7）类基金型房地产投资信托及案例分析

（8）开发型房地产股权信托的未来发展趋势与创新要点

（9）另辟蹊径——物业收购型股权投资信托及案例分析

a. 物业收购型股权投资信托的操作模型

b. 交易流程与风险控制关键节点的把握

c. 多重风险防控机制的建立和动态管理

d. 物业收购型股权投资信托的创新思路

（10）从紧监管政策下股权投资类房地产信托的发展思路

（11）股权投资类房地产信托的新型模式设计与创新趋势

（12）绝处逢生：私人股权投资信托（PE 信托）与房地产信托的"整合升级"

3. 股权信托引领投融资模式创新

（1）股权信托的"长臂"机制（几种创新的组合运用模式）

a. 股权信托与公司型基金的组合运用（及案例分析）

b. 股权信托与有限合伙型基金的组合运用（及案例分析）

c. 股权信托与 TOT（信托中的信托）的组合运用（及案例分析）

d. 股权信托与结构化安排的创新组合（及案例分析）

e. 股权信托与股东借款的资产组合运用（及案例分析）

f. 股权信托与应收账款的资产运用运用（及案例分析）

（2）股权信托的"投资端"——信托资金灵活运用方式

（3）股权信托的"管理端"——信托财产风险控制机制

a. 项目前期、中期、后期的风险评判与防控

b. 项目风险动态管理及预警机制建设的要点

c. 项目尽职调查要点及各类"陷阱"的防范

（4）股权信托的"退出端"——资金退出方式（选择权、可转债及其他）

（5）股权信托的"服务端"——委托人利益保护机制的完善

（6）股权信托的法务、财务、税务等热点问题解读分析

（7）"过桥"融资的股权信托操作模式及案例分析

（8）资本运作、房地产融资、PE 投资基金（包含创业股权投资信托）的几个股权信托典型案例深度剖析

附录 12.8
非贷款类房地产信托金融创新高级培训班参考提纲
（信泽金—信托培训 TFTT-F-B)

1. 房地产信托产品的最新市场动向与法规政策解读

（1）房地产信托产品的最新市场动向

a. 融资需求与信托供给

b. 产品创新与监管要求

c. 业务定位与市场细分

d. 管理风险与内控机制

（2）房地产信托产品的法规政策解读：最新动态及趋势、贷款与非贷款、结构化及比例、项目类型条件、土地储备贷款、实质重于形式、红线与灰色

地带

（3）房地产信托市场的几个热点问题

a. 房地产 PE 信托

b. 资金信托与非资金信托

c. 基金化与非基金化

d. 房地产信托的项目筛选标准

e. 房地产信托的风控评审标准

f. C-REITs 试点

g. 在银行间债券市场发行房地产信托受益券

h. 房地产信托登记

（4）答疑与交流

2. 股权投资类房地产信托产品的操作要点及案例剖析

（1）股权投资类房地产信托产品的目标市场分析

a. "四证齐全"项目

b. "四证不齐"项目：土地款已付清、土地款未付清

c. 信托公司如何确定股权投资类房地产信托业务的目标市场：开发型房地产、经营性物业、土地一级开发、合作方及其他

（2）股权投资类房地产信托产品Ⅰ：单一项目型

a. 基本操作模式与关键要素

b. 主要类型

a）关联方溢价收购 A 型：投资方式及操作要点图解、退出方式与风险控制手段、优劣势分析与市场适应力、案例分析及操作细节点评

b）关联方溢价收购 B 型：投资方式及操作要点图解、退出方式与风险控制手段、优劣势分析与市场适应力、案例分析及操作细节点评

c）缩减资本型：投资方式及操作要点图解、退出方式与风险控制手段、优劣势分析与市场适应力、案例分析及操作细节点评

d）其他类型

（3）股权投资类房地产信托产品Ⅱ：多项目捆绑型

a. 设计初衷及适用情形

b. 资金运用与风险控制

c. 操作要点图解及点评

d. 案例分析及操作细节

e. 优劣势分析与市场适应力

（4）股权投资类房地产信托产品Ⅲ：类基金型

a. 投资方式及操作要点图解

b. 股权投资与其他方式组合

c. 退出方式与风险控制手段

d. 优劣势分析与市场适应力

e. 案例分析及操作细节点评

（5）股权投资类房地产信托产品的设计要点：结构化、管理参与、资金保管、经营管理、其他增信措施、收益报酬条款、赎回条款、融资方的提前赎回选择权、信托计划退出方式、其他

（6）股权投资类房地产信托产品的创新趋势

a. 重点发展方向

b. 主要创新模式

c. 多层面操作型：案例简介、项目特点、面临问题、解决方案、方案核心、设计理由、产品架构、流程图解、资金运用、案例评析（结构化融资平台与项目运作平台的整合运用、为大型房地产集团提供综合的金融解决方案、解决单一项目融资的抵质押措施不足等问题、多个项目搭配以实现优化现金流和降低风险）

（7）股权投资类房地产信托产品的市场定位：对开发商而言、对投资者而言、对信托公司而言

（8）股权投资类房地产信托业务的风险识别及防控措施

（9）股权投资类房地产信托业务的后期管理

（10）答疑与交流

3. 权益投资和财产信托类房地产信托产品的操作要点及案例剖析

（1）权益投资类房地产信托产品

a. 权益投资类房地产信托产品的操作模式与主要类型

b. 权益投资类房地产信托产品的设计初衷与适用领域

c. 权益投资类房地产信托产品的优劣势及操作关键点

（2）财产信托类房地产信托产品

a. 财产信托类房地产信托产品的操作模式与主要类型

b. 财产信托类房地产信托产品的设计初衷与适用领域

c. 财产信托类房地产信托产品的优劣势及操作关键点

（3）主流操作模式之一：物业收益权投资信托

a. 案例简介及评述

b. 适用法规及解读

c. 同类案例列举及比较

d. 替代方案以及各种可行方案的比较分析

e. 风险控制机制设计及其要点

（4）主流操作模式之二：应收账款债权投资信托

a. 案例简介及评述

b. 适用法规及解读

c. 同类案例列举及比较

d. 替代方案以及各种可行方案的比较分析

e. 风险控制机制设计及其要点

（5）主流操作模式之三：股权收益权投资信托

a. 案例简介及评述

b. 适用法规及解读

c. 同类案例列举及比较

d. 替代方案以及各种可行方案的比较分析

e. 风险控制机制设计及其要点

（6）特殊操作模式：土地一级整理项目的信托融资探讨（市场需求、产品设计、监管要求、创新趋势）

（7）答疑与交流

4. 非贷款类房地产信托产品的金融创新案例研讨

（1）股权投资房地产信托案例研讨：背景资料、操作模式、要点研讨

（2）权益投资房地产信托案例研讨：背景资料、操作模式、要点研讨

（3）C-REITs 房地产信托案例研讨：背景资料、操作模式、要点研讨

（4）即席答疑

（5）现场交流

附录 12.9
房地产信托的投融资模式及实务操作技巧参考提纲
（信泽金—信托培训 TFTT-F-A）

1. 直接贷款型房地产信托产品

（1）如何填补银行贷款的空缺

（2）对房企和项目的底线要求

（3）资金用途和主要还款来源

（4）融资规模、期限以及成本

（5）现金流测算以及压力测试

（6）风险评估及主要防控措施

（7）案例分析：A 房地产公司住宅项目集合资金信托计划

2. 贷款替代型房地产信托产品

（1）股权投资类房地产信托产品

a. 采用何种路径投资于"股权"

b. 股权投资的比例及项目控制力

c. 股权投资与股权质押相互结合

d. 股权模式与债权模式组合运用

e. 如何选择股权投资的退出方式

f. 案例分析：B 房地产公司股权投资集合资金信托计划

（2）权益投资类房地产信托产品

a. "权益"的主要类型及其在信托文本中的界定

b. 权益投资类房地产信托产品适用于哪些项目

c. 权益的估值、确权、转让、登记、回购及担保

d. 案例分析：C 房地产项目租金收益权投资集合资金信托计划

（3）财产信托类房地产信托产品

a. 产生背景以及设计目的

b. 财产信托的受益权转让

c. 财产信托的受益权分层

d. 财产信托的登记及担保

e. 案例分析：D 商务大厦财产信托优先受益权转让项目

（4）思考一：贷款替代型房地产信托产品的主要优势

（5）思考二：贷款替代型房地产信托产品的政策限制

（6）思考三：房地产企业存量资产如何带来增量资金

3. 基金化模式的房地产类信托产品

（1）不定向投资的房地产信托基金

a. "资金池"与"项目库"

b. 主要风险以及防控机制

c. 开放赎回及受益权交易

d. 案例分析：E 信托公司组合投资型房地产信托基金

（2）房地产 PE 基金（私募股权投资信托基金）：主要投资领域、投资管理服务、优化激励机制、F 信托公司优质房地产项目 PE 基金案例分析

（3）REITs（房地产投资信托基金）

a. 债权型 REITs 与银行间债券市场流通

b. 股权型 REITs 与沪深证券交易所流通

c. 境外不动产证券化业务与 REITs 上市

d. 案例分析：G 公司境内拟发行的 REITs

e. 案例分析：H 公司境外已发行的 REITs

4. 信托模式如何整合房地产融资需求、投资需求和监管要求

（1）房地产信托的产品要素和市场竞争优势

（2）房地产融资需求：不同物业类型的融资、不同建设阶段的融资、不同企业规模的融资、不同城市区域的融资

（3）房地产投资需求：年化收益、信托期限、保障措施

（4）如何理解和把握房地产信托业务的监管要求

（5）房地产信托业务的市场营销："项目端"和"资金端"

（6）房地产信托的财务顾问"捷径"

（7）房地产信托的风险控制技术

后　记

"路漫漫其修远兮，吾将上下而求索。"

本书以房地产信托投融资的实务操作与典型案例为主要内容，对信托模式在房地产金融领域的创新实践进行了初步探索和总结。作为"信泽金智库系列丛书"的第一本，我们衷心希望以"房地产信托"这一热点话题作为开端，与各位同仁进行交流与探讨。

首先，感谢金融行业的各位领导和朋友对本书给予深切关怀，他们不仅提供了编撰思路，而且与我们分享了宝贵经验，使我们有勇气、有信心推出这样一本"颇具难度"的小册子。尤其要感谢在金融界和法律界享有崇高威望的王连洲老师，他不仅担当起"信泽金智库系列丛书"的主编，而且为本书作序，从各方面给予我们重要指导和大力支持。

其次，感谢中国信托行业的60多家信托公司，它们作为富有活力和创造力的非银行金融机构，既是房地产金融创新的践行者，也是本书中不少案例的原创者。与其说我们在编撰信托读本，不如说我们在总结信托实践。众多信托公司的丰富实践和宝贵经验，无疑为本书提供了最生动的素材，这也是本书诞生的源头。我们希望本书能为信托公司价值理念的传播发挥些许作用。

最后，感谢信泽金的编辑组同仁，丁晓娟、甄浩、王武、黄玲在本书筹划和编写过程中做了不少工作，刘宪凤、王晓慧、杜志恒、禹乐、袁惠邦、赵小华以及其他同仁也参与了本书的部分编辑和校对工作。总之，本书是团队协作的结晶，是上述同仁共同努力的结果，也是信泽金在信托研发领域的一次全新尝试。我们希望本书能在众人的同心协力下成为中国信托理念传播的有益尝试。

　　"信托润泽金融，信任泽被财富。"让我们继续秉持孜孜以求的"Trust for Forture"理念，在中国金融变革与财富管理创新的大潮中，不断传播信托的实用价值观，造福于社会。诚挚期待广大读者对本书的不足之处提出宝贵意见，同时也欢迎各位同仁与我们交流探讨信托的各类话题。

　　　　　　　　　　　　　　　　信泽金研发中心图书编辑组
　　　　　　　　　　　　　　　　2011 年 11 月

　　　　　　　　　　　电话：010—84535426
　　　　　　　　　　　邮箱：xinzejin@126.com